海洋渔业经济学

HAIYANG YUYE JINGJIXUE

胡求光　主编

中国农业出版社
北　京

作 者 简 介

主编：胡求光，浙江省新型重点专业智库——宁波大学东海研究院副院长（执行）。现为宁波大学商学院教授、渔业经济管理和应用经济学专业博士生导师。兼任中国生态经济学学会海洋生态经济专业委员会副主任委员兼秘书长，中国海洋学会海洋经济分会常务理事。长期致力于海洋渔业经济、海洋生态经济等涉海领域的研究，主持或参与多个国家社科重大项目子课题、国家自然科学基金/面上项目等项目，发表学术论文 200 余篇，出版专著 13 部，13 项成果获得浙江省哲学社会科学优秀成果奖。主持完成联合国粮食及农业组织以及我国商务部、自然资源部委托的多个项目。

副主编：韩立民，中国海洋大学管理学院教授、博士生导师。全国海洋经济学科首席科学传播专家，享受国务院政府特殊津贴专家。兼任中国海洋学会海洋经济分会副理事长、秘书长，山东省人民政府山东半岛蓝色经济区专家咨询委员会委员，山东省水产顾问团副团长，山东"十强"产业智库（现代海洋产业智库）首批专家，《资源科学》《中国渔业经济》编委会成员，《中国海洋大学学报（社会科学版）》副主编，青岛市、威海市、潍坊市、东营市人民政府专家咨询委员会成员。2020 年以来，主持国家社科基金重大项目 2 项、省部级科研项目 4 项。在《中国农村经济》《海洋政策》等国内外重要期刊上发表学术论文 60 多篇，出版学术著作 3 部。

编 写 人 员

主 编：胡求光

副主编：韩立民

参 编（按姓氏笔画排序）：

王 波 过梦倩 闫金玲 余 扬

余 璇 汪 婷 张兰婷 陈 艳

都晓岩 梁 铄 魏昕伊

作为海洋经济的重要组成部分,海洋渔业在保障粮食安全、促进生态平衡和支撑区域经济发展中占据重要地位。从大食物观角度来看,海洋渔业是多元化食物供给体系的重要组成部分,为全球提供了优质蛋白和多样化食物。同时,海洋渔业在生产活动过程中具有显著的碳汇特性,是海洋碳汇的重要组成部分,在缓解全球气候变化中发挥着重要作用。此外,随着渔业科技的进步,海洋渔业产业类型趋于多样化,从传统的海洋捕捞与养殖逐步延伸至水产品精深加工、远洋渔业、海洋牧场、休闲渔业等新兴业态,为沿海地区创造了就业机会、促进了沿海渔民增收。然而,我们也应该看到,海洋渔业的可持续发展仍然面临渔业资源过度捕捞、海洋环境污染及全球气候变暖等严峻挑战,而海洋牧场、深远海养殖、极地渔业等新兴产业的发展则面临投入资金不足、布局规划不合理、经济成效不高等突出问题。因此,在未来的海洋渔业经济发展中,还有许多问题亟待解决。

迄今为止,专门针对海洋渔业经济方面的著作比较少见,这不仅不利于系统性地培养涉海、涉渔专业人才,推动学术研究的深入发展,还在一定程度上限制了渔业经济理论在实践中的应用。海洋渔业不断向绿色化、深蓝化方向加速转型,对海洋渔业经济学的研究提出了更高要求,急需一部全面、系统且具有前瞻性的著作来弥补这一研究领域的不足。

宁波大学东海研究院胡求光教授长期致力于海洋经济、渔业经济的研究工作,并指导过多位渔业经济与管理方向的研究生,在前期大量课题研究和实地调研的基础上,胡求光教授组织编写了《海洋渔业经济学》。该书在梳理海洋渔业经济发展历程的基础上,基于资源配置、产权管理、市场机制和组织结构等多重视角剖析了海洋渔业经济的关键理论问题;聚焦海洋渔业养殖经济、海洋渔业捕捞经济、海洋渔业生态经济等具体产业类型和经济模式,系统阐述了海洋渔业的实践运行机制;从金融、管理和合作角度梳理了海洋渔业发展的相关制度及政策。全书以经济学和管理学理论为指导，从理论、实践和政策三个维度构建了完整的海洋渔业经济研究体系。

该书的主要特色有以下三个方面：

第一，应用经典经济学理论与方法，揭示海洋渔业经济学的理论问题。从学科性质上来看，海洋渔业经济学属于应用经济学的一个分支学科。但长期以来，有关海洋渔业经济的研究普遍存在经济学理论问题不清晰、理论体系不完善的突出问题。尽管我国在渔业资源管理、产业培育发展和政策实施等方面已经有了一定的实践积累，但是，海洋渔业经济学的理论框架尚未建立起来，存在理论滞后于实践的现象。该书立足于海洋渔业的自然和经济属性，从可持续发展理论、资源配置理论、产权理论、市场经济理论等理论视角出发，通过运用资源价值评估、市场均衡分析等经典经济学工具，系统分析了海洋渔业运行的特性规律以及如何通过合理的资源配置来实现经济效益最大化。该书结合产业经济学理论，系统阐释了海洋渔业的产业组织结构、产业升级规律、产业融合趋势及渔业组织变迁，从微观到中观再到宏观多维度搭建海洋渔业经济的理论分析框架。总之，该书充分应用了经典经济学理论和方法，揭示了海洋渔业经济中的理论问题，为海洋渔业的高质量发展提供了坚实的理论支持。

第二，立足于海洋渔业新业态、新模式，阐释产业发展的新特征、新规律。随着海洋渔业产业化、现代化的推进，传统的海洋渔业模式逐渐向绿色化、生态化和智能化方向转型，在此过程中形成了海洋牧场、休闲渔业、深远海养殖、渔业碳汇等新业态、新模式，不仅推动了海洋渔业产业结构升级，还极大地提升了海洋渔业的经济效益、生态效益和社会效益。因此，传统的海洋捕捞经济、海水养殖经济理论和知识体系难以适应海洋渔业实践发展的要求。该书在系统阐释传统海洋渔业经济运行模式与机制的基础上，针对海洋渔业新业态和新模式开展了系统深度剖析，充分体现了现代海洋渔业产业发展的多样性与复杂性特征，为未来海洋渔业产业转型提供了理论依据与实践指导。该书从产业发展的基本规律出发，结合新质生产力发展要求，揭示了海洋渔业发展前沿表现出的新特征、新规律，便于读者理解和思考新兴渔业产业演变的内在规律。

第三，聚焦关键痛点、堵点、难点问题，厘清海洋渔业发展政策实践路径。该书不仅搭建了系统的海洋渔业理论体系，还从政策实践层面深入分析了如何突破海洋渔业发展中的现实困境，较好地兼顾了理论性和实践性。海洋渔业可持续发展本质上是制度问题。现实中涉及渔业管理的制度法规错综复杂，以往的研究通常针对某一类制度法规开展绩效评估及优化研究，该书则基于整体性视角全面梳理了海洋渔业管理制度的类型、演化及成效，揭示了制度变迁规律，使读者能够对海洋渔业制度有全景式的认知。同时，未来海洋渔业走向深远海，既需要金融资金支持，又离不开国际合作的支撑。我国现实层面的海洋渔业金融和国际渔业合作都面临较大挑战。对此，该书也对这两方面问题做了系统梳理和阐述，便于读者准确把握海洋渔业金融、海洋渔业国际合作的具体形式和发展趋势。

总之，作为一部以经济学为基础的应用经济学著作，该书兼顾了理论性、实践性和政策性，既有传统海洋渔业发展问题的经典理论透视，又充分体现了海洋渔业发展的前沿实践动态。该书结构设计合理，内容翔实，填补了我国涉海、涉渔领域经济学类著作的空白，能够为我国海洋渔业教学、研究及实践领域提供系统、全面的理论参考。

山东社会科学院山东省海洋经济文化研究院研究员

2025 年 2 月

CONTENTS 目 录

序

第一章 绪 论

本章对资源的概念、分类以及海洋渔业资源的自然属性、经济属性进行了系统阐释，明确了海洋渔业经济在国民经济中的地位和作用，比较分析了海洋渔业经济产生与发展的历史阶段及思想演进。同时，对海洋渔业经济学的研究对象、研究内容与研究方法进行了详述，以及对海洋渔业经济学研究的重要性及海洋渔业经济学与经济学、管理学等相关学科的关系进行了具体分析。

第一节 海洋渔业资源的概念与特征

人们对资源（resources）的概念（资源或自然资源）的认识千差万别，但这并不影响对资源学科的研究对象与研究内容的讨论。将资源的定义与资源学科的研究对象、研究内容相联系，有两种代表性的观点：一种观点认为资源学科的研究对象是狭义的资源，即自然资源；另一种观点认为资源学科的研究对象是广义的资源，包括自然资源、环境资源、社会资源等。根据《辞海》的定义，资源是"资财的来源，一般指天然的财源"。在现实生活中，人类的财产可以来源于天然、人类自身及其创造物以及经人工改造后的自然系统。来源于天然的资源即自然资源，例如野生的鱼类、森林、矿藏、土地、水等。经人工开发利用的自然系统为自然资源类别，例如农田、养殖水域等，其他资源被称为社会资源，包括人力资源、资本资源、科技资源和信息资源等。

在经济学中，因学科分支不同，对资源的理解也存在差异。总体来看，经济学研究的是资源在不同领域及不同时期的有效配置及利用，资源有限是其基本假设。因此，在经济学中资源指的是有限的、具有使用价值的物质要素。在资源与环境经济学中，将资源界定为狭义的自然资源以及广义的环境资源（一个地区的环境容量或管制标准可以被看成一种"资源"）。本书中所使用的资源概念为包含自然资源（狭义）和环境资源在内的广义概念，还会涉及技术、资本等具有要素价值的社会资源对渔业经济的影响。

自然资源的重要性直接体现在它是维持人类生产、生活最基本的物质来源，为人类社会文明发展提供最重要的支撑。《中国资源科学百科全书》中的自然资源是指自然界产出和形成的、处在原始状态下、能为人类所利用的各类自然物的总称，包括矿产、土地、海洋、森林、水、牧草等。《辞海》中将自然资源定义为天然存在的（不含人类加工制造的原材料）并有利用价值的自然物。联合国环境规划署（UNEP）则将其定义为在一定的时间、地点、条件下能够产生经济价值以提高人类当前和未来福利的自然环境因素的总称。人民出版社出版的《〈中共中央关于全面深化改革若干重大问题的决定〉辅导读本》指出，"自然资源是指天然存在、有使用价值、可提高人类当前和未来福利的自然环境因素的总和。"这一解释综合体现了《辞海》与联合国环境规划署对自然资源的概念界定。

不同资料对自然资源的解释存在着以下共同点：①自然资源来源于自然。自然资源是一定时空内可供人类利用或产生人类当前或未来福利的物质或能量。②自然资源是针对人类利用而言的，具有使用价值。③自然资源是与社会经济技术相联系的综合动态体系。随着人类社会的发展和科学技术的进步，自然资源的范围会逐步扩大。④自然资源提供生态环境功能。自然资源不仅本身是物质性资源，还涵盖这些物质性资源综合显现出来的生态环境功能，如自然循环、优美景观等，也被称为功能性资源。随着气候变化以及人们对资源与环境关系的深化研究，自然资源的生态环境功能变得愈发重要。所以，本书所指的自然资源是指"天然存在、有使用价值、可提高人类当前和未来福利的自然环境因素的总和"。

一、海洋渔业资源的概念

渔业资源是自然资源的重要组成部分，是人类食物的一个重要来源。《辞海》认为，水产资源是指水域中蕴藏的各种经济动植物（鱼类、贝类、甲壳类、海兽类、藻类）的数量。渔业上通常将经济动植物的数量称为渔业资源，包括已成熟可供捕捞的部分和未成熟的预备捕捞的部分。《中国大百科全书》认为，渔业资源（fishery resources）是在天然水域中具有捕捞、开采或养殖价值的水生生物资源。水生生物资源可细分为"群体资源，为可供采捕的生物个体与群体""遗传资源，为可供增养殖开发利用的基因、细胞、个体生物学遗传材料"以及"产物资源，为可供水产养殖、农业、医药和化工开发利用的微生物分子、细胞等生物活性物质和化合物以及可供精深加工的海洋生物。"《水产词典》则认为，渔业资源（fishery resources）亦称水产资源，即天然水域中蕴藏并具有开发利用价值的各种经济动植物的种类和数量的总称。本书将参考《中国大百科全书》对渔业资源的定义，定义海洋渔业资源是指在天然水域中具有捕捞、开采或养殖价值的海洋水生生物资源，可细分为海洋、海滩水域的群体资源、遗传资源和产物资源。

海洋渔业资源种类繁多。据统计，海洋生物有 20 多万种、其中动物 18 万种、植物 25 000 多种（李鹏程，2020），各类群的数量相差很大。在 18 万种动物中，鱼类有 25 000 种、贝类有 10 多万种，而鱼类中可食用的有 200 多种。从细分类别来看，主要包括鱼类、甲壳类、软体类、藻类和哺乳类等。甲壳类主要指虾类和蟹类。软体类主要包括贝类和头足类，其中头足类包括柔鱼类、乌贼类和章鱼类。哺乳类包括完全水生的物种，比如鲸豚类和海牛类，也包括需要部分时间上岸活动的半水生物种，如鳍足类。海洋哺乳动物绝大部分为保护动物。海洋植物绝大多数为藻类，其中在浅海区固着生长的约有 4 500 种，现被广泛利用的约 50 种，如海带、紫菜、石花菜等（吴兴南，2017）。

二、海洋渔业资源的属性特征

海洋渔业资源为从事捕捞和养殖活动的人们提供了就业机会、经济利益和社会福利，在粮食安全、渔民就业、经济发展、对外贸易等方面都起到了重要的作用。只有全面了解海洋渔业资源的属性特征，才能深刻理解海洋渔业经济理论体系及其运行规律。

（一）自然属性

海洋渔业资源是一种自然资源，但它既不同于风能、太阳能等可再生能源，也不同于矿物等不可再生的矿产资源。海洋渔业资源是一种可更新（或再生）的生物资源，大部分种类具有跨区域和大范围的流动性，还具有生物资源产品特有的其他特征。深刻理解海洋渔业资源的自然属性和变化规律对渔业资源可持续利用具有重要意义。

1. 再生性

海洋渔业资源是一种可再生资源，是具有自我繁殖能力的生命资源，即通过繁殖、生长、死亡等一系列生物过程，维持着一定的生物量。这种自我调节能力使得种群更新再生，维持一定的数量平衡。海洋渔业资源的再生性是有条件的，如果其生存环境条件适宜、人类开发利用合理，则种群世代繁衍，并持续为人类提供高质量的蛋白质；反之，海洋渔业资源自我更新能力降低，生态平衡遭到破坏，最终会导致资源衰退甚至枯竭。

2. 洄游性或流动性

洄游是水生生物在其生命周期中相对于其原有栖息场所进行的定期的大规模迁徙现象。除少数固着性水生生物外，绝大多数渔业资源都有在水中洄游移动的习性，这是渔业资源区别于其他可再生生物资源如草原、森林等的最显著特征之一。根据生活水域的阶段性特点，可将洄游分为纯淡水洄游、河海洄游和远洋洄游。进行河海洄游的是在一生的不同阶段会在海水或淡水水域生活的鱼类，如大斑南乳鱼。进行远洋洄游的是在一生中的不同阶段会在不同海域中生活的鱼类，如伊氏石斑鱼。近几十年以来，由于过度捕捞，高度洄游、跨境以及完全或部分在公海捕捞的渔业资源种群的持续发展形势日益严峻。

3. 渔获物的易腐性

渔获物具有水分含量高、富含营养成分的特点，适宜微生物生长繁殖。受储藏和运输条件的限制，水产品不易保存，极易腐败变质。在无保鲜措施的时代，渔场利用和流通的空间范围受到了很大的限制。储藏保鲜技术的发展，不仅可以保证水产品的品质和安全，而且为海洋渔业的发展创造了条件，从而促进了海洋渔业资源的大规模、大范围开发利用。

4. 波动性

海洋渔业资源波动性不仅受到人为干扰因素的影响，还受到生态系统的复杂性和多重压力影响下的不确定性影响。海洋渔业资源极易受到气象、水文环境等自然因素的影响。气候变暖正在改变着海洋物种的分布，暖水物种向两极靠近，其栖息地面积和生产力也在发生变化。气候变化还对某些生物过程的季节性产生影响，使海洋系统的食物链发生变化，使渔业生产的不确定性大大增强。人类对海洋渔业资源的开发利用同样会引起渔业资源的波动，加剧捕捞生产和海水养殖等生产活动的不确定性和风险性。

5. 整体性或系统性

不同种类、不同区域的海洋渔业资源彼此间往往存在生态联系，形成一个整体的生态系统。海洋生态系统不仅有种群结构的内部关联、物种之间的相互联系，还有各种自然环境要素及其与人类生产活动之间存在的密切关系。一种资源要素或环境条件的变化会相应引起其他相关资源要素的变化。因此，全面理解海洋渔业资源的整体性和系统性，可为以生态系统为基础的系统管理、保护海洋渔业和海洋生物多样性、实现海洋渔业的可持续利用提供理论基础。

6. 区域性

每一种海洋渔业资源都有其自身的生物学特性，其生长和分布会受到气候、温度、水资源条件等因素的影响。因此其分布是不平衡的，存在数量或质量上的显著地域性差异，并有其特殊的分布规律。

（二）经济属性

在开发利用的过程中，海洋渔业资源不仅呈现出以自然特征为基础的资源条件，还形成了自身独特的经济特征。

1. 稀缺性

海洋渔业资源具有一般经济资源的稀缺性特征，即相对于资源的需求，海洋渔业资源供给是稀缺的。人类对稀缺性的认识在不同阶段是有差异的。19 世纪后期，自然科学家 Huxley 指出，海洋渔业资源如此丰富，以至于渔业管理的任何努力都似乎是无用的。1994 年联合国粮食及农业组织（FAO）的报告统计对比了 1950 年以来的鱼类上岸量，指出年均增长率显著下降，并逐步接近零。20 世纪 90 年代初，已有资料指出全球 17 个主要渔场均已达到或超过它们的可持续能力，其中 9 个渔场已处于衰退状态，个别渔场已到了崩溃的边缘（赵淑江，2005）。2024 年 FAO 的报告显示，生物可持续限度内的海洋鱼类种群比例在继续下降。同时，全球水生动物食品每年人均表观消费量由 1961 年的年均 9.1kg 上升至 2000 年的年均 19.6kg 以及 2022 年的年均约 20.7kg。由于人类对渔业的需求增速远超过捕获供给增速，海洋渔业资源稀缺性程度持续加剧。

2. 产权的模糊性

产权是界定所有者权利、特权以及使用资源的限制的权利（Tietenberg，2001），它包括所有权、占有权、使用权、收益权、处置权等。海洋渔业资源的产权界定、制度设计与执行差异会直接影响渔业资源开发的社会效益、环境效益和经济效益。世界上部分国家规定渔业资源所有权归国家、集体或某些个人所有。然而，从完全的产权角度来看，海洋渔业资源产权存在模糊性，例如海洋渔业资源在除领海和专属经济区外的大部分海洋区域没有划分国界。捕捞渔业还会由于渔业资源的洄游性（流动性）而难以将其局限在某一海区进行管理。由于管辖分歧，也无法完全阻止其他渔船跨域进行捕鱼作业。再比如碳汇确权问题。由于养殖所在区域的生态系统是有机联系和相互依赖的，以养殖渔业作为碳汇确权边界则会割裂生态整体性价值。同样，养殖污染产生的损害的产权也比较模糊。

3. 渔业资源的共享性与"先来先服务"性

海洋渔业资源的共享性凸显了资源的竞争性与非排他性。海洋渔业资源属于流动性资源，在开发利用过程中往往是不同地区乃至不同国家之间共享同一渔业资源。共享资源在使用过程中具有排他性，渔获物无法被其他主体再捕获并使用，即排除了多方占有权。共享资源在使用过程中具有竞争性，可以采用"无主先占"和"先来先服务"方式竞争性获取。由此，海洋渔业资源的共享性使得人类在资源开发中不可能自行达到合作下的最优平衡状态。一般情况下，渔民往往不具备自我管理、自主治理能力。在多样性渔业水域生态体系中，单一政策方案也难以与多样性的"生态"相匹配。

4. 开发利用过程中的外部性

外部性是指生产者或消费者等经济主体在自身的经济行为中产生了一种有利或不利影响，但这种有利或不利影响所带来的损益并未被产生这一行为的经济主体所获得或承担。外部性造成私人成本或收益与社会成本或收益的不一致，导致实际价格与最优价格相背离，由此造成资源配置的低效。外部性可以纳入人类开发利用海洋渔业资源的各种行为，是因为这些行为不仅使渔业资源产生外部性，还使海域水环境产生外部性。以单个渔船作为决策单元，在缺乏作业主体之间的合作机制时，各渔船将以各自的最大利益为目标。由此，若单个渔民过多采捕，可能导致其他渔民的捕获量减少。同样，水环境的外部性表现在海洋渔业生产、水产品流通等环节比比皆是。

5. 开发利用中的高风险性

海洋渔业资源受天气、温度等自然因素的制约，面临较高的自然风险、市场风险和政策风险。在《联合国气候变化框架公约》（简称《气候公约》）下，政策关注正转向气候变化、水生生态系统和食品生产之间的联系。FAO 在 2024 年的一份报告中指出了气候变化对全球海洋几乎所有区域可开发鱼类生物量的潜在风险（Novaglio，2024）。海洋渔业资源开发利用的效益受市场行情影响，经济良好时，水产品价格上涨，反之，水产品价格下跌，导致收益受损。同样，市场行情变化还会影响渔船价格，并进一步影响渔民经营收益。渔船价格会随着市场行情下滑而大幅度下跌，会出现"进入容易，退出难"的现象。渔船作为固定资产，投资量大，回报周期长，渔民易因急于收回投资而出现过度捕捞的情况。

6. 高排他成本

由于海洋渔业资源的波动性、产权的模糊性、开发利用过程中的外部性与高风险性等多重原因，渔业资源在管理和利用过程中的排他成本比较高。排他成本是经济主体要排斥其他主体使用渔业资源而需要付出的成本，排他成本过高将导致经济上不可行。为防止海洋渔业资源被别人开发利用，经济主体就会先行捕获，从而出现对渔业资源的过度捕捞。由于微观主体理性行动所造成的海洋渔业资源过度捕捞，在宏观层面将导致政策控制与管理的失灵。

三、海洋渔业资源的开发利用

海洋渔业资源是一种重要的生物资源。人类在开发利用的资源类型、加工方式、贸易结构、产业模式等方面呈现兼顾开发与保护、持续推动可持续发展等特点。

1. 水产捕捞

捕捞是在自然栖息地（湖泊、海洋、河流）捕获水生动植物，捕捞业是所涉及的人、鱼类种类、水域或海床面积、捕鱼方法、渔船类别、活动目的等特征的综合。为推进种群恢复，全球捕捞渔业产量自 20 世纪 80 年代以来一直保持稳定。2022 年，全球海洋捕捞水生动物达 7 970 万 t，占捕捞渔业总产量的 86%，在生物可持续水平范围内捕捞的海洋种群为 62.3%。作为世界上海洋捕捞量最大的国家，中国严格控制近海捕捞行为，近海捕捞量持续下降，从 2000 年的 1 447 万 t 下降至 2022 年的 950 万 t。开发远洋水产资源，有利于降低近岸、近海捕捞强度，合理布局渔业生产力。2014—2022 年，中国远洋渔业产量最小值是 198 万 t（2016 年），2022 年达到 232 万 t，主要集中在鱿鱼与金枪鱼，保持稳中有升。

2. 水产养殖

海水养殖是渔业资源开发利用的人工方式，利用天然海水面与滩涂，放养经济价值较高的鱼类、贝类、甲壳类及藻类等的种苗，进行人工繁殖。进入 21 世纪以来，全球海水养殖正从传统的滩涂养殖、近岸养殖向离岸养殖、远海养殖发展。2022 年，全球养殖渔业动物产量首次超过捕捞渔业动物产量，达到历史高峰。中国以养殖水产品为主，从 1992 年起保持着全球最大的海水养殖生产国纪录，2022 年海水养殖量达到 2 275 万 t，占海产品总量的 70%。其中，鱼类 192 万 t、甲壳类 195 万 t、贝壳类 1 569 万 t、藻类 271 万 t。远海养殖是改善海域空间、提高养殖质量的重要方式。2022 年，中国深远海养殖产量达 39.3 万 t，占海水鱼类养殖的 20% 以上，培育出的适合深远海养殖的新品种包括"甬岱 1 号""富发 1 号"大黄鱼和"晨海 1 号"金鲳等。海洋牧场作为世界各国重点发展的现代渔业模式，通过人工鱼礁、增殖放流等措施，积极养护海洋生物资源与修复海域生态环境，实现了渔业资源的可持续利用。

3. 水产品加工

水产品精深加工和综合利用是渔业资源高效利用与高值化生产活动的延续。海洋水产品加工业涵盖水产品冷冻以及冷冻品、干制品、鱼糜制品、罐头、腌熏品、鱼粉、鱼油、藻类食品、医药化工和保健品等系列产品的纵深精加工行业。从全球视角来看，对于海洋渔业资源的高值化利用主要包括海洋生物制品、海洋生物新材料、海洋生物医药三大产业，综合经济效益超过捕捞与养殖业。水产品是中国最具出口竞争力的产品之一，中国与 201 个国家或地区保持着水产品贸易往来，海水产品加工比例高达 58%。

4. 业态融合

将海洋渔业资源与生态资源相结合，推动渔业资源开发向绿色新型发展，是"渔业资源+"的深耕模式。例如，海洋休闲渔业对现有的渔业资源配置进行优化，将渔业与文化传承、休闲娱乐、旅游观光、生态建设、教育科普和餐饮等多种休闲娱乐产业相结合，提供满足人们休闲需求的产品和服务，是一种融合了一二三产业的新型产业形态（Herd，2003），具体包括海岛旅游休闲渔业模式、综合型休闲渔业模式、沉浸式体验型牧场旅游等。"海洋牧场＋海洋能"业态是将波浪能、海风能等新能源供给与海洋牧场融合发展，实现多种海洋资源的生态化利用。

第二节　渔业经济的发展与作用

海洋渔业作为"大农业"的重要构成部分，在国民经济中占有重要地位。回顾海洋渔业经济的历史演进过程，大致经历了四个发展阶段。

一、原始渔业的产生

渔业的悠久历史可以追溯到原始人类的早期发展阶段。中国是历史悠久的文明古国，从其考古学与历史记载可以探知原始渔业的产生、单一的鱼类捕获如何演变为重要的渔业生活以及淡水渔业与海洋渔业的起源关系。

渔业的产生最早见于江、湖水域淡水渔业捕捞。考古研究发现，人类渔猎时代是从距今1万多年前的旧石器时代开始的*。在太湖流域出土的新石器晚期（良渚文化时期）文物中，有炭化的稻谷和大量捕鱼用的石网坠、红陶网坠和黑陶网坠以及石斧、鱼骨制品等，还有捕鱼乘坐的独木舟的碳化圆木，由此可知4 000多年前先民捕鱼已经十分普遍。在距今5 000多年前的吴江梅堰龙南遗址出土了石网坠、黑陶网坠、红陶网坠、骨鱼镖，以及龟鼋的骨骼和许多鱼骨。在距今4 700多年前的钱漾山遗址也出土了网坠、木桨和捕鱼用的丝、麻线、石镞等古渔具以及设有"倒梢"的竹编鱼笼，表明当时的捕鱼工具已具多样性。捕鱼方法从棒杀、石块砸、木尖射杀等方法改进为用网与鱼钩捕鱼，这些工具一直沿用到现在，只是经过反复改进，使用更方便、捕鱼效果更好。由此可见，太湖流域以及周边地区在新石器时代已进入农耕时期，淡水鱼类捕捞是人们生活所需的重要部分，并且出现了以捕鱼为生的渔民群体。

由考古结果可知，新石器时代也出现了古海湾先民以及"靠海吃海"的捕鱼生活。浙江余姚井头山遗址是著名的新石器时代遗址，不仅将沿海历史文化源头在河姆渡文化的基础上又向前推进了1 000多年，而且是目前所见中国沿海埋藏最深、年代最早的典型海岸贝丘遗址（距今8 300～7 800年），还将海洋渔业起源进一步推向史前年代。井头山出土的文物包括航海木质船桨、海鱼骨骸、海洋软体动物贝壳、贝器等，见证了远古时代海陆变迁以及先民探索海洋、利用海洋、以海为生的开端。在与井头山遗址同处一个地理单元的河姆渡遗址、田螺山遗址，也出土了不少与海洋有关的文物，如鲨鱼、金枪鱼、石斑鱼、鲷鱼、黄花鱼、鲸鱼等海洋动物的脊椎骨、肋骨，以及大小和形态不一的数十件船桨，还有很多可作叉鱼工具的长体骨锥，但与海鱼骨骸的数量相比，淡水鱼的骨头数量多得惊人。从全国沿海漫长的历史文化进程来看，这两个遗址提供了海洋渔捞经济是渔业经

---

　　* 1983年在辽宁海城小孤山遗址出土了中国这一时期第一件较完整的骨鱼镖。骨鱼镖作为一种捕鱼工具，出现在旧石器时代晚期。

济演变起始的重要依据。

原始社会时期，海洋渔业活动作为人类生存方式已经出现。渔业资源极其丰富，但还未形成规模化、组织化的海洋渔业生产部门。因此，这一时期已孕育着海洋渔业经济活动，但由于文字等的限制，尚未形成渔业经济思想。

二、传统渔业经济

中国古代传统渔业是以风力和人力为动力，以手工操作为主的专门化经济部门。这一时期渔业的发展除利用天然水域的水产资源外，还开始了人工养殖。渔业生产由唐代以前的以内陆水域捕捞为主转向宋代之后较大规模的以海洋捕捞为主，经济形态由渔业转向商渔业并重。

作为部门经济，传统渔业生产活动在新石器时代晚期（良渚文化期）到商周时期形成并确立。夏朝先民为解决在水深面宽水域捕鱼而发明了木筏和木桨，为提高捕鱼数量而发明了鱼状、圆形、长方形的陶器作为网坠，为开展更大规模的捕鱼活动而形成了以氏族为单位的捕鱼群体。将剩余的鱼存养在池塘里，待需要时再捞上来食用，从而形成了最早的池塘养鱼。到商周时期，池塘养鲤被王公贵族普遍采用。至春秋战国时，王公贵族召集百姓挖池养鲤的风气已经普及到民间。在海洋渔业方面，近海捕鱼有很大发展，成为当时社会经济发展的重要支柱。商代都城遗址出土的大量的海贝、鲸鱼骨、龟甲证明渤海西岸、南岸已有捕捞、采集海贝螺和鱼类并以此进行商品贸易的海洋渔业商贸活动。周朝时已有了捕捞海鲜、食用海鲜的习惯。齐国位于渤海之滨，兴渔盐之利而成为大国。吴国（前505年）（陆广微，2020）将在长江口海上捕得的石首鱼（现称"黄鱼"）作为军粮，还将更多的海鱼腌制和晒干进行加工和储藏。这一时期，渔业由天然捕捞向人工养殖、加工并举演进，渔业生产的工具、技术方法、组织形式开始演变为大农业的部门经济。

渔业经济从秦汉时期走向成熟，发展为规模化、专门化、市场化的传统经济形态以及海陆捕养、近远海贸易并举的部门经济类别。渔业发展方式，秦汉渔业的生产手段、经营方式等已经达到了相当成熟的水平（王子今，1992），魏晋南北朝时期的人工养殖业和水产品业在农业经济中占据重要地位（刘汉东，1991），唐宋时期以捕鱼专业户（称"渔人"或"渔户"）为标志的产业化组织形态形成（魏天安，1988）。宋代，随着东南沿海地区经济的开发和航海技术的提高，不仅兴起了大规模的海洋渔业捕捞，还形成了固定的沿海渔场，如舟山群岛（昌国县）。海产品类别记载已经极其丰富，除鱼类外，还记录了12种蟹类以及大量贝类产品在全国各地的食用传递（徐世康，2015）。宋代近海贸易市场核心区域已形成，连接沿海内陆、延伸远海贸易。近海贸易最频繁的是长江以南至广东区域，沿海渔业结构兴起渔兼商的经济浪潮，有丰富的水产品类别、稳定的近海贸易海船户、渔帮以及成熟的近海航路，整个沿海地区海船与贸易十分可观（黄纯艳，2024）。远洋海船在泉州湾后渚港出土的宋代海外返航商船中有了完整的航行轨迹。在明清时期，随着海水养殖业和远洋渔业的兴起，传统渔业资源的开发规模和鱼产品市场化发展水平达到高峰。在近海养殖中，明朝在松江（今属上海市）海边挖池养殖鲻鱼，在东南沿海养殖贝类。环中国海区域，渤海湾渔场、辽东湾渔场和舟山渔场三足鼎立，各海域海藻鱼类等水产品加工与大宗贸易船舶"动以千艘"（王志跃，2023）。船舶出海的兴起推动了渔船以网船（下网起网船）与煨船（供应渔需物资、食品及储藏渔获物）共同作业以及出海钓捕海渔业的发展（王士性，2022）。

传统海洋渔业发展推动了三个方面制度的建设：一是海洋渔税征收制度。早期的渔业税收以土贡的形式呈现，并一直延续下来。海租（税）作为一种租税形式，起源于汉代，表明当时对海洋资源的利用和管理已经开始受到重视（庄适选，2014）。宋元时期实施"砂岸海租"，主要分布在庆元府（宁波）沿海地区，征收的范围涉及海洋渔场、海岛土地和海涂。明代河泊政策主要在各地河湖水域设置河泊所征收鱼课，是渔税征收制度的主要形式，而在沿海实施比较困难。渔税征收方式和征收对象则因时因地而异，如有政府综合办理、额外加征、有借其他税项（如鱼苗税或渔船鱼埠税等）抵补等多种形式（杨培娜，2012）。二是渔民管理制度。渔民不仅是渔业活动的主体，也是渔税征缴的对象。对渔民的管理是渔业各项制度要求得以落实的核心。清代中期，管理沿海渔民的方式从定居渔民户籍身份管理转变为通过船只来掌控流动渔民，即由"籍民入所"转变为"以舟系人"（杨培娜，2019）。三是渔船管理制度。渔船管理制度是关于海陆水上作业管理和规范的制度。明清时期对渔船船只的管理制度逐渐明晰，并不断修订和完善，形成制造、营运、买卖等一系列规制。出海渔船管理分为渔船制造管理、下海后渔船管理和其他有关渔船管理制度。其他有关渔船管理制度包括渔船换照、渔船私租及转卖、循环簿制度等（欧阳宗书，1998）。渔船执照与商渔换照体现了渔业规范、灵活的经营机制，渔船出入需要获得许可，商船在渔汛期可改换成渔船的执照从事渔业采捕，渔汛期结束后再换回商照。

传统渔业经济时期，中国海洋渔业经济发展呈现重要的资源经济观。一是海洋渔业经济强国富民的重要思想。注重农业社会的部门经济发展规律，重视海洋渔业领域的部门分工、产业组织化与市场化、作业领域拓展以及技术改进，持续提升海洋渔业经济生产效率与效益。二是海洋渔业资源可持续发展的重要思想。注重遵循生态学的季节规律，重视渔业资源的持续保存和永续利用。明代万历《绍兴府志》中记载了"海民生理，半年生计在田，半年生计在海，故稻不收者，谓之田荒，鱼不收者，谓之海荒"的思想（李玉尚，2012）。三是海洋渔业管理的重要思想。注重构建基于海洋渔业权的管理体系，重视渔税、渔民、渔船等管理制度完善，体现了海洋渔业资源产权化管理的重要思想。

17—19世纪，西方国家开始了资源经济学早期的系统研究以及西方经济学体系的建构。代表性学者包括威廉·配第、大卫·李嘉图、马歇尔、亚当·斯密等。17世纪英国古典政治经济学创始人威廉·配第提出"劳动是财富之父，土地是财富之母"的论断。18—19世纪，英国古典经济学家大卫·李嘉图和德国农业经济学家屠能分别创立了差额地租论和农业区位理论。英国经济学家马歇尔对土地理论进行了进一步拓展。18世纪，亚当·斯密创立了自由市场的经济体系理论。他们的研究贡献主要是对自然资源体系的系统讨论，尤其是土地资源的自然属性及其经济学问题，注重研究经济与人口、资源及环境之间的关系，并奠定了理论基础。

三、近代渔业经济

中国海洋渔业从传统走向近代，发生了诸多深刻变化。传统海洋渔业的特质，如依靠风帆动力的渔船、控制水产品流通的鱼行、通过地缘关系结合的渔帮依然存在，但逐步向渔业经营公司化、渔业管理制度化、渔业生产机械化、渔业教育专业化等现代海洋渔业经济体系过渡。海洋渔业近代化的标志之一是渔业技术的进步。渔船的动力化为远洋捕鱼以及领海渔业权、渔业资源竞争提供了保障。制冰与水产品保鲜技术使得冰鲜水产品运输和销售成为可能，为冰鲜渔业与大市场发展提供了重要保障。在流通市场体系方面，海洋水产品交易形成了三级分销市场（伍振华，2015）。一级市场为大型专业水产批发交易场所，最早出现在1936年的上海鱼市场。二级市场是渔行或渔货代理商行，属于水产中间商，从事水产品批发交易。三级市场是水产品零售消费市场，有菜市场、卖鱼店等。渔行以公司制形式加快水产品流通，但也造成交易市场垄断和控价。上海鱼市场采用官商合营的形式，整合了各渔业经销组织，形成了统一的大市场，是有效管理海洋渔业、推动渔业现代化的重要方式（白斌，2015）。在渔民组织上，还出现了基层群体组织、经济合作组织等多种形式。渔业公所出现在清代中期，大部分成立于晚清民国时期。渔业公所不同于渔帮联合，其职能是代表渔民与政府交涉，并维护公所内部的生产秩序。渔会和渔业合作社出现在中华民国时期，渔会是获得政府认同的职业团体，而渔业合作社是政府主导建立的、以救济渔民为主要目的的组织，是政府联系渔民的中介或桥梁，又是渔民自由联合的社会和经济组织（白斌，2007）。

这一时期，海洋渔业现代市场体系与管理制度萌发，体现在渔业经济主导权、水域所有权、领海渔业权等方面的制度探索。然而，这一时期仍然缺乏系统的经济管理理论研究与实践。

20世纪初期开始，西方自然资源经济学沿着两个方向发展。一是自然资源学与经济学的结合，把自然资源当作一门经济学科系统来研究；二是基于经济学角度研究自然资源的优化配置问题。开创者是美国Richard T. Ely和Edward W. Morehouse，1924年他们合作出版的《土地经济学原理》被认为是自然资源经济学建立的奠基之作。另一个发展方向即基于纯经济学研究自然资源优化配置问题。1920年，庇古在《福利经济学》中提出外部性问题解决的"庇古税"方法，成为政府管制自然资源供求的重要理论基础。与"庇古税"相对立，自由市场经济学的自然资源配置理论是Ronald H. Coase创立的"科斯市场"理论。这一理论认为，引入外部性产权交易对接政府管制能有效提高资源环境经济的运行效率。上述理论思想也被运用于渔业经济发展与资源治理，进而奠定了现代渔业经济发展的基础。

四、现代渔业经济

现代渔业经济突出表现为三大目标的协同实现，即满足人们对水产食品日益增长的需求、有效管理保障渔业种群健康和公平生计、升级水产食品价值链保障其社会经济和环境层面的可持续性。作为重要的食物保障，渔业经济发展存在极大的挑战。1950 年，全球人口约为 25 亿，到 2022 年 11 月已达 80 亿。尽管人口增长存在不确定性，但增长趋势仍是十分明显的。据联合国预计，世界人口到 2030 年将达到 85 亿，之后将继续增长，到 2050 年达到 97 亿，到 2100 年达到 104 亿。水产品是世界上贸易额最高的一类食品，如果把所有水产品纳入考量，2022 年有 230 多个国家与地区参与水产品贸易，贸易额达 1 950 亿美元，创历史新高。但自 1993 年以来，捕捞渔业产量大致保持不变，主要依赖水产养殖业产量增长。因此，保障渔业经济供需平衡存在极大的挑战。海洋渔业发展方面还面临其他诸多挑战，如气候变化与自然灾害、海洋污染、海洋生物多样性丧失和其他人为因素的影响等。由此，海洋渔业经济研究也从单纯的资源经济问题转向人口、资源与环境生态的综合研究和探讨。

改革开放以来，中国海洋渔业经济开始迈向现代化进程。从产量规模来看，进入 21 世纪以来，中国一直保持着全球最主要的渔业经济生产国、出口国以及消费国地位。在经济结构层面，中国海洋渔业产业体系不断健全，覆盖渔业一二三产业以及在海洋捕捞业、养殖业、水产加工业、休闲渔业与海洋渔业在机械、医药、建筑、旅游业等方面不断延伸。在经济质量层面，中国海洋渔业经济技术逐步迈向远海捕捞、种苗养殖、流通加工、冷链物流等全产业链供应链体系创新，以及信息化、智慧化的远海渔船研发与建设。在管理制度层面，初步形成了以《中华人民共和国渔业法》（以下简称《渔业法》）为基本框架、层次结构完备、不断完善的现代渔业管理制度。全国性和地方性渔业法律法规和规章基本覆盖海洋渔业管理各个方面，包括海洋捕捞管理、远洋渔业管理、海洋环境保护、海洋渔业船员管理、渔港管理、水产养殖管理等。同时，中国海洋渔业经济发展的不平衡不充分等问题依然突出，近海渔场过度捕捞、海域污染事件屡见不鲜，迫切需要完善创新现代渔业产业体系、生产体系、经营体系和治理体系。

从理论体系建构视角来看，现代海洋渔业经济以经济学理论为基础，资源经济学、产业经济学、资源管理学等学科融合发展。其中外部性理论、公共产品理论、自然资源产权理论、可持续发展理论、产业组织理论、自然资源治理理论等构成了海洋渔业经济学的核心理论。

五、海洋渔业经济的作用

2023 年，中国渔业产值占农林牧渔业产值的 10%，海洋渔业在国民经济发展中占据重要地位，主要表现在粮食安全、经济发展、产业提升、社会就业等方面。

（一）为人类提供丰富的蛋白质

水产品能提供优质蛋白质，是人类所消费的动物蛋白质的重要来源。根据 FAO 统计，2022 年，全球水生动物食品表观消费量 1.625 亿 t，自 1961 年以来的增长率为世界人口年增长率的近两倍。相应的，水生动物蛋白质占全世界人口所消费的动物蛋白质的 15%、蛋白质总量的 6%。除蛋白质外，海洋水产品还提供更为丰富的 ω-3 脂肪酸、矿物质和维生素等关键营养元素。

（二）国民经济增长的重要支撑

渔业是促进大农业发展、繁荣渔村经济的重要产业。2023 年，中国全社会渔业经济总产值 32 669.96 亿元，其中渔业产值 15 957.35 亿元。海洋捕捞产值 2 618.31 亿元，海水养殖产值 4 885.48 亿元，共占渔业产值的 47%。2023 年，渔业工业和建筑业产值 7 018.84 亿元，渔业流通和服务业产值 9 693.76 亿元，渔业三次产业产值的比例为 48.8：21.5：29.7。2023 年，中国水产加工品总量 2 199.46 万 t，海水加工产品 1 713.12 万 t，占比为 77.9%。相应的，进出口总额 442.37 亿美元，是 2002 年水产品贸易总值的 6.36 倍。

（三）现代化渔业实现"链式发展"

水产品为食品、医药、饲料、轻工、农业等多个部门提供原料，还带动建筑、机械、造船、能源等多部门联动发展。现代渔业发展加快了新材料、新技术、新工艺、新设备的开发。进入 21 世纪，海洋渔业经济涌现出许多新的商业模式，如智慧渔业模式（深水智能渔场）、融合渔业模式（休闲海钓）、跨界渔业模式（滩涂风光渔）等，有效带动了产业链上下游发展与"跨链融合"。在发展海洋渔业过程中，高度重视对渔业资源和生态环境的保护，实行了严格的伏季休渔期和公海渔业养护制度，严格控制捕捞强度，对资源和生态环境保护产生了积极影响。

（四）社会就业与收入增长

渔业经济也是农民增收、共同富裕的重要途径。2023 年，中国渔业人口 1 598.57 万人，传统渔民 506.27 万人，渔业从业人员 1 176.23 万人。通过转产就业或主副业兼顾，渔民还在渔业经济二三产关联部门灵活就业。渔民人均年收入从 1978 年的 93 元增加到 1997 年的 3 974 元以及 2023 年 25 777.21 元，名义增长率达到 277 倍。

海洋渔业经济向可持续发展方向转变。以"增殖放流＋人工鱼礁＋藻场移植＋智能网箱"为主的海洋牧场建设，推进海洋渔业从"猎捕型"向"农牧型"转变。海洋牧场使海域生态系统得到修复，渔业资源增殖效果明显。"渔光互补"作为生态农业与清洁能源的结合产业，不仅推动了跨域技术创新、引导绿色金融创新，还有效实现了生态价值与经济价值平衡的高质量发展。"海洋渔业碳汇"通过了明确海域、水域立体使用权归属，为探索生态产品价值的实现模式提供了现实依据。

第三节　海洋渔业经济学的研究体系

在《国民经济行业分类》（GB/T 4754—2017）中，渔业为门类 A"农、林、牧、渔业"中的大类之一，下分"水产养殖"和"水产捕捞"两个种类，均覆盖海洋渔业经济活动。从经济学分类体系来看，渔业经济学是应用经济学下农业经济学门类的一个重要分支，海洋渔业经济学则是二级分类。全面了解海洋渔业经济学的研究对象、研究内容和研究方法，明晰海洋渔业经济学的学科性质和研究体系具有十分重要的意义。

一、海洋渔业经济学的研究对象

一门学科的研究对象是这一学科研究领域特有的矛盾及规律。作为一门学科，海洋渔业经济学必须明晰所要研究的特定领域和发展的规律才能够区分于其他学科。

海洋渔业经济学是研究海洋渔业部门生产、分配、交换、消费等经济活动及其应用的科学。随着相关学科的发展以及实践创新，海洋渔业经济学研究客体、对象不断得到拓展与延伸。海洋渔业经济研究客体从以天然渔业资源为主拓展到天然、养殖资源并重。海洋渔业经济学研究范围从捕捞、养殖及其相互关系拓展到渔业与生态保护之间的关系、水产品流通与国内外贸易、金融体系构建、海洋渔业经济管理及其国际合作等多领域的经济问题。本书的研究客体特指海洋水域中具有捕捞、开采或养殖价值的海洋水生生物资源，不包括淡水渔业资源；书中海洋渔业经济学研究范围涵盖近远海捕捞、滩涂与海水养殖等关联的经济活动范围，但不包括淡水捕捞、淡水养殖以及与之相关联的经济活动。海洋渔业经济学的研究对象还凸显了问题导向与"中国方案"，如：有关海域资源确权与使用问题，书中详述了海域分层设权的原理与制度创新；基于渔业生态价值实现问题，书中详述了海洋渔业碳汇核算方法论与生态经济化模式创新；基于海洋渔业经济高质量发展问题，书中阐释了智慧渔业、绿色渔业、数字贸易与国际合作等新型发展模式与创新路径。这些方案、政策创新与经济效益评价将充分体现海洋渔业发展过程中的"中国道路"和"中国贡献"。

二、海洋渔业经济学的研究内容

海洋渔业经济学的根本任务是在正确认识人类和海洋渔业资源与环境、经济发展三者关系的基础上，研究海洋渔业部门的各类经济活动及其经济规律。本书以海洋渔业资源的经济学研究为主线，贯穿海洋渔业生产及与之相联系的分配、交换和消费等部门经济各个环节，阐明资源开发利用、优化配置与保护再生产的一般经济规律与政策制度，推进协调实现海洋渔业资源与环境的永续利用以及渔业经济的高质量、可持续发展。海洋渔业经济学的研究内容总体上包括四方面内容：

1. 海洋渔业经济的基础理论体系

主要包括：①海洋渔业经济学的研究范畴，比如海洋渔业经济学的基本假设、基本原理、研究对象、基本方法、学科演化、重要地位与作用等。②海洋渔业资源与配置的概念、基础特性与资源核算框架的基础内容。③海洋渔业资源开发利用与优化配置问题的经济学理论，包括产权理论、市场理论等核心理论，还包括海域确权、经济建模等方法论。④应对资源枯竭、气候危机等重大经济影响问题的理论研究，包括海洋经济增长理论与可持续发展理论。可持续发展理论涵盖循环经济、绿色经济和智慧经济等新的理论成果。⑤宏微观层面产业发展的理论研究，包括产业组织理论与产业经济学理论，尤其是海洋渔业经济学研究在产业升级、产业融合、经济组织等理论领域的重要进展。

2. 海洋渔业资源开发利用、产业经济形态与可持续发展

基于人类对渔业资源需求的增加以及经济可持续发展的长期要求，海洋渔业经济形态在资源开发利用的深度、广度与可持续度层面不断拓展，重点以养殖经济、捕捞经济、生态经济等为研究对象。海水养殖经济围绕自然、经济、社会、生态等多因素影响，研究海洋渔业资源的类别、数量和质量提升、产业链纵横延伸、"四代技术"演进以及"五化"（数字化、生态化、绿色化、深远海化、国际化）经济发展趋势。海洋捕捞经济围绕技术、环境、市场、制度体系等多因素影响，研究近远海与内陆渔业资源平衡、产业效率提升与提高经济效益问题。海洋渔业生态经济围绕经济生态化与生态经济化的发展趋势，研究绿色养殖、可持续捕捞、休闲渔业等新型海洋渔业经济形态以及渔业碳汇等生态经济模式，关注生态要素的发展潜力与实践创新。

3. 海洋渔业资源优化配置与经济效益提升

海洋渔业经济贯穿生产、流通、消费、分配等全过程经济活动以及这些活动通过国别、地区等多元化市场体系而实现的价值增值效率与效益。相关研究聚焦海洋渔业技术、贸易流通、财政金融等核心经济要素的作用与影响。海洋渔业技术经济以技术要素更新迭代的方式及其生产力驱动水平为对象，研究成本效益分析、投资决策分析、技术风险管理与策略、新质生产力培育等问题。水产品加工与贸易基于价格理论与市场交易体系，研究水产品定价机制、贸易结构、贸易策略、贸易规则与壁垒等的发展演变与竞争力影响。海洋渔业金融结合现代金融发展创新，研究渔业信贷、保险与金融风险防范等问题。

4. 海洋渔业经济管理与国际合作

海洋渔业经济发展需要管理体系与合作体制的保障和推进。海洋渔业经济管理体系由管理职能部门、管理的职责及内容、渔业法律制度体系构成。管理职能部门对海洋渔业经济活动及其经济关系的管理发挥重要作用，职责重点包括渔业生产运行、产品质量控制、信息化与经济体制管理等。国内渔业法律制度基于产业可持续发展视角阐述海洋渔业法律制度演进，细分海洋渔业资源养护法律制度和渔业安全运作法律制度。国际渔业法律制度涵盖了国际法律制度、合作协议以及他国法律体系等内容。海洋渔业国际合作协议作为双边或多边渔业合作的基础，可以涵盖合作目标、合作基础、合作领域与方式等内容。为推动"21世纪海上丝绸之路"建设，将深化渔业国际合作作为本书的重点内容进行阐述，明确国际渔业合作的重点区域、领域、方式及政策保障。

三、海洋渔业经济学的研究方法

海洋渔业经济学的研究方法众多。经济学中的经济理性人假定仍然被采用，分析方法是规范分析与实证分析相结合、定性分析与定量分析相结合，静态分析、比较静态分析与动态分析相结合的方法体系。

第一，新制度经济学、信息经济学等理论和方法是海洋渔业经济学的主要方法体系。新制度经济学框架下，交易成本理论、制度变迁理论、产权分析方法、委托-代理理论等被大量运用于渔业资源与环境经济研究。信息经济学与博弈论分析方法被应用于海洋渔业资源配置、市场竞争、环境治理等问题的研究。

第二，产业、技术、贸易、金融等多学科理论与方法被广泛用于海洋渔业经济相关领域的研究。随着渔业科学技术的不断进步，海洋渔业产业部门不断拓展，产业内、产业间的关联互动更为密切、国内国际市场双向影响更为广泛，产业组织理论、技术创新理论、绿色金融理论等前沿成果与方法论被用于海洋渔业高质量发展、新质生产力培育等热点或重点问题研究。

第三，在海洋渔业经济学与生态分析框架相结合的研究中，广泛应用生态经济系统分析方法。该方法将经济系统与生态系统相融合，用于研究海洋渔业在宏微观"经济、生态、社会"综合系统下的环境承载力、生态平衡及相关经济问题。

第四节　海洋渔业经济与相关学科的关系

随着渔业的快速发展以及理论研究的逐步深入，海洋渔业经济学的细分学科将更为广泛。因此，系统了解海洋渔业经济学与经济学、管理学以及其他关联学科门类的关系，可以更深刻地理解海洋渔业经济学的学科发展动态。

一、海洋渔业经济学研究的重要性

（一）揭示海洋渔业经济发展规律

海洋渔业发展历史悠久，海洋渔业经济学的研究使我们充分认识到海洋渔业资源的本质特性、经济发展客观现实及其演化规律。面对海洋渔业快速发展现状，以科学理论为指导，需要不断发现新问题，提出新思路、新机制、新方法，不断完善渔业经济学的学科体系，为渔业经济高质量发展提供科学依据和理论基础。

（二）推动海洋渔业经济可持续发展

在世界海洋渔业资源普遍衰退或过度利用的情况下，气候变化等非传统环境因素进一步加剧对海洋渔业种群的生产力、可持续性和韧性的影响。渔业是可持续发展目标（即保护和可持续利用海洋和海洋资源以促进可持续发展）的重要内容，水产食品体系被频繁纳入国际协议或文书，如：联合国粮食系统峰会对话、《联合国气候变化框架公约》谈判、"昆明-蒙特利尔全球生物多样性框架"、《〈联合国海洋法公约〉下国家管辖范围以外区域海洋生物多样性的养护和可持续利用协定》、世界贸易组织《渔业补贴协定》等基于上述国际背景，积极开展海洋渔业经济学研究将为海洋渔业资源的可持续利用与全球共同行动提供重要的理论基础。

（三）加快海洋渔业经济学科建设

中国的发展，不仅面临全球性渔业经济发展的共同问题，还面临自身特有的问题，如：在中国现代化经济体系建设过程中，如何动态优化海洋渔业生产关系，以适应不同阶段生产力发展水平的要求；在可持续发展行动中，中国的水产养殖业如何实现绿色发展并助力全球水产养殖走绿色发展之路；在自然风险和市场风险都存在较大不确定性的情况下，如何构建绿色稳健的"双循环"渔业产业链，兼顾风险能力提升与两个市场、两种资源利用等。要科学回答这些问题，需要在深刻理解海洋渔业经济基本原理以及深入了解中国渔业发展实践的基础上，不断实现理论创新，拓展和完善中国特色的海洋渔业经济学学科体系。

二、海洋渔业经济学与经济学、管理学等基础学科的关系

从学科性质上来看，海洋渔业经济学属于应用经济学的一个分支学科，但不是单一学科，与经济学其他学科、管理学等基础学科关系密切。细分海洋渔业经济学理论体系，海洋渔业经济学与宏微观经济学、渔业资源经济学、渔业生态经济学、渔业技术经济学、水产品贸易学、水产养殖经济学、渔业金融学等分支学科相关联，还涉及渔业管理学等相关学科领域。渔业制度经济学、渔业资源经济学和渔业生态经济学作为理论经济学科分支构成了海洋渔业经济学的基础理论体系。海洋渔业技术经济学、水产品贸易学、水产养殖经济学、海洋渔业金融学等则以应用经济学科分支延伸海洋渔业在贸易、金融、技术经济领域的理论拓展与交融。渔业管理学与经济学理论相辅相成，涉及经济学所有细分领域的管理理论与实践。

1. 宏微观经济学

经济学科理论体系与分析框架是建构在稀缺资源价值体系基础上的。海洋渔业资源是稀缺且具有使用价值的物质资源，适用宏微观经济学方法论。宏微观经济学是研究资源最优化配置以及充分利用问题的核心理论，其中消费者理论、厂商理论、福利经济学理论、经济增长理论等是作为研究渔业资源及其部门经济发展规律的基础理论体系，而边际分析法、均衡分析法、比较静态分析法、动态分析法、实证分析方法等可作为海洋渔业经济学研究的基础方法。

2. 渔业资源经济学

渔业资源经济学既是渔业经济学的分支学科，也是资源经济学的分支学科。渔业资源经济学主要讨论渔业资源及其利用的经济学原理。渔业资源经济学最早的系统性研究可以追溯到戈登·史葛在《渔业资源的最优利用经济方法》（1953）及《共享资源经济理论：渔业》（1954）等论文中提出了生物经济平衡和最大经济产量（Maximum Economic Yield）的概念及其方法。国内代表性编著是陈新军主编的《渔业资源经济学》。渔业资源经济学既从资源观视角分析资源开发、利用、配置与再生产，也从资源经济维度探讨资源价值的形成、确立与实现，它是了解海洋渔业资源及其经济价值体系的基础学科内容。

3. 渔业生态经济学

渔业生态经济学是渔业经济学的分支学科，也是农业生态经济学的分支学科。20 世纪 50 年代以来，气候变化、环境污染以及包括渔业资源在内的自然资源衰退问题受到了全球关注，渔业经济与生态环境保护之间的关系受到了经济学的重视。渔业经济研究与渔业资源生态学研究逐步出现交融趋势。渔业生态经济学的主要目的是保障渔业经济活动和渔业生态系统之间的动态平衡关系、生态经济价值评估及其最大化实现。相比于渔业生物

经济学、渔业资源经济学，渔业生态经济学研究范围更广，不仅涵盖资源经济学基本理论，还包括生态经济学基本理论、生态经济规划、生态经济评估和管理学。因此，渔业生态经济学是了解海洋渔业经济生态价值体系的基础学科内容。目前，国内的理论研究通常涵盖在《渔业资源与生态环境修复》《渔业资源与环境经济学》等教材中。在生态文明建设和"双碳"目标背景下，海洋渔业经济的生态价值体系问题尚未在已有教材中涉及，系统了解和掌握相关理论与实践是十分必要的。

4. 水产养殖与渔业捕捞经济学

海水养殖经济是水域、滩涂以及人工设施设备从事养殖或栽培水产经动植物的生产活动及对其形成的各种经济关系的研究。海洋捕捞经济学是对人们在水生动植物的捕捞生产活动中形成的经济关系及其成果的研究。微观层面，海水养殖与海洋捕捞经济学聚焦生产者经济行为；产业层面，水产养殖与渔业捕捞经济学关注产业链结构与效率提升。中国传统海洋渔业以捕捞业为主，1978 年，渔业政策转向"以养殖为主，养殖、捕捞加工并举，因地制宜，各有侧重"，海洋渔业捕捞与养殖经济开始受到关注。因此，水产养殖与渔业捕捞经济学是了解海洋渔业生产性经济活动规律的重要学科内容。

5. 海洋渔业技术经济学

海洋渔业技术经济学是海洋渔业技术科学与经济学相互交叉、渗透而形成的学科领域。该领域是技术经济的重要分支，也是海洋渔业经济学的重要组成部分，主要讨论海洋渔业技术发展规律以及技术发展与经济活动相互关系的经济学原理。海洋渔业技术经济学产生于 20 世纪 80 年代，是在中国特色的技术经济理论与方法论发展以及提升渔业生产力和经济效益水平的背景下创建和发展起来的。国内代表性教材有《渔业技术经济分析》（夏世福）、《渔业技术经济学》（吴万夫等）等。经过几十年的发展，中国海洋渔业技术已经进入绿色智慧渔业时期，是适应"经济、生态、社会"多维度发展的技术演进。因此，海洋渔业技术经济学是全面了解海洋渔业经济技术及其发展的重要学科内容。

6. 水产品贸易学

水产品贸易学是渔业经济学与国际贸易学等学科的交叉。该学科关注水产品贸易政策、贸易流程、市场分析、质量控制与风险管理，涵盖国内贸易与国际贸易。水产品贸易学贯穿从海洋渔业生产领域向消费领域转移的各种经济活动，是解释水产品供需实现的重要经济学原理。中国是全球最大的水产品贸易市场，我们需要全面了解并掌握水产品市场体系与交易规则。水产品贸易学提供了海洋渔业市场体系与贸易体系的经济学理论与实务基础。

7. 海洋渔业金融学

海洋渔业金融学是海洋渔业经济与金融学相结合的学科领域。这一学科领域关注海洋渔业经济活动中的资金流动和资源配置，涵盖捕捞业、养殖业、水产品加工业与储运业等海洋渔业各种经济活动的资金融通问题。海洋渔业金融学的研究范围广泛，涉及海洋渔业产业的资金筹集、投资、信贷、保险等多个方面。现代海洋渔业金融不仅面临国际贸易争端、国际汇率等市场因素以及国际政治经济形势等传统风险问题，还需要应对气候变化、绿色供应链追溯等新型风险问题。渔业金融学是了解海洋渔业资源要素配置的重要经济制度内容。

8. 海洋渔业经济管理

海洋渔业经济管理是海洋渔业经济与管理的交叉分支学科。海洋渔业管理包括国际渔业管理和国内渔业管理。国内渔业管理涉及海洋渔业资源管理、渔政管理和渔业经济管理。海洋渔业资源管理是对海洋渔业资源与可持续发展的管理活动。海洋渔业行政管理是研究海洋渔业行政管理机构对渔业活动的行政管理。海洋渔业经济管理主要研究以获取最佳经济效益为主要目的的管理活动。这些学科内容均涉及海洋渔业政策与法律制度研究。海洋渔业管理贯穿海洋渔业经济体系各个环节，兼顾宏微观层面的制度问题。因此，海洋渔业经济管理是系统了解海洋渔业经济制度建设与实践的重要学科内容。

三、海洋渔业经济学与其他部分学科的关系

海洋渔业经济学的学科体系具有跨学科、跨领域特点，与生物学、海洋学等其他多部门基础学科关系密切。

1. 海洋渔业生物学

海洋渔业生物学主要研究海洋水生种群的自然生活史以及种群数量变化的规律，是海洋渔业资源评估与管理的科学基础。海洋渔业生物学紧密联系渔业生产实践，不仅研究与捕捞、养殖有关系的生物学问题，还涉及与海洋渔业有关的经济、社会和管理方面的问题。研究方法包括运用最优化、均衡和稳定性偏好构成的方法研究海洋生物领域的问题，是经济学和生物学交叉融合的方法论。

2. 渔业海洋学

渔业海洋学主要研究海洋过程如何对经济鱼类的丰腴度和可利用性产生影响，包括海洋资源的分布、丰腴度、流动性等，还涉及经济种类的生命循环过程如何被海洋物理过程影响。渔业海洋学关注海洋过程对海洋鱼类商业利益的影响，由此成为海洋渔业经济学重要的研究内容，研究方法主要是海洋物理、化学与生物学的相关方法。

第二章 海洋渔业经济理论

第一节 海洋渔业可持续发展理论

一、海洋渔业可持续发展

（一）"可持续发展"概念的产生与内涵

第二次世界大战后，世界经济迎来了发展的黄金时代，随之而来的是一系列严重的环境污染事件。1972年，以丹尼斯·麦多斯等为代表的罗马俱乐部成员发表了轰动世界的著名研究报告——《增长的极限》。该报告认为，人口增长、粮食供应、工业发展、环境污染和资源消耗是影响经济增长的五个主要因素，这五个因素相互作用，最终会导致污染日趋严重和生态环境快速恶化，一旦污染超过环境承载力就会给地球生态系统和人类自身带来毁灭性的灾难。这直接推动了可持续发展思想的形成。

在全球环保浪潮的推动下，联合国及其相关组织也在全力以赴探讨发展与资源、环境的关系。1972年6月，首届联合国人类环境会议在瑞典斯德哥尔摩召开，会议报告中写道："实际上联合国对这次会议的要求，显然是要确定我们应该干些什么，才能保持地球不仅成为现在适合人类生活的场所，而且将来也适合子孙后代居住。"1980年，世界自然保护联盟（IUCN）、联合国环境规划署（UNEP）和世界自然基金会（WWF）共同发表了《世界自然保护大纲》，提出要把保护和发展很好地结合起来，通过保护减轻对自然资源和生态系统的损耗程度而达到自然资源永续开发的目的。1987年，以世界环境与发展委员会主席、挪威首相布伦特兰夫人等为代表向联合国提出了一份题为《我们共同的未来》的报告。报告对人类在经济发展与环境保护方面存在的问题进行了全面和系统的评价，强调："我们需要有一条新的发展道路，不是一条仅能在若干年内、在若干地方支持人类进步的道路，而是一条一直到遥远的未来都能支持全人类进步的道路，也就是可持续发展道路。"报告中正式使用了"可持续发展"的概念，正式提出了可持续发展的模式：既满足当代人的需要，又不对后代人满足其需要的能力构成危害的发展。

通过以上对可持续发展思想及概念产生的背景、过程的梳理我们得知，"可持续发展"并没有其他的、特别的含义，就是其字面意思：能够永久地保持或维持下去的发展，它是相对于传统的经济发展模式提出的。由于传统的经济发展模式以高投入、高增长、高排放为典型特征，对自然资源造成了巨大消耗，对生态环境造成了严重破坏，导致人类社会发展无法永久地持续下去，因此，人们开始寻找一条能够使经济永续增长、人们的生活水平持续得到提高的发展道路，那就是可持续发展的道路。所以，可持续发展概念的核心是如何处理好人类活动与自然的关系，即如何在更高效利用资源和保护好生态环境的基础上实现人类社会的永续发展。

（二）海洋渔业可持续发展界定

作为整体国民经济可持续发展的一部分，海洋渔业可持续发展概念是随着可持续发展概念的提出而提出的，从历史的角度来看，它是对一般可持续发展概念的沿用。之所以能够沿用可持续发展概念，是因为海洋渔业同样面临无法永续发展的挑战，这种局面也是由资源、环境和生态问题造成的。

1. 海洋渔业发展面临的资源、环境与生态挑战

海洋渔业面临的生态环境问题最早出现在海洋捕捞领域，具体表现是海洋渔业资源的衰退。海洋捕捞一直是世界水产品供给的主要来源。但是 20 世纪 70 年代以后，世界上一些主要的传统经济鱼类均出现了明显衰退，海洋捕捞业逐渐陷入困境。20 世纪 80 年代，世界海洋捕捞产量的年增长率开始下降，20 世纪 90 年代，世界海洋捕捞产量开始下降，而在当时，全球海洋捕捞能力却是在不断扩张的，这很明显是海洋渔业资源衰退的信号。几十年来，在多方、各国的共同努力下，海洋渔业资源保护工作取得了一定成效，但是 FAO 的报告显示，从 20 世纪 70 年代中期起至今，以不可持续水平捕捞的海洋渔业种群所占比例一直在增大，全球海洋渔业资源衰退的总体趋势尚未得到根本扭转。

造成世界海洋渔业资源衰退的原因有多个方面：一是过度捕捞。20 世纪中叶，世界海洋捕捞能力曾出现爆发式增长，那个时期世界捕捞渔船数量急剧增加，捕捞技术也不断进步，使得捕捞强度的增长大大超过了鱼类自然繁殖和资源恢复的能力。这也是世界海洋渔业资源衰退最主要的原因。二是环境污染。随着世界人口的增长和工业化进程的推进，人类生产生活产生的污染物数量空前增加，如营养物、沉积物、农药、微塑料、工业废物和医疗废物等，这些污染物最终都进入海洋，通过降低海洋生物繁殖成功率、破坏海洋生物生存环境等，对海洋渔业资源产生了深远影响。三是生境破坏。第二次世界大战以来，席卷全球的海洋开发热潮蓬勃兴起，在此过程中，沿海地区的一些开发活动，如填海造地、港口建设、海洋工程等，对鱼类的栖息地、产卵场、洄游通道等造成了严重破坏。此外，全球气候变化导致的海洋温度上升、酸化、海平面上升和极端气候事件的增多，也在一定程度上加剧了海洋渔业资源的衰退。综合来看，海洋渔业资源衰退并不是一个单纯的资源问题，而是一个涉及资源、环境和生态三方面的综合性问题。

海洋渔业资源衰退的一个重要影响是推动了世界海水养殖业的快速发展。虽然海水养殖生产自古就有，但是只有在 20 世纪 90 年代海洋捕捞业陷入增长停滞后才迎来黄金发展期。1950—1970 年，水产养殖产量占世界水产品总产量的比例仅为 4%～5%，到 2022 年已达到 59%（其中海水养殖占 32%）。然而，经过多年的发展，如今海水养殖业也站在了与海洋捕捞业同样的历史关口，面临是否能够继续增长下去的问题。据 FAO 统计，近 20 年来世界海水养殖业发展已明显放缓，21 世纪头 10 年世界水产养殖业年均增速为 6.1%，第二个 10 年为 4.4%，2020—2023 年已下降为 3.7%，照此态势发展下去，世界海水养殖业很有可能停止增长甚至萎缩。

导致世界海水养殖业增长放缓的原因也有多个方面：一是海洋污染加剧。随着沿海地区城市化和工业化的快速推进，产生了大量的陆源污染，与此同时，海水养殖过程中大量使用饲料、药品和排放大量养殖废水，也产生了严重的自身污染。养殖水质的恶化不仅直接引起养殖生物死亡造成经济损失，还会破坏养殖区域周边海域的生态系统，导致海域生产力下降。二是养殖病害频发。随着海水养殖规模的扩大，养殖病害也越来越多、发生越来越频繁，更为严重的是，很多病害目前尚不清楚原因或没有好的防治方法，导致海水养殖常常因为病害而遭受巨大经济损失。此外，养殖病害还会外溢传染给野生生物，这不仅对海洋生态系统造成破坏，还使得病害在野生种与养殖种间往复交叉传染，很难根除。三是可养殖空间日益缩小。受技术、经济、社会等多方面因素限制，目前海水养殖仍然主要分布于水深 20m 以内的浅海和近岸海域，随着养殖规模的不断增大，加上大量传统养殖海域因城市建设、港口旅游开发等而被挤占，海洋养殖可用空间越来越少。上述因素相互交织、互为因果，在根本上影响着世界海水养殖业的未来。

2. 海洋渔业可持续发展的内涵

上述资源、环境与生态挑战是海洋渔业可持续发展概念形成的历史原因和现实基础。因此，海洋渔业可持续发展概念在内涵上与一般可持续发展概念一致，即为如何在更高效利用海洋渔业发展资源和保护好海洋生态环境基础上实现海洋渔业的永续发展。具体的包含以下几个层面的内容：

（1）海洋渔业可持续发展的核心是要解决好资源、环境与生态等问题。海洋渔业发展离不开资源、环境和生态的支持，因此，必须通过提高认识、转变方式、加强管理等，实现海洋渔业产业发展与资源、环境、生态相协调。

（2）实现海洋渔业可持续发展依赖系统性的解决方案。海洋渔业发展面临的各种资源、环境与生态约束，一部分是海洋渔业自身造成的，一部分来自海洋渔业外部，要实现海洋渔业可持续发展，必须系统性地解决这些问题，不能仅仅局限于海洋渔业内部。

（3）实现海洋渔业可持续发展包括控制海洋渔业生产中的外部性。海洋渔业生产中普遍存在外部性问题，很多不合理的渔业生产行为除了对海洋渔业自身造成损害外，还对海洋渔业之外的很多领域造成损害。例如，过度捕捞不仅会导致某一（些）特定渔业种群衰退，还会对整个海洋生态系统造成破坏，降低整个海洋生态系统的稳定性和功能质量。因此，实现海洋渔业可持续发展，不仅应关注外部环境对海洋渔业发展的制约，还要关注海洋渔业发展对外部环境造成的影响。由于类似的影响一般是间接的、潜在的，以往多没有引起足够的重视，但是如今它已成为评价海洋渔业可持续性的重要方面。

二、海洋渔业可持续发展的目标

（一）海洋捕捞业可持续发展的目标

要实现海洋捕捞业永续存在并发展，前提是海洋中的渔业资源不能枯竭。与石油、天然气等矿产资源不同，海洋渔业资源是一种生物资源，具有再生能力。因此，海洋渔业资源的可持续利用是海洋捕捞业可持续发展的核心内容。式（2-1）和图 2-1 从理论角度就如何实现海洋渔业资源可持续利用进行了说明。

$$B(t+1)=B(t)+R+G-M \qquad (2-1)$$

式中：$B(t)$ 表示 t 时刻某种海洋渔业资源的种群数量；$B(t+1)$ 表示 $t+1$ 时刻该资源的种群数量；R、G、M 分别表示 t 至 $t+1$ 时间段内种群的补充量、生长量和自然死亡量。

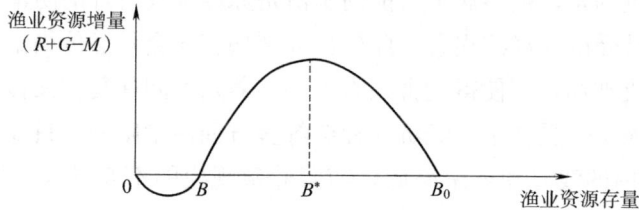

图 2-1 逻辑斯蒂曲线

海洋渔业资源开发利用面临的一个基本事实：即便在没有捕捞的自然状态下，海洋渔业资源生物的种群数量也时刻处于变动状态。导致这种变动的因素很多，除了资源生物自然的生老病死外，水温、盐度、饵料、种间关系和敌害等环境因素也都会导致海洋渔业资源种群数量变动。式（2-1）是在归结影响渔业资源种群数量变动的因素的基础上给出的一个描述渔业资源种群数量变动的基本模型。该式在最底层意义上揭示了渔业种群数量变动的动力机制：自然死亡使渔业资源种群数量变少，但幼鱼的生长和新鱼的补充可以使减少的种群数量得到补偿，渔业资源种群数量的变动轨迹取决于两方力量对比的结果，$R+G-M>0$ 时，渔业资源总量会增加，$R+G-M<0$ 时，渔业资源总量会减少，$R+G-M=0$ 时，渔业资源总量保持不变。因此，渔业资源种群数量的变动方向主要取决于渔业资源种群数量的增量 $R+G-M$。

$R+G-M$ 的大小主要由渔业资源存量决定。图 2-1 中有一条曲线，被称为逻辑斯蒂曲线（Logistic 曲线，种群增长曲线），它是一个在生物学上被广泛采用的用于描述（某种）渔业生物种群数量变化规律的一般模型，表达的内容：

（1）渔业资源的增量（$R+G-M$）决定于渔业资源存量。由图 2-1 我们可以看到，每一渔业资源存量水平都对应一个渔业资源增量水平，渔业资源存量水平不同，由其产生的渔业资源增量水平也不同。

（2）渔业资源增量（$R+G-M$）因渔业资源存量的变动而总体呈现先增大后减小的态势。在 B^* 点左边，渔业资源增量会随渔业资源存量的增加而增大；渔业资源存量高过 B^* 点以后，渔业资源增量反而随渔业资源存量水平的升高而降低，渔业资源存量为 B^* 时，渔业资源增量最大。

图中的 B 和 B_0 是两个比较特殊的点。

B 点是渔业种群是否能够生存的临界点。B 点向右，渔业资源增量都为正，B 点向左，资源增量都为负，这意味着，要保证渔业种群生存，其种群存量必须不能降到 B 水平以下。此点上的生物资源存量在生物学上被称为最低可生存存量。

B_0点是在完全没有人为干扰的自然状态下，渔业种群能够最终达到的最大资源存量水平，即自然均衡点。由于受环境中的食物、空间等很多资源条件的限制（称为负载容量），渔业种群数量增长到这些资源能够负载的极限时就不会继续增长。

基于渔业资源存量与增量的上述关系，我们可以大致勾勒出一个没有人为干预的渔业资源种群的完整动态变化过程，其中的关键点在于初始种群数量处于何种水平。总的来说：如果种群初始数量位于 B 点，那么该种群就会在这一水平一直维持下去；如果初始存量位于 B 点右边，那么种群数量就会不断增长，直至达到 B_0 水平；如果初始位置位于 B 点左边，那么种群数量将不断减少，直至种群灭绝。

在上述模型的基础上加入捕捞因素后，渔业生物种群变动规律并不会改变，仍然是图 2-1 的逻辑斯蒂曲线，不同的是，加入捕捞因素后，决定种群数量变动方向的将不再是 $R+G-M$，而是 $R+G-M-Y$（Y 表示捕捞量）：$R+G-M-Y>0$ 时，渔业资源总量增加，$R+G-M-Y<0$ 时，渔业资源总量减少，$R+G-M-Y=0$ 时，渔业资源总量保持不变。这一认识对于我们明确海洋捕捞业可持续发展目标具有重要意义，我们可以从中得知：只要捕捞量不超过海洋渔业资源的自然增量 $R+G-M$（$R+G-M-Y\leqslant0$），我们就可以维持海洋渔业资源存量不减少，就可以实现对海洋渔业资源的可持续利用。

图 2-1 的逻辑斯蒂曲线表明，海洋捕捞最理想的状态是资源存量处于 B^* 的水平，此时我们在保持渔业资源存量不变约束下能够实现的最大捕捞量（称为最大可持续产量，MSY）。所以，从理论上来讲，海洋捕捞业可持续发展的目标就是实现 B^* 的海洋渔业资源存量水平和 MSY 的捕捞产量水平。很多国际组织就是以此作为界定海洋捕捞业可持续性的标准。但是，MSY 更多的是一个生物学或生态学上的标准，现实中由于要照顾经济、社会和生态等多方面利益，很难做到统一实现 MSY 设定海洋捕捞产量。国际组织也承认在确定海洋捕捞可持续发展目标时需要统筹各方面利益和目标，例如 FAO《负责任渔业行为守则》在第 7.4.5 条就提到"需要实现的目标不仅仅是渔业资源的长期可持续性和促进资源的最有效利用，还要支持实现社会和经济目标。"这充分反映了在当前经济、社会、生态等各方面因素相互纠葛牵扯的形势下，要实现海洋捕捞业可持续发展，挑战巨大。

（二）海水养殖业可持续发展的目标

就现阶段而言，海水养殖业可持续发展的目标主要是加快破解养殖水域污染、病害频发和可养殖海域资源日趋紧张等发展难题。基于独特的产业优势，海水养殖业未来必将替代海洋捕捞业成为满足人类水产蛋白需求的主要依托。因此，海水养殖业不能像海洋捕捞业那样，仅仅做到恢复和维持，还要实现进一步的增长和持续的增长。要做到这一点，就必须将污染、病害和资源等问题解决好。

海水养殖业可持续发展的目标相比于海洋捕捞业有两点比较大的不同：

（1）海洋捕捞业可持续发展的目标比较容易量化，而海水养殖业可持续发展的目标属于"没有最好，只有更好"的目标，比较难量化。

（2）海水养殖业对海洋生态的影响更大且不确定。海水养殖业目前仍然是一个没有完全打开的"黑箱子"。作为一个在天然海域建立的人工生态系统，其生产过程既相对独立，又与自然生态系统之间有着大量的物质和能量交换，外部性很强，其间蕴藏着大量对自然生态系统的风险，规避和预防这些风险也是海水养殖业可持续发展的重要目标之一。

三、海洋渔业可持续发展的支撑条件

（一）海洋渔业重点发展方向

要实现海洋渔业可持续发展，客观上要求必须从根本上改变当前不合理的海洋渔业发展模式，做到两个转变：一是由传统粗放型向现代集约型转变；二是由资源消耗型向资源节约型和环境友好型转变。具体应重点做好以下几个方面：

（1）调整海洋捕捞业发展重心。要通过增殖放流、海洋牧场建设等资源养护和生态修复措施，主动干预海洋渔业资源再生和生态恢复进程，提高海洋捕捞业可持续发展能力，推动海洋捕捞业发展由资源掠夺型向资源养护型转变。同时，要大力发展远洋渔业，通过加强国际合作拓展海洋捕捞业发展空间，实现资源替代，缓解近海压力。

（2）加快海水养殖业转型发展。转型内容：一是拓展发展空间。将海水养殖业从近海和浅海的藩篱中解放出来，向两侧的陆地和深远海发展。二是推广生态养殖模式。通过生态化养殖系统的构建，提高资源利用效率，最大化减少废物排放，减轻对生态环境的压力。三是创新海水养殖方式。包括更加集约化的养殖方式、能够减少饵料投放和饵料残留的养殖方式、能够减少病害的养殖方式等。四是引入先进的养殖技术和设备。如智能化养殖系统、自动化监测设备等，提高养殖效率和管理水平。五是推进标准化养殖。通过标准化实现海水养殖规模化、规范化。总的来说，海水养殖业发展转型的核心就是要实现绿色、集约、高效发展，通过加强对海洋生态环境的保护、降低对海洋资源的消耗、提高单位资源投入的产出效益，全面提升产业发展的内涵和质量。

（3）推动海洋渔业全产业链发展。要大力发展海洋渔业二三产业，促进产业融合，实现海洋渔业从渔业资源开发、养殖、加工、销售到消费的全过程一体化、协同化，以进一步拓展产业发展空间，提高产业经济效益和抗风险能力，增强产业发展后劲，减轻因片面侧重海洋渔业第一产业发展给海洋渔业资源、环境和生态带来的压力。

（二）海洋渔业可持续发展的支撑条件

实现海洋渔业可持续发展涉及的范围广、内容多，是对现行海洋渔业发展模式和生产方式的一次根本性变革，因此，它不可能在一个点或局部实现，必须从科技、人才、资金投入、市场、生产组织形式、国际合作、政策支持与引导、管理等多个方面为其提供全方位的支撑。

1. 科技

海洋渔业当前的发展模式资源投入大、产出效率低、生态破坏严重，时间上不可持续，核心原因在于技术落后，正是由于技术落后，才只能通过资源的大量投入和对环境的破坏来换取产业发展。因此，要实现海洋渔业可持续发展，归根结底是要对海洋渔业进行技术升级，使海洋渔业发展由主要依赖资源投入转移到依赖科技进步上来。

科技进步对海洋渔业可持续发展的作用是全方位的。在海洋捕捞方面，人工增殖放流、海洋牧场建设等资源养护与生态修复技术的进步极大提升了人类主动干预海洋捕捞业可持续发展的能力；先进的渔船、渔具等捕捞装备是海洋捕捞能够走出近海、走向远洋的前提；先进的信息化管理系统可以实时追踪渔船位置、状态及渔获物信息，提高作业透明度和管理效率；先进的资源探测与评估技术可以协助完成对渔业资源的科学调查与评估；先进的自动化与智能化技术可以提升捕捞效率和作业安全性等。在海水养殖方面，正是由于科技进步提供了大型养殖工船、大型智能网箱等先进养殖装备，才使得海水养殖能够成功克服距离和环境障碍走向深海；正是由于在技术上解决了循环水养殖、尾水处理等环保技术，工厂化养殖才成为一种优良的海水养殖方式。此外，目前已开发出的自动化养殖系统大大降低了人力成本，提高了养殖效率；智能化的水质监测和调控技术能够帮助养殖者实时监测水温、盐度、氧气含量等关键指标，确保养殖环境的最佳状态，提高了养殖生物的生长速度和存活率。放眼未来，养殖种质问题、饵料问题、病害问题等其他制约海水养殖可持续发展的关键核心问题，也都依赖科技进步来解决。科技进步更是推动海洋渔业全产业链发展的关键。只有不断加快水产品精深加工技术、高值化利用技术、冷链物流仓储技术等产业链关键技术进步，才能使海洋渔业产业结构不断优化、产业发展的综合素质不断提升。总之，科技进步是实现海洋渔业可持续发展的先决条件，海洋渔业可持续发展的每一步、每一个环节都离不开科技进步。因此，必须加快海洋渔业科技进步为海洋渔业可持续发展提供技术支撑。当前，以数字化、网络化、智能化等为关键技术的第四次工业革命正在进行，人工智能、大数据、云计算等先进信息技术为实现海洋渔业可持续发展提供了广阔空间和平台。

2. 人才

人才是实现海洋渔业可持续发展的基础条件。首先，海洋渔业可持续发展需要科技创新型人才。这些人才具备在海洋渔业各领域从事研究开发工作的知识和能力，是推动海洋渔业科技进步的主力军。没有他们，海洋渔业科技进步就成为无源之水。其次，海洋渔业可持续发展需要技术应用型人才。他们具备一定的专业素养和技能，能够在海洋渔业实践中不断探索和应用新技术，推动海洋渔业产业升级。没有他们，海洋科技进步的各项创新成果就无法落地生根。再次，海洋渔业可持续发展需要高层次管理人才。他们具有国际视野、懂专业、懂法律、懂经营、懂管理，能够塑造海洋渔业企业正确的经营理念、先进的企业文化，不断提升海洋渔业企业经营管理水平，带领企业走上可持续发展道路。最后，海洋渔业可持续发展还需要信息化、智能化人才。他们能够将信息技术、人工智能等现代技术手段应用于海洋渔业经营与管理，提高海洋渔业信息化、智能化、现代化水平。总之，海洋渔业可持续发展对人才的需求是多领域、全方位的，不仅需要各类专业技术人才，还需要既懂技术又懂管理的复合型人才，不仅企业需要人才，政府也需要人才。随着海洋渔业转型升级进程不断加快，海洋渔业对各类人才的需求也在加大，这对海洋渔业人才的培养和储备提出了很高要求。

海洋渔业可持续发展和海洋渔业转型的本质是实现海洋渔业由资源密集型产业向知识

密集型产业转型，而人才是知识的载体，所以，没有相应的人才，海洋渔业转型和海洋渔业可持续发展就无从谈起。

3. 资金投入

资金投入是实现海洋渔业可持续发展的关键条件。实现海洋渔业可持续发展的方方面面都离不开资金的支持。①海洋渔业技术创新与升级需要资金支持。只有拥有充足的资金，海洋渔业企业、高校、科研院所等创新主体才能更高效地开展创新工作，源源不断地提供创新技术；海洋渔业生产者才有能力引进智能化养殖系统、高效捕捞装备以及现代化的渔业管理模式等，提高渔业生产效率和产品质量。②海洋渔业产业结构的优化需要资金支持。只有给予足够的资金投入，才可以推动海洋渔业产业链的延伸和拓展，从而创造更多的就业机会，减轻就业压力。③政府各项产业支持和引导政策的实施也需要资金支持。只有拥有充足的资金，政府才可以开展海洋渔业资源的养护和生态修复项目，才可以加强环境监测与灾害防治，保障渔业生产的顺利进行，才能够为海洋渔业企业引进人才、开展技术创新等提供帮助，才能够更好地引导海洋捕捞能力削减、海洋捕捞渔民转产转业等。所以，必须千方百计满足海洋渔业可持续发展的资金需求。

海洋渔业可持续发展需要资金的领域多、金额大，只依靠某一方的力量难以做到，必须依靠政府、金融机构、社会资本、国际合作以及海洋渔业企业自身等多方的共同努力加以解决。有些资金投入只能由政府来承担，如开展增殖放流、帮助渔民转产转业等，有些资金投入则需要政府引导和充分调动海洋渔业生产者以及社会资金的积极性。此外，随着海洋渔业生产方式日益规模化、工程化，单体项目的资金需求越来越大，早已超出了海洋渔业生产者自有资金的能力范围，因此，社会金融体系的支持正变得越来越重要。只有构建多元化的融资渠道，才能为海洋渔业可持续发展提供稳定的资金支持。

4. 市场

消费是生产的目的，因此，市场对海洋渔业转型和可持续发展具有导向作用：①市场可以优化海洋渔业资源配置，吸引更多资金和人才到海洋渔业领域，为海洋渔业转型提供资金和智力支持。②市场可以引导海洋渔业产业发展方向，促使海洋渔业更加注重发展生态养殖、绿色养殖模式，提高产品质量，同时，促使海洋渔业在捕捞、运输、储存等环节不断改进技术和设备，提高保鲜能力和物流效率。③市场可以推动海洋渔业科技创新，促使海洋渔业企业积极研发和应用新型的养殖技术、捕捞设备，减少对海洋生态环境的影响，也为海洋渔业科技创新成果提供了应用和推广的平台，加速了科技成果从实验室到实际生产的转化过程。④市场可以推动海洋渔业产业链延伸和产业协同发展。例如：可以推动海洋渔业与加工业融合，开发更多的高附加值产品；可以推动海洋渔业与旅游业的融合，为消费者提供更多的消费选择和体验；可以推动海洋渔业与饲料产业、兽药产业、水产装备制造业等相关产业加强合作，形成产业集群效应，提高整个产业链的效率。⑤市场可以塑造海洋渔业产业品牌，提高海洋水产品价值，增强海洋渔业产业竞争力。

虽然市场需求是亿万消费者的自发行为，但是政府可以引导和影响市场需求，为海洋渔业转型和可持续发展塑造有利的市场条件。例如：政府可以通过加强反垄断执法力度，消除地方保护主义，完善市场机制，建立公平竞争的海洋渔业市场环境；可以减少政府对价格的直接干预，完善水产品价格形成机制，让水产品价格真实反映海洋渔业资源的稀缺程度、产品的质量和市场供求关系；可以加强市场监管，包括建立严格的海洋水产品质量检测体系、规范海洋渔业投入品（如饲料、渔药等）的生产和经营行为等，保障水产品质量安全；可以通过多种渠道向消费者宣传海洋渔业可持续发展的重要性，培育消费者的绿色消费理念，鼓励消费者优先选择可持续捕捞或生态养殖的渔业产品等。

5. 生产组织形式

传统个体渔业生产组织形式与海洋渔业转型和可持续发展的要求已越来越不相适应。由于个体渔业生产者生产规模小、资金能力弱、思想观念落后，在采用新型生产技术方面通常存在不足，捕捞作业方式和养殖方式都较为粗放，生产效率和效益低下，对生态环境的破坏也比较严重。此外，设施水平低、组织分散也导致个体渔业生产者应对自然风险和市场风险的能力较弱。因此，长远来看，要实现海洋渔业规模化、绿色化、集约化发展目标，必须推动海洋渔业生产组织创新。海洋渔业生产组织创新的方向主要包括：①合作化方向。通过强化渔业合作社建设，实现个体渔船、养殖池塘、渔业设备等资源整合与共享、技术联合研发与推广、市场联合开拓等，提高个体渔业生产者的组织化程度、技术能力和应对市场变化的能力等。②企业化方向。通过大力培养海洋渔业企业，推动实现规模化捕捞、现代化养殖、科学化管理和产业化发展。③产业化方向。一是推动海洋渔业生产企业从单一的捕捞或养殖环节向上下游延伸，构建全产业链体系，提高产品附加值。二是推动海洋渔业生产企业与饲料、水产设备制造、物流等相关产业建立紧密的合作关系，协同发展。④集群化方向。在特定的沿海区域，吸引捕捞、养殖、加工、销售、研发等各类海洋渔业相关企业和机构集聚，形成海洋渔业产业集群，在产业集群内，实现生产、加工、销售、研发、服务等多种功能的集成，例如，养殖户和捕捞企业专注于生产环节，加工企业进行产品加工，科研机构为整个集群提供技术支持，金融机构为企业和养殖户提供融资服务，物流企业负责产品的运输和配送，形成一个高效运转的产业生态系统。

6. 国际合作

开展国际合作对于实现海洋渔业可持续发展具有十分重要的作用：①开展国际合作可以促进可持续捕捞。通过国际渔业组织的协调，各国科研机构对各自海域的渔业资源调查数据进行汇总和交流，这样能更全面地了解特定鱼类种群在全球海洋中的生存状况。基于这些信息，各国可以共同制定科学合理的捕捞配额和确定禁渔期，避免过度捕捞。②开展国际合作可以优化资源配置。例如，一些海洋渔业资源在某些国家海域可能已经过度开发，但在其他国家海域仍有一定的开发潜力。通过国际合作，可以在保护资源的前提下，合理调整捕捞区域，提高海洋渔业资源的总体利用效率。③开展国际合作可以促进联合资源保护行动。例如，多个国家可以联合起来建立跨国的海洋保护区，保护海洋生物的栖息地，维护海洋生态系统的完整性；可以共享非法捕捞船只信息，联合开展海上执法行动，对非法捕捞行为进行查处。④开展国际合作可以促进技术交流与引进。各国在海洋渔业领域的技术发展水平不同，国际合作提供了技术交流与引进的平台。例如，发达国家的先进捕捞技术（如高效渔具、精准导航设备等）可以通过国际合作项目被引进到发展中国家，帮助其提高捕捞效率；发展中国家在某些传统养殖技术（如生态养殖、混养模式等）方面的经验也可以分享给其他国家。这种技术交流有助于推动全球海洋渔业技术的整体进步。各国还可以通过开展联合科研项目深入研究海洋生态系统，探索新的海洋渔业资源，为海洋渔业的可持续发展提供新的途径。⑤开展国际合作可以拓展水产品市场与贸易。国际合作可以打破贸易壁垒，为各国海洋水产品拓展国际市场提供机会，也有助于各国根据国际市场需求调整生产结构，实现海洋渔业生产与市场需求的有效对接。国际合作还可以推动制定统一的水产品质量标准和认证体系、为国际水产品贸易争端提供解决机制等。

7. 政策支持与引导

政府的支持和引导在实现海洋渔业可持续发展目标中发挥着不可或缺的作用。虽然市场在海洋渔业资源配置中起决定性作用，但是现实中市场通常是不完全的，需要政府弥补市场的缺陷。①资源可持续性方面。政府政策可以引导渔民采用对生态环境影响较小的捕捞方式，如选择性捕捞工具的推广，以减少对海洋生态系统中非目标物种的伤害；可以投入资金开展增殖放流活动和海洋牧场建设，以加快海洋渔业资源恢复和生态修复。②科技创新方面。政府可以通过设立专项科研基金、提供科研项目资助等方式，引导科研机构和企业加大对海洋渔业科技创新的投入；可以利用政府的行政网络和资源，通过举办技术培训班、建立示范基地等方式，加速渔业新技术在行业内的推广普及。③人才培养与引进方面。政府可以引导高校、科研院所等人才培养机构开设更多涉渔专业，加大对海洋渔业人才的培养力度；可以建立海洋渔业人才市场，促进海洋渔业人才合理流动；还可以通过提高工资待遇、改善工作环境、提供职业发展机会等吸引更多优秀人才投身到海洋渔业产业发展中。④产业结构优化方面。政府可以通过财政补贴、税收优惠等政策，加快水产品精深加工、冷链物流、海洋生物医药等高端产业发展，推动海洋渔业从传统产业向现代化、高附加值产业发展。⑤市场培育方面。政府可以引导和影响市场需求，为海洋渔业转型和可持续发展塑造有利的市场条件。⑥社会稳定方面。政府可以通过政策支持开展渔民转产转业培训，帮助渔民掌握新的技能，使他们能够顺利转移到其他相关领域就业，保障他们的生计。⑦国际合作方面。政府可以积极参与国际渔业合作谈判，为本国渔业争取更多的权益，同时可以通过开展国际合作项目、组织国际研讨会等形式，促进本国与其他国家在海洋渔业管理、技术创新、产业升级等方面的经验交流与借鉴，为本国海洋渔业转型提供有益的参考。

8. 管理

政府对海洋渔业进行管理的内容主要是规定各类海洋渔业经济主体能够做什么（权利）、不能够做什么（义务），以及做出了不允许的行为时会受到什么样的惩罚等。海洋渔业资源的公共资源特征和海洋渔业发展中广泛存在的外部性，使得政府管理对于实现海洋渔业可持续发展格外重要，它为各类海洋渔业经济主体设置了行为框架，保障海洋渔业经济主体在海洋渔业可持续发展原则下行事。

政府对海洋渔业的管理分为制度建设和行政执法两个紧密联系的部分。制度建设主要指制订各种成文的法律法规、部门规章等。在法治背景下，制度建设是政府对海洋渔业实施有效管理的基础和前提。但是仅有制度还不够，还必须保证这些制度得到切实的执行，因此，行政执法也是政府实施有效海洋渔业管理的关键环节。

实现海洋渔业可持续发展需要政府建立完善的海洋渔业制度体系。这些制度需要涵盖海洋渔业资源管理、海洋渔业生产管理、海洋渔业市场管理等各个方面并相互支撑，对海洋渔业发展形成完整的保护网络。

实现海洋渔业可持续发展也需要不断提高政府的监督执法能力，包括加强执法力量、配备先进的执法设备、对执法人员进行专业培训等，确保各类违法行为能够被及时发现并得到依法处理。建立举报奖励机制是增强政府海洋渔业监督执法能力的有效机制。政府应开通多种举报渠道，方便公众举报违法行为，并对提供有效举报信息的举报人给予适当的物质奖励，以提高公众参与监督的积极性。

广义上来讲，文化建设也是海洋渔业制度建设的重要内容。文化背景影响人们对海洋渔业资源利用的价值观和使用态度，对人们开发利用海洋渔业资源的行为构成软约束；重视生态保护和可持续发展的文化能够促进人们对海洋渔业可持续性的支持，也有利于形成文化认同和社区凝聚力，促进人们的集体行动，增强他们对可持续渔业管理的参与意识。文化还具有传播和教育作用，文化活动和教育项目可以提高公众对海洋生态和海洋渔业可持续性的认识，鼓励更多人参与保护海洋环境和资源的行动。因此，政府应加强海洋渔业可持续发展文化建设，通过广泛开展海洋渔业文化宣传活动、加强海洋渔业文化教育等，增强人们对海洋渔业可持续发展理念的认同和理解。

第二节 海洋渔业资源配置理论

一、海洋渔业资源的稀缺性

（一）海洋渔业资源稀缺性的内涵

"稀缺"与"资源稀缺"在经济学中是同一概念，一般指人类生存发展所需要的某种资源的供给数量相对于人类的需求呈现不足的状态。资源的稀缺性源于该资源在自然界数量的有限性，如果某种资源在自然界的数量是有限的，那么它在经济上就是稀缺的。

海洋渔业资源同样具有经济意义上的稀缺性。虽然海洋渔业资源具有再生能力，但是其再生能力本身构成了海洋渔业资源在自然上的有限性，这种有限性进一步导致海洋渔业资源在经济上的稀缺性，即海洋渔业资源的供给相对于人类对海洋水产品的需求总是不足的。

（二）海洋渔业资源稀缺性的特性

海洋渔业资源的稀缺性具有以下几方面特性：

1. 绝对性

海洋渔业生物资源虽然是可再生资源，但是如果捕捞强度过大，会出现资源衰退甚至枯竭，即便在没有人类捕捞干预的自然生长状态下，其种群数量也有一个增长上限，不可能无限制地满足人类的需求。因此，海洋渔业资源的稀缺性是永远存在的。

2. 相对性

海洋渔业资源的稀缺性虽然是永远存在、无法消除的，但是稀缺程度却可能发生变化。海洋渔业资源的稀缺性是其供给量相对于人的需求而言的，技术的变革、替代产品的出现等，都会在一定程度上缓解其稀缺性。这就是海洋渔业资源稀缺性的相对性。

3. 客观性

海洋渔业资源稀缺性的客观性是指海洋渔业资源的稀缺性不论是绝对性还是相对性都是客观存在、不以人的意志为转移的。人类可以通过一些方法和措施在一定程度上缓解这种稀缺性，却不能将其完全消除。

4. 时间性

海洋渔业资源的稀缺性还表现在时间维度上。首先，海洋渔业资源的相对稀缺程度在不同的时间段不同，海洋渔业资源的繁殖再生需要时间，同时又具有洄游特性，这都会造成某一国家或地区海洋渔业资源稀缺性在时间上的不均匀分布。其次，海洋渔业资源是随着时间的推移逐渐被消耗掉的，一般而言，随着时间的推移，海洋渔业资源的相对稀缺程度也会升高，但是另一方面，随着时间的推移，一些新的资源可能被发现或开发出来，从而缓解了旧资源的稀缺性，使得海洋渔业资源的稀缺性成为一个动态变化的过程。

5. 不平衡性

海洋渔业资源稀缺性的不平衡性首先是指海洋渔业资源的稀缺程度在不同国家、不同地区是不同的。因为海洋渔业资源的分布在地理上是不均匀的，所以不同地区、不同国家之间的资源禀赋存在显著差异。另外，海洋渔业资源稀缺性的不平衡性还表现为需求结构上的不平衡。人们的需求是多样化的，而且随着时间和环境的变化而不断变化。相对于这种多样化的需求结构，海洋渔业资源的供给往往是不平衡的，某些资源可能相对充裕，而另一些资源则可能相对稀缺。

二、海洋渔业资源配置

（一）海洋渔业资源配置的内涵

"资源配置"是西方经济学中的一个核心概念，指的是在有限资源的约束下，如何分配这些资源以满足社会的需求。资源是有限的，而人的需求是无限的，因此，要同时满足人类的所有需求是不可能的，我们只能追求人类需求在某一资源约束下得到尽可能大的满足。"海洋渔业资源的配置"与一般意义上的资源配置有同样的内涵，即实现海洋渔业资源的最优利用，其核心是确定一个合理的海洋捕捞量。

（二）海洋渔业资源配置的生物经济模型

本节的内容是介绍两个具有内在逻辑联系的理论模型：Schaefer 模型和 Gordon – Schaefer 模型。其中，前者是个单纯的生物模型，后者是在前者的基础上建立的生物经济模型。这两个模型从原理上揭示了什么是最优捕捞、为什么会存在过度捕捞以及如何实现最优捕捞等问题，为更科学地开展海洋渔业资源配置实践提供了理论指导。

1. Schaefer 模型

在第一节时，我们已介绍了逻辑斯蒂曲线（图 2-1）。但是当时我们仅给出了曲线，没有涉及曲线的表达方程。这里我们需要给出该方程，即式（2-2）。

$$\frac{\mathrm{d}_B}{\mathrm{d}_t}=rB\left(1-\frac{B}{K}\right)=\mathrm{F}(B) \tag{2-2}$$

式中：B 为渔业资源存量；r 为种群内生增长率；K 为负载容量；$\frac{\mathrm{d}_B}{\mathrm{d}_t}$ 为渔业资源增量。

该方程表达的内容与逻辑斯蒂曲线相同，即表达了渔业资源增量（$\mathrm{d}_B/\mathrm{d}_t$）与渔业资源存量（$B$）之间的关系。该方程被称为逻辑斯蒂方程。依据该方程画成的图形（图 2-2）与图 2-1 相比形状稍有变化，主要是 B 点左边的信息被隐去了，但这并不影响对该原理的后续应用。

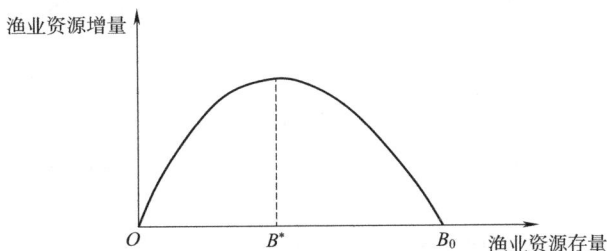

图 2-2 逻辑斯蒂方程曲线

Schaefer（1954）在该模型的基础上把捕捞因素加进来，考察了在遵循逻辑斯蒂增长规律的情况下，捕捞生产在产量上的一些特征，形成了 Schaefer 模型。

Schaefer 首先将捕捞产量表述为式（2-3）：

$$Y(t)=qfB(t) \tag{2-3}$$

式中：q 为可捕系数，一般认定为常数；f 为捕捞努力量，其含义为人类对渔业的利用能力，如渔船数量等；qf（将 f 与 q 相乘得到）为捕捞死亡系数，可以理解为捕捞产量系数；$B(t)$ 表示第 t 期的种群资源存量，为保持前后衔接和便于方程间的联系理解，采用了与逻辑斯蒂方程中同样的表达符号；$Y(t)$ 表示第 t 期的捕捞产量。

该式的含义是捕捞产量是可捕系数、捕捞努力量与渔业种群数量的乘积。

Schaefer 基于逻辑斯蒂方程建立了以下考虑捕捞后的种群资源量随时间变化的函数表达式：

$$\frac{\mathrm{d}_B}{\mathrm{d}_t}=rB\left(1-\frac{B}{K}\right)-Y \tag{2-4}$$

令 $\frac{\mathrm{d}_B}{\mathrm{d}_t}=0$，可以得到以下函数式：

$$Y=rB\left(1-\frac{B}{K}\right) \tag{2-5}$$

该式是在 $\dfrac{\mathrm{d}_B}{\mathrm{d}_t}=0$ 的条件下得出的，$\dfrac{\mathrm{d}_B}{\mathrm{d}_t}=0$ 意味着种群增量为 0，也就是种群实现了数量平衡，因此，该式表达的是在维持种群数量平衡的条件下，捕捞产量 Y 与种群存量水平 B 之间的关系。很显然，在维持种群数量平衡的条件下，捕捞产量 Y 是种群存量 B 的一元函数。图 2-3 是式（2-5）的几何表达。

如果把式（2-3）代入式（2-5），并进行一些变换整理，可以得到式（2-6）。

$$B_{eq}=\left(1-\dfrac{qf}{r}\right)K \tag{2-6}$$

式（2-6）表示的是在每一捕捞努力量下，会在什么样的资源存量水平下产生种群平衡。其几何图形为图 2-4，称为种群均衡曲线。

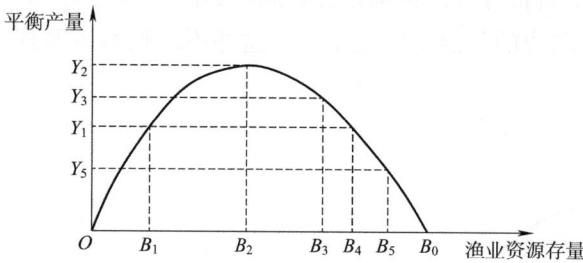

图 2-3　平衡产量曲线　　　　　　　　图 2-4　种群均衡曲线

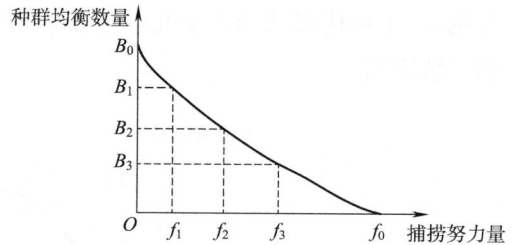

种群均衡曲线的形状可以利用图 2-5 推出。

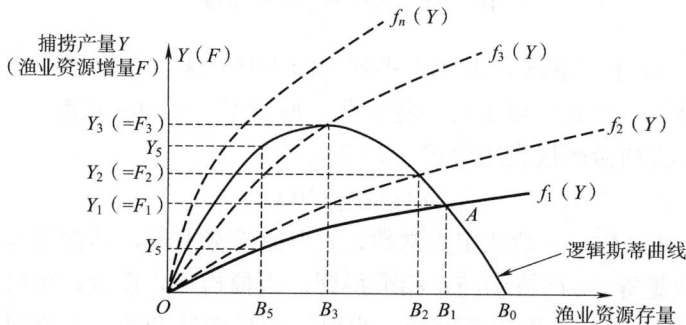

图 2-5　种群均衡分析

图 2-5 中有两条实线曲线（先忽略虚线），其中倒 U 形的为大家熟悉的逻辑斯蒂曲线，另外一条为努力产量曲线 $f_1(Y)$。$f_1(Y)$ 曲线表示的是在捕捞努力量 f 一定的情况下捕捞产量随渔业资源存量的变化，其几何形状是一条向右上方倾斜的曲线，道理在于：在捕捞努力量 f 一定的情况下，渔业资源存量越大，实现的捕捞产量也会越大。

在图 2-5 中，$f_1(Y)$ 与逻辑斯蒂曲线有一个交点 A，该点对应一个资源存量水平 B_1，这一水平就是在捕捞努力量为 f_1 时，实现种群平衡的资源存量水平。也就是说，在捕捞努力量为 f_1 时，种群平衡只有在 B_1 的资源存量基础上才能够实现。为什么呢？设想一下，如果在捕捞努力量为 f_1 时面临的实际资源存量为 B_5，此时实现的捕捞量为 Y_5，而渔业种群的资源增量却是 F_5，$Y_5 < F_5$，从而，渔业种群数量会增长，平衡无法实现。这一分析可以推广到任何不是 B_1 的资源存量水平，进而可以证明上述结论。

我们可以试着将 f_1 (Y) 曲线以原点为轴进行逆时针旋转［如旋转到 $f_2(Y)$、$f_3(Y)$、$f_n(Y)$ 的位置，这代表着捕捞努力量的增加］，令其不停地与逻辑斯蒂曲线相交，这样就可以得到任意捕捞努力量水平下的种群均衡数量。将这些数量与其对应的捕捞努力量绘制成图，就是图 2-4 的种群均衡曲线。

进一步，将式（2-6）代入式（2-3），可以得到式（2-7）：

$$Y_{eq} = qfK\left(1 - \frac{qf}{r}\right) \qquad (2-7)$$

式（2-7）描述了每一捕捞努力量在种群平衡情况下实现的捕捞产量。

由图 2-4 可知，f_1 捕捞努力量在种群均衡时除了有一个对应的种群数量外，还有一个对应的捕捞产量 Y_1，这个捕捞产量的具体数值就是将 f_1 代入由式（2-7）算出的 $qf_1K\left(1 - \frac{qf_1}{r}\right)$。所以，式（2-7）描述了任意捕捞努力量 f 的种群均衡产量，一般称之为可持续产量。每一捕捞努力量 f 都有且仅有唯一对应的可持续产量，将两者之间的对应关系绘制成图，就可以得到图 2-6 的可持续产量曲线。

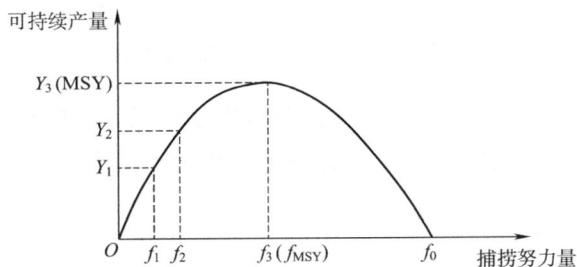

图 2-6 可持续产量曲线

可持续产量曲线显示：随着捕捞努力量的增长，可持续产量呈现先增后减的变化趋势。在 f_3 捕捞努力量下，可持续产量达到最大。这一产量就是在介绍图 2-1 时曾提到的最大可持续产量（MSY）。

式（2-7）反映了海洋捕捞中捕捞努力量与捕捞产量的长期关系，也被作为海洋捕捞的长期生产函数；其对应的几何图形图 2-6 被看作海洋捕捞的长期产量曲线。

2. Gordon - Schaefer 模型

Gordon（1954）在 Schaefer 模型得出的海洋渔业长期生产函数的基础上引入成本和收益的概念，将 Schaefer 模型由一个单纯的生物模型发展成为生物经济模型。为简化分析，该模型考虑了以下几个重要假设：

（1）种群是始终处于平衡状态的。这样式（2-7）就是渔业捕捞的生产函数。

（2）捕捞技术是恒定的。这意味着 q 可以看作常数。

（3）水产品的价格及捕捞生产的边际成本和平均成本是固定的，不随 f 的变化而变化。

在以上假设条件下，建立可持续产量的总收益和总成本函数（也可以称为海洋捕捞的总收益函数和总成本函数），分别为式（2-8）和式（2-9）：

$$TR = pY = p\left[qfK\left(1-\frac{qf}{r}\right)\right] \tag{2-8}$$

式中：TR 为总收益；p 为捕捞种类的价格；其他符号含义与前面的相同。

$$TC = cf \tag{2-9}$$

式中：TC 为总成本；c 为单位捕捞努力量的成本；f 为捕捞努力量。

可以看出，由于 p、c 等均为常量，总收益和总成本都是关于捕捞努力量 f 的一元函数。

图 2-7 中给出了用于表述总收益函数和总成本函数的总收益曲线和总成本曲线。

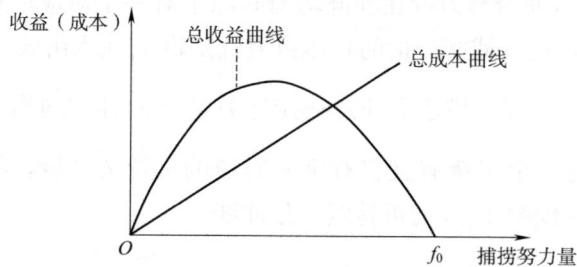

图 2-7　捕捞总收益曲线和总成本曲线

只要再加入海洋捕捞的边际收益曲线、平均收益曲线、边际成本曲线和平均成本曲线，就可以展开相关的经济学分析了。将这些曲线集中绘制到图 2-8 中。

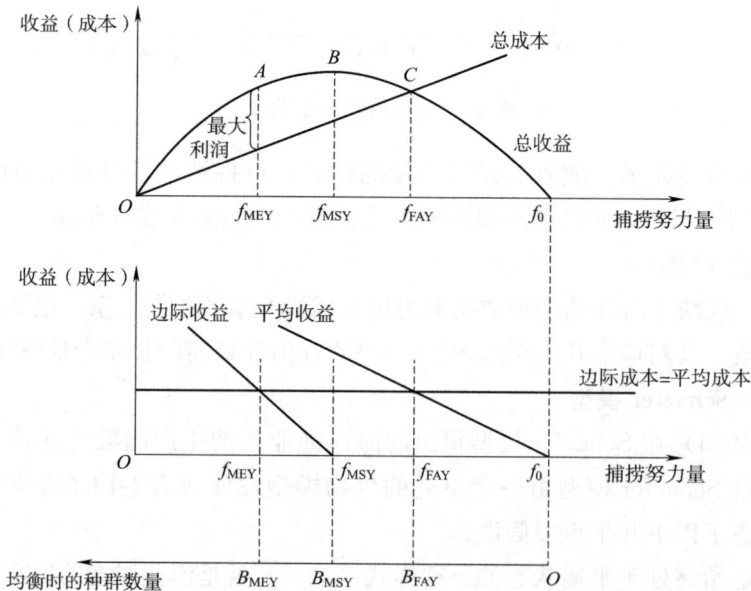

图 2-8　最大经济产量、最大可持续产量和自由准入产量

通过分析图 2-8，我们可以得到如下结论：

（1）f_{MEY} 是最有经济效率的捕捞努力量水平。经济学一般原理告诉我们，经济上最有效率的产出是满足利润最大化的产出，即生产的边际收益等于边际成本的产出。据此判断，图中的 A 点就是捕捞利润最大的点，此时的捕捞努力量 f_{MEY} 是经济角度最佳的捕捞强度。此时实现的捕捞产量称为最大经济产量（MEY）。

（2）f_{MSY} 是能够实现最大可持续产量（MSY）的捕捞努力量水平。这是前文多次提到的水平，该水平下能够实现的可持续产量是最高的，但是利润不是最大的。

（3）f_{FAY} 是自由准入时会达到的捕捞努力量水平。所谓自由准入是指对捕捞渔船的进入和退出没有任何管理，完全自由。在这种情况下，渔业种群将在 C 点实现均衡。均衡时的捕捞努力量为 f_{FAY}，捕捞利润为 0，实现的捕捞产量为自由准入产量（FAY）。之所以自由准入情况下会在 f_{FAY} 捕捞努力量水平实现均衡，是由于在捕捞努力量小于 f_{FAY} 时捕捞始终有超额利润（经济利润 >0），这将诱使现有渔船增加努力量并刺激新的渔船加入，只要超额利润存在，这一过程就会持续，直至超额利润消失。

这里需要特别注意的是：C 点的位置并不总是如图 2-8 中那样位于 B 点右侧，它也可能位于 A 点与 B 点之间，这主要取决于捕捞总成本曲线的斜率，捕捞总成本曲线的斜率越大，C 点就越靠近 A 点，但是无论如何，它总位于 A 点右侧。

C 点的存在及其位置必定位于 A 点右侧通常被用作对海洋渔业资源公共资源属性及其引起的过度捕捞问题的表达。学者一般将超过 MEY 的捕捞产量称为经济学的过度捕捞，将超过的 MSY 的捕捞产量称为生物学的过度捕捞。一般认为，由于海洋渔业资源具有公共资源属性，在自由准入情况下必然存在经济上的过度捕捞。

3. 基于时间价值的讨论

作为生物经济模型，Gordon-Schaefer 模型展示了什么样的情形是海洋捕捞在经济上的最优解。但是它的结论是在静态分析和单期利润最大化的基础上得出的，而实际的海洋捕捞生产是一个在时间上持续的动态过程，这期结束还有下期、下下期，直至永远（在没有造成种群灭绝的情况下），那么理论上来讲评价捕捞经济效率的标准就不应是单期利润的最大化，而应是捕捞生产多期利润现值的最大化。其计算公式为

$$PV_\pi = \pi_0 + \frac{\pi_1}{1+r} + \frac{\pi_2}{(1+r)^2} + \frac{\pi_3}{(1+r)^3} + \cdots + \frac{\pi_n}{(1+r)^n} \qquad (2-10)$$

式中：PV_π 表示捕捞利润的总现值；π_t 表示第 t 期的捕捞利润；r 为折现率，其取值通常 $\geqslant 0$；$\frac{\pi_t}{(1+r)^t}$ 为第 t 期捕捞利润的现值。

这样的分析会复杂很多，但是结论也会更符合实际。不需要把分析向这个复杂的方向进行下去，因为就接下来要讨论的内容而言，目前的分析已经足够，对这方面感兴趣的读者可以自行研读有关论著。但是，可以简单说一下结论，即如果从时间价值角度来考虑，最大经济产出并不必然出现在 f_{MEY} 处，而是有多种情况：当 $r=0$ 时，它出现在 f_{MEY} 处；当 $r=1$ 时，它出现在 f_{FAY} 处；当 $0<r<1$ 时，它出现在 f_{MEY} 与 f_{FAY} 之间。

（三）海洋渔业资源配置机制

海洋渔业资源配置机制是指在海洋渔业资源的利用和管理过程中，如何通过不同的手段和方法实现海洋渔业资源配置目标。下面首先讨论海洋渔业资源配置目标的设定，然后讨论海洋渔业资源的配置机制。

1. 海洋渔业资源配置目标的设定

设定海洋渔业资源配置目标是指明确一个具体的海洋捕捞产量。Gordon - Schaefer 模型没有说明具体应将海洋捕捞产量设定为多少，但是给出了三个具有标志意义的捕捞量水平：MEY、MSY 和 FAY，这为设定海洋渔业资源配置目标提供了重要参考。

前文在介绍海洋捕捞业可持续发展内容时指出，一般将实现 MSY 作为海洋捕捞业的长期发展目标。但是如何实现这一目标，需要依据当前时刻（即设定海洋渔业资源配置目标时所处的时刻）海洋渔业资源存量情况进行不同的捕捞数量设定（图 2-1）：

如果当前时刻海洋渔业资源存量恰好为 B^*，那么就可以将捕捞量设定为最大可持续产量 MSY。这样既可以保持海洋渔业资源存量水平 B^* 不变，又可以维持最大可持续产量 MSY，实现最优捕捞。

如果当前时刻海洋渔业资源存量不为 B^*，就要区分两种情况：

如果当前时刻海洋渔业资源存量 $>B^*$，同样可以将捕捞量确定为 MSY。虽然此时捕捞产量大于海洋渔业资源自然增量会导致海洋渔业资源存量的减少，但是随着海洋渔业资源存量的减少，海洋渔业资源自然增量也会变大，从而海洋渔业资源不会一直减少下去，而是会在海洋渔业资源存量减少到 B^* 点时稳定下来实现最优捕捞。基于这样的逻辑，甚至可以将此种情况下的捕捞产量先设定为一个大于 MSY 的水平，待海洋渔业资源存量减少到 B^* 时再调整为 MSY，同样可以实现最优捕捞。

如果当前时刻海洋渔业资源存量 $<B^*$，则必然不能再将捕捞量确定为 MSY，因为这会造成对海洋渔业资源存量的持续消耗，直至海洋渔业资源完全枯竭。为了实现 B^* 点的最优捕捞，需要先将捕捞产量设定为小于海洋渔业资源增量的水平，这样可以做到在捕捞的同时海洋渔业资源存量还可以增长，待海洋渔业资源存量增长到 B^* 后，就可以将捕捞产量调整为 MSY，实现最优捕捞。

当今世界 37.7% 的海洋渔业资源已衰退甚至严重衰退，理论上来讲这些资源均需按照上述第三种情况设定产量目标，但是现实中这样做存在不小的困难。因为这些捕捞种类关系着千千万万个体渔民的生计，他们通常只能靠捕鱼为生，如果严格按照第三种情况设定捕捞产量目标，将导致众多个体渔民失业乃至丧失生存所依，在海洋渔业重要性比较高的发展中国家更是如此。所以，现实中世界各国或地区一般会在上述理论指导下结合自身实际情况灵活设定捕捞产量目标，这导致世界海洋捕捞管控困难重重。

2. 海洋渔业资源的配置机制

市场机制和政府干预是对资源进行配置的两大基本手段。

海洋渔业资源的公共资源属性导致市场机制在海洋渔业资源配置领域是失灵的，加之海洋渔业资源配置需要实现社会效益、生态效益和经济效益的综合平衡，导致要实现海洋渔业资源的配置目标必须有政府的干预。

政府干预并不意味着不需要市场。事实上，市场机制与政府干预两种机制从来不是泾渭分明的，而是互为补充的。现实中，市场机制总是在一定的制度框架下运行，绝大多数领域的资源配置都是在两者的共同配合下进行的，海洋渔业资源的配置同样如此。

政府干预应在海洋渔业资源配置中发挥以下作用：

（1）确定海洋渔业资源配置目标。即明确海洋捕捞产量控制线。

（2）制定相应的管控手段。一般有：①经济手段。即对海洋捕捞进行收费或收税。这体现的是自然资源有偿使用的理念。长期以来，海洋渔业资源免费使用或收费过低，资源使用者使用资源没有成本或成本没有完全体现海洋渔业资源的稀缺性及社会成本，是导致海洋渔业资源过度开发的重要原因。如果对海洋渔业资源进行收费，可以提高海洋捕捞者的资源使用成本，约束其对海洋渔业资源的开发强度。②行政手段。主要是采取一些措施直接管控捕捞强度，如实行捕捞许可管理、捕捞配额管理等。这些措施可以直接管控海洋捕捞努力量或海洋捕捞产量，达到优化海洋渔业资源配置的目的。

（3）对海洋捕捞者的行为进行监管。确保相关制度和管理措施落到实处。

（4）对海洋渔业经济领域存在的一些阻碍市场发挥作用的方面进行改革，为市场机制有效发挥作用创造条件。

市场机制在海洋渔业资源配置中的作用主要体现在：

（1）通过水产品市场和生产要素市场，形成合理的水产品价格和生产要素价格，引导海洋捕捞者对捕捞努力量的配置。

（2）通过推动捕捞配额在市场上的流通转让，使有限的生产能力和授权产量流向经济效率最高的海洋捕捞生产者。

三、海洋渔业资源核算

（一）海洋渔业资源核算的概念及内容

1. 海洋渔业资源核算的概念

海洋渔业资源核算是对一定时间和空间内的海洋渔业资源从实物、价值和质量等方面，统计、核实和测算其总量和结构变化，并反映其平衡性状况与投入产出效益的工作。

海洋渔业资源核算是随着自然资源核算受到重视并在各国得到开展而发展起来的。目前各国流行的国民经济核算体系以国民生产总值（GNP）或国内生产总值（GDP）为主要核算指标。该核算体系存在只重视经济产值及其增长速度、忽视资源基础和环境条件的严重缺陷，导致在经济发展的同时，环境污染、生态破坏、资源减少等资源环境问题日益突出，出现了经济的虚幻增长和经济增长的资源空心化现象。这使人们逐渐认识到，只有考虑了资源耗竭程度的经济增长才体现了经济增长的实际水平。因此，自 20 世纪 80 年代中期以来，许多国家和组织以及学者都在积极研究、探索对资源环境进行核算，并将其纳入国民经济核算体系的途径，海洋渔业资源核算也是其中的重要工作内容之一。目前这项工作已经取得了重要进展，但是总体上尚处于探索阶段。

2. 海洋渔业资源核算的内容

（1）实物核算和价值核算。实物核算是对海洋渔业资源的数量用物理单位进行核算；价值核算是将海洋渔业资源的数量折算成用统一货币表示的货币价值。为了更全面地反映渔业资源的真实变化，渔业资源核算一般还应包括资源质量方面的核算。

（2）个量核算和总量核算。个量核算是对海洋渔业资源按照种类进行分别核算；总量核算是对所有海洋渔业资源种类进行加总核算。

（3）存量核算和流量核算。存量核算是对某一时间点上的海洋渔业资源量进行核算，如期初量、期末量等；流量核算是对海洋渔业资源量在某一时期的变化进行核算。存量核算有助于评估某一时刻的资源总量及其与经济总量间的关系，也有助于对不同地区间的资源存量进行比较；流量核算则有助于认识一国或地区随海洋渔业经济增长而发生的海洋渔业资源基础变化，有助于分析资源流与经济流间的动态关系。

（二）海洋渔业资源核算的原则与基本程序

1. 海洋渔业资源核算的原则

（1）以分类核算为基础。不同类型的海洋渔业资源，数量、质量和利用特性不同，将各类海洋渔业资源混在一起，无法反映各类海洋渔业资源在数量、质量等方面的变化。另外，不同类型的海洋渔业资源有不同的利用流程，因此其核算过程也不相同。

（2）分类核算与综合核算相结合。海洋渔业资源的实物核算只能分类进行。价值量核算既可以分类核算，也可以综合核算。海洋渔业资源核算应以实物量分类核算为基础，反映各类资源的变化，同时以价值量核算把握全局，反映海洋渔业资源基础的总体变化。

（3）以资源不变价为基础，兼顾即时市场价。以不变价计量的海洋渔业资源价值在各年度间具有可比性，而以即时市场价计量能及时反映海洋渔业资源的供求关系。另外，以即时价计量的海洋渔业资源价值可以与海洋渔业生产总值相比较，反映资源利用水平。

（4）质量特征与数量特征兼顾。海洋渔业资源的更新和恢复能力既取决于资源的数量特征，也取决于资源的质量特征。为全面而真实地反映海洋渔业资源基础的消长情况，在海洋渔业资源核算中应兼顾其质量和数量特征。

（5）分层核算。海洋渔业资源核算既可以在全国范围内进行，也可以在区域范围内进行，以在不同的空间尺度上反映海洋渔业资源基础的变化。

2. 海洋渔业资源核算的基本程序

（1）界定海洋渔业资源核算的对象。有学者指出，自然资源核算的范围应限于在经济上可利用的那部分资源。对渔业资源进行核算时，应根据目前中国海洋渔业资源统计和分类的情况确定核算的具体对象。

（2）对海洋渔业资源进行实物量统计。统计内容包括海洋渔业资源的数量、种类以及利用状况等。这一过程关系到海洋渔业资源核算能否顺利进行以及核算结果是否可信。在多数情况下，经过长期资料积累和科学调查，海洋渔业资源统计已有较好的基础，很多数据资料可以直接引用，但在引用时必须注意其科学性与真实性。

（3）绘制海洋渔业资源利用流向及流程图。流程图直观而形象地反映了海洋渔业资源的增减变化，流入、流出的方向和过程，其目的在于明确海洋渔业资源增减的原因、数量和利用结构情况，为建立海洋渔业资源核算账户服务。

（4）对海洋渔业资源进行估价。这是海洋渔业资源核算的关键，也是研究的难点所在，关系到海洋渔业资源价值量核算的成本，海洋渔业资源价值量核算需要建立在对海洋渔业资源合理估价的基础上。

（5）对海洋渔业资源进行分类核算。分类核算既包括对其逐类进行实物增减量的计算和流向分析，也包括对其逐类进行价值量增减量的计算和流向分析。

（6）对海洋渔业资源进行综合核算。即进行海洋渔业资源实物总量和价值总量的比较和平衡分析，用于反映海洋渔业资源总量的整体变化情况，同时也可以反映海洋渔业资源利用效率的综合情况。同时通过与前期海洋渔业资源价值量进行比较，分析其增减量及原因。

（7）进行海洋渔业资源质量指数核算。以此校正数量核算和价值量核算的结果。

（8）将海洋渔业资源综合价值量核算结果纳入海洋渔业经济增长的成本效益分析。

（三）海洋渔业资源核算方法

1. 海洋渔业资源的实物量核算

核算表是对海洋渔业资源进行实物量核算的一种重要工具。这里介绍两种最常见的海洋渔业资源实物量核算表。

（1）简单核算表。表2-1是一种用于海洋渔业资源实物量核算的简单核算表。表中"期初存量"可以是核算期初或历史上某一时间点的海洋渔业资源总量；"期末存量"可以是核算期末或报告期末的存量总量。对比期初存量、期末存量，可以观察海洋渔业资源总量的变动情况。本期增加量包括期内新发现量和期内重估增加量，本期减少量为期内已开采使用量、重估减少量和期内损失量之和。

表2-1 海洋渔业资源实物量简单核算表

项目	类别	计量单位	期初存量	本期增减量		期末存量
				增加量	减少量	
海洋渔业资源分布范围	海域面积	hm²				
	渔场面积	hm²				
	已开发渔场面积	hm²				
海洋渔业资源种类	生物种类	种				
	其中：植物	种				
	动物	种				
	其中：鱼类	种				
	贝类	种				
	虾类	种				
	蟹类	种				
	头足类	种				

（续）

项目	类别	计量单位	期初存量	本期增减量		期末存量
				增加量	减少量	
海洋渔业资源 种类	经济鱼类	种				
	经济藻类	种				
	经济贝类	种				
	经济虾蟹类	种				
海洋渔业资源 的资源量	总的渔业资源量	万 t				
	鱼类资源量	万 t				
	贝类资源量	万 t				
	虾蟹类资源量	万 t				

海洋渔业资源存量和流量核算的基本公式为

$$S(t) = S(t+1) + H(t) + R(t) \qquad (2-11)$$

式中：$S(t)$ 为 t 期期末存量；$S(t+1)$ 为前期末或期初存量；$H(t)$ 为本期增加量；$R(t)$ 为本期减少量。

（2）矩阵核算表。表 2-2 是一种用于海洋渔业资源实物量核算的矩阵核算表。

表 2-2 海洋渔业资源实物量矩阵核算表

		资源增加		渔业资源的利用	期末资源存量
		自然	人为	1，2，3，4，…，n	
资源减少	自然	—	—	$a_1, a_2, a_3, a_4, \cdots, a_n$	
	人为	—	—	$b_1, b_2, b_3, b_4, \cdots, b_n$	
1. 渔场面积		c_1	d_1	m_{11}	g_1
2. 已开发的渔场面积		c_2	d_2	m_{22}	g_2
3. 可利用的资源量		c_3	d_3	m_{33}	g_3
4. 已利用的资源量		c_4	d_4	m_{44}	g_4
⋮		⋮	⋮	⋮	⋮
		c_n	d_n	m_{nn}	g_n
期初资源存量				$t_1, t_2, t_3, t_4, \cdots, t_n$	

表中的指标是按照可利用的资源和已利用的资源来排列的。可利用的资源量反映可供人类利用的海洋渔业资源，已利用的资源量反映人类已利用的海洋渔业资源。向量 $T = (t_1, t_2, t_3, t_4, \cdots, t_n)$ 是期初海洋渔业资源的总存量；向量 $G = (g_1, g_2, g_3, g_4, \cdots, g_n)$ 是期末海洋渔业资源的总存量。向量 $A = (a_1, a_2, a_3, a_4, \cdots, a_n)$ 表示核算期内由于自然因素而减少的海洋渔业资源量，这部分资源期初存在、核算期内消失，包括在期初存量中，而不包括在期末存量中；向量 $B = (b_1, b_2, b_3, b_4, \cdots, b_n)$ 表示核算期内由于人为原因而减少的海洋渔业资源量，这部分资源同样是期初存在、核算期内消失，包括在期初存量中，而不包括在期末存量中；向量 $C = (c_1, c_2, c_3, c_4, \cdots, c_n)$ 表示核算期内自然增加的资源量，这部分资源期初不存在、核算期内自然增加，故包括在期

末存量中而不包括在期初存量中；向量 $D=(d_1, d_2, d_3, d_4, \cdots, d_n)$ 表示核算期内人为增加的资源量，这部分资源同样是期初不存在、核算期内增加，故包括在期末存量中而不包括在期初存量中。方阵中的对角元素 $M=(m_{11}, m_{22}, m_{33}, m_{44}, \cdots, m_{nn})$ 表示核算期间渔业资源的平均量，是一个流量指标。M_{ij} 则表示海洋渔业资源的变动情况，如 M_{21} 就是核算期间可利用海洋渔业资源量转化为已开发利用的海洋渔业资源量，反映了人类利用海洋渔业资源的情况。

2. 海洋渔业资源的质量核算

海洋渔业资源的可持续利用是以数量不下降和质量的保持为目标的，因此，海洋渔业资源的核算不仅包括数量核算，还包括质量核算。海洋渔业资源数量核算和价值核算是海洋渔业资源核算的主体部分，但是必须用质量核算对数量核算和价值量核算进行校正，以真实地反映海洋渔业资源基础的消长变化。由于同类资源的不同性状特征是不可比的，为了全面了解某一类海洋渔业资源质量变化的总体情况，需要设计一个统一量纲的质量指数，以将该类资源的所有质量性状特征综合起来考虑。表2-3 给出了一种海洋渔业资源质量核算的方法，具体包括以下步骤：海洋渔业资源质量因子的确认和选择；质量因子指标值的计算；指标因子权重的确定；不同时段质量指数的计算；以质量指数对数量核算和质量核算的结果进行校正。

表2-3 海洋渔业资源质量核算

年份	质量因子										指数加总	渔业资源质量总指数
	首次捕获的体长或年龄		首次性成熟体长或年龄		鱼类繁殖力		渔获平均年龄		渔获平均体长			
	指标值	权重	指标值	权重	指标值	权重	指标值	权重	指标值	权重		
1990												
1991												
...												

3. 海洋渔业资源价值量核算

许多国家及国际组织的研究人员都认为对海洋渔业资源等自然资源进行价值量核算是非常重要的，但是同时又都承认这项工作是十分困难的。本部分重点介绍两种应用相对广泛的海洋渔业资源定价方法。

（1）影子价格法。影子价格法是以线性规划为计算方法计算价格，具体计算方法是先构建线性规划模型：

目标函数： $\qquad \max Z = \sum C_j x_j$

约束条件： $\qquad a_{i1}x_1 + a_{i2}x_2 + \cdots + a_{ij}x_j + \cdots + a_{in}x_n \leqslant b_i$

$$x_j \geqslant 0$$
$$i = 1, 2, \cdots, m$$
$$j = 1, 2, \cdots, n$$

式中：C_j 为各类自然资源单位数量收益系数；x_j 为各类自然资源；a_{ij} 为约束系数；Z

为目标值（生态、经济效益等）。

然后可利用对偶规划求出自然资源影子价格 U_i，即

目标函数：
$$\min Y = \sum b_j U_i$$

约束条件：
$$a_{1j}U_1 + a_{2j}U_2 + \cdots + a_{ij}U_i + \cdots + a_{mj}U_m \geqslant C_j$$
$$U_i \geqslant 0$$

式中：Y 为生产总成本；U_i 为决策变量，即影子价格。

影子价格的经济学含义是在资源得到最优配置使社会总效益最大时，该资源投入量每增加一个单位所带来的社会总收益的增加量。影子价格正确地反映了资源的稀缺程度，为资源的合理配置及有效利用提供了正确的价格信号和计划，在世界各国的经济活动和交往中得到广泛的应用，其理论和方法也比较成熟。

（2）边际机会成本法。机会成本是指在其他条件相同的情况下，把一定的资源用于获取某种收入时所放弃的另一种收入。假如被放弃的收入有很多种，其中最高的一种就是它的机会成本。从定义中可以看出，机会成本中不仅包括财务成本，还包括生产者在尽可能地利用该财务成本所代表的生产要素时所能得到的利润。因此用机会成本来确定海洋渔业资源价格，意味着将一部分利润计入成本。另外，由于海洋渔业资源具有实物意义上的稀缺性，现在使用资源就意味着丧失了今后利用同一资源获取收益的机会，所以机会成本也意味着必须将未来所牺牲的收入计入成本。

海洋渔业资源的机会成本不仅随着产量的变化而变化，而且随着资源稀缺程度的变化而变化。随着时间的推移，海洋渔业资源的单位机会成本通常是逐步增加的。因此，海洋渔业资源的价格不是由其平均机会成本决定的而是由边际机会成本决定的。根据边际机会成本理论，海洋渔业资源的边际机会成本应包括以下 3 种成本：

①边际生产成本。即渔获量的单位变动所引起的总生产成本的变动，它是直接对应生产过程的那部分成本，包括从渔船出港到渔获运回港这一过程中所发生的一切费用。

②边际使用者成本。它是指现在使用资源而不是留给后代使用所产生的成本。海洋渔业资源是一种可更新资源，如果开发利用合理，资源消长平衡或捕捞量小于资源的自然生长量，则边际使用者成本为零，但是如果对海洋渔业资源进行过度开发和非持续性的利用，边际使用者成本便不等于 0。海洋渔业资源的边际使用者成本应等于海洋渔业资源减少量（捕捞量减去自然生长量）对未来的收益损失。具体可由下式来确定：

$$P_t = \frac{(1+r)^t}{i} \times \left[aR_0 + \frac{A}{N}(1+\rho) \right] \times \frac{Q_d \times E_d}{Q_s \times E_s} \qquad (2-12)$$

式中：P_t 为 t 时间内的边际使用者成本；R_0 为某种资源的基本租金；a 代表海洋渔业资源的丰度、开采利用条件及渔场差别、种类差别和质量差别的等级系数；A 为支付在该海洋渔业资源上的投入总额；N 为受益年限；Q_d 为需求量；Q_s 为供应量；E_d 为需求弹性系数；E_s 为供应弹性系数；i 为利率；r 为贴现率；ρ 为投入资本的平均利润率。

③边际外部成本。它是指海洋渔业资源开采或使用过程中对生态环境造成的损失或者是对生态环境质量的损害，可以通过生态环境质量价值的变动来确定。根据环境经济学理

论，环境质量的价值变动可以从其产生的损失（效益）和预防（补偿）环境恶化费用两个角度来进行度量。海洋渔业资源开发利用过程中所产生的负面影响主要体现在生物多样性的消失、栖息地面积的减小等。因此其边际外部成本可以通过每捕获单位渔获量所引起的相应的生态价值变动来确定，具体测算时可视不同情况采取不同方法进行。

由于边际机会成本模型在内容上既包括了生产者从事生产所应得到的利润，也包括了因收获渔业资源而对他人、社会和未来造成的损失，还反映了海洋渔业资源稀缺程度的变化，可以说反映了收获一单位渔业资源时全社会所付出的全部代价，因此它是目前众多海洋渔业资源价值核算理论中较为全面的一种。

第三节　海洋渔业产权理论

一、海洋渔业产权的基本理论

（一）海洋渔业产权的概念

海洋渔业产权可以从广义和狭义两个角度理解。从广义角度来理解，它可以包括与海洋渔业生产活动相关的一切财产形成的财产权利，其中既包括对海域、海洋生物资源等渔业生产要素的产权，也包括对渔船、渔具等渔民或渔业企业生产资料的产权，甚至包括对技术、债务等无形财产的产权。这样的理解对于本书要讨论的问题过于宽泛，本书对海洋渔业产权作狭义理解，即专指关系海洋渔业生产的两种关键资源养殖海域空间和海洋生物资源的产权。在这一前提下，可以将海洋渔业产权界定为对养殖海域空间和海洋渔业生物资源等海洋渔业生产资源所拥有的所有权、使用权和处置权等一系列权利。

（二）海洋渔业产权的类型

根据产权所涉及的生产领域和具体内容，可以将海洋渔业产权从总体上分为海洋捕捞产权和海水养殖产权两类，其中，海洋捕捞产权是指各类主体依照法律规定，在相关海域从事捕捞水生动物和植物等渔业生产经营的权利，它是因"海洋渔业生物资源"财产而产生的一种财产权利；而海水养殖产权是指各类主体依照法律规定，在一国或地区管辖海域从事海水养殖活动的权利，它是因"养殖海域"财产而产生的一种财产权利。

（三）海洋渔业产权的特点

1. 通过法律确立和获得

相比于一般财产，海洋渔业产权对象具有一个重要特点，即在世界绝大多数国家或地区都被确定为国有，但是同时，这些国家或地区又都以立法的形式赋予了公民在相关海域开展捕捞和养殖生产的权利，因此，对于从事海水养殖或海洋捕捞生产的渔业生产者而言，其能够拥有的海洋渔业产权不是一种天然的权利，而是立法确立并通过申请而产生的，海洋渔业产权的变更和取消都需要经过行政部门的许可和核准。

2. 具有用益物权特性

海洋渔业生产者在申请获得海洋渔业产权时，只是获得了对某一特定资源的使用权而非所有权，所有权仍然保留其国有状态，所以，海洋渔业产权在性质上属于一种用益物权。

3. 权利主体具有广泛性

与矿业权相比，海洋渔业产权对主体的要求相对宽松，法律上并未对海洋渔业产权主体设定严格的资质条件。此外，世界上绝大多数国家都允许外国自然人、法人按照法定程序获得海洋渔业产权，体现了海洋渔业产权主体的国际化特点。

4. 权利内容具有特定性

海洋渔业产权的行使受到一定的限制。例如，在养殖产权场合，渔业经营者需要遵守养殖水域的环境保护规定，不得对水域环境造成污染；在捕捞产权场合，渔业经营者需要遵守捕捞限额和禁渔期等规定，以保护渔业资源的可持续利用。此外，海洋渔业产权的行使还需要受到渔业行政主管部门的监管和指导。

5. 权利行使具有优先性

一般它优先于债权、水资源所有权以及其他用益物权。例如，在同一海域上已设定了渔业权后，不得再行设立有害于前者实现的任何其他渔业权或其他用益物权。这种优先性保障了海洋渔业权人在特定海域的优先使用权和收益权。

6. 权利监管要求高

由于海洋渔业权是政府授予权利人的，并且权利的行使具有很多限制性内容，所以它是一种被动性权利，需要政府对权利人的行权行为进行严格监督检查，确保权利人按照规定的内容和方式行权。而海域空间广阔，权利主体行权时在空间上又十分分散，这对政府如何做到有效监管提出了很高的要求。

（四）海洋渔业产权的功能

海洋渔业产权的功能是多方面的，可以概括为以下几个方面：

1. 激励与约束功能

首先，海洋渔业产权的明确界定能够激励渔业生产者更好地利用和管理资源。当渔民或企业拥有清晰的渔业产权时，他们会对未来的收益产生明确的预期，从而有更大的动力去投入资源、提高技术、优化管理，以实现资源的可持续利用和渔业效益的最大化。其次，渔业生产者在享有海洋渔业生产资源使用权的同时，也需要承担相应的保护和管理责任。这种约束功能有助于减少过度捕捞、非法捕捞、养殖污染等破坏海洋资源环境的行为，维护海洋渔业生态环境的稳定和可持续发展。

2. 资源配置功能

在市场机制的作用下，海洋渔业资源的配置会向那些能够更高效、更可持续地利用资源的渔业生产者倾斜。这有助于实现海洋渔业资源的优化配置和高效利用，提高海洋渔业整体的经济效益和生态效益。

3. 保障海洋渔民权益

渔民是海洋渔业资源的主要利用者和管理者，其权益的保障是海洋渔业可持续发展的基础。通过明确海洋渔业产权，可以确保海洋渔民在海洋渔业生产中的合法地位和权益不受侵犯，从而激发他们的生产积极性和创造力。

4. 促进海洋渔业科技进步

在产权的激励下，各类渔业生产者会更有动力去引进和研发先进的海洋渔业技术和管理方法，以提高海洋渔业生产的效率和质量。这不仅有助于提升海洋渔业的经济效益，还有助于推动海洋渔业产业结构的优化和升级。

5. 维护海洋渔业生态环境

在产权的约束下，渔民和渔业企业会更加注重海洋渔业生态环境的保护和修复工作。他们会采取更加环保的生产方式和管理方法，减少对海洋生态环境的破坏和污染，从而实现海洋渔业资源的可持续利用和生态环境的良性循环。

二、海洋捕捞产权

（一）海洋捕捞产权的实现形式

产权是市场经济的基石，清晰界定的产权对资源配置有着重要意义。就效率而言，私有产权要比共有产权高得多，人类社会产权演进的逻辑就是越来越多的共有产权被私有产权代替。但是，也要看到，总有一些共有产权不可能变成私有产权。海洋渔业生物资源就是这样一种情况。海洋的广阔性、海洋渔业资源的流动性等使得私有的海洋渔业产权根本不可能实现，即便在法律上将海洋渔业资源确权给某一个特定的主体所有，该主体也没有办法阻止资源游走，更没有办法阻止他人免费使用，这种无法实现的私有产权等同于没有产权。所以，要解决海洋渔业资源的配置问题，靠产权私有化是行不通的。

现实中，海洋渔业资源的配置目标主要通过政府征税、给海洋捕捞产量或者海洋捕捞努力量设定上限等办法来实现。关于这些管控措施是否属于海洋捕捞产权范畴法理上还存在争议。但是从广义角度来看，可以认为它们是在海洋渔业资源公共资源属性下对海洋捕捞产权的一些实现形式。共有产权也是产权。虽然征税等管控措施没有从根本上改变海洋捕捞产权的共有产权性质，但是它们通过设置一些限制性内容，使海洋捕捞者不再能够任意地行使捕捞权利，对海洋渔业资源和生态起到了很好的保护作用。而且征税等捕捞管控措施本质上是借鉴私有产权的优势来解决海洋渔业资源共有产权的一些不足，每一种管控方式都使海洋渔业资源由之前完全的共有产权状态向私有产权靠近。

海洋捕捞权主要有征税、投入控制和产出控制3种实现形式。

1. 征税

这是一种比较简单的产量控制方式。具体有对渔船或捕捞努力量征税和对渔获量征税两种操作方法。从产权的角度来看，征税并没有改变传统的海洋捕捞产权形式。

2. 投入控制

投入控制是指对海洋渔业捕捞生产过程中投入的人力、物力、资金等加以控制的管理方式。实践中，依据这种控制思想产生了捕捞许可制度，控制对象包括渔船、渔具和渔场，具体管理措施包括限制渔具、渔法，限制渔场与渔期，限制渔船等。

（1）限制渔具渔法。对渔具进行限制是保护海洋渔业资源的重要途径：一是通过限制网目、作业区域、调整不同网具比例等措施，可以降低对幼鱼、亲鱼资源的捕获，保护补充群体，避免资源浪费；二是可以提高渔具的选择性，降低兼捕率和混捕率。

（2）限制渔场与渔期。管理渔场和渔期的主要措施是建立禁渔区、禁渔期以及实行伏季休渔等。其中，伏季休渔是指在每年规定的时间内，禁止任何人在规定的海域捕鱼，该措施对鱼类的生长起到了很好的保护作用。

（3）限制渔船。限制渔船的目标是控制捕捞强度，主要措施是通过实施捕捞许可来控制渔船功率、数量和作业规模等。

从产权的角度来看，投入控制，特别是通过捕捞许可实施的投入控制，对传统的海洋捕捞产权形式有一定改变，它使海洋捕捞权由原来的人人拥有变成了现在的仅由被许可的少部分人共同拥有，降低了产权人的数量，并通过限制渔船、限制渔具渔法、限制渔场渔期等缩小了权利人的权利范围，使得海洋捕捞产权由原来的自由产权转变为一种有限制的产权。

3. 产出控制

产出控制主要是通过设定捕捞配额、控制渔获量来对海洋渔业资源进行管理，其理论依据是最大可持续产量理论，具体的管理措施有总可捕量限制和由此引出的个人渔获配额、个人可转让渔获配额、渔业社区配额、单船渔获量限制等。

（1）总可捕量（TAC）限制。总可捕量限制是指根据渔业资源存量情况和渔业资源的再生能力，并综合考虑社会、经济等因素，在一定时期内（通常为 1 年）对特定区域某一鱼类品种或渔业总体设定渔获产量最大值。实践中，这种管理措施是对捕捞船或船队的渔获量直接进行控制，监督其捕获量或上岸量，一旦数量达到了设定的总可捕量，就关闭该区域的渔业。

（2）个人渔获配额（IQ）。个人渔获配额是在 TAC 基础上对每年的总可捕量进行分解并分配到渔民、渔船或渔业企业个人。渔业生产者可以在一年度内使用其个人配额，在渔获量达到配额数量后就停止捕捞。由于总捕捞配额每年确定一次，所以同一渔业生产者每年获得的渔获配额也不相同。

（3）个人可转让渔获配额（ITQ）。个人可转让配额方式是在个人渔获配额的基础上发展而来的。在该方式下，个人配额成为一种财产，是可以转让、买卖和交换的。

（4）渔业社区配额。渔业社区配额是指先将配额分配给渔业社区管理委员会，再由渔业社区管理委员会在其内部成员间进行分配的配额管理模式。

（5）单船渔获量限制。单船渔获量限制是指对单艘船的渔获量进行控制，具体又有两种控制方式：一是限制每艘船每航次的渔获上岸量，但不限制船数和航次数；二是限制每艘船在一定时间（如每天、每周、每月等）内的渔获上岸量，但不限制船数和天（周、月）数。

产出控制的产权含义与投入控制有一定的不同，虽然它也是一种有限制的海洋捕捞产权，但是它只是通过控制海洋渔业资源的分配数量和分配方式限制了海洋捕捞产权的内容，而没有改变海洋捕捞产权的主体。

(二) 海洋捕捞产权与海洋渔业资源配置

这里基于 Gordon - Schaefer 模型从经济学角度对上述海洋捕捞产权形式发挥海洋渔业资源配置作用的一般机理进行简要分析。

1. 征税

(1) 对捕捞努力量征税。对捕捞努力量征税是通过改变捕捞生产的总成本函数来达到对海洋渔业资源的配置效果,具体可用图 2 - 9 进行说明。

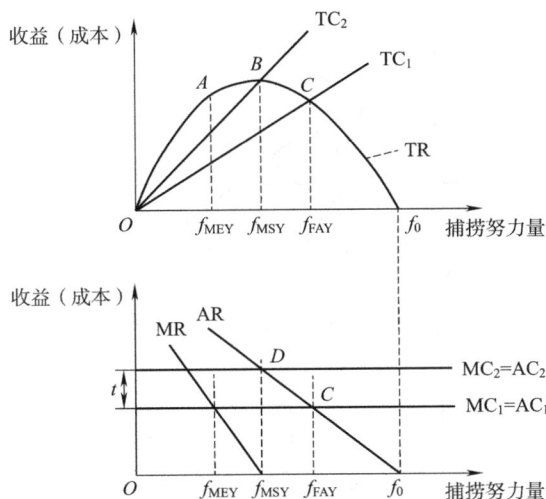

图 2 - 9　对捕捞努力量进行征税的经济学分析

在不征税的情况下,如果捕捞总成本函数为 $TC_1 = cf$,总成本曲线为图中的 TC_1,那么生产均衡将产生于 TC_1 与总收益曲线 TR 的交点 C 处,均衡时的捕捞努力量将为 f_{MEY}。假设希望降低捕捞努力量到 f_{MSY},可以对每单位捕捞努力量征税 t 元,那么,捕捞总成本函数将变为 $TC_2 = (c+t)f$,总成本曲线将变为图中的 TC_2,生产均衡也将随之变为实现于 TC_2 与 TR 的交点 B 点,该点对应的捕捞努力量水平即期望的 f_{MSY}。

(2) 对渔获量征税。当对渔获量征税时,变动的不再是总成本曲线而是总收益曲线。假设原本未征税情况下,捕捞的总收益函数为 $TR_1 = p\left[qfK\left(1 - \dfrac{qf}{r}\right)\right]$,对应的总收益曲线为图 2 - 10 中的 TR_1。对每单位渔获量征税 t 元,那么,捕捞的总收益函数将变为 $TR_2 = (p-t)\left[qfK\left(1 - \dfrac{qf}{r}\right)\right]$,总收益曲线将变为图 2 - 10 中的 TR_2,随着总收益曲线的变化,均衡的捕捞努力量将由原来的 f_{FAY} 减少到期望的 f_{MSY},同样实现了控制目标。

2. 投入控制

(1) 限制捕捞努力量。限制捕捞努力量是通过影响捕捞总成本曲线发挥作用的。假定在渔业中,采取了限制捕捞努力量的管理方法,其具体作用机制如图 2 - 11 所示。

在捕捞努力量没有限制的自由入渔情况下,捕捞总收益曲线为 TR,总成本曲线为 TC_1,生产均衡将实现在两者的交点 C 点处,此时捕捞努力量为 f_{FAY},捕捞产量为 Y_{FAY}。

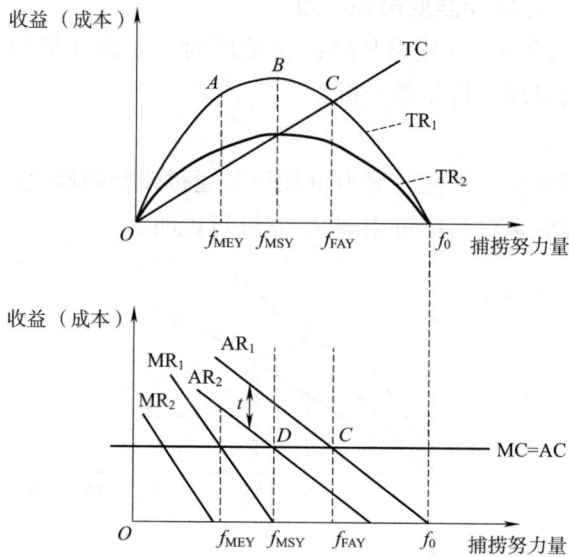

图 2-10　对渔获量进行征税的经济学分析

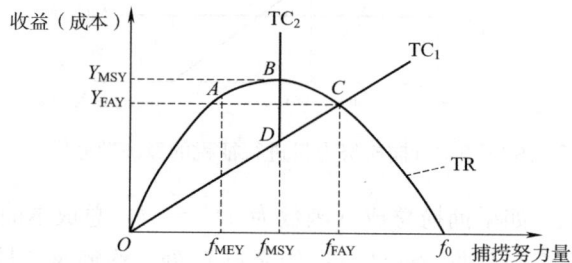

图 2-11　限制捕捞努力量的经济学分析

假如希望将捕捞产量调整到最大可持续产量 Y_{MSY}，可以给捕捞努力量设定一个增长上限 f_{MSY}，这样捕捞努力量在增长到 f_{MSY} 时便无法再增长，这意味着捕捞总成本曲线将由 TC_1 变为 TC_2。捕捞总成本曲线的改变导致捕捞生产均衡也发生改变，新的均衡将发生在新的总成本曲线 TC_2 与 TR 的交点 B 点处，此时的捕捞努力量为 f_{MSY}，捕捞产量为最大可持续产量 Y_{MSY}，调控目标得以实现。

（2）限制渔具渔法。限制渔具渔法是通过同时影响总收益曲线和总成本曲线发挥作用的，其具体作用机制如图 2-12 所示。

在捕捞努力量没有限制的自由入渔情况下，捕捞总收益曲线为 TR_1，总成本曲线为 TC_1，生产均衡将实现在两者的交点 C 点处，此时捕捞努力量为 f_{FAY}，捕捞产量为 Y_{FAY}。假如希望将捕捞产量调整到最大可持续产量 Y_{MSY}，可以对渔具渔法加以限制。限制渔具渔法的作用效果将体现在两个方面：一是限制了捕捞技术，降低了捕捞效率，导致要实现同样的捕捞收入（产量）需要付出更多的捕捞努力量，这意味着捕捞总收益曲线将由 TR_1（O—a—B—b—f_0 走向）变为 TR_2（O—a—D—b—f_0 走向）（TR_2 与 TR_1 高度相同，

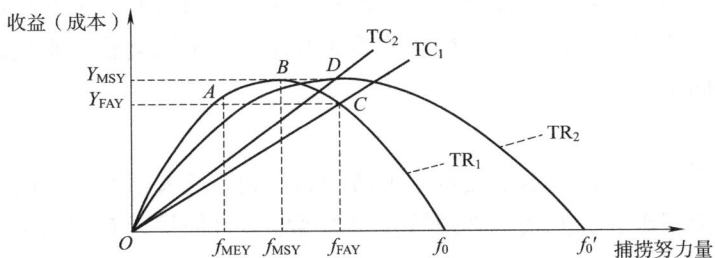

图 2-12 限制捕捞努力量的经济学分析

但是与横轴的交点距原点更远，曲线整体显得更加扁平）。二是捕捞技术被限制，提高了捕捞成本，导致总成本曲线将由 TC_1 变为 TC_2。捕捞均衡将随着总收益曲线和捕捞总成本曲线的变化而发生变化，新的均衡将实现在新的总收益曲线 TR_2 与新的总成本曲线 TC_2 的交点 D 点处，此时的捕捞产量就为最大可持续产量 Y_{MSY}。

3. 产出控制

产出控制的作用机理比较明确，它主要是通过影响总收益曲线发挥作用。虽然产出控制有总可捕量、个人渔获配额、个人可转让渔获配额等多种方法，但是其作用机理基本相同。这里以总可捕量为例进行说明。具体作用机制如图 2-13 所示。

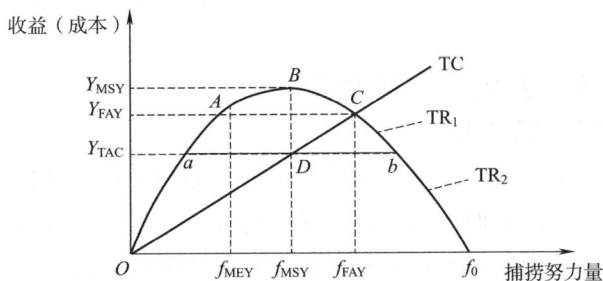

图 2-13 限制捕捞努力量的经济学分析

在没有总可捕量限制的自由入渔情况下，捕捞总收益曲线为 TR_1，总成本曲线为 TC，生产均衡实现在两者的交点 C 点处，此时捕捞努力量为 f_{FAY}，捕捞产量为 Y_{FAY}。假如采取总可捕量方法将总产量上限设定为 Y_{TAC}，那么总收益曲线将由 TR_1（O—a—B—b—f_0 走向）变为 TR_2（O—a—D—b—f_0 走向），总收益曲线的变化将导致捕捞均衡发生改变，新的均衡将实现在 TR_2 与 TC 的交点 D 处，此时捕捞努力量将由 f_{FAY} 下降到 f_{MSY}，实现的捕捞产量为 Y_{TAC}。

三、海水养殖产权

（一）海水养殖产权的权利内容

海水养殖产权的权利内容主要包括以下几个方面：

1. 占有权

养殖权利人享有占有特定水域、滩涂进行养殖活动的权利。这种占有在一般情况下是排他的，即所划定的特定水域全部归权利人占有，他人无权占有。但在特定情况下，如相关文件授权数个渔业经营者在同一水域放养不同习性、吃不同食物的水生动植物时，占有权可能表现为共同占有。

2. 使用权

养殖权利人享有使用特定水域进行养殖活动的权利。这要求水域中的水生动植物必须符合法律要求，使用水域的方式也必须符合法律规定，且使用须有时间上的连续性，停止使用达法定期限则养殖权可能终止。

3. 捕捞权

虽然捕捞权本身可能作为一种独立权利存在，但在海水养殖产权中，捕捞权通常被视为养殖权的一项权能。即养殖权人享有在养殖水域捕捞其所养殖的水生动植物的权利，但这种捕捞权不能单独转让，只能随同养殖权一同转让。

4. 收益权

养殖权利人享有通过养殖活动获得经济收益的权利。这是海水养殖产权的核心内容之一，也是养殖者进行海水养殖的主要动力。

5. 转让权

在符合法律法规和政策规定的前提下，养殖权利人享有将养殖权转让给他人的权利。这种转让可以是全部转让，也可以是部分转让，但都必须经过相关部门的审批和登记手续。

（二）海水养殖产权的获取方式和实现形式

1. 海水养殖产权的获取方式

之所以普遍认为海水养殖产权是一种用益物权，是因为在世界各国，基本上都界定海域为公有财产，任何个人都不拥有对海域的私人所有权，因此，海水养殖者在希望利用一定海域从事海水养殖活动时，必须首先获得该海域的使用权，这符合一般用益物权的基本特征。

海水养殖者要获取某一海域的使用权，通常有两种途径：

一是从国家直接取得。这时一般是采取海域使用权出让的形式，即国家作为海域的所有者，通过拍卖、招标等公开竞争方式，将特定海域的使用权出让给符合条件的养殖者。养殖者获得海域使用权后，即可在该海域从事海水养殖活动，并享有相应的收益权。

二是通过在市场上接受转让或租赁取得。是否能够采用该形式，要看相关国家的法律规定是否允许海域使用权转让流通，如果允许，那么海水养殖者就可以通过在市场上接受转让或租赁取得某一海域的使用权。

海水养殖产权是国家通过立法设立而不是天然存在的一种产权类型，因此，海水养殖者在通过某种方式取得海水养殖产权后，一般还需要通过取得政府的某种正式登记或许可文件对权利予以确认。

2. 海水养殖产权的实现形式

海水养殖产权是通过政府向海水养殖者颁发相关许可证件的形式来实现的，但是这些证件的具体类型、内容在不同国家有一定差异。在中国，海水养殖产权的确立主要通过政府向海水养殖者颁发两个证件实现：即相关海域的中华人民共和国不动产权证书和中华人民共和国水域滩涂养殖证，俗称"两证"。前者是国家对海水养殖者拥有某一海域使用权的授权和确认文件；后者是国家对海水养殖者拥有从事海水养殖活动资格的确认文件。由于两个证件在规定内容上有重叠之处，因此存在将两证合一的呼声，但就目前而言，在中国从事海水养殖活动，海水养殖者必须同时取得"两证"，缺一不可。

（三）海水养殖产权与海水养殖空间资源高效利用

1. 明确海水养殖产权对提高海水养殖空间资源利用效率的重要意义

（1）通过确权，明确养殖者在特定海域的养殖权利并保障其合法权益不受侵害，能够增强养殖者的投资信心，有利于吸引更多资金被投入海水养殖业，推动其规模化、集约化发展。

（2）通过确权，明确养殖海域的许可使用制度，有助于避免养殖用海的无序扩张和浪费，促进养殖海域资源的合理利用和优化配置。

（3）确权后，养殖者需要按照相关法律法规和规定进行养殖活动，这有助于减少养殖活动对海洋生态环境的负面影响，促进海洋生态环境的保护和修复。

（4）通过确权，渔民可以凭借养殖凭证获得银行贷款等金融支持，扩大养殖规模，提高收入水平；同时，养殖业的发展也能带动相关产业链的发展，为渔业经济注入新的活力。

（5）通过确权，可以对海水养殖空间利用结构和方式进行调整，缓解用海矛盾，推动渔业科技创新，加快新型养殖技术、设备和模式的推广应用，提高海水养殖空间利用效率。

2. 明确海水养殖产权应坚持的基本原则

（1）统筹规划原则。养殖海域规划是海水养殖确权的基础。应在综合自然环境和条件、生态环境保护、社会经济基础和各方用海需求的基础上，划定海水养殖区，科学确定养殖用海规模和布局，以海水养殖总体布局规划统领海水养殖确权。

（2）法律依据原则。海水养殖产权的确立和调整必须基于国家和地方相关法律法规，确保合法性，以维护养殖者的合法权益。

（3）公平公正原则。海水养殖产权的确立应公平、公正，保障所有养殖者的平等待遇，防止对利益的不当侵占和对权利的随意剥夺。

（4）保障传统渔民利益原则。应根据海域资源状况、养殖用海现状和渔民数量，划定一定范围的渔民传统养殖海域，在进行海水养殖确权时，优先安排当地渔民。

（5）长期稳定原则。应赋予海水养殖产权相对较长的有效期，这样有利于稳定权利人预期，增强权利人持续投资和注重生态保护的积极性。

（6）生态保护原则。在确权过程中，应积极引导从事养殖的单位和个人推行生态用海，鼓励在生产中采用新材料、新工艺进行养殖设施升级改造，推广生态健康养殖模式，确保养殖活动的可持续性，避免对海洋生态造成严重影响。

（7）社会参与原则。确权过程中应广泛听取相关利益主体的意见，确保在政策制定和实施过程中公众与社区的参与，增强透明度。

（8）有偿使用原则。应根据海域使用的社会成本征收海域使用金，对经营性养殖用海实行市场化方式出让海域使用权，促进资源优化配置。

（9）责任明确原则。确权时需明确各方的权利与义务，包括养殖区域的管理、养殖者的责任等，以确保养殖活动的规范有序。

（10）动态管理原则。应建立动态管理机制，随着科学技术的发展和环境的变化，对海水养殖产权进行适当调整，确保产权适应不断变化的需求。

3. 海水养殖产权保护

随着沿海地区城市化和海洋经济飞速发展，用海需求不断扩大，海域资源日益稀缺，用海竞争不断加剧，产业的弱质性使海水养殖在这种竞争中处于不利地位。因此，要有效发挥海水养殖产权对海水养殖空间资源的配置作用，除了明确界定海水养殖产权外，更重要的是要加强对海水养殖产权的保护。具体应注重做好以下几个方面：

（1）完善法律保障。不断完善相关法律法规体系，坚持公正执法，维护法律权威；同时，建立健全产权纠纷调解机制，及时妥善处理养殖产权纠纷。

（2）加强执法监管。建立有效的监管机制，加大对违法侵权行为的执法力度，严厉打击非法侵占、盗用养殖海域等行为，鼓励社会公众和养殖者对侵权行为进行举报，利用现代科技手段，如卫星监测、无人机巡查等，提升对海水养殖区域的监控，及时发现并制止非法操作。

（3）建立合作机制。鼓励养殖者之间建立合作机制，形成养殖协会或合作社，加强信息交流和资源共享，共同维护合法的养殖权。

（4）开展培训和宣传。对养殖者进行相关法律法规和管理知识的培训，提高他们的法律意识和维权能力，让他们懂得如何保护自身的养殖权。

（5）推动政策扶持。政府可以出台相关政策支持海水养殖业的发展，为合法养殖者提供资金、技术等方面的扶持，增强其产权保护能力。

第四节　海洋渔业市场理论

一、海洋水产品供求及其影响因素

（一）海洋水产品供给及其影响因素

海洋水产品供给是指海洋渔业生产者在特定时期愿意并能够向顾客提供的海洋水产品数量。它主要受以下因素影响：

1. 产品价格

价格是影响海洋水产品供给最主要的因素之一，在其他条件不变的情况下，价格越高，海洋水产品的供给越大。

2. 生产成本

生产成本是指海洋渔业生产者在各种生产要素上的投入。在其他因素不变的情况下，生产成本越高，海洋水产品的供给越少。

3. 生产条件

主要包括生产技术水平、渔业资源情况、渔业基础设施、运输条件、气候条件等。影响海洋捕捞和海水养殖的生产条件不尽相同，但是总的来说，生产条件越好，海洋水产品供给越大。

4. 季节性因素

海洋捕捞生产的季节性十分明显。由于多数水产生物的生长都具有一定的时间规律，如什么时间产卵、需要多长时间长成等，导致海洋捕捞生产具有明显的汛期和非汛期之分。一般在汛期，水产品集中上市，供给量大幅增加，而在非汛期，水产品供给量减少。海水养殖的发展在一定程度上减轻了海洋水产品供给的这种季节波动性。

5. 自然灾害

自然灾害对海水养殖生产的危害很大，如风暴潮、赤潮等。一旦遭受自然灾害，就会造成海洋水产品市场供给不足。

（二）海洋水产品需求及其影响因素

海洋水产品的需求是指消费者在某一特定时期愿意并且能够购买的海洋水产品数量。它主要受以下因素影响：

1. 消费者收入水平

就个人消费而言，收入是影响海洋水产品需求量最主要的因素。一般来说，随着收入水平的提高，人们对海洋水产品的购买量也会相应增加。这也是收入变化在消费行为上体现出的一般规律。

2. 海洋水产品价格

价格是影响海洋水产品短期需求的主要因素之一，它与海洋水产品需求呈负相关关系：在其他条件既定的情况下，价格越高，人们对海洋水产品的需求越小。

3. 人口数量

人口数量会影响对海洋水产品的社会总需求。一般而言，在其他因素特别是收入水平和价格既定的情况下，社会人口数量越大，对海洋水产品的需求量越大。

4. 替代品的价格

当替代品价格降低时，人们对海洋水产品的需求一般会减少。

5. 消费者的消费习惯和偏好

消费者对海洋水产品的偏好既有个体层面的特征，又有社会层面的特征，既有总体上的特征，又有结构上的特征，还具有时间上的特征，是一个多维的影响因素。不同的消费者个体有不同的饮食口味偏好，不同的地区由于文化、传统、习惯等原因也会有饮食偏好上的差异。随着生活水平的提高和现代生活方式的发展，人们对海洋水产品的需求也会发生变化。

6. 粮食安全

粮食安全正对海洋水产品需求造成越来越强烈的影响。

二、海洋水产品市场均衡

（一）海洋水产品市场均衡的内涵

海洋水产品市场上产品供给等于需求的状态称为海洋水产品市场均衡。在任何一个时期，海洋水产品市场上都存在一个海洋水产品价格，在该价格下会形成一个对海洋水产品的需求量和一个海洋渔业生产者愿意提供的海洋水产品供给量，如果两者恰好相等，那么海洋水产品市场就会在该价格水平下稳定下来并一直维持下去，如果不相等，那么双方就会调整海洋水产品价格及海洋水产品供求数量直至达到供求相等状况。也就是说，供求平衡虽然不是海洋水产品市场的常态，却是海洋水产品市场的一般趋向，只要海洋水产品市场上存在供求不平衡的状况，就会出现对海洋水产品价格的调整使海洋水产品市场向平衡方向发展。

（二）海洋水产品市场均衡的形成

下面运用西方经济学中供给曲线和需求曲线等图形工具对海洋水产品市场均衡的形成及其变动进行介绍。

1. 海洋水产品供给曲线

海洋水产品的供给数量取决于多种因素的影响，如果先假定其他因素不变，仅考虑价格一种因素的影响，就可以构建如式（2-13）的海洋水产品供给函数：

$$Q_s = f(P) \tag{2-13}$$

将该式图形化可以得到海洋水产品的供给曲线。海洋渔业生产有海洋捕捞和海水养殖两种生产方式，海洋水产品市场上的供给量是由这两种生产方式共同提供的。如果单独考察，这两种生产方式的供给曲线会有不同的形式：海洋捕捞供给曲线是图2-14所示的形状，海水养殖供给曲线是图2-15所示的形状。之所以会存在这种差别主要是由于海洋捕捞产量受海洋渔业资源自然总量的制约，而海水养殖则不受这种影响。

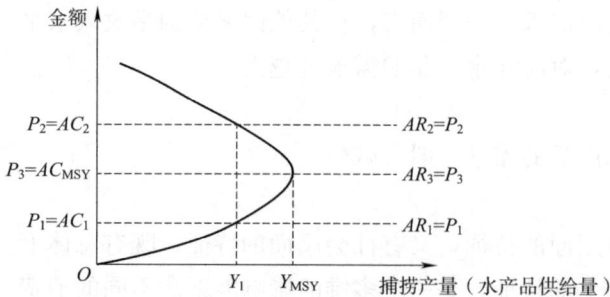

图2-14 海洋捕捞供给曲线

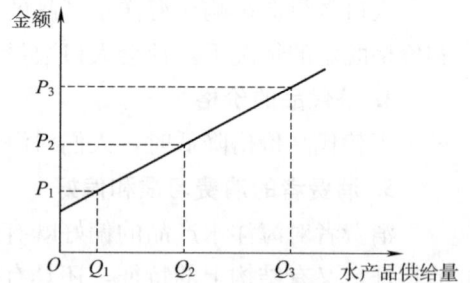

图2-15 海水养殖供给曲线

海洋捕捞的供给曲线可以利用图2-16和图2-17推导得出。

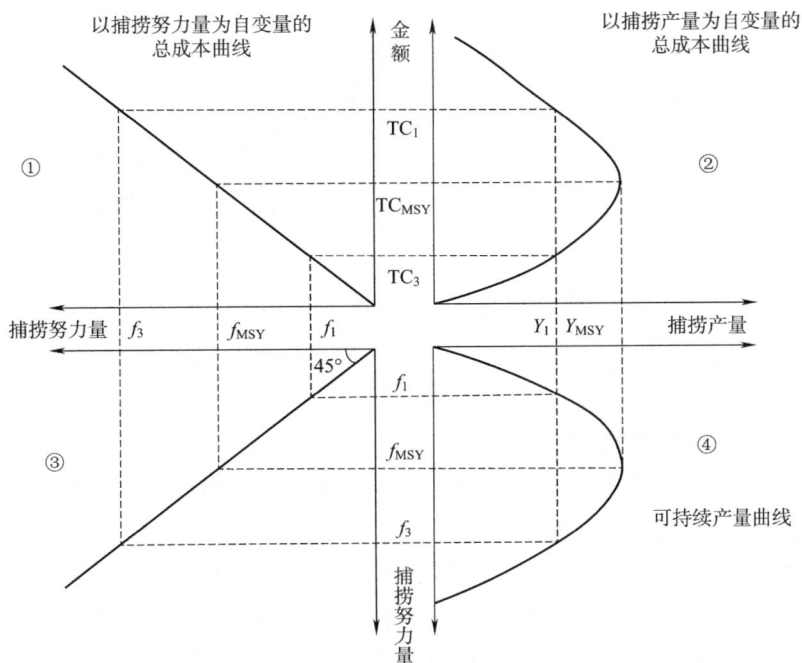

图 2-16 以捕捞产量为自变量的海洋捕捞总成本曲线的推导

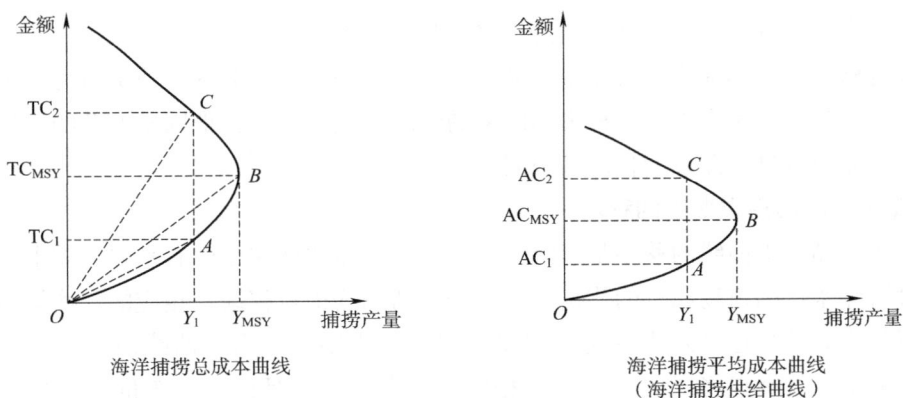

图 2-17 海洋捕捞供给曲线的推导

总的海洋水产品供给曲线是在海洋捕捞供给曲线和海水养殖供给曲线加和的基础上形成的。由于两条曲线形状不同，加和后的供给曲线的形状不能唯一确定，图 2-18 中的 Q_s 和 Q_s' 两种情形均有可能出现，不过其总体趋势可以确定，即随着价格的升高而增加。

2. 海洋水产品需求曲线

海洋水产品需求曲线（既包括总的海洋水产品需求曲线，也包括海洋捕捞产品需求曲线和海水养殖产品需求曲线）的形式与一般的市场需求曲线无异，为一条向右下方倾斜的曲线（图 2-19），其含义为随着海洋水产品价格的升高，人们愿意并有能力购买的海洋水产品数量逐渐减少。

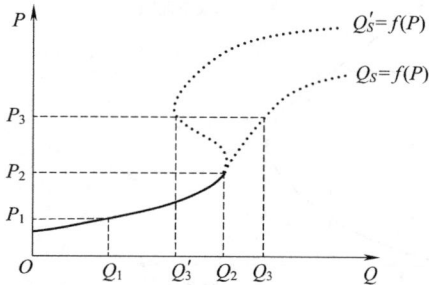

图 2-18 海洋水产品供给曲线   图 2-19 海洋水产品需求曲线

3. 海洋水产品市场均衡的形成

从几何意义上来说，海洋水产品市场的均衡出现在海洋水产品需求曲线与海洋水产品供给曲线的交叉点上，即图 2-20 中的 A 点。

在 A 点时，海洋水产品的供给与需求相等，即消费者愿意购买的海洋水产品数量及愿意为这些水产品支付的价格与海洋渔业生产者在这一价格下愿意并有能力提供的海洋水产品数量相等。A 点所对应的海洋水产品数量 Q_A 为海洋水产品市场均衡数量，所对应的海洋水产品价格 P_A 为海洋水产品市场均衡价格。

（三）海洋水产品市场均衡的变动

海洋水产品市场均衡的变动是指海洋水产品供给曲线与需求曲线交叉点的改变。这主要是由除价格以外的其他影响海洋水产品供求的因素的变动引起的。前文对海洋水产品市场均衡的讨论是在仅考虑价格一种影响因素的情况下进行的，其他因素变动的影响可以通过海洋水产品市场供求曲线的移动来说明。

1. 海洋水产品需求曲线的移动

海洋水产品需求曲线的移动是指海洋水产品需求曲线向左或向右平移。需求曲线的移动会打破海洋水产品市场原有的均衡，使市场向新的均衡点移动，相应的，均衡的海洋水产品市场价格和数量也会发生变化。例如在图 2-21 中，当需求曲线向左移动到 D_2 时，海洋水产品市场均衡点将变动到 B 点，相应的，海洋水产品市场均衡价格和数量将分别变动到 P_B 和 Q_B，当需求曲线向右移动到 D_3 时，海洋水产品市场均衡点将变动到 C（C'）点，相应的，海洋水产品市场均衡价格和数量将分别变动到 P_C（P_C'）和 Q_C（Q_C'）。

海洋水产品需求曲线的左右移动一般称为海洋水产品需求的变动。影响海洋水产品市场需求的各种因素（除价格外）的变动均能够导致海洋水产品需求曲线发生此类移动。

2. 海洋水产品供给曲线的移动

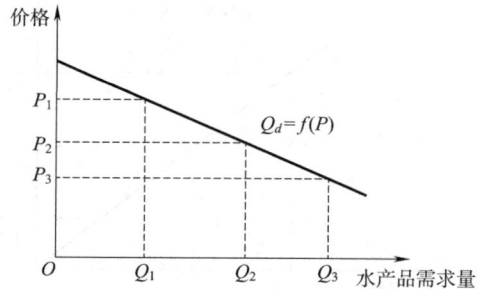

与海洋水产品需求曲线的移动类似，海洋水产品供给曲线的移动是指海洋水产品供给曲线向左或向右平移。供给曲线的移动同样会打破海洋水产品市场原有的均衡，使市场向新的均衡点移动，例如在图 2-22 中，当供给曲线向左移动到 S_2 时，海洋水产品市场均衡点将变动到 B 点，相应的，海洋水产品市场均衡价格和数量将分别变动到 P_B 和 Q_B，当

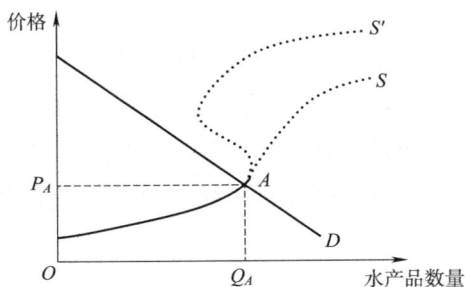

图 2 - 20　海洋水产品市场均衡

注：图中 S 表供给，S' 表需求。

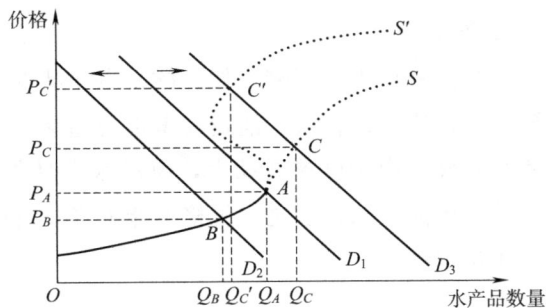

图 2 - 21　海洋水产品需求曲线的移动

需求曲线向右移动到 S_3 时，海洋水产品市场均衡点将变动到 C 点，相应的，海洋水产品市场均衡价格和数量将分别变动到 P_C 和 Q_C。

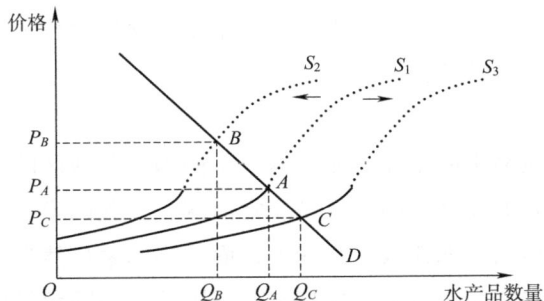

图 2 - 22　海洋水产品供给曲线的移动

海洋水产品供给曲线的左右移动一般称为海洋水产品供给的变动。影响海洋水产品市场供给的各种因素（除价格外）的变动均能够导致海洋水产品供给曲线发生此类移动。一般来说，技术进步是导致海洋水产品供给曲线向右移动的常见因素，而生产成本升高是导致海洋水产品供给曲线向左移动的常见因素。

三、海洋水产品市场的一般特征

（一）产品特性方面

1. 易腐性

海洋水产品大多为鲜活产品，容易变质腐败。这就要求在运输、储存和销售过程中必须采取严格的保鲜措施，如冷藏、冷冻、充氧等，增加了成本和操作难度。

2. 多样性

海洋水产品种类繁多，包括鱼类、贝类、虾蟹类、藻类等。不同种类的产品在形态、口感、营养价值等方面差异很大，满足了不同消费者的需求。一些高端海洋水产品如龙虾、鲍、海参等，由于独特的口感、营养价值和稀缺性而具有较高的附加值。

（二）市场供求方面

1. 波动性

受自然环境因素影响，如气候、海洋状况、水域生态等，海洋水产品的产量不稳定，导致市场供应波动较大。消费需求也会随季节、节假日等因素而变化，进一步加剧了供求的不稳定性。由于供求波动大，海洋水产品价格也会频繁波动。当产量减少或需求增加时，价格可能上涨；反之，价格可能下降。价格波动给生产者和消费者都带来了一定的风险和不确定性。

2. 季节性

海洋水产品的捕捞和养殖具有明显的季节性。某些水产品只在特定的季节出现，产量也会随季节的变化而出现波动。季节性供应会影响市场价格和消费者的购买行为。

3. 区域性

海洋水产品生产具有区域性。不同海域的海洋生物种类和数量存在很大差异，不同地区适合养殖的品种也不同。海洋水产品消费也具有区域性。不同地区的人们对海洋水产品的种类和口味有不同偏好，经济发展水平、消费水平、交通运输和物流条件等也进一步强化了海洋水产品消费的区域性差异。

4. 国际性

海洋水产品是国际贸易中的重要商品。由于不同国家和地区的海洋资源禀赋、消费需求和生产能力存在差异，海洋水产品的贸易非常活跃。一些国家拥有丰富的海洋资源，成为海洋水产品的主要出口国，如挪威、智利等；而一些国家虽然自身海洋资源有限，但消费需求大，成为重要的水产品进口国，如日本、美国等。国际贸易促进了海洋水产品在全球范围内的流通，满足了不同国家和地区人们对海洋水产品的需求，同时也推动了相关产业的发展和经济的增长。

（三）市场竞争方面

1. 品牌建设难度大

海洋水产品的同质化程度较高，难以通过产品本身特性建立明显的品牌优势。

2. 进入门槛低

海洋水产品的捕捞、养殖和销售相对容易进入市场，市场上存在大量的小规模生产者和经营者。这导致市场竞争激烈，价格竞争较为普遍，同时也容易出现质量参差不齐的情况。

3. 受政策影响大

海洋水产品市场受渔业政策、环保政策、进出口政策等多重政策的影响。例如，海洋渔业资源保护政策可能限制捕捞量，影响市场供应；环保政策可能要求加强海洋水产品养殖的污染治理，增加生产成本。

四、世界海洋水产品市场发展趋势

(一) 生产方面

1. 可持续发展理念增强

(1) 资源管理严格。各国愈发重视海洋渔业资源的管理和保护，制定严格的捕捞配额、禁渔期、渔具限制等措施，以控制捕捞强度，促进海洋渔业资源的可持续利用。

(2) 更加注重生态环境保护。例如在海洋水产品生产过程中，大力推广生态养殖模式，加强养殖废水处理、合理使用饲料和药物等，降低对海洋生态系统的负面影响。

2. 海水养殖占比持续上升

(1) 海水养殖产量保持增长。由于海洋捕捞面临资源限制和可持续发展的要求，海水养殖成为满足不断增长的海洋水产品需求的重要途径，全球海水养殖产量不断增加。2022 年全球海水养殖产量达到创纪录的 7 110 万 t，占世界海洋渔业总产量的 46.7%。

(2) 养殖品种多样化。除了传统的养殖品种如鱼类、虾类、贝类等，越来越多的新养殖品种被开发和推广，以满足市场的多样化需求。一些特色、高附加值的海洋水产品养殖逐渐兴起，如海参、海胆、鲍等。

3. 科技应用日益广泛

(1) 捕捞技术创新。卫星定位、声呐探测、无人机侦察等现代化捕捞技术和装备不断被应用于海洋捕捞业，提高了捕捞的准确性和效率，同时也减少了捕捞过程中的资源浪费；新型渔具和捕捞船只的研发，使得捕捞作业更加安全、高效。

(2) 养殖技术不断创新和改进。智能化养殖、生态养殖、循环水养殖等模式的推广，提高了养殖效率、产品质量和可持续性。一些国家的海水养殖场开始采用智能水质监测系统、自动投饵设备等，实现精准养殖。

(3) 加工技术升级。海洋水产品加工技术不断创新，提高了产品的附加值和质量。超低温冷冻、高压处理、生物酶解、真空包装等先进技术在海洋水产品加工中得到了广泛应用，开发出更多的方便食品、即食食品和高附加值深加工产品。

4. 产业集中度提高

(1) 区域集中。海洋水产品生产在地理上呈现出一定的集中趋势。一些地区由于具有优越的自然条件、丰富的海洋资源和发达的渔业产业基础，成为海洋水产品生产的重要基地。例如，亚洲约占全球海洋水产品总产量的 90%，中国是世界上最大的海洋水产品生产国。

(2) 企业集中。海洋渔业企业的规模不断扩大，大型海洋捕捞企业和海水养殖企业在市场中的份额逐渐增加。通过兼并、收购等方式，海洋渔业企业整合资源，提高生产效率和市场竞争力，形成了一批具有较强实力的海洋渔业企业集团。

(二) 消费方面

1. 消费总量上升

全球人口持续增加为海洋水产品消费提供了庞大的基础需求。更多的人口意味着对食物的需求总量增加，而海洋水产品作为优质的蛋白质来源，在人们的饮食结构中占据重要地位，因此消费总量不断上升。除人口增加外，城市化、收入水平提高等也是推动海洋水产品需求增长的重要因素。城市化是一个多方面的现象，不仅表明城市居民数量增加和城市基础设施扩大，还引发了社会规范、文化习俗、生活方式（包括膳食习惯）等方面的深刻变化。

2. 消费品质升级

（1）对新鲜度要求更高。消费者越来越注重海洋水产品的新鲜度，对产品的储存、运输和销售环节的保鲜要求不断提高。冷链物流技术的不断发展使得新鲜的海洋水产品能够更快、更安全地被送达消费者手中，满足了消费者对新鲜度的需求。

（2）偏好高价值品种。高价值的海鲜产品，如虾、野生鱼、深海鱼、海参、鲍等受到消费者的青睐。这些产品通常具有独特的口感、丰富的营养和较高的稀缺性，能够满足消费者对高品质生活的追求。

（3）关注产品安全和质量。粮食安全问题日益受到关注，消费者对海洋水产品的质量和安全性要求越来越严格。他们更愿意购买经过认证的、来源可靠的海洋水产品，如具有可持续认证标志的产品。

3. 消费方式多样化

（1）餐饮消费增加。随着人们生活水平的提高和社交活动的增多，以及外出就餐的频率增加，海洋水产品在餐饮市场的消费也随之增长。各种海鲜餐厅、日料店等以海洋水产品为主要食材的餐饮场所不断涌现，满足了消费者的餐饮消费需求。

（2）线上消费兴起。互联网技术的发展和电商平台的普及，使得消费者可以通过网络购买海洋水产品。线上销售渠道为消费者提供了更加便捷的购物方式，同时也扩大了海洋水产品的销售范围。

（3）加工产品受欢迎。海洋水产品加工产品，如冷冻海鲜、鱼罐头、海鲜干制品、海鲜预制菜等，因具有方便储存、易于烹饪等特点而受到消费者的欢迎。尤其是在快节奏的现代生活中，加工产品能够满足消费者快速、便捷地享受海洋水产品的需求。

4. 可持续消费意识增强

（1）关注捕捞方式。消费者开始关注海洋水产品的捕捞方式是否可持续，对于过度捕捞、破坏海洋生态环境的捕捞行为持抵制态度。他们更愿意选择以可持续捕捞方式获得的海洋水产品，以支持海洋渔业的可持续发展。

（2）重视养殖环境。在水产养殖方面，消费者对养殖环境的要求也越来越高，关注养殖过程中是否使用了抗生素、激素等以及养殖对周边环境的影响。绿色、生态、环保的养殖方式生产出的海洋水产品更受消费者的认可。

5. 区域消费差异缩小

（1）随着国际贸易的发展和全球化的推进，海洋水产品的流通更加便捷，不同地区之间的海洋水产品消费差异逐渐缩小。原本在沿海地区较为常见的海洋水产品，现在也逐渐走上内陆地区消费者的餐桌。

（2）各国之间的文化交流不断加深，不同国家和地区的饮食文化相互融合，使得更多的人开始接受和喜爱海洋水产品。例如，日本的寿司、刺身等海洋水产品料理在全球范围内广泛传播，带动了其他地区对海洋水产品的消费。

（三）贸易方面

1. 贸易规模持续扩大

全球人口不断增加，人们对优质蛋白质的需求持续上升，海洋水产品作为重要的蛋白质来源，消费市场不断扩大，进而推动了国际贸易规模的增长。例如，在非洲和亚洲的一些国家，随着经济的发展和人们生活水平的提高，对海洋水产品的进口需求日益增加。

2. 新兴市场崛起

除了传统的欧美等发达地区市场，新兴经济体如东南亚、拉丁美洲等地区的经济快速发展，中产阶级群体不断壮大，对海洋水产品的消费能力和需求显著提升，成为海洋水产品国际贸易的新增长点。

3. 贸易结构不断优化

（1）产品种类多样化。随着消费者对海洋水产品的需求日益多样化，国际贸易中海洋水产品的种类更加丰富，贝类、藻类、海参、鲍等特色水产品的贸易份额不断提高。

（2）加工产品占比上升。随着人们生活节奏的加快和消费观念的转变，方便、快捷的加工水产品在国际市场上越来越受到消费者的欢迎，如冷冻水产品、鱼罐头、海鲜预制菜等。

4. 贸易区域格局多元化

（1）南南贸易增长。例如，中国、泰国、越南、厄瓜多尔等发展中国家在海洋水产品贸易中的地位不断提升，相互之间的贸易合作也不断加强。

（2）区域性增强。东盟、欧盟、RCEP（《区域全面经济伙伴关系协定》）等区域组织的发展，为成员之间的海洋水产品贸易提供了更加便利的政策环境和市场条件，促进了区域内海洋水产品贸易的增长。同时，区域经济合作也有助于成员之间加强渔业资源的开发与保护、技术交流与合作等，推动海洋水产品贸易的可持续发展。

5. 可持续发展理念深入影响贸易

（1）认证产品受青睐。随着消费者对海洋水产品的可持续性越来越关注，获得可持续认证［如海洋管理委员会（MSC）认证、水产养殖管理委员会（ASC）认证等］的海洋水产品在国际市场上具有更强的竞争力，其贸易量不断增加。

（2）绿色贸易壁垒加强。一些国家和地区为了保护海洋生态环境和渔业资源，制定了越来越严格的绿色贸易壁垒。这促使海洋水产品出口国不断提高生产的环保标准，加强海洋渔业资源的可持续管理，以满足进口国的市场准入要求。

6. 数字化贸易趋势明显

互联网技术的普及和电子商务的发展为海洋水产品国际贸易提供了新的贸易渠道和平

台。越来越多的海洋水产品企业通过电子商务平台开展跨境贸易，直接与国外客户进行交易，减少了中间环节，降低了贸易成本，提高了贸易效率。大数据技术在海洋水产品国际贸易中的应用不断深化，企业可以通过对市场数据、消费者需求数据、贸易数据等的分析，更好地了解市场动态和客户需求，优化产品结构和营销策略，提高企业的市场竞争力。

第三章 渔业产业组织

第一节　渔业产业组织理论

一、渔业产业组织的内涵

(一)产业组织及渔业产业组织的内涵

产业组织是指在特定产业领域内,企业之间以及企业与市场、政府等其他相关主体之间的相互关系和互动方式。它涉及企业如何通过竞争、合作、协调等方式实现资源的有效配置和市场的有效运作。产业组织的内涵包括两个核心要素:①聚焦产业内部,企业间的市场互动实质上是同类企业间的垄断态势与竞争格局,具体可形成完全竞争、完全垄断、垄断竞争和寡占垄断 4 种市场结构;②就产业内部同类企业的组织联结模式而言,它们展现出多样化的形态,如企业集群、服务外包、战略联盟等,这些模式的形成既深深植根于企业间的专业化协作程度,又紧密关联于企业间垄断与竞争的结合程度。

关于渔业产业组织,至今没有标准的、统一的定义。本书认为:渔业产业组织是指在渔业产业体系内,渔业经济组织(经营主体)之间以及渔业经营主体与市场、政府等其他相关主体之间的相互关系和互动方式。

(二)产业组织理论

产业组织理论是微观经济学中的一个重要分支,主要研究在不同市场结构下,企业如何作出决策以及这些决策如何影响市场结果。它涉及对市场结构、企业行为、市场绩效等方面的分析。将产业组织理论的演化历程显著地划分为两大阶段,分别是经典产业组织理论阶段和新产业组织理论阶段。经典产业组织理论阶段开始于 20 世纪 60 年代,标志性人物之一是约瑟·贝恩,采用的是 SCP(Structure - Conduct - Performance Paradigm),即市场结构-企业(厂商)行为-市场绩效的分析方式。SCP 分析方式的基本假设为市场结构、企业行为与市场绩效三者之间存在一种单向、静态的因果关系,即市场结构决定企业行为,进而通过企业行为影响市场绩效。而新产业组织理论阶段开始于 20 世纪 70 年代后期,以考林(Cowling)、沃特森(Waterson)、威廉·杰克·鲍莫尔(William Jack Baumol)等为代表。新产业组织理论引入全新的分析方法,如可竞争性理论、博弈论、交易费用理论、产权理论、系统论等,使得研究基础、方向及方法等都产生了巨大的突破。在研究基础上,新产业组织理论强调市场环境与企业行为的互动关系;在研究方向上,关注垄断竞争、寡占、垄断 3 种不完全市场结构对企业的组织、行为以及绩效的影响研究，并在理论假设上增加了交易费用、信息经济两个维度；在研究方法上，注重运用更多的现代数学分析工具来开展定量研究，如大量运用博弈论分析工具。新产业组织理论不再强调 S-C-P 的直线、静态关联，而是建立了多维的、动态的研究框架。

无论是传统产业组织理论还是新产业组织理论，都围绕 S、C、P 三者的关系展开。市场结构是指构成一定系统的买方、卖方、商品及其价格、交易条件等的相互关系。企业行为是指企业（也称厂商）在考虑市场供求状况以及产业内企业间关系的基础上，采取的各种决策（包括价格、生产、投资决策等）。市场绩效是指特定市场结构（如垄断竞争、垄断及寡占）背景下，通过产业内部企业（厂商）的一系列特定行为使产业在产量、价格、成本、利润、质量以及创新等方面达到的状态。

二、渔业产业组织的特征

（一）渔业产业组织的一般特征

与其他产业组织类似，渔业产业组织是渔业产业内部的基本构成单元（主要指企业）按照一定结构形成"集合体"，具有以下特点。

第一，生产性。所谓生产性，是指具有创造财富和价值的功能，这是渔业产业组织的根本特征和基本功能。渔业的生产性描述的是渔业产业内企业在一定社会形态和市场结构下，凭借该社会形态和市场结构对渔业自然资源进行合法占有和合理利用，进而增加社会财富并创造经济价值。

第二，商品性。不将渔业生产所产生的产品或服务用于企业自身的消费，而是将其以商品的形式用于商业交换以获取一定的经济利益。这就决定了水产品的商品属性，应遵循市场机制来制定水产品价格。

第三，求利性。求利性主要是指渔业产业内企业应通过提供满足市场需求的产品和（或）劳务以获取足够大的经济收益，以实现员工的劳动力价值、提高其个人收入，并促进渔业产业的发展和扩大社会再生产。

第四，组织性。产业"集合体"内部的基本单元是一个个"小集合体"。这些"小集合体"是从属于某个大系统的子系统，拥有一定生产能力或服务能力与经营规模。集合体生产经营的社会组织化程度越高，集约化经营的规模越大，其组织内部的有机性就越强，连接就越紧密，集成就越强大。

（二）中国渔业产业组织的特征

随着中国经济由计划经济转变为市场经济，中国渔业率先开展市场化改革和产业化发展，渔业产业组织形式也随之出现了一些新的转变：一是渔业产业组织形式多样化，直接从事渔业生产经营活动的经济组织（经营主体）由传统渔民个体转变为人民公社集体，再过渡到单船或单户间联合经营，最终演变为专业大户、家庭农场、专业合作社、龙头企业以及渔民协会等经济实体多元并存的格局。二是渔业产业组织化程度不断提高，尤其是1985年至今，渔业产业组织方式既出现了纵向一体化（如渔业产业化经营），又出现了横向一体化（如联合体、专业合作社、渔民协会、产业联盟等）。三是渔业产业组织的商业模式多元化，随着渔业生产经营的市场化程度不断提高，出现了"渔户＋企业""渔户＋合作社＋企业""企业＋基地＋合作社＋家庭农场（养殖户）"、产业化联合体、休闲渔业等不同的商业模式，促进了渔业产业的提质增效和生态环保。四是渔业产业链渐趋完整，伴随着渔业产业化经营水平的提升和渔业一二三产业融合的不断加深，目前已形成包括育种、捕捞（养殖）、加工、销售、物流、信息服务等多环节、全过程的完整渔业产业链，既实现了渔业的高效生产和资源集约利用，又为资源养护和生态保护提供了可能。

近年来，中国渔业产业化进程加快，呈现出产业组织多样化发展、生态化经营的新趋势。对比世界其他国家及地区，中国的渔业产业组织具有以下特征：一是中国的渔业产业组织是依托紧密契约利益联结和公平风险分担机制而形成的。其大多采用的是订单农（渔）业、合作章程、期货合同等供应契约，紧密联结产业链供应链各阶段经营主体，构建信息共享、收益分享、风险共担的利益共同体。二是开展纵横一体化经营。围绕核心企业或核心业务，对渔业产业链或水产品供应链各阶段经营主体予以组织集成，如育种、养殖（捕捞）、加工、销售、物流等，开展纵向一体化或横向一体化的分工合作和协同运作，实现更大的系统集成效应和更多的价值链增值。三是实现要素充分流动和优化配置。即产业链上下游各经营主体在目标一致、契约联结、合作共赢的基础上，共享水域、资金、技术、信息等核心要素，实现要素资源的优化配置和高效利用，提高渔业的生产经营效率，促进渔业的增效提质。

三、渔业产业组织的运作模式

推动中国渔业迈向现代化、智慧化的关键路径是渔业产业化的纵深发展。这一过程涉及专业渔业大户、渔业合作社、龙头企业及电商、物流企业等通过良好的利益分配及风险抵御机制，实施集约化的生产组织模式与一体化的市场经营。在这种方式下产业链上下游各环节主体深度合作，通过对现有资源要素，包括技术、管理、资金、品牌、人力及设施等进行高效整合与优化配置，不仅实现了资源利用效率最大化，还产生了规模效应与协调效应，提高了产业链整体市场竞争力。在我国的"十二五"及"十三五"规划战略蓝图的引导下，渔业产业组织架构与运作模式展现出前所未有的多元化与快速发展的趋势，是渔业供给侧结构性改革和渔业产业提质增效的重要经济力量。

当前主要的渔业产业组织运行模式具体如下：

1. 渔户（养殖户）分散经营模式

即渔户个体经营、自担风险、自负盈亏模式。它是一种自发形成的以单船、单个家庭为单位的个体经营。由于完全由经营主体自给自足、自负盈亏，因此市场风险极大。例如，在青岛市黄岛区琅琊镇，当地渔民至今仍广泛从事以家庭为基本单位的海产品捕捞作业，渔获收入是当地渔民经济收入的主要部分。

2. "渔户＋合作社"经营模式

该模式是指渔户（养殖户）负责捕捞养殖，渔民专业合作社负责对接市场。在此架构下，合作社充当了桥梁角色，一端紧密对接市场需求，另一端则有效联结养殖户群体，实现了产业链供应链上下游交易环节的顺畅对接，降低了交易成本，但组织化程度较低，双方的利益联接机制不够紧密，风险抵御机制不够完善。

以福建省福鼎市为例，渔业合作社与渔民之间建立了互利共赢的合作关系。合作社作为平台，既保障了渔民的经营自主权，又通过民主管理确保了决策的透明与公平，有效分散了渔业风险。通过共同决策和市场导向，合作社与渔民共同推进渔业生产与流通。这种合作模式提高了渔业资源的效率和经济效益，同时增强了渔民的互助与社区凝聚力，为福鼎市渔业的持续发展提供了支撑。

3. "渔户＋企业"经营模式

主要是指渔户或养殖户与渔业企业依托定期交易合约开展的经营合作，属于"订单农业"。水产品按照契约统一收购，企业统一加工销往市场。由于企业向渔民确保了销售渠道，并且提供了技术援助，有效降低了市场不确定性带来的风险，然而当前双方之间的利益联结结构相对松散，有待进一步加强。位于福建省福州市的日兴水产食品有限公司在当地推行与渔户签订保底价格收购的创新的订单农业模式，为渔民提供了稳定的生产指导和价格保障，建立了稳定持续的产销合作机制。

4. "渔户＋专业合作社＋企业"经营模式

该模式下，专业合作社负责联结龙头企业和渔户之间的交易以及提供渔业生产相关的技术咨询、信息服务，龙头企业负责水产品精深加工及国际贸易等，渔户则专注于渔业生产。该模式属于产业化经营模式，不仅增加了三方各自盈利，还赋予渔户更强的议价能力，同时在降低市场风险、降低交易成本方面展现出一定的优势。山东省荣成市成山鸿源国家级海洋牧场依托政府的有效引导与市场的灵活运作，积极实践了该经营模式，不仅优化了资源的产业链配置结构，促进了渔业生产的规模化、标准化和品牌化，而且增强了渔业产品的国内外市场竞争力，促进了当地渔户收入的增加。

5. "互联网＋"经营模式

基于互联网，融合物联网、区块链、AI（人工智能）等前沿技术进行规模化生产及区域化经营，利用电商平台实施网络销售，是将先进信息网络技术融入渔业生产经营的产业链延伸融合模式。该模式的突出优势在于电商销售、产销对接以及冷链物流的运用，这些极大地削减了水产品流通链条的冗余环节和交易成本，大幅提高了供应链整体收益与消费者剩余，提高了消费者满意度，激发了市场活力。基于物联网、大数据、智能化设备及供应链数字化服务等，浙江庆渔堂农业科技有限公司创新性地打造了"数字供应链""数字渔村""数字渔仓"三大业务，有力推动了当地渔业的数智化升级以及产供销的高效匹配，为物联网等先进技术赋能传统渔业提供了良好的实践操作指南。

6. 产业化联合体模式

即"龙头企业＋基地＋专业合作社＋家庭农场（养殖户）"组织模式，这一综合组织模式构建了一个横向融合的产业联合体，依托相应的合作章程及管理规范协调各方利益。该联合体推行四个统一策略，即统一生产资料、统一技术培训、统一产品收购、统一品牌建设，以确保各方权责清晰，分工明确，促进规模化、集约化经营。这种产业组织模式通过设定合理的要素流动、信息透明、利益共享以及风险共担等运行机制，旨在提升渔业生产效率和水产品质量，确保渔民收入稳健增长。

位于江苏省盐城市的江苏正源创辉水产养殖产业化联合体是一个典型的产业化联合体案例。该联合体成立于 2020 年 7 月，由江苏正源创辉农业科技发展有限公司牵头，与 11 个包括企业、农民专业合作社、家庭渔场、养殖大户在内的主体联合组建，旨在实行一体化经营与集中管理。

7. "生态立体、种养结合"模式

基于专业合作社、养殖大户、种养大户等新型渔业经营主体，依托特定水域资源，因地制宜、一水多用，利用先进技术及设备，实现渔业与种植业、畜禽业的资源共享、种养结合、互利共赢的产业融合发展模式。该模式旨在节约利用水域资源，尽可能降低水域生态的负荷，构建立体生态、良性循环的系统，实现资源养护、生态保护、产业融合的三效合一，既拓宽渔业产业经营范围，又提高整体效益和渔民收益。云南省红河县经过多年实践探索，成功打造了"稻鳅共作"模式，通过创新的"渔业＋农业"生态实践，构建了一个集生态友好、资源再生及多元经营于一体的立体化生产经营体系。此模式不仅展现了渔业生产的可持续性与创新性，还实现了经济效益与生态效益的双赢。

8. "休闲渔业"经营模式

主要是指以渔业生态园为载体，在进行渔业生产的同时，发挥渔业的其他功能（如休闲观光、体验旅游等），开展多产交叉融合经营。该模式促进渔业一二三产业同一资源区域内进行横向融合发展，即以渔业生产加工为基础，融合旅游产业要素，开发扩展产业资源，扩大渔民增收渠道。位于山东省德州市陵城区的华奥家庭农场，在专注于龙虾培育的基础上，积极开拓休闲渔业体验（如垂钓活动）与生态旅游服务板块，实施多元化经营策略，成效显著，为当地渔民创造了增收的新机遇。

第二节　渔业产业升级

一、渔业产业结构的概念及理论

（一）渔业产业结构的概念

1. 产业结构的概念

产业结构这个概念始于 20 世纪 40 年代，一般被用来解释各产业之间基于技术经济的联系及其联系方式。骆乐（2011）定义的产业结构如下："产业结构专指研究产业间关系的理论，是指在社会再生产过程中，一个国家或地区的产业组成，即资源在产业间的配置状态，各产业所占比重以及产业间的技术经济联系，即产业间相互依存相互制约的方式"。

2. 渔业产业结构的概念

渔业产业结构是指渔业产业内部各产业的构成以及各产业间的技术经济联系与比例关系。就狭义角度而言，渔业指的是通过捕捞作业或养殖生产来获取水产品的生产部门。随着渔业经济的蓬勃发展以及渔业产业的逐渐延伸，渔业的内涵进一步扩展。广义的渔业产业体系既包括水产品加工、渔具制造等直接渔业生产部门，又包含仓储、运输、信息等流通、服务部门。依据三次产业划分的原则，渔业产业结构的具体组成及所包含的具体行业如表3-1所示。

表3-1 渔业产业结构划分

渔业产业	包含的具体行业
第一产业：渔业	海洋捕捞业、海水养殖业、淡水捕捞业、淡水养殖业和水产苗种业
第二产业：渔业工业和渔业建筑业	水产加工业、渔用机具制造业、渔用饲料业、渔用药物业、渔用建筑业
第三产业：渔业流通业和渔业服务业	水产流通业、水产仓储运输业、休闲渔业

资料来源：《2024中国渔业统计年鉴》。

（二）渔业产业结构理论

一般而言，产业结构理论体系由三大支柱构成：产业结构演变理论、产业结构调整理论以及产业结构演变模式理论。产业结构演变理论深刻剖析了第一产业、第二产业及第三产业间结构变化的内在逻辑与外在表现，其中，配第-克拉克定理、库兹涅茨的经济增长与产业结构关系法则、霍夫曼的工业化阶段划分理论以及钱纳里的"标准结构"模型等均为该领域的经典贡献；产业结构调整理论聚焦如何通过策略性调整产业构成，以驱动国家或地区的经济增长动能转换，其中刘易斯"二元经济结构"理论以及罗斯托主导产业理论均为该领域的代表性理论；产业结构演变模式致力于探索并运用成功的产业发展模式，以加速国家或地区的工业化进程与经济发展，其中，赤松要的"雁行模式"说和弗农的"产品循环发展模式"理论均为该领域的代表性理论。

1. 配第-克拉克定理

17世纪，英国经济学家威廉·配第提出产业结构理论的基本轮廓。他发现不同的产业结构不仅显著地影响了国家的国民收入水平格局，还深刻地塑造了地区经济发展的阶段性特征与转型路径。具体而言，商业的收益远高于工业和农业的收益，而工业相较于农业也表现出较为优越的收益能力；不同产业之间的收益差异导致劳动力从低收益产业向高收益产业转移。

2. 库兹涅茨的经济增长与产业结构关系法则

美国经济学家西蒙·库兹涅茨在"配第定理"的基础上，将三次产业归为"农业部门""工业部门"和"服务部门"，进而深入探索了产业结构的演进规律。通过运用时间序列分析和横截面分析方法，提出了劳动力和国民收入在三次产业间的分布演进规律，并提炼出"比较劳动生产率"这一关键量化指标的计算公式。

3. 霍夫曼的工业化阶段划分理论

德国经济学家奥格斯特·威廉·冯·霍夫曼研究分析了制造业中消费资料工业和资本资料工业的比例关系，这一比例关系之后被称为"霍夫曼比例"。霍夫曼提出，在一个国家的工业化进程中该比例是不断下降的。

4. 钱纳里的"标准结构"模型

美国经济学家霍利斯·钱纳里进一步规范并深化了产业结构理论。他采用创新性的经济数据分析方法，广泛收集了多类国家的经济指标数据，经过精心计算与比较分析，成功地提炼出一组不同人均收入层次下制造业各部门相对重要性的标准化衡量指标，并且在后续研究中加以完善，最终得出"标准结构"模型。

5. 刘易斯"二元经济结构"理论

美国诺贝尔经济学奖得主威廉·阿瑟·刘易斯在 1954 年提出了"二元经济结构"理论。该理论揭示了发展中国家普遍存在"二元经济结构"：一是农村自给自足的农业经济体系，二是城市现代工业体系。在此框架下，农业能够为工业提供大量劳动力，工业得以快速发展；在工业发展到一定阶段时，农业剩余劳动力实现向工业及非农业部门的非农转移，农业和工业部门逐渐迈向均衡发展时期，从而促使原有"二元经济结构"的消除，向更加一体化的经济结构演进。

6. 罗斯托主导产业理论

美国经济史学家罗斯托于 1960 年提出了主导产业及其扩散理论。他认为：主导产业的扩散效应理应是最大的，因为主导产业可以将其产业优势向外扩散到其他产业，从而促进了产业结构优化和升级。他提出，应选择扩散效应最大的产业或产业群作为一国的主导产业，加以重点扶持，这就是"罗斯托准则"。

7. 赤松要的"雁行模式"说

20 世纪 60 年代，日本经济学家赤松要（Kaname Akamatsu）提出了"雁行模式"说，也称"雁行产业发展形态论"。该学说提出后进国家通过参与国际分工来实现产业结构高度化的发展路径。这一学说是他对日本的棉纺工业产业结构演变进行长期观察发现的，赤松要提出：后进国产业发展应遵循"进口—国内生产—出口"模式来相继更替发展。因从图形上来看很像三只大雁在展翅翱翔，故得名"雁行模式"说。

8. 弗农的"产品循环发展模式"理论

"产品循环发展模式"可以追溯到美国经济学家雷蒙德·弗农的开创性见解。他主张，世界主要的工业国家产业结构的优化与升级需要通过参与国际分工实现，其过程是新产品开发—国内市场形成—出口—资本和技术出口—进口—开发更新的产品……按照这种顺序不断循环上升。它是发达国家利用国际分工促进产业结构合理化的理论。

渔业产业结构在动态演变中会不断地进行结构调整和优化，逐步趋向于产业结构高度化和合理化。渔业产业结构的高度化是依托科学技术创新与现代管理理念的深度融合，促使渔业由低层级、低效能的产业结构，逐步演进为现代化、高效能的产业结构。具体体现在：产业结构的重心沿着一二三产业有序递进，以及由低附加值的劳动密集型产业向高附加值的资本或技术（知识）密集型产业方向演变。而渔业产业结构的合理化，则是指通过调整优化渔业生产要素的配置结构以及高效整合产业链各环节资源，实现渔业的提质增效和绿色可持续发展。

二、中国渔业产业结构的演变过程

渔业作为中国农业经济发展的重要组成部分，在改革开放初期所占比例虽然不大，但产业体系相对完整。在中国农村改革中，党中央决定将其作为农业市场化改革的"试验田"，改革渔业生产经营体制，率先放开水产品购销体制，实行市场调节。在党中央、国务院的领导下，渔业成功实现了市场化改革，为全国农业和农村改革探索了路子、积累了经验。同时，根据中国国情和资源状况，渔业确立了"以养为主"的发展道路，并率先走出国门走向世界，实现了产业的持续快速发展。中国用短短40多年的时间发展成为世界渔业大国、水产养殖大国以及世界第一水产品贸易大国，创造了人类渔业史上的奇迹。

中国海洋渔业产业结构调整经历了如下阶段：

1. 率先开展市场化改革，渔业生产规模和产量迅速扩大

改革开放以后，中国渔业率先推进市场化转变，渔业劳动生产力得到极大释放，水产品生产总量迅速增加。渔业从中国农业中的一个小产业快速成长为促进农村经济繁荣的重要产业。1984年全国水产品生产总量为619万t，比1978年增长了33%，解决了长期存在的水产品供应短缺、居民"买鱼难、吃鱼难"的问题。20世纪90年代以后，渔业捕捞量因资源衰退而先增后减，水产养殖产量逐年增加，远洋渔业快速发展。

2. 调整渔业生产结构，实现"以养为主，养捕并举"的重大转变

20世纪80年代开始，中国不断调整渔业生产结构并确立了"以养为主，养捕并举"的目标，使得养殖与捕捞在渔业生产中的占比有了重大转变。1978年，中国水产养殖产量与捕捞量的比例为26：74。1990年，水产养殖量首次超过捕捞量，中国成为世界所有渔业大国中第一个也是唯一一个养殖产量超过捕捞量的国家。渔业生产结构的调整优化切实提高了中国渔业的综合生产能力和投入产出效率。

3. 加快发展渔业第二产业，远洋渔业和精深加工业蓬勃发展

2000年以后，中国加快渔业产业结构步伐调整，水产养殖业成为推动渔业生产总量增长的新引擎，渔业逐渐由第一产业占优势地位向第二产业占优势地位演进。受资源衰退、环境恶化以及国内外渔业法规约束，中国的外海渔场缩小。在这种情况下，中国加大力度支持远洋渔业发展，在一系列政策支持下远洋渔业发展势头良好。此外，渔业的国际化经营程度逐步提高，以出口为导向的水产品精深加工体系逐步完善，渔业经济总产值中，渔业第一产业（即渔业生产）所占比例从1999年的70.61%下降到2023年的48.80%，渔业第二产业中的水产品加工业占很大比例。

4. 积极发展渔业第三产业，渔业生产服务体系渐趋完善

2003年，中国渔业第三产业总产值占渔业经济总产值的比例首次超过20%，标志着中国渔业第三产业进入发展的快车道。之后，中国渔业产业结构调整的原则及方向：实现传统的数量型渔业向现代的质量型渔业转型。国家通过政策引导，调整对海域等自然资源的开发利用方式，以科技创新为驱动推进渔业产业转型升级，加快渔业基础设施建设步伐，完善水产品流通体系，健全冷链物流等渔业服务体系。加大政府投入和政策引导，鼓励休闲渔业、特色渔村等渔业一二三产融合模式，实现渔业产业内各子产业以及渔业与其他相关产业的协调发展。

三、国际渔业产业结构调整的经验借鉴

20 世纪 70 年代以来，面对全球约 60% 的渔业资源因过度捕捞已处于饱和或过度开发状态的现实，许多国家和地区根据渔业管理理论的应用及本国渔业资源状况，陆续制定并采取了符合本国国情的渔业开发管理政策，尤其是《联合国海洋法公约》1994 年正式生效，促使世界各国及地区对"200 海里专属经济区"进行有效管控，世界渔业由过去基于捕捞的开发型转变为基于生态的管理型，许多国家将最大可持续产量（MSY）和限额捕捞（TAC）作为渔业管理目标，构建新的渔业产业体系和渔业管理体制，同时不断调整完善渔业产业结构。1995 年，FAO 通过了《负责任渔业行为守则》，该守则的实施让世界各国更重视渔业生产对环境和资源的影响，从而加强对捕捞对象及作业方法的控制和管理。

FAO 发布的《世界渔业和水产养殖状况》2024 年版显示：截至 2022 年，全球渔业和水产养殖总产量增至 2.232 亿 t 新高，相较于 2020 年，实现了 4.4% 的增长。与此同时，2021 年全球水生动物食品消费量增至 1.625 亿 t，人均年消费量从 1961 年的 9.1kg 大幅攀升至 2022 年的 20.7kg。报告还指出：考虑人口增长因素，如果将 2022 年人均表观消费量一直保持到 2050 年，需要将水生动物食品供应量增加 3 600 万 t，增幅须达到 22%。因此，在全球范围内加快实施渔业产业"蓝色转型"迫在眉睫。

事实上，自 20 世纪 70 年代以来，渔业经济发达国家积极开展渔业产业的现代化转型及结构优化升级。下文将就几个代表性国家（如日本、美国、韩国、越南等）分析其渔业产业结构调整和产业组织建设等的成功经验，具体如表 3-2 所示。

表 3-2 代表性国家渔业产业化发展经验

国家	渔业产业现状	国家政策导向	产业结构调整	成功经验总结
日本	海岸线总长为 29 751 km，其专属经济水域面积位居世界第六，有极高的海洋生态多样性，蕴藏着丰富的海洋渔业资源，大陆架面积大，天然形成的优良港口众多，有完整的渔业产业	20 世纪 90 年代，实施海洋振兴计划，打造休闲渔业，建设现代化渔村；步入 21 世纪后，实施了渔业产业结构高级化策略，强化了渔业产业链对高新技术的应用与开发，提高产业链各环节附加值	一是构建渔旅深度融合的现代渔业经济合作体；二是重组渔业资源，激发一、三产业融合发展，催生新型产业形态；三是以休闲渔业为核心，推进现代渔港渔村振兴；四是推动远洋、近海渔业向沿岸、养殖渔业转型升级	休闲渔业经营实体数量增长迅速，产值占比显著提升；渔业产业发展实现从单一捕捞模式向集约化养殖转变；渔业资源的开发管理形成多元主体，由渔业经营实体、渔民和渔业协会等共同治理
美国	海岸线总长为 19 924km，其专属经济水域排名世界第五，面积为 762 万 km²；渔业资源丰富，海洋渔业与淡水渔业发达；渔业科技创新水平较高，人工养殖技术成熟	针对多样化的地域特性与物种差异定制渔业资料管理与保护政策；建立健全生态保护相关法律体系；严格实施捕捞配额制度，规范捕捞用具；构建详尽的渔业资源信息库，科学评估鱼类种群健康状况，有效保护生物多样性等	致力于以"Sportfishing"（运动、健身及垂钓渔业）为代表的休闲渔业；基于休闲渔业新业态，将渔业和旅游业、餐饮业、文化教育业等有机结合，实现三次产业融合，促进渔港渔村捕捞业转型升级	休闲渔业延伸了渔业产业链，有效带动了垂钓、餐饮、交通等相关产业发展，创造了就业岗位，实现了渔民增收；同时，将实现休闲渔业高质量发展与渔业生态资源保护有机结合

（续）

国家	渔业产业现状	国家政策导向	产业结构调整	成功经验总结
韩国	海岸线总长为1.7万km，渔业资源丰富，大陆架面积宽广；渔业是该国经济的支柱产业，拥有悠久的历史；渔业产业以海水养殖业为主，集约化养殖技术先进	20世纪70年代，实施"农渔村经济革新开发计划"，简称"新村运动"，聚焦优化渔村生活环境及渔港基础设施升级；扩大渔业经营主体经营规模，大力发展产业化组织；建设多功能现代化渔港；建立健全渔业法律法规体系及行业组织	充分运用现代渔业科技打造"Ocean Farm"，即"海洋牧场"；同时以海洋牧场为载体，大力发展深水网箱养殖，建设现代渔业园区，形成产业集群，促进渔业水产品供应功能与旅游、娱乐等其他功能有机融合	实现由掠夺性渔业资源开发向基于生态的渔业可持续发展转变；实现渔业资源的高效集成利用和渔业标准化生产的双效合一；加大现代渔业高新技术的研发和推广力度
越南	海岸线长达3 260km，海洋渔业资源开发力度大，海洋捕捞业拥有悠久的历史；大陆架面积宽广，国内降水丰富，河网密集，淡水渔业资源丰富；渔业产业以淡水养殖和海洋捕捞为主	政府出台一系列财税、土地、金融等优惠政策扶持现代渔业园区建设，重视渔业生产的园区产业聚集以及现代渔业园区的开发与建设；鼓励发展水产养殖业，积极引导规模化、规范化水产养殖，注重渔船改造升级和水产品出口贸易	基于现代渔业产业园区重点发展"Land Farming"，即"自动化陆基养殖"模式；大力发展工厂化养殖等特色产业，经济效益显著；积极引进欧美国家等先进渔业技术和装备，提高水产养殖技术水平	培育现代渔业产业园区形态，逐步引导传统渔业向现代渔业转型升级，引导淡水养殖业向产业化、规模化方向发展；水产养殖业发展迅速，产量占世界总产量的30%；淡水养殖水产品的国际贸易地位不断提升

由表3-2可知：首先，世界上主要渔业发达国家采取的是资源养护与休闲渔业有机融合的发展模式，推动渔业产业结构升级。具体做法是以休闲渔业为载体，延伸渔业产业链并构建渔旅经济体，形成渔业三次产业融合发展的新业态和新模式，并基于新业态推动渔港渔村现代化转型以及区域化产业融合发展。同时，制定助推产业结构高度化（也称高级化）的产业政策，完善渔业资源可持续开发法律体系，鼓励渔业产业链高新技术研发与应用，促进渔业与其他产业的交叉融合。其次，渔业较发达的韩国、越南等亚洲国家，不约而同地采取了渔业生产的产业园区化策略，专注于现代渔业产业园区构建，并以此驱动渔业向集约化、生态化养殖迈进，推动渔业的产业化、现代化转型。韩国的"海洋牧场"与越南的"自动化陆基养殖"，在核心理念上都强调通过科技创新，将高效生产、资源集成与水域保护有机融合，从而提高渔业生产经营效率，促进渔业向绿色可持续发展转型。

四、渔业产业结构调整与产业升级

（一）产业结构调整与产业升级

1. 产业结构调整

产业结构调整往往与经济发展密切相关，主要表现为产业结构会在不同的经济发展阶段作出适应性的调整。相应地，渔业产业结构也会随着渔业经济的发展呈现从低级向高级演进的发展趋势。

产业结构调整旨在依据产业间相关技术经济相互作用的客观比例关系，调整产业结构中的失衡状态，促进各产业部门协调发展。这一过程本质上是对产业结构进行持续性的升级与改良，它要求政府通过灵活调整产业政策来引导供给与需求结构的合理变动，旨在实现资源的高效配置与再分配。通过一系列措施，增加各产业部门之间的协同性，不断推动产业结构高度化和合理化，这两个方面构成了衡量产业结构优越性成效的重要标准。

2. 产业结构优化

产业结构的优化升级是一个动态调整的过程，旨在促进各产业间的和谐共生与持续发展，以更好地满足社会日益增长的多元化需求。这一优化过程需紧密结合国家自身的地理环境特征、资源禀赋、经济发展阶段、科技创新能力、人口规模特点以及国际经济关系等多重因素。具体而言，这一过程蕴含了以下两个核心维度：

（1）产业结构合理化。产业结构合理化进程实质上是产业结构由非均衡状态向均衡状态过渡的演变路径。在既定的经济发展阶段背景下，该过程聚焦依据市场需求变化与资源供给条件，对产业结构中的关键要素进行策略性调整，旨在促进资源在产业间的优化配置与高效利用。其核心在于激发产业间相互作用的协同效应，形成"1+1>2"的系统功能。因此，产业间相互关系的和谐度与协同性成为衡量产业结构合理化程度的关键标尺。当产业间的互动更为顺畅、配合更为紧密时，产业的整体运行效率将显著提升，标志着产业结构正朝着更合理的方向迈进；反之，则反映出产业结构尚待进一步优化调整。

（2）产业结构高度化。资源利用效率的提升应当与经济技术的持续进步保持同步，不断突破产业边界，以此驱动产业结构中新兴产业的蓬勃兴起。这一进程的显著标志在于，那些代表行业技术前沿与高效生产模式的产业部门的占比持续增大，同时整个经济体系内部展现出旺盛且持久的创新能力，为持续发展注入不竭动力。

产业结构的高度化与合理化之间存在着紧密且相辅相成的关系。合理化作为高度化的基石，通过优化资源配置、促进产业间协调为产业结构向更高层次迈进奠定坚实基础。高度化则进一步推动产业结构在更高水平上实现合理化，不仅关注当前经济发展的直接效益，更着眼于长远，致力于构建面向未来的产业结构成长蓝图，确保经济发展的可持续性与竞争力。因此，在优化产业结构的全周期中，需要将这两方面有机地紧密结合，以均衡化促进产业结构升级，以升级带动更高水平的均衡，共同推动产业结构的全面优化与升级。

3. 产业升级

产业升级是指产业结构由低水平状态向高水平状态演进的动态发展过程，它具有以下特征：①沿一二三产业优势地位顺向梯次演进。②沿劳动密集型产业、资本密集型产业、知识（技术）密集型产业梯次演进。③由低附加值产业向高附加值产业演进。④由低加工度产业占优势地位向高加工度产业占优势地位演进。

（二）中国渔业产业结构调整的目标

渔业经济的演进历程，本质上伴随着渔业产业结构的持续调整与优化。为了降低交易成本和消除市场失灵，中国构建了能够灵活应对市场需求变化的渔业产业结构调控体系。在此基础上，制定并执行一系列积极、高效的渔业产业政策，鼓励渔业生产者主动顺应市场动态，依据市场趋势灵活调整生产布局，以此促使渔业产业结构更加契合可持续发展的长远战略，实现内在结构的自我适应与升级，从而不断推动产业结构合理化、高度化的进程。

当前阶段，中国渔业产业结构调整的目标是优化渔业产业结构、转变渔业发展方式、实现从传统渔业到现代渔业的转变。中国农业农村部渔业渔政管理局已勾勒出大调整路径，其核心策略聚焦以下方面：首先，通过严格控制捕捞强度与调整作业模式，力求实现捕捞产量的合理缩减，即"负增长"目标，以促进渔业资源的可持续利用。其次，优化养殖业的品种结构，革新养殖技术，特别是加大对海水养殖业的支持力度，以提升养殖业的整体效益与生态环境兼容性。再次，提升远洋渔业的技术装备水平，积极拓展大洋性公海渔业，同时调整远洋渔业结构，以增强中国在全球渔业市场中的竞争力。紧跟消费市场变化趋势，依托技术进步与质量管理的双重驱动，大力发展水产品加工业，满足消费者日益增长的多元化需求。最后，在条件成熟的地区，鼓励并扶持生态渔业与休闲渔业，不仅丰富了渔业产业的内涵，也为乡村振兴与生态旅游增添了活力。

（三）实现渔业产业升级的路径选择

渔业产业升级必须秉持可持续发展原则，在不影响渔业资源永续利用的前提下合理开发和综合利用渔业资源，同时协调好经济发展、资源养护和环境友好三者之间的关系。

1. 调整渔业生产结构，降低捕捞强度，着力发展养殖业和远洋渔业

渔业产业的首要功能是提供充足的、优质的、丰富的水产品以满足日益增长的消费需求。为保证渔业生产的产量稳定和质量保障，需要不断调整渔业生产结构以适应渔业资源和生态环境的不断变化。一是政府制定相关产业政策积极引导渔业生产的结构性调整，二是渔业经济组织必须严格执行捕捞相关法律法规，并落实捕捞控制措施，如捕捞业要淡化产量增长指标，坚持控制和压缩捕捞渔船的数量和功率指标等。然后，各地根据自身情况引导捕捞渔民转产转业，发展海水或淡水养殖业、水产品加工业和休闲渔业等。

2. 发展水产品精深加工业，提高水产品综合利用率

《2024 中国渔业统计年鉴》显示，2023 年底全国水产品加工企业 9 433 个，水产冷库 9 143 座，水产加工品总量为 2 199.47 万 t。其中，海洋水产加工品 1 713.12 万 t，淡水产加工品 486.35 万 t。水产品中有 70.63% 为水产冷冻品，鱼糜制品及干制品占 12.89%，水产饲料（鱼粉）占 3.70%，鱼油制品、助剂和添加剂等加工品仅占 0.11%，水产品精深加工占比很低。随着人民生活水平和购买力的不断提高，城乡居民对水产半成品、即食水产品及水产衍生保健品的需求将持续增长。基于需求变化，应大力发展水产加工业，尤其是提供中高端产品的精深加工，还应加大科技投入，采用先进加工保鲜技术和加工方法，提高水产品的附加价值，激发升级水产品消费需求。

3. 建设现代水产品流通体系，完善渔业生产服务体系

面对日益增长的生鲜、冷冻水产品消费需求，以传统水产批发市场为主要力量的我国水产品流通体系在加工、仓储、冷链运输等方面均达不到现代化流通的要求。首先，要加大冷链物流技术设备的研发制造，补齐渔港流通加工、城市冷链集配等基础设施建设短板，提升新型流通经营主体的市场组织能力和一体化经营能力，构建辐射国内外、干支仓配一体化、产销对接的水产品冷链流通体系。其次，构建完善的渔业生产服务体系，从生产资料采购、技术指导、金融保险、冷链运销等多方面为渔业产业升级提供有力支持。最后，应构建智慧渔业大数据服务体系，推进渔业经营主体的数字化转型，提高渔业产业的信息化、智能化水平。

4. 发展生态渔业和休闲渔业，拓展渔业多功能性

随着人均收入的增加和消费需求的升级，消费者对"有机""可追溯"水产品的需求迅速增长，发展生态渔业和生产全过程无污染的绿色水产品是重要的产业发展趋势。这就要求渔业从单一生产功能向资源养护、休闲旅游和生态保护等多功能方向转变。生态渔业和休闲渔业等新型现代化渔业不仅拓展了渔业的产业发展空间，而且为渔业产业升级和渔业经济发展找到了新的增长点。

5. 开展渔业产业链核心技术攻关，实现渔业现代化智慧化升级

科技创新是经济发展的第一驱动力，中国渔业经济的巨大成就极大地依赖现代科技在渔业产业中的应用创新。自 20 世纪 80、90 年代起，中国在渔业领域进行了对虾人工孵化技术、集约化养殖模式的初步探索。进入 21 世纪后，又开启了抗风浪深水网箱技术与生态友好型养殖策略的创新应用。这一系列科技创新使中国渔业步入稳定高产、生态安全的新阶段。因此，还应面向产业急需，建立龙头企业、科研院所、高校共同组建的联合攻关联盟，大力开展渔业全产业链核心技术攻关，加大智能化设施装备（如深海养殖工船、渔业机器人等）的应用推广，提升产业链自动化、信息化、智能化水平。

第三节　渔业产业融合

一、渔业产业融合的含义和特征

（一）产业融合的含义

国内外关于产业融合的研究始于马克思和马歇尔的相关探究，马克思在《资本论》中提出，发生长时间的分工以后，分工会在某些状况下出现程度不一的收敛。马歇尔指出，随着分工精细化程度的加深，各个行业相互之间的分界线会出现缩小的现象。

产业融合的概念及理论于 20 世纪 60 年代被正式提出，随着时代的发展，其内涵不断得到丰富。国内外学者从不同视角对产业融合的内涵进行了阐释，其中代表性的定义如下：

Rosenberg（1976）提出，产业融合是指技术被广泛应用和扩散在各个产业领域，促进了创新活动的过程。基于产业演化视角，Yoffie（1996）认为，在产业融合过程中，产业边界会随着产业的增长而缩小或消失。Freeman（1997）将产业融合定义为一个逐步进行的过程，从技术融合到业务融合再到市场融合，如果缺少必要的阶段，就无法实现真正的产业融合。马健（2002）将产业融合的内涵概括为：由于技术融合和产业管制的放松，各产业发生了业务、组织、管理和市场方面的资源整合，由此引起的竞争合作关系导致产业界限的模糊化。厉无畏（2003）将产业融合定义为：产业融合是由于资源、市场、技术等各种要素的渗透、交叉，而后又进行重组，导致原本独立的产业逐渐融合，产生新产业的动态过程。李美云（2005）认为产业融合是原本各自独立、性质各异的两个或多个产业的产业边界逐渐消失或模糊而使企业成为直接竞争者的过程。

本书认为，产业融合是指在开放产业系统中，不同层次产业的构成要素（包括资源、技术、信息等）相互渗透、交叉、融合进而重组，使得原本独立运行的两个及以上产业的边界逐渐模糊、交叉融合，产生新产业的动态过程。

本质上，产业融合是不同时间出现、位于不同层次的农业、工业、服务业、信息产业和知识产业等，在同一产业、产业链或产业网络中渗透交叉进而融合重组，形成新产业或新业态的动态过程。这种融合能在产业间推动低端转向高端、高级主导低级、先进取代落后，以及纵向集成延伸至横向集成，从而充分优化资源配置，实现资源再生和产业升级。

（二）渔业产业融合的含义和特征

20 世纪 70 年代，北欧国家、北美国家、日本、韩国等渔业经济发达国家开始强化基于生态管理的渔业资源开发利用，促使渔业生产经营从单一产业型转型升级为三次产业综合型，逐渐形成了以现代渔业园区、特色小镇和渔旅经济为代表的渔业产业化组织模式和区域渔业发展布局。20 世纪 90 年代，日本提出了"第六产业"的概念，今村奈良臣（2001）认为农业生产不断向二三产业延伸，农业在一二三产业的延伸和融合中逐渐形成了包括生产、加工、销售、服务等环节的产业链，一二三产业之和与乘积正好都等于 6。

近年来，中国渔业产业遭受养殖空间不断减少、生产成本不断上涨的双重挤压，面临渔业资源衰退、水域生态退化的双重约束，渔业经济可持续发展难度加大，转变渔业产业组织方式以及升级渔业产业结构迫在眉睫。现阶段，中国渔业生产经营仍存在规模化、集约化、组织化程度低，从业人员素质不高，科技创新能力弱等问题，不仅严重限制了渔业的产业发展，也带来了水产品粮食安全、渔业生态安全、绿色生产监管等一系列挑战。尽管增殖渔业、休闲渔业、智慧渔业等新兴渔业发展潜力大，但由于存在一些现实约束，其产业规模仍较小，产业贡献也有限。根据产业演进的一般规律，当产业发展到一定阶段时，产业融合是不可避免的。

自 2006 年以来，中国连续发布了 4 个全国渔业发展五年规划，均涉及"渔业产业融合"。2015 年，中国明确提出在农村领域发展一二三产业融合，随后产业融合的研究范围扩展到渔业领域并不断深入。2016 年，《全国渔业发展第十三个五年规划》提出积极发展休闲渔业，在渔业产业的养殖、加工、流通等各个环节实现融合发展。2022 年《"十四五"全国渔业发展规划》要求，到 2035 年，实现渔业一二三产业协调发展和现代化，推动渔业产业融合发展。

自 2010 年开始，国内学者相继开展了渔业产业融合相关研究。董志文等（2014）、韩兴勇等（2014）、平瑛等（2016）、杨红生（2016）等以及赵蕾等（2019）从不同的研究视角对渔业产业融合进行了不同的内涵界定。例如，赵蕾等认为，渔业产业融合是由技术、资本、服务、产品、市场、经营主体、制度环境等元素共同构成的，是渔业生产方式的创新和渔业产业功能的改造升级。渔业产业融合在实践中主要体现为两类融合，即横向融合和纵向融合。横向融合主要体现为渔业产业功能及广度的不断拓展，是渔业生产要素伴随科技进步在更大的产业空间或产业网络内实现合理配置、高效利用的过程。纵向融合则强调经营主体内部或不同经营主体之间为提高整体产业链的价值增值而进行纵向的专业化分工且一体化协作整合的过程。渔业产业的纵向融合和横向融合在实践中不是孤立存在的，而是相互渗透交叉，进而融合互补，两者在提高渔业产业的综合效能、渔业产业链供应链的价值增值以及竞争力方面都发挥着积极作用。渔业产业融合发展是实现渔业一二三产业之间的有机结合。

本书认为，渔业产业融合是以渔业为基础和前提，围绕新型渔业经济组织（经营主体），通过技术渗透、信息交流、生产要素流通等方式，优化管理、技术、人才、信息等资源要素在渔业一二三产业的合理配置和高效利用，促进新产业、新业态及新模式的产生和发展，推动渔业产业转型升级以及发挥渔业多功能性的产业协同动态发展过程。

在中国乡村振兴国家战略大背景下，渔业产业融合作为农村一二三产业融合的重要构成，迎来了发展的关键期和黄金期。近10年的实践证明，渔业产业融合已经成为助推乡村振兴的重要举措，以专业大户、家庭农场、渔民专业合作社、涉渔龙头企业等为代表的新型渔业经济组织的产业功能不断拓展，已成为实施乡村振兴战略的重要组织载体，在引领产业转型升级和渔民创收增收等方面承担了更多的社会责任。虽然中国渔业产量长期稳定、供给充足，但发展不平衡、不协调、不可持续等问题日益凸显，推进渔业产业融合是顺应渔业经济发展新形势的必然要求，也是渔业产业转方式调结构实现转型升级的重要途径。此外，渔业产业融合有利于将管理、技术、人才、信息等资源要素更多更紧密地融入渔业产业，形成产业发展新动能，培育新产业、新业态和新模式，从而扩大产业规模及就业容量、改善渔业专业人才结构、拓展渔民增收创收空间。

二、渔业产业融合的表现形式

1. 复合功能型模式

该模式以家庭农场和渔民专业合作社为经营主体，既从事渔业生产（捕捞、养殖），又兼具服务功能，如"渔＋旅"综合体、"渔＋文＋旅"等。家庭农场往往将住房、庭院及承包水域等作为营业场所，经营人员由家庭成员充当；或渔民专业合作社牵头，依托生态养殖，开发渔业其他功能（如休闲旅游、渔文化体验、科普教育等），形成多功能生态产业链。例如，辽宁省长海县以及浙江省舟山群岛利用渔区、渔港建立了"渔家乐""海钓园"及"渔文化创意园"等，使游岛旅客亲身体验捕鱼、海钓等当地渔民生活，将渔业观光娱乐、餐饮住宿以及文化传播等有机结合。这种组织模式以渔业一产为基础，深度融合旅游产业要素，在延伸渔业产业链、提高产业链价值增值的同时，优化了渔业产业发展环境（包括渔村基础设施的完善、生态化养殖的普及等），还提升了经营主体的经济效益。这种模式具有经营的季节性（即淡旺季），如果缺乏科学的前期规划，容易造成重复性建设、出现同质化竞争等。

2. 服务拓展型组织模式

主要是指"龙头企业＋养殖基地＋专业合作社＋家庭农场（养殖户）"模式。渔业龙头企业围绕某一特色水产品，凭借其规模、资金、技术、渠道等优势，为养殖户提供渔资团购、技术指导、品牌管理、产品销售、贷款担保等"一揽子"服务，建设生态型养殖基地进行规模化、标准化渔业生产，并以渔业一产业为基础向精深加工、休闲旅游等二三产业延伸，最终形成渔业一二三产业融合的创新模式。这种模式促进了渔业相关服务业的发展，提高了养殖户和家庭农场的规模化、组织化程度，同时助力了渔村振兴，催生了产业融合新业态、新模式。

广东湛江国联水产开发股份有限公司基于产业链资源的高效整合以及渔业技术的创新驱动，多年来积极探索并切实推行对虾工厂化养殖、海水鱼深水网箱养殖以及小龙虾"虾稻共作"养殖等可复制、可推广的可持续养殖模式，构建"育种—养殖—餐桌"全链条水产品安全监控体系，深耕养殖品类研发和精深加工，实现从水产品食材安全生产到预制菜品工业化量产全产业链一体化、集成化管理，并不断延伸至流通、电商及餐饮等行业，助推了渔业产业融合和业态模式创新。

3. "互联网＋"引领型模式

这种模式是指基于互联网，在渔业产业链上游环节借助物联网、自动控制等多种智能技术及设备提高养殖生产效率；在产业链下游加工销售环节则依托电商平台大数据，及时调整销售品种，激发升级消费需求，同时借助冷链物流缩短流通时间，保障水产品质量安全，减少了中间环节和交易成本。在实践中，一方面，新型渔业经营主体通过"互联网＋养殖"智能生态养殖模式来加速物联网、大数据、AI等先进技术的推广应用，极大提升了渔业生产的自动化、智能化水平；另一方面，通过"互联网＋销售"模式，借助电商、微商等线上渠道增加了水产品的销售量，激活了水产品消费需求。

4. 全产业链联合体型组织模式

这种模式多由大型涉渔龙头企业组织，围绕产业链核心环节不断向上下游拓展，借助强大的组织集成能力实现规模化、集约化经营。这种模式强调龙头企业对产业链所有环节进行集成，即从苗种繁育、标准化养殖、产品加工、包装销售、品牌管理、仓储配送直至餐桌。龙头企业是该模式的组织核心和集成中心，充分利用其在管理、资金、品牌和市场等方面的独特优势，促进产业链供应链上下游紧密合作、协同运作，同时带动相关渔业生产服务体系的发展和完善。

5. 立体生态综合型模式

该模式是指利用太阳能发电、智能技术等，依托当地特色水域，将养殖业与种植业、畜牧业有机融合，形成一条资源共享、种养融合的整体生态链。这种模式的目的是集约利用生态资源，改善环境污染，推动产业融合，建设立体良性循环渔业生态系统。例如，在渔业资源比较缺乏的地区，经营主体可以发展种养平衡的循环立体养殖渔业，如"稻田养鱼""水稻＋泥鳅生态养殖"等，将水产养殖与种植业、畜禽业有机结合，以充分利用当地自然生态，实现生态增值和产业发展。

三、中国渔业产业融合的现状及问题分析

近 10 年来，随着全球经济格局的转变和"一带一路"倡议的推进，海洋产业合作不断拓展，渔业一二三产业以及渔业与其他农业产业、旅游、文化创意的交叉融合不断加深，中国渔业产业融合现状呈现政策推动、模式多样、创新驱动等特点。

第一，政策积极推动引导。近年来，中国高度重视渔业产业融合，出台了一系列政策文件，如《全国乡村产业发展规划（2020—2025 年）》《"十四五"全国渔业发展规划》《全国沿海渔港建设规划（2018—2025 年）》《国家级海洋牧场示范区建设规划（2017—2025 年）》等，这些涉渔文件多次强调要推动渔业与旅游业的有机结合，加深渔业一二三产业的交叉融合，形成渔业经济新的增长点。

第二，融合模式灵活多样。随着渔业产业链的逐步延伸以及不同产业间融合的不断加深，各地出现了以海洋牧场、休闲渔业及海岛渔旅融合为代表的产业融合新模式。

第三，科技创新强劲驱动。在渔业产业融合过程中，科技创新起到了强大的推动作用。例如，在渔业生产方面，借助物联网技术水产养殖实现精细化管理和可追溯管理，即通过视频监控、数据采集和传输等，实现养殖全环节的实时监测和可视化管理，既提高了水产养殖的生产效率，又促进了渔业生产的信息化和智能化。在渔业流通方面，利用互联网平台和电商销售网络，打造水产品跨境电商 B2B（企业对企业）、B2C（企业对消费者）新模式，拓宽水产品的市场交易和销售渠道。在渔业服务方面，依托大数据云平台等技术，实现了产品溯源、渔船监管、金融服务、交易中介等功能，切实保障了水产品的全程追溯和质量安全。

尽管中国渔业产业融合取得了显著成效，但仍面临一些挑战，如产业融合程度不深，现实约束较多，融合各方联结松散等问题，具体如下：

1. 产业融合程度有待提高

当前中国渔业产业融合的主要组织载体是以家庭农场、专业合作社和涉渔龙头企业等为代表的新型渔业经营主体。然而，家庭农场大多规模不大、经营分散。多数渔民专业合作社存在实力较弱、服务层次较低、运营不太规范等问题。一些龙头企业的规模和实力不够充足、难以合理调配资源，整合产业链各环节生产要素的集成能力不强，使得这些经营主体参与产业融合程度较低，渔业产业融合的集成效应很难发挥出来。同时，有些基于文化、创意或休闲的渔业产业融合项目或商业模式缺乏科学的顶层设计和产业布局，导致同质化产品、服务的市场竞争，难以满足日益增多的对中高端、特色化产品以及个性化、定制化消费体验的消费需求。

2. 产业融合要素制约明显

首先，渔业经济组织面临劳动力老龄化、高素质人才短缺、代际传承难等问题。例如，多数养殖专业大户、家庭农场的从业人员年龄在 50 岁以上，文化素质和专业技能水平偏低，对新技术、新业态、新模式的接受较慢，经营管理靠主观经验判断和外部技术帮

扶，参与产业融合的意愿不强。其次，存在土地（水域）流转期限短、流转关系不稳定、配套用地可供性约束等问题，影响了专业合作社或龙头企业经营规模的扩大，产业融合的土地保障难以实现。例如，一些省份允许渔民合作社办理配套设施临时用地手续，但实际操作中却面临审批严、周期长等困难。最后，针对渔业产业融合项目或新模式的投融资渠道尚不健全，普遍存在信贷支持条件严苛、政府专项扶持基金较少、税收保险支持政策缺乏等问题，产生渔业产业融合的资金瓶颈约束。

3. 产业融合创新驱动不强

科技创新是产业融合的主要驱动力，渔业产业融合能否得以顺利开展，在很大程度上取决于其技术、业态和商业模式的创新能力。一方面，中国渔业科研整体投入不能满足产业快速发展的技术需求，基层水产技术推广体系尚不健全，产业技术创新主体模糊，新技术推广应用不够，特色水产品研发滞后。另一方面，新型经营主体在进行渔业产业融合的过程中，缺乏相应的专业技术人才支撑，现代生产经营模式对传统生产方式的替代速度以及"大数据"和"互联网＋"等新技术的扩散和渗透相对较慢，制约了产业融合的进一步发展。

4. 产业融合利益联结机制不够紧密

各参与经营主体之间能否形成紧密可持续的利益联结关系是影响渔业产业融合成效的关键因素。产业融合中各参与方通过建立特定的利益联结机制，在信息共享的基础上集成上下游资源、要素，开展分工协作以创造更大的产业链供应链价值，从而协调彼此之间的利益分配和风险分担，以期各方分享更多的融合红利和价值增值。但在实践中，大部分龙头企业、专业合作社与养殖户之间的利益联结关系较为松散，加上龙头企业的组织集成能力不强，渔业生产主体和社会化服务主体之间的联动机制尚不健全，从而缩小了渔业产业融合的受益面，削弱了渔民参与产业融合的主动性、积极性。

四、我国渔业产业融合的重点任务

（一）整合上下游生产要素，进一步延伸产业链

围绕产业链的最终产品，重新整合上下游各环节的生产要素，对经营主体内部流程进行再造以实现标准化生产和规范化运营，打破传统"养殖＋销售"单一模式，转换为全产业链经营模式，即涵盖苗种、养殖、加工、技术、销售和仓储配送等其他社会化服务的联合经营模式。具体来说，组织模式可以是单个经营主体沿产业链的纵向一体化经营，也可以是多个经营主体联合实施产业融合。前者是指单个经营主体独立将运营范围扩大延伸至一二三产业的整个过程，一般资金实力雄厚、经营规模大、集成能力强。后者是指多个独立运作的经营主体基于共同的市场目标，通过某种利益联结机制形成一个利益共同体，协同完成产业链上一二三产业融合。这两种创新模式都是通过制定科学的产业融合机制，推动产业链各环节生产要素的合理调配和上下游资源的集约配置，充分发挥产业链价值增值潜力，实现更大的产业融合综合效益。

（二）发挥渔业的多功能性，促进消费需求扩张和升级

新型渔业经营主体可依托渔业第一产业，将渔业生产经营与渔业的旅游休闲、生态安全、餐饮体验、文化教育等功能有机结合，即将产业链第一产业的生产（捕捞、养殖和育种）延伸至第二产业加工模块、第三产业休闲文化模块，打造三产联动、交叉融合的创新模式。同时也有利于建设特色水产品品牌，扩展水产品销售渠道，满足人们对中高端产品和个性化体验的消费需求。这种模式以渔业龙头企业、家庭农场、专业合作社为主，或者是依托先进食品加工技术和工艺，对水产品进行精深加工，打造名特优新水产品，促进产业链的价值增值；或者是依托当地优势资源和品种特色，建设"渔家乐""渔文化创意园"等休闲渔业项目，从而带动相关消费需求扩张和升级，增大产业发展空间和产业融合效益。

（三）加快业态衍生复合，推动生产性渔业和服务业融合

加速高新科技如大数据、AI、物联网、现代生物技术向渔业产业链各环节的渗透扩展，促进优势产业业态衍生和复合化。例如，渔业龙头企业不只专注于养殖环节的效益提升，而且向渔业机械、饲料鱼药、种苗繁育、加工贸易、冷链物流等其他领域拓展，推动渔业和相关二三产业彼此配套、融合发展，提高产业链的专业化、规模化、集约化、现代化水平。由于渔民专业合作社、家庭农场受到多种现实约束，科技创新能力和产业融合意识相对较弱，现阶段此类创新模式应由涉渔龙头企业充当组织者和集成者，而专业大户、家庭农场和专业合作社则应充当技术应用者、合作者和服务者。

（四）实现渔业和其他产业的重构性融合

主要是指渔业和其他农业产业链上功能相似的节点之间相互协作，解构重组要素资源。在实践中，具体表现为经营主体充分利用时空等多方面的养殖（种植）条件来推动优质高产、生态环保的立体种养模式。这种产业融合创新模式不但能提高土地、水源、人力等资源要素的利用率，而且有助于减少养殖废水、农药残留等对土壤和水域的破坏，以最大限度保护土壤环境和水域生态。最具代表性的重构性融合是水产养殖同水稻、蔬菜、莲藕等种植业，猪、鸭等畜禽业的"多种经营、相互融合"模式，很好地实现了一水多用、资源共享、绿色生态的综合种养效益。

第四节　渔业经济组织

一、渔业经济组织的含义和特点

在《经济学原理》一书中，阿尔弗雷德·马歇尔首次提出将"组织"当作增强知识效应的新型生产要素引入经济学理论体系。新古典经济学流派在分析经济组织行为时，秉持一种独特视角，即将经济组织视为理性实体，其行为以利润最大化为导向。在此理论框架下，经济组织会依据成本效益分析来做出决策，力求在既定的资源和技术条件下实现利润的最大化。同时，该流派认为市场结构、法律制度、政策环境以及社会文化等外部条件，虽对组织行为产生影响，但并不构成组织内部决策过程的直接要素。

随着中国渔业生产力的提升和渔业经济的持续发展，渔业经济组织也在不断演变与创新，表现出多样化的组织形式，并且组织化程度得到了显著提高。

渔业经济组织主要是指按一定方式组织生产要素进行生产、经营活动的具有法人地位独立核算的单位，他们拥有一定的固定资产和流动资金，具有固定的生产场所，自主进行生产经营活动，例如水产养殖场（户）、捕捞船队、工厂化养殖企业或者水产品经销商、水产品加工企业等。渔业生产经营组织是通过多种形式将渔业生产经营主体组织起来并实现紧密合作的一种组织形式，其核心在于构建恰当的组织架构，使渔业生产经营主体实现效率提升、收益增加以及市场竞争力增强。

渔业经济组织的特征可以从内部和外部两种视角分析：从内部视角来看，具有内部成员组织化的特征，具体表现为渔民互助组、渔民专业合作社或联合社、企业、协会等主体组织形态的创新，反映了内部成员在生产经营过程中分工协作的水平；从外部视角来看，具有生产经营各环节市场化的特征，即各环节经营主体通过要素市场及产品市场建立起的关系，体现了各主体之间的契约联结、利益分配等经济关系。

二、中国渔业经济组织的变迁

（一）改革开放前中国的渔业经济组织

改革开放前，尤其是 20 世纪 50 年代中期至 70 年代后期，主要是按照苏联高度集中管理和计划经济模式开展渔业产业组织，其特点是"四统一"，即统一生产、统一指挥、统一核算、统一分配，具体为人民公社和生产队控制渔资供应、生产组织以及产品分配，完全限制私商和鱼贩个体交易等。在这种管理体制和组织方式下，中国渔业生产得到了保护与促进。然而，因其存在片面强调全民所有制渔业，政企职责不分、忽视水产品商品性，渔业经营存在过多限制以及分配上存在平均主义等弊端，严重束缚了渔业生产力的发展，导致渔业经济发展缓慢。

（二）改革开放后的渔业经济组织

1. 家庭联产承包责任制

20 世纪 80 年代，中国渔业借鉴农业领域经验，实行以家庭、联户或组为基本单位的联产承包责任制。根据统分结合不同程度，具体有以下几种形式：

（1）"两头统、中间包"形式。一头，即产前的鱼种放养、资金筹集以及饲料供应等实行统一；另一头，即产后的捕捞、销售和资金管理等也实行统一；中间环节则承包给各个组（户），并实行"五定"原则，即定产量、定产值、定成本、定饲料和定报酬，最终结算也落实到组（户）。这种形式的生产责任制有助于强化产前、产后服务，使渔民能够更加专注于产中环节，即养殖生产管理。

（2）"一头统、一头放"形式。一头统是指集体统一进行生产计划、鱼种放养方式以及养殖饲料供应；一头放是指渔业生产经营由承包者负责，即承包组（户）负责养殖生产、鱼货销售等，承包经营收入除上缴集体那部分外，剩余的都归自己。这种形式较好地体现了统分结合原则，承包组（户）既能自主灵活地进行生产经营，又能得到集体的统一服务。

（3）"一包到底"形式。主要是指将生产权和经营权下放给承包者，承包者只向集体上缴承包金额，剩余全归承包者所有的生产责任制。这种生产责任制一定程度上提高了"分"的程度，削弱了"统"的集中服务功能，容易使承包者产生急功近利的短期行为。

渔业承包经营责任制明晰了渔业基本生产资料（包括水域等）的产权，即所有权归国家，使用权归渔民，渔民享有经营自主权。该经营责任制体现了社会主义公有制与渔民自筹资金经营的有机结合，根据承包对象的不同，将其分为家庭承包、联产承包及专业组承包等多种形式。它通过特定的分配方式打破了传统平均分配，有效激发了渔民的生产积极性。中国海洋捕捞渔业经历了从集体所有、统一计划分配到实行多种责任制的变革，收入核算采用"以船核算"。

2. 渔业股份合作制

渔业股份合作制作为一种经济联合体，基于渔民自愿互利原则，实现了资产、劳动力、技术、设施等生产要素的股份化投入。它具有共同投资、共享利益、共担风险及按股分红的特点。股份合作制产权界定清晰、利益分配透明，起到了吸引民间资本投资渔业、激发渔民多种经营积极性的良好作用。作为家庭联产承包责任制的一种创新与完善，它展现出以下特点：

（1）劳动联合和资本联合相结合。在渔业股份合作制中，渔民既是劳动者，又是出资者。它将劳动联合和资本联合有机结合，实行"劳者有其股"，体现了财富创造者与财富所有者身份的统一。渔民股份合作制内部成员共同劳动、共用生产资料、风险共担、利益共享，因此它兼有股份制和合作制的优点。

（2）按劳分配和按资分配相结合。在分配关系上，渔民一方面按劳动贡献取得工资报酬，另一方面按出资比例分红；在公积金方面，一部分作为股金增值，一部分作为渔民共同所有的公共积累。这种分配制度创新能形成有效的激励机制，促使渔民真正关心组织内部生产经营活动，调动渔民的积极性。

（3）一人一票制和股票制相结合。股票制赋予渔民参与决策与管理的权利，并将"一人一票"与"股票"两种民主管理方式有机融合。同时，它要求全员持股相对均衡以避免股权的过度集中，既赋予了渔民当家做主的权利，又避免了两极分化。

3. 渔业产业化经营

农业部于 1996 年 11 月 29 日正式提出了《关于进一步加快渔业发展的意见》，旨在进一步推动渔业实现持续、快速且健康的发展目标。该意见明确指出，将渔业产业化经营确立为渔业经济工作的重点之一。渔业产业化经营，以优化资源配置为核心，以提高渔业经济效益为目标，着力发展主导产业，实施区域化布局与专业化生产，旨在形成一体化的渔业产供销经营管理体制和运行机制，推动渔业的现代化转型升级。渔业产业化经营的实质在于优化要素资源配置结构以构建专业分工、紧密合作的水产品生产产业链，将渔民分散的生产经营有效集成形成规模效应。渔业产业化经营组织的产生是市场经济条件下的内生性制度变迁，它有助于形成规模优势、降低交易成本、消除渔民进入市场的体制障碍。

4. 新型渔业合作经济组织

改革开放以来，渔业经济组织形式发生了巨大变化，股份合作制在海洋捕捞业得到全面推行，家庭联产承包责任制在水产养殖业被广泛采用，这些都充分调动了渔民生产及投入的积极性。不过，值得关注的是，许多渔村尽管进行了改革，仍然存在服务功能滞后、产业链功能不强、政策支持不充分、渔民市场地位低等问题。成立渔业专业合作经济组织，旨在通过合作制或股份合作制的形式，在不改变渔民（渔船）经营体制的前提下实现渔民或渔船的新型联合或合作。这种新型经济组织涵盖了渔民专业合作社、协会型渔业合作组织以及公司制渔业合作组织等多种形式。

三、我国渔业经济组织的主要类型

改革开放以来，中国渔业经济组织形式和类型均发生了巨大的变化，从全面推行渔业承包经营责任制，授予渔民（户）生产经营自主权，到积极推进渔业产业化经营、渔业股份合作制，鼓励成立各类新型渔业经济组织（也称新型渔业经营主体），全国各渔区形成了不同类型渔业经济组织的新格局，大大促进了中国渔业生产力的持续提升，有效增加了水产品的市场供应，提高了渔业劳动者的收入。

新型渔业经济组织作为中国渔业产业化经营的组织创新，在推进渔业产业结构优化升级过程中的作用日益凸显。相比于传统渔户，专业大户、家庭农场、专业合作社和龙头企业等新型渔业经济组织应用现代技术和进行科学管理的能力更强，组织化、专业化和社会化程度更高，在实际生产中更容易适应绿色生态、生物技术、信息网络等外部环境为传统渔业经营模式带来的新挑战和新机遇，以新业态、新功能推进产业融合的特征更加明显。新型渔业经济组织依托当地的渔业自然资源和渔村文化等，通过经营理念、管理方式、技术创新、组织模式创新等多种途径，融合多种产业元素，挖掘产业多功能价值，有助于产业结构优化、促进渔业产业转型升级。与此同时，新型渔业经济组织的生产经营活动逐步向渔业产业链的高附加值环节（如苗种繁育、精深加工、技术培训、信息服务等）拓展，在产业链活动中的功能定位、业务内容、营利方式等逐渐多元化，这也促使相当一部分新型渔业经济组织具有多重身份，且经营方式更加专业化和多元化，且不同类型新型渔业经济组织间开始呈现相互交叉、相互融合的趋势。

如今，多数省份将新型渔业经营主体纳入新型农业经营主体框架，一些渔业强省采取了更为具体和有针对性的政策措施，如浙江省颁布了《示范性家庭渔场创建办法（试行）》。不管是否有专门政策，本书认为，新型渔业经济组织应具备两大特征：一是经营模式的规模化、集约化，即生产或经营应实现较高的集成度，具备引领示范效应；二是管理的现代化、科学化，即组织管理方式高效，技术应用及信息管理能力强。主要的新型渔业经济组织具体如下：

1. 家庭渔场

家庭渔场是一种渔业经营模式，其核心特征是以家庭成员为主要投资者和经营者，渔业收入构成家庭的主要经济来源。此类经营模式对经营者的专业技能有着一定的要求，通常需经过相关培训以提升渔业经营能力与管理能力。为了确保经营的家庭主导性，其长期雇用的劳动力数量不得超过家庭成员的数量。家庭渔场的经营规模须达到标准，例如，浙江省的示范性家庭渔场就明确要求生产经营面积至少达到 3.33 hm²。与传统渔场相比，家庭渔场必须配备功能完备的进排水系统、电力供应设施及尾水处理设施，部分省份还对鱼池的建设规格和环保标准有细致明确的规定。在经营策略上，鼓励采用多元化的方式，不仅可以进行规模化水产养殖，还可以与其他相关产业进行联合经营，拓展渔事活动体验、休闲渔业旅游等业务，以拓宽收入来源并提升经营效益。同时，家庭渔场还应积极承担社会义务，通过提供技术培训、咨询服务以及作为典型示范等方式，带动其他渔户提升经营水平，共同实现增收致富的目标。例如，湖北省鄂州市明确规定了家庭渔场的经营标准，要求家庭渔场不仅要自身发展壮大，还必须积极发挥带动作用，引领并帮助 10 户以上的渔户实现致富增收，共同推动当地渔业经济的繁荣与发展。

2. 专业养殖、捕捞大户

专门从事水产养殖或捕捞业务的渔户，通常被称为专业养殖、捕捞大户。相较于家庭渔场，他们具备更大的经营规模和更高的技术水平。与家庭渔场不同，这些大户主要依靠雇工进行经营，而非家庭成员。他们通常拥有较高的市场敏感度和更强的风险抵御能力，这得益于其雄厚的技术实力和充足的经营资本。专业大户的核心业务紧密围绕水产品展开，更加专注于实现专业化生产和经营。根据渔业生产活动可以将他们分为养殖大户、捕捞大户两类，二者分别致力于规模化的养殖作业和商业性的捕捞活动。在渔业流通环节，专业大户主要是指那些在运销、批发等领域具有显著经营实力的大户。

3. 渔民合作经济组织

渔民合作经济组织是基于渔业生产经营或服务的互助性经济组织。该组织遵循自愿与民主管理原则，在水产品养殖、捕捞、加工、储存、运输、信息及技术等方面开展互助合作。在水产养殖领域，这类组织主要提供生产要素与信息，功能与种养殖业相似。而在捕捞领域，中国超过 90% 的渔船属于个人及合伙所有，这反映了捕捞生产的高度分散性。捕捞渔民为了更有效地开展渔业作业，通常会选择组建渔船运营团队。这种团队的组建过程，往往始于个人或合伙的出资行为。先利用自有资金购置渔船以及必要的生产资料，如渔网、导航设备等，为后续的渔业生产活动奠定物质基础，再通过雇工或其他入股方式进一步组建和完善渔船运营团队。由于产权关系更为复杂，捕捞专业合作组织承载更多功能，如生产资料采购、渔获物销售、证件办理、船员招聘与培训、联合避险等。此外，在流通与加工领域也有专门的合作组织。渔民合作经济组织在帮助渔业相关经营者防范风险的同时，整合了生产要素，实现了效率的提高。

4. 渔业产业化龙头企业

渔业产业化龙头企业指的是那些通过与渔民在水产品生产、加工及销售等多个环节建立多样化利益联结机制、实现双方共同发展的企业。这些企业达到一定规模或经营标准，并经过政府相关部门的认定。当前，全国范围内此类领军企业的总数大约为 12 万家，其中，水产业领域的领军企业占比约为 6.6%。在工商资本向农村投资、涉足农业的过程中，这些领军企业扮演着主要参与者和重要推动者的角色。

近年来，随着渔户话语权和选择权的提升，渔业产业化龙头企业与渔民之间的合作模式也在不断创新与发展。除了传统的"公司＋渔户""公司＋基地＋渔户"以及"公司＋中介组织＋渔户"等基本模式外，一些新的合作模式也受到欢迎，如"公司领办合作社""渔户自办合作社与公司对接""渔户与公司合办合作社"以及"渔户自办合作社并自建加工企业"等。这些新模式的出现，不仅体现了渔户在剩余索取权和控制权方面的增强，也反映了交易契约逐渐由短期转向长期的趋势。在这些新模式中，渔户的地位得到了显著提升，他们不再只是简单的生产者，而是成为合作社的重要成员，甚至自建加工企业，直接参与到水产品的加工和销售中。同时，公司与渔户之间的合作关系也更加紧密和长期化，这有助于降低交易成本、减少机会主义行为、提高双方的履约率和共同发展的可能性。

四、新型渔业经济组织的发展路径

（一）现状分析

1. 渔民专业合作社数量稳步增长，实际增速有所下降

由表 3-3 可知，2014—2022 年，全国范围内依法登记的农民专业合作社从 2014 年的 1 137 632 户增加到 2022 年的 2 085 652 户，增长了近一倍。渔民专业合作社数量逐年增加的趋势明显，由 2014 年的 39 872 户增加到 2022 年的 60 597 户，年均增长 5.4%。然而，每年实际增速有所下降，2019 年和 2021 年均出现负增长，且渔民专业合作社占农民专业合作社的比例也呈下降趋势，2022 年渔民专业合作社占全国农民专业合作社总数的比例仅为 2.91%。一方面，合作社的基层实践与国家政策引导发生了偏离，有些区域出现合作社为获取政府补贴而盲目发展，导致同质化竞争以及合作社生存难等问题；另一方面，渔民专业合作社的地区发展不均衡较为显著。从表 3-4 可以看出，2014—2022 年，江苏、湖北的渔民专业合作社数量一直稳居全国前 2 名，2022 年安徽、浙江、四川、江西、湖南、广东渔民专业合作社数量也名列前茅，上述八省的渔民专业合作社数量占全国渔民专业合作社总数的 66.2%。从年均增长率来看，最高的省份是贵州，达到 15.5%，而北京和上海的渔民专业合作社均出现了负增长趋势。

表 3-3　2014—2022 年全国农民专业合作社和渔民专业合作社数量

年份	渔民专业合作社 （户）	农民专业合作社 （户）	渔民专业合作社占农民专业 合作社比重（%）	渔民专业合作社增速 （%）
2014	39 872	1 137 632	3.50	21.9
2015	45 617	1 336 089	3.41	14.4
2016	51 099	1 562 671	3.27	12.0
2017	57 079	1 753 595	3.25	11.7

（续）

年份	渔民专业合作社 （户）	农民专业合作社 （户）	渔民专业合作社占农民专业 合作社比重（%）	渔民专业合作社增速 （%）
2018	59 875	1 891 933	3.16	4.9
2019	58 555	1 935 273	3.03	—2.2
2020	61 122	2 011 625	3.04	4.4
2021	59 369	2 031 262	2.92	—2.9
2022	60 597	2 085 652	2.91	2.1

资料来源：《2022年中国农村合作经济统计年报》。

表 3 - 4　2014—2022 年全国各省份渔民专业合作社数量（户）

省份	2014 年	2015 年	2016 年	2017 年	2018 年	2019 年	2020 年	2021 年	2022 年
江苏	6 462	6 895	7 031	8 166	7 090	6 710	6 918	4 889	4 937
湖北	5 159	5 894	6 645	7 300	8 871	8 632	10 403	9 955	10 326
四川	2 028	2 561	3 289	4 017	4 477	4 501	4 785	4 765	4 593
江西	2 553	2 775	3 399	3 924	3 965	4 111	4 149	4 071	4 453
安徽	2 664	3 083	3 376	3 815	4 515	4 817	4 674	4 613	4 857
浙江	3 445	3 655	3 879	3 814	3 727	3 348	3 147	3 098	3 087
广东	2 391	2 966	2 800	3 605	3605	2 376	2 517	2 854	2 878
湖南	1 860	2 519	2 860	3 494	3 992	4 414	4 495	4 774	4 964
山东	2 319	2 618	3 125	3 285	3 315	3 277	3 391	3 261	3 337
福建	2 114	2 383	2 503	2 702	2 856	2 778	2 781	2 810	2 885
广西	1 107	1 482	1 899	2 285	2 470	2 508	2 626	2 795	3 009
重庆	1 086	1 274	1 455	1 649	1 763	1 851	1 870	1 809	1 799
河南	1 111	1 201	1 337	1 411	1 509	1 733	1 864	2 004	1 997
贵州	374	463	683	912	972	1 054	1 100	1 179	1 187
辽宁	674	765	842	854	843	811	771	747	740
天津	502	635	776	833	690	727	722	685	659
海南	927	944	1 254	809	815	633	629	632	748
云南	363	457	557	656	713	717	671	666	640
河北	373	420	483	517	537	456	451	571	561
黑龙江	410	435	442	457	431	466	544	548	537
甘肃	187	219	336	428	463	436	410	366	312
吉林	272	341	499	395	389	341	335	362	367
陕西	262	285	332	389	476	341	534	514	460
上海	403	380	353	352	347	321	286	280	230
山西	255	309	324	338	330	374	336	371	341

（续）

省份	2014 年	2015 年	2016 年	2017 年	2018 年	2019 年	2020 年	2021 年	2022 年
内蒙古	204	251	237	263	296	251	339	327	241
新疆	114	137	129	127	120	128	122	159	154
北京	128	127	102	117	120	118	114	113	110
宁夏	72	86	95	101	105	103	99	106	106
青海	53	57	59	64	64	46	39	45	40

资料来源：《2022 年中国农村合作经济统计年报》。

2. 渔业家庭农场数量趋于稳定

截至 2022 年底，经农业农村部认定，全国有家庭农场 3 934 281 户，其中渔业家庭农场为 183 693 户，占家庭农场总数的 4.7%。2021—2022 年，全国家庭农场增加 2 万余户，全国渔业家庭农场年增长率为－1.8%（表 3-5）。从各省份情况（表 3-6）来看，山东、黑龙江、内蒙古、河南、四川、湖南等地的家庭农场数量都位居全国前列，其中广东、江苏、浙江、湖北、福建和四川六省以淡水养殖为主的家庭农场数量一直保持在较高水平，2022 年，山东、黑龙江、内蒙古、河南、四川、湖南等排名前 10 位的家庭农场数量占全国总数的 66.7%。

表 3-5　2021 年、2022 年全国农业家庭农场和渔业家庭农场数量

年份	农业家庭农场数量（户）	渔业家庭农场数量（户）
2021	3 914 233	187 111
2022	3 934 281	183 693

资料来源：《2022 年中国农村合作经济统计年报》。

表 3-6　2021 年、2022 年全国各省份渔业家庭农场数量

省份	渔业家庭农场（户）		农业家庭农场（户）	
	2021 年	2022 年	2021 年	2022 年
全国	187 111	183 693	3 914 233	3 934 281
安徽	6 071	6 423	168 195	188 224
江苏	31 378	31 219	167 591	167 942
山东	5 233	4 871	517 229	578 460
四川	10 245	11 085	204 073	225 767
湖北	18 224	18 700	173 583	176 256
湖南	8 044	9 315	179 881	189 497
江西	4 102	3 938	89 998	89 083
浙江	14 554	14 057	100 775	100 752
吉林	148	145	106 101	97 928
河北	2 314	2 228	146 290	137 708

（续）

省份	渔业家庭农场（户）		农业家庭农场（户）	
	2021 年	2022 年	2021 年	2022 年
重庆	3 444	3 369	33 208	34 348
广东	39 577	38 630	155 384	148 821
黑龙江	336	298	485 450	415 825
陕西	412	469	94 082	97 114
内蒙古	158	151	274 861	274 292
山西	170	165	59 921	59 831
河南	2 672	2 547	254 349	260 383
贵州	394	487	29 960	35 569
甘肃	76	80	53 576	58 736
福建	23 527	19 649	123 528	111 458
辽宁	5 337	4 928	109 256	91 296
云南	755	785	78 904	80 824
上海	33	9	3 813	3 793
青海	2	0	18 797	19 363
广西	3 551	3 873	114 559	123 235
海南	4 631	4 630	19 210	18 895
宁夏	109	107	15 022	14 712
新疆	245	218	111 423	109 385
天津	1 118	1 085	12 191	11 939
北京	251	232	3 763	3 581
西藏	0	0	9 260	9 264

资料来源：《2022 年中国农村经营管理统计年报》。

3. 新型渔业经济组织总体占比虽小，但其带动示范效应正日益增强

近年来，新型渔业组织展现出多元化的发展态势，经营主体类型多样，包括专业大户、家庭农场、渔民专业合作社、渔业龙头企业以及多种产业联合体等，然而相较于传统的小规模养殖户，其总体占比仍然较小。以渔民专业合作社为例，2015—2022 年，尽管渔民专业合作社占渔户数量比例一直呈增长趋势，但 2022 年该比例仅为 1.46％（表 3-7），占比大于等于 10％的有天津、青海、甘肃和山西 4 个地区；2022 年家庭农场数量占渔户数量比例仅为 4.42％（表 3-8），占比超过 10％的有北京、天津、山西和江苏 4 个地区。值得注意的是，新型渔业经济组织在促进渔民增收和吸纳就业方面起着积极作用。首先，新型经营主体规模大、资金和技术实力强，具有标准化生产和品牌化运营条件，其提供的社会化服务更贴近实际，易获普通渔户认可，能更加有效地联结小渔户与现代市场，增强市场议价能力，降低交易成本，提升渔民收益。其次，渔业产业链内部分工不断细化将进一步提高经营主体用工的市场化程度，并创造大量的就业岗位，促进渔民工资性收入和经营性收入的双增长。渔业产业链条的不断延伸和产业间的交叉融合，各类主体联合发展的趋势日益明显，形成了产业联合体、合作社联合社、产业发展协会等创新的组织形态和经营模式。

表 3-7　2015—2022 年各省份渔民专业合作社占全国渔户数量比例（%）

省份	2015 年	2016 年	2017 年	2018 年	2019 年	2020 年	2021 年	2022 年
全国	0.91	1.03	1.17	1.26	1.26	1.39	1.41	1.46
北京	2.04	1.71	4.47	4.87	5.88	5.97	6.72	7.43
天津	4.18	5.11	6.10	6.11	7.88	8.13	9.71	10.00
河北	0.64	0.74	0.82	0.85	0.86	0.88	1.11	1.09
山西	23.41	24.64	26.26	27.03	38.32	32.97	42.35	38.93
内蒙古	2.91	2.87	3.16	3.73	3.42	4.94	4.87	3.81
辽宁	0.4	0.45	0.47	0.47	0.46	0.44	0.53	0.54
吉林	1.54	2.25	1.78	1.76	1.54	1.51	1.54	1.57
黑龙江	0.84	0.86	0.90	0.86	0.97	1.18	1.23	1.22
上海	4.04	3.73	4.36	3.90	4.89	5.15	9.10	7.65
江苏	2.07	2.13	2.52	2.25	2.22	2.45	1.87	1.94
浙江	1.14	1.22	1.23	1.22	1.10	1.06	1.08	1.09
安徽	1.49	1.65	2.07	2.50	2.89	3.06	3.11	3.32
福建	0.56	0.59	0.65	0.68	0.67	0.70	0.71	0.73
江西	0.83	1.03	1.21	1.27	1.35	1.85	1.84	2.05
山东	0.57	0.68	0.72	0.73	0.76	0.80	0.78	0.80
河南	0.86	0.95	1.01	1.13	1.32	1.59	1.81	1.82
湖北	1.14	1.3	1.44	1.85	1.83	2.31	2.28	2.37
湖南	0.88	1	1.24	1.44	1.68	1.89	2.15	2.22
广东	0.56	0.54	0.71	0.72	0.47	0.50	0.58	0.56
广西	0.63	0.81	0.98	1.07	1.10	1.16	1.24	1.34
海南	1.07	1.57	1.00	0.89	0.76	0.78	0.92	1.11
重庆	0.95	1.08	1.23	1.34	1.43	1.54	1.78	2.08
四川	0.53	0.68	0.85	0.97	0.99	1.09	1.15	1.15
贵州	0.59	2.13	2.78	3.22	3.56	3.74	4.36	4.51
云南	0.14	0.83	0.98	1.07	1.08	1.08	1.18	1.16
陕西	1.4	1.63	1.93	2.24	2.43	2.73	2.83	2.54
甘肃	9.91	14.78	20.96	23.72	22.65	20.83	19.44	15.09
青海	54.81	56.73	60.38	60.38	43.40	36.79	42.45	37.38
宁夏	2.51	2.85	3.37	4.59	6.26	6.23	7.01	7.18
新疆	3.38	3.22	0.69	3.64	4.05	3.87	5.03	4.89

资料来源：《中国渔业统计年鉴》（2015—2022 年）、《2022 年中国农村经营管理统计年报》。

表 3 - 8　2022 年各省份渔民专业合作社、家庭农场占全国渔户数量比例（%）

省份	渔民专业合作社占渔户数量比例	渔业家庭农场占渔户数量比例
全国	1.46	4.42
北京	7.43	15.68
天津	10.00	16.47
河北	1.09	4.33
山西	38.93	18.84
内蒙古	3.81	2.39
辽宁	0.54	3.56
吉林	1.57	0.62
黑龙江	1.22	0.68
上海	7.65	0.30
江苏	1.94	12.25
浙江	1.09	4.98
安徽	3.32	4.40
福建	0.73	4.97
江西	2.05	1.81
山东	0.80	1.17
河南	1.82	2.32
湖北	2.37	4.29
湖南	2.22	4.17
广东	0.56	7.52
广西	1.34	1.73
海南	1.11	6.87
重庆	2.08	3.90
四川	1.15	2.78
贵州	4.51	1.85
云南	1.16	1.43
陕西	2.54	2.59
甘肃	15.09	3.87
青海	37.38	0.00
宁夏	7.18	7.24

资料来源：《中国渔业统计年鉴》（2022 年）、《2022 年中国农村经营管理统计年报》。

　　目前，我国新型渔业经济组织仍处于发展的初级阶段，面临地域间发展不均衡、不协调的挑战，并受到多种现实因素的制约。其中，主要问题体现在新型渔业经营主体规模相对较小、辐射带动效应有限、运营管理尚需进一步规范化、政策扶持的依赖程度较高。部分渔民盲目设立合作社和家庭渔场，旨在获取政府扶持，部分获扶持者未有效发挥引领作用。同时，一些地方政府为求短期成效，盲目跟风，在推动新型渔业经营主体申报时缺乏实际政策支持、前期规划及具体指导。此外，还存在设施土地保障不足、融资难、劳动力"青黄不接"等障碍，在一定程度上影响了新型渔业经济组织的良性有序发展。

（二）发展路径

1. 政府层面

首先，维持水域、滩涂、鱼塘承包权的长期稳定，建立渔业产业管理的长效机制。①要切实保护现有的养殖水域，确保这些水域不被非法侵占或破坏，为渔业经营主体提供稳定的生产环境。②政府应设定长期稳定的承包期限，让渔业经营主体能够安心投入生产，不必担心承包期限短带来的不确定性。同时，严格禁止随意变更养殖水域的用途，防止因用途变更而导致的生产中断和损失。

其次，政府还应积极运用中央财政的专项资金，为新型渔业经营主体提供资金上的支持。地方财政也应配套相应的资金，共同助力渔业的发展。同时，政府还可以探索其他筹资方式，如金融机构应制定针对性金融服务政策，引入社会资本、建立渔业发展基金、简化贷款审批流程等，为渔业经营主体提供更多元化的资金来源。同时，鼓励渔业经营主体进行品种改良，引进和推广优质、高产、抗病的渔业新品种，提高水产品的产量和质量。此外，政府还应支持渔业经营主体进行技术创新，推动渔业生产方式的转型升级，提高渔业生产的科技含量和附加值。总而言之，政府应为新型渔业经营主体提供全方位、多层次的支持，从保护养殖水域、设定长期承包期限、提供资金支持到激励基础设施投入、品种改良和技术创新等方面入手，推动渔业的持续健康发展。

最后，建立健全渔业社会化服务体系显得尤为迫切。在这一体系中，新型渔业经营主体既扮演着服务提供者的角色，同时也是服务的需求者。因此，构建一个全面且完善的服务体系，对于培育和壮大新型渔业经营主体至关重要。然而，在全国范围内同步建立涵盖渔业技术推广、质量安全检测等一系列公共服务机构面临多方面的挑战。在乡镇一级，这些挑战表现得尤为突出，由于资源、技术、人才等多方面的限制，乡镇地区的公共服务机构建设往往更为困难。为了有效应对这一问题：①政府需要采取积极措施，鼓励和引导专业合作组织以及中介组织的发展。通过政策扶持、资金资助、技术培训等手段，帮助这些组织提升自身能力，更好地为渔业生产提供社会化服务。②政府还应推动渔业生产社会化服务的多元化进程，鼓励各类服务主体创新服务模式、提高服务质量，以满足新型渔业经营主体日益多样化的需求。这不仅可以有效补充和完善公共服务体系的不足，还可以根据实际需求，提供更加贴近渔民、更加实用的服务。③政府还应特别关注渔业生产中的重点环节，加强生产性服务和渔技服务的提供。这意味着要投入更多的资源和精力，帮助渔民提升养殖技术、提高生产效率，从而增加水产养殖的收益。④政府还应对轻简型、智能型渔业机械设备进行普及，推动渔业生产的现代化、智慧化进程。

2. 企业层面

首先，完善内部管理。目前，新型渔业经济组织正处于起步与发展阶段，亟须强化内部管理。一方面，要规范内部管理机制；另一方面，要致力于提升生产经营水平。在渔民专业合作社内部，必须确保产权清晰，尤其是那些由政府相关部门或龙头企业引领的大型合作社，更要防范内部人控制及小股东利益被侵占的现象。为此：一是要建立健全规章制度，实现政务、财务的公开透明，推行民主决策与民主管理，严格实施一人一票制，以保障渔民的合法权益；二是要充分发挥合作社成员对合作经济组织的监督作用，明确内部岗位职责，切实做到利益共享、风险共担。而且，渔民专业合作社还应积极引进和应用新技术，推动渔业标准化生产及新品种养殖，以确保水产品质量安全并满足市场的多元化需求；树立品牌意识，主动申请商标和品牌认证，参与质量认证体系，进一步提升水产品的品牌影响力。

其次，完善各方利益联合机制。鼓励形成以龙头企业和合作社为核心的利益共同体，加强龙头企业和合作社在技术推广、生产资料、品牌建设、产品营销、贷款担保等生产性服务方面对其他经营主体的带动作用，支持各类经营主体组建产业化联合体，创新发展渔业与加工业、休闲渔业、旅游业等产业融合模式，在不同的合作模式下通过建立长效的互惠合作机制协调好成员间的利益关系，探索订单生产、股份合作、利润返还、产业扶贫等更紧密的利益联结机制，破除产业联结断点，建立有效组织协调机制，促进分工深化和协同性的深度耦合，从而使利益相关方能长期稳定地共享产业融合发展收益。

最后，为了增强经营主体在科技创新方面的应用能力，企业需实施一系列策略。①第一要务是构建一个跨领域、跨行业的科技研发与支撑体系，以促进科研机构、高等院校以及各类社会化服务组织之间的深度合作。这种深度合作有助于针对渔业产业链各关键环节展开联合研发，并将取得的科技成果有效推广至整个产业链，从而强化产学研之间的紧密联系，推动产业间的深度融合与发展。②应积极挖掘渔业的新功能，加速新型生产经营模式与先进技术的深度融合，从而推动渔业产业的转型升级和高质量发展。③为了进一步提升科技研发与创新水平，还应加强渔业与其他农业行业的交流与合作，特别是在水产品全链条可追溯管理、基因技术等前沿领域，共同推进渔业科技创新与发展的步伐。

第四章 海水养殖经济

海水养殖作为海洋渔业经济活动之一，在国民蛋白质供给、粮食安全保障以及带动沿海经济社会发展等方面具有重要地位与作用。本章围绕海水养殖活动阐释海水养殖经济的一般性规律。首先是阐释海水养殖经济的概念内涵、地位及作用，养殖对象、主体和方式；其次是分析海水养殖业的产业特征和产业链构建，并分析海水养殖的投入产出及运行过程；最后是介绍海水养殖经济的影响因素和发展趋势。

第一节 海水养殖经济概述

一、海水养殖经济的概念和内涵

水产养殖（Breed Aquatics）是指培育和繁殖（水产动植物）。它是对水生生物体的养殖，包括从卵、苗和幼虫等的胚胎开始，养殖鱼类、软体类、甲壳类、其他水生无脊椎动物和水生植物等，通过诸如规律的放养、喂养或者防止捕食者侵袭等方式对饲养过程或生长过程进行干预，以提高蓄养群体的生产量。根据养殖水域的不同，可将水产养殖分为海水养殖和淡水养殖。海水养殖经济是指人类利用浅海、滩涂、港湾、围塘等适宜海域，按照养殖对象的生态习性和对海域生态环境条件的要求，运用水产养殖技术和设施，采用网箱、筏式、工厂化等多元化养殖方式，进行海洋水生经济动植物繁殖、饲养的生产活动。海水养殖经济的本质是利用海洋自身初级生产力，通过人为管理措施定向增加可食用的海洋生物数量并获取经济收益（李淑芸等，2024）。

海水养殖经济一般由5个要素构成：养殖者、养殖空间、养殖技术、养殖方式、养殖对象。

（1）养殖者。养殖者是指从事与海产品繁殖、亲体培育、成体养殖、作业管理等养殖活动有关工作的人员或组织，主要包括沿海渔民、渔业技术人员、渔业企业、渔业合作社等，是海水养殖发展的核心要素。

（2）养殖空间。养殖空间主要是指海产品养殖适宜海域，主要包括浅海、滩涂、港湾、围塘等。随着养殖技术的创新和高端养殖装备的应用，工厂化和深远海养殖模式逐渐推广，海水养殖空间由传统的近海海域向陆基和深海、远海拓展。

（3）养殖技术。养殖技术是指通过人工采苗、育苗，使海洋动物和海藻在天然或人为控制的海洋环境中生长、繁殖的技术，包括良种选育、科学防病、高效投饲等核心养殖技术，以及抗风浪养殖装备、水下清洗机器人、自动精准投喂等关键设施装备，是发展海水养殖的关键驱动力。

（4）养殖方式。养殖方式是指采用特定的经济与技术手段，使养殖生产达到一定产量的一种规范化方法，养殖方式的选择根据养殖品种的生物习性和养殖区域开展。目前，海水养殖业主要包括池塘、网箱、筏式、吊笼、底播、工厂化、养殖工船等养殖模式。

（5）养殖对象。养殖对象是指能够带来经济效益并实现规模化生产的海水水生动植物。由于沿海地区的海域环境各不相同，因此养殖品种表现出区域性的差异。目前，海水养殖对象主要包括鱼类、甲壳类、贝类、藻类、海珍品等经济性海洋动植物。

二、海水养殖的主要类别

由于海域环境和养殖传统的差异，沿海各个地区形成了特色化的海水养殖形态，海水养殖类型呈现多样化。同时，在开展海水养殖资源的开发、利用、保护和管理等研究时，因研究的侧重点不同，渔业科研人员根据研究目的从养殖品种、空间等某一角度将海水养殖划分为不同类型。在海洋渔业经济学中，海水养殖通常按照养殖空间、养殖方式、养殖品种、经营方式等标准进行分类。

（1）按照海水养殖空间分类。根据养殖空间的不同，可将海水养殖划分为近海养殖、滩涂养殖、港湾养殖、陆基养殖、深远海养殖。

（2）按照海水养殖方式分类。根据养殖方式的不同，可将海水养殖划分为池塘养殖、深水网箱养殖、普通网箱养殖、吊笼养殖、底播养殖、围栏养殖、工厂化养殖。

（3）按照海水养殖品种分类。根据养殖品种的不同，可将海水养殖划分为鱼类养殖、虾蟹类养殖、贝类养殖、藻类养殖、海珍品养殖。

（4）按照海水养殖经营方式分类。根据养殖经营方式的不同，可将海水养殖划分为精养、半精养和粗养。

①精养。精养通常是指通过更为精细的管理和投入，以获得更高的产量和质量，例如美国实施的 BMPs（最佳管理措施，Best Management Practices）。

②半精养。半精养是使用统一的进排水渠道，通过潮差开放式大排大灌的方式进行换水，并结合天然饵料和人工饵料进行养殖，是中国对虾养殖的主要方式。

③粗养。粗养这种养殖管理模式更加注重自然条件，管理上投入较少。它主要依靠天然水域的天然生产力，实行低密度、低产量、低成本和低投入的养殖。

（5）按照海水养殖的生产方式分类。根据不同的生产方式，可将海水养殖分为单养、混养和间养3种方式。

①单养。这种生产方式指的是在同一生态空间（如海域或陆地）内，在较长的时间（通常为一年以上，甚至多年）内，选择鱼类、虾蟹类、贝类、藻类、海珍品中的一个单一品种进行养殖，例如红龙鱼的养殖。

②混养。这种方式是在同一生态空间内同时养殖多种具有生态互补性的水产品，以模拟自然界生态系统的多样化特征。混养具有多个种类共同生长的优点，可以提高养殖区利

用率、增加养殖收入、减少环境污染等，例如鱼虾混养。

③间养。主要采用多种养殖模式和技术，旨在提高养殖效率和产量，同时减少环境污染，并促进渔业资源的可持续利用。例如多营养层级模式：底层养殖鲍、海参，中层养殖贝类、鱼类，上层养殖海带、龙须菜等藻类。

三、海水养殖的地位与作用

1. 海水养殖的地位

水产品是人类食物蛋白质的第三大来源，同时也是世界粮食安全的重要组成部分。消除饥饿和营养不良是《2030 年可持续发展议程》的重要目标之一，受极端天气、饥饿人口数量大幅攀升等多重因素影响，水产养殖在改善消费和营养需求方面需要发挥更大的作用。海水养殖作为水产养殖的重要组成部分，在水产行业发展中的地位越来越重要（岳冬冬等，2022）。近年来，我国海水养殖业一直处于稳步发展态势，已经完成了从"捕捞增长型"到"养殖增长型"的转变，坚持"以养为主"的发展方针，有力促进了我国海水养殖产业向多品种、多模式、工厂化和集约化方向发展，使我国确立了世界第一海水养殖大国的地位（娄成武等，2015）。

2. 海水养殖的作用

我国拥有丰富的海洋渔业资源，海水养殖业的迅猛发展不仅带动了沿海渔区经济社会的发展，满足了城乡居民膳食营养结构多元化的需求，而且在提供优质蛋白、保障国家粮食安全，促进渔民增收和渔村繁荣，保育海水物种、维护生物多样性，创新渔业技术、提高生产效率和助力双碳目标、保护生态环境等方面发挥了重要作用（韩杨，2018）。

（1）提供优质蛋白，保障国家粮食安全。海水养殖业是海洋基础产业和优势产业，主要功能是为食品产业提供丰富多样的海产品，如鱼、虾、蟹、贝类、海藻等，对满足居民膳食营养结构多元化的需求和保障国家粮食安全具有重要作用（孙兆明和李树超，2012）。

（2）促进渔民增收和渔村繁荣。海水养殖是许多国家和地区的重要经济活动之一。通过海水养殖，可以创造就业机会、促进经济发展，进而提高渔民的收入；同时，发展海水养殖业将带动水产流通、旅游、餐饮、水产加工等关联产业的发展，有利于新渔村的建设（陈雨生等，2012）。

（3）保育海水物种，维护生物多样性。过度捕捞会导致渔业资源枯竭、生态系统破坏、生物多样性丧失等问题日益突出。海水养殖有助于保护野生水生动物的生存环境，在一定程度上可以减轻对野生捕捞的压力，从而保护海洋生态系统和水生生物资源。

（4）创新渔业技术，提高生产效率。水产养殖需要运用一系列科技和技术手段，如水质监测、饲料配方、疾病防治等。养殖技术的不断创新和应用推动了海水养殖生产效率的提高和产品质量的升级。

（5）助力"双碳"目标，保护生态环境。发展海水养殖业可以缓解近海生态环境的压力（殷伟等，2022）。在养殖过程中，产生的有机物和废弃物可以被有效处理，从而减少对环境的污染；同时，贝类和藻类固碳量年均超过 100 万 t，可供开发的碳环境容量潜力巨大，在全球实现碳中和过程中发挥着越来越重要的作用（蓝虹等，2024）。

第二节 海水养殖的对象、主体与方式

一、海水养殖的对象

海水养殖的对象是经济性海洋动植物。按照《2024 中国渔业统计年鉴》的统计分类方法，海水养殖对象具体分为鱼类、甲壳类、贝类、藻类及其他类五大类别（韩嘉麟等，2024），具体见表 4-1。鱼类主要包括鲈、鲆、大黄鱼、军曹鱼、鲕、鲷鱼、美国红鱼、河鲀、石斑鱼、鲽、卵形鲳鲹等。甲壳类包括虾类和蟹类，其中虾类主要包括南美白对虾、斑节对虾、中国对虾、日本对虾等；蟹类主要包括梭子蟹、青蟹等；贝类主要包括牡蛎、鲍、螺、贻贝、江珧、扇贝、蛤、蛏等。藻类主要包括海带、裙带菜、紫菜、江蓠、麒麟菜、石花菜、羊栖菜、苔菜等。海水养殖的其他类品种包括海参、海胆、海水珍珠、海蜇等。

表 4-1 海水养殖对象

种类		主要养殖品种
鱼类		鲈，鲆，大黄鱼，军曹鱼，鲕，鲷鱼，美国红鱼，河鲀，石斑鱼，鲽，卵形鲳鲹等
甲壳类	虾类	南美白对虾，斑节对虾，中国对虾，日本对虾等
	蟹类	梭子蟹，青蟹等
贝类		牡蛎，鲍，螺，贻贝，江珧，扇贝，蛤，蛏等
藻类		海带，裙带菜，紫菜，江蓠，麒麟菜，石花菜，羊栖菜，苔菜等
其他类		海参，海胆，海水珍珠，海蜇等

从 2023 年我国海水养殖产量来看，贝类是我国第一大养殖品种，藻类排名第二。从具体养殖种类产量来看，牡蛎、蛤是贝类养殖的主要种类，2023 年牡蛎、蛤的养殖产量分别为 667 万 t、445 万 t；海带是藻类养殖的主要种类，2023 年海带产量超过 170 万 t；卵形鲳鲹、大黄鱼、鲈、石斑鱼是鱼类养殖的主要种类，2023 年卵形鲳鲹、大黄鱼、鲈、石斑鱼的养殖产量均超过 240 万；南美白对虾和青蟹分别是虾类和蟹类的主要养殖种类，2023 年南美白对虾的养殖产量超过 140 万 t、青蟹养殖产量超过 15 万 t。

二、海水养殖的主体

海水养殖主体是指直接或间接从事与海产品养殖有关活动的人员或组织，包括海水养殖者或组织、海水养殖关联人员或组织等，具体包括个体渔民、渔民专业合作社、渔业企业等直接主体，以及政府部门、渔业行业协会、渔业科研机构等关联主体。

1. 直接主体

（1）渔民，也称为养殖户。渔民是最早参与海水养殖的主体，是海水养殖演进浪潮中

的直接利益获得者，数量多、分布散、规模小是其典型特征。个体渔民不仅通过提升自身的专业养殖水准、控制非理性行为有序推动海水养殖持续发展，而且在文化传承和社会稳定方面发挥着基础作用。近年来，随着渔业转产转业政策的实施，我国渔民数量呈现下降趋势，2023年传统渔民数量超过500万人，但仍属于渔业大军，在渔业活动中扮演着重要角色。

(2) 渔业专业合作社。渔业专业合作社是一种新兴渔业经营主体，是将渔业生产者联合起来组成的专业性经济合作组织，是连接小养殖户与大市场的桥梁，是提高养殖户组织化程度、增加养殖户收入的重要途径（李非凡等，2016）。渔业专业合作社大致经历了渔业互助组、初级合作社、高级合作社、专业合作社等阶段，目前联合社已成为渔业专业合作社的最新形式。渔业专业合作社的特点是管理规范、制度健全、资源共享、风险共担、利润共享等，例如山东省烟台市长岛北城渔业合作社、浙江省宁波市奉化海盛渔业专业合作社。

(3) 渔业企业。渔业企业是指采用现代化公司管理制度或经营模式的从事海洋渔业经营活动的组织，是海水养殖主体的主要组织形态。近年来，随着部分海水养殖龙头企业的崛起，养殖企业作为海水养殖生产的投入主体、利益主体和风险承担主体，在海水养殖技术创新中发挥着重要的作用（杨宁生，2006）。由于企业股权性质不同，渔业企业可划分为国有渔业企业和民营渔业企业。例如，中国水产有限公司和中国水产舟山海洋渔业有限公司是国有渔业企业的代表，它们是国务院国有资产监督管理委员会直接监管的中国农业发展集团有限公司的全资子公司。山东好当家海洋发展公司、广东省湛江恒兴水产科技有限公司等则是民营渔业企业的代表。

随着"蓝色粮仓"和现代海洋渔业体系的建设，要大力支持渔业专业合作社和渔业公司等现代渔业组织形式发展壮大，发挥其在优化绿色养殖模式、创新海水养殖技术、提高渔业生产的组织化程度和管理效率方面的重要作用，推动我国由养殖大国向养殖强国转变。

2. 关联主体

(1) 政府部门。政府部门在海水养殖发展中主要发挥顶层设计、规划引领、政策支持与监管约束的作用，旨在推进海水养殖的规范、绿色、生态发展。近年来，我国高度重视海水养殖绿色发展，出台了《"十四五"全国渔业发展规划》《关于加强海水养殖生态环境监管的意见》《关于加快推进水产养殖业绿色发展的若干意见》等文件，旨在通过推动养殖模式的绿色转型、强化环境评价管理、优化空间布局等措施，解决部分地区海水养殖不规范带来的环境污染和生态破坏问题。另外，政府通过财政、金融、产权、用海等方面的政策支持海水养殖业的发展，例如出台渔业发展补助政策、批准海洋牧场建设项目等。

(2) 渔业行业协会。渔业行业协会是组织、协调产业或企业发展的中坚力量，在管理、规范、服务、监督海水养殖活动方面具有重要作用，例如中国渔业协会、中国水产协会。一方面，它宣传国家在海水养殖领域出台的相关政策法令，规范海水养殖行为，反映养殖企业的意见与要求，维护企业合法权益；另一方面，它为海水养殖企业提供生产经营、养殖技术、品种研发、政策法规、人才培训、信息共享、行业自律及标准化建设、国际交流等全方位服务，以提高企业素质并促进海水养殖业的产业升级。

（3）渔业科研机构。渔业科研机构为海水养殖的高效发展提供技术支持及服务，具体体现在两个方面：一方面是为海水养殖输送人才。高校等渔业科研机构发挥水产师资力量高水平培养海水养殖人才，为海水养殖持续发展提供人才保障。另外，渔业科研机构承担海水养殖者再培训活动，持续不断地为海水养殖业从业人员注入新的知识、技能。另一方面是为海水养殖注入新科技。渔业科研机构承担了海水养殖关键技术攻关任务，新技术、新品种、新设备、新模式的研发创新及应用推广为海水养殖高质量发展提供技术支持。

海水养殖涉及政府、企业、行业协会、科研单位及养殖户等多个主体，在未来的海水养殖发展中，需要加强主体间的密切合作，通过建立利益联结机制创新海水养殖多元协作模式，例如"涉渔企业＋涉渔企业""渔户＋龙头企业＋政府""合作社＋龙头企业＋政府""政府＋企业＋渔民＋协会"协同合作模式，以增强海水养殖业的市场竞争力，推进海水养殖业的转型升级，助力现代海水养殖业发展（卢云云，2019）。

三、海水养殖的方式

海水养殖的方式可分为池塘养殖、网箱养殖、吊笼养殖、底播养殖、围栏养殖、筏式养殖、工厂化养殖等。筏式养殖和底播养殖的种类以贝类、藻类为主。深水网箱和普通网箱的养殖品种为大黄鱼、军曹鱼、石斑鱼等高经济价值鱼类。

1. 池塘养殖

池塘养殖是指利用人工开挖的或天然的池塘进行水产经济动植物养殖的一种生产方式，是人们通过苗种和相关的物质投入干预和调控影响养殖动植物生长的环境条件，以期获得最大产出的复杂的系统活动。

2. 网箱养殖

网箱可分为深水网箱和普通网箱两大类。深水网箱是一种大型海水网箱，主要有重力式聚乙烯网箱、浮绳式网箱和碟形网箱3种类型，具有抗风浪性能。网箱水体均为数百立方米到数千立方米。深水网箱一般安置在水深20m以下的海域。普通网箱一般由合成纤维如尼龙、聚氯乙烯等网线编织而成，装置在网箱架上。普通网箱面积均为数平方米到数十平方米，一般安置在港湾、沿岸、湖泊、水库和河沟等水域。

3. 吊笼养殖

海水吊笼养殖是一种有效的海洋生物养殖方法，特别适用于海参等珍稀海洋生物的养殖。这种方法利用吊笼技术，通过构建适宜海参生长的"小生态环境"和内外海水的交换为海参提供丰富的饵料，同时保持水质清新，抑制病害的发生，从而加快海参的生长速度。这种养殖方式不使用药物，保证了养殖海参的质量安全。

4. 底播养殖

底播养殖是一种粗放式养殖方式，技术和管理要求较低，主要在潮间带滩涂进行，平整、清理杂石杂物和有害生物后，撒播人工培育的稚贝或采集的幼贝，使其自然生长。这种养殖方式适用于多种海洋生物，如海参、虾夷扇贝、鲍等，具有低密度、不喂饵料的特点，保证了生物在自然环境中的自然生长。

5. 围栏养殖

围栏养殖是指利用网衣等材料制成的围网，敷设在湖泊、水库、浅海等大面积水域中进行水产养殖的一种技术。海水围栏养殖主要包括离岸式和连岸式两种类型。离岸式围栏一般建造于开放海域或半开放海域；连岸式围栏一般依托远海岛礁，进行一面或多面围栏。养殖水体可达数万至数十万立方米，宽阔的空间和良好的海洋水质环境可为鱼类原生态牧养模式提供优良条件。虽然一次性投入较高，但由于维护管理相对方便，且桩柱可作为休闲旅游的附加平台、提升潜在价值，近年来备受海水养殖企业的青睐，呈现快速发展的势头。

6. 筏式养殖

筏式养殖是指在浅海水面上利用浮子和绳索组成浮筏，并用缆绳固定于海底，使海藻（如海带、紫菜）和固着动物（如贻贝）幼苗固着在吊绳上，悬挂于浮筏的养殖方式。筏式养殖利用水域的天然饵料，基本不投饲料和药物，对水质环境影响较小。生产成本较低，一次性投入较大，但养殖品种的生长速度快，周期较短，因此经济效益相对较高。

7. 工厂化养殖

工厂化养殖即按工艺过程的连续性和流水性原则，通过机械或自动化设备，对养殖水体进行水质和水温的控制，保持最适宜鱼类生长和发育的生态条件使鱼类的繁殖、苗种培育、商品鱼的养殖等各个环节相互衔接，形成一个独立的生产体系，以进行无季节性的连续生产，达到高效率、高速度的养殖目的。工厂化养殖具有控制水温和水质的特点，因此既能延长生长期，又能实现高密度的饲养，从而大幅度缩短生产周期。同时可以根据需要，控制鱼类的繁殖时间和苗种规格，使整个养鱼生产程序流水化作业。工厂化养殖一般有循环过滤式、温排水式、普通流水式及温静水式四种类型。生产投入较高，一般养殖户难以承受，但其单产和产品价格高，可以实现较高的经济效益。工厂化养殖为技术密集型产业，其技术和管理要求明显高于其他养殖方式。

第三节 海水养殖的产业特征与产业链

一、海水养殖的产业特征

作为海洋渔业的重要组成部分，海水养殖业受到海域环境的较大影响，具有生产周期长、投资成本高、回报见效慢和自然风险大的特点，因此表现出不确定性、流动性和脆弱性。这决定了海洋养殖业属于弱质产业，弱质性是海水养殖产业的根本属性。除弱质性外，海水养殖的产业特征还包括技术依赖性、产业关联性、周期性和季节性、区域差异性、风险性和波动性、环境约束性等。

1. 技术依赖性

海水养殖具有较高的技术依赖性，其发展不仅依赖苗种繁育、病害诊治、营养饵料、药物研发等基础的养殖技术，还依赖网箱、养殖船舶、养殖装置、水下监测系统、养殖管理系统、防污涂料等配套装备技术的支持以及远程操控、自动化和智能化集成软件的配套支撑，渔业技术水平决定了海水养殖发展的规模与质量。目前，我国海水养殖正向深远海拓展，深远海养殖在离岸较远、自然条件相对复杂的区域进行，因此对生产装备技术的安全性和智能化水平有很高的要求。另外，资源环境约束倒逼海水养殖绿色生态发展。随着对绿色生态化养殖技术需求的增加，工厂化循环水养殖、近海多营养层次综合养殖、海洋牧场等生态模式逐步得到推广。

2. 产业关联性

产业关联性是指在经济活动中，各产业之间存在广泛的、复杂的和密切的技术经济联系，包括内部产业关联和外部产业关联。海水养殖作为海产品的主要生产方式，具有一定的产业宽度，关联产业较多，且对配套产业的依赖性较强。海水养殖业的内部关联产业主要是指海水养殖业内部环节之间的联系与依赖，不仅包括水产苗种、饲料、疫苗、设备等基础性环节，还包括后端的物流、仓储、休闲渔业等多个环节，在海水养殖业内部已经形成了一个完整的产业链，能够通过产业分工体系对前向、后向产业形成巨大的促进作用。海水养殖业的外部关联产业是指不同产业之间的联系与依赖，不同产业之间可以通过供应链、需求链、技术链等方式实现联系，例如海洋药物及生物制品业、高端装备制造业、数字信息产业、肥料产业等都是海水养殖业的外部关联产业。外部产业的关联可以促进产业之间的互补和协同，实现资源的优化配置和增加经济效益。

3. 周期性和季节性

海洋动植物的自然生长过程具有周期性和季节性特征。海水养殖业从育苗、中间育成、海上暂养、投入放养到收获或外购苗种、投入放养到收获，生产周期少则几个月，多则4~5年，一般在1~3年或3年以上，海水产品的生长周期决定了海水养殖业的季节性。技术进步、养殖方式、品种改良等也会影响海水养殖业的季节特征，科学、合理的养殖方式可以规避由于水产品成长周期产生的季节性问题。我国传统的海水养殖方式较多地采用季节性育苗，这在一定程度上也限制了海水养殖业的高效发展。另外，海产品市场的周期性变化也会引起海水养殖生产的周期性变化，例如在我国的春节、中秋节等重要节日，海珍品需求量明显高于一般的消费季节。

4. 区域差异性

目前，海水养殖企业主要集中在沿海地区，天然的自然条件差异决定了产业内企业的分布，同时也赋予了不同海域生长、养殖的产品不同的品质和营养价值。另外，养殖环境也影响着养殖水产品的质量，随着海洋污染的蔓延，我国部分海域已缺乏适宜海珍品水产养殖的环境条件，市场资源将向拥有无污染的优质养殖海域的养殖企业集中，对优质海域资源的争夺将成为海水养殖行业竞争的重要特征（王大海，2014）。

5. 风险性和波动性

可养规模受到养殖容量的制约，海水的流动性使相同海域不同养殖者的生产决策相互影响，造成养殖生产的外部性，这促使海水养殖生产"天然的"具有过度养殖的倾向，这一方面又与海洋捕捞类似。养殖容量有限性和养殖生产外部性的共同作用，使我国海水养殖呈现波动式发展特点（李大海，2007）。海水养殖业是以繁育和养殖为主的，生产周期比较长，变化无常的自然环境影响着水产品的产量和养殖效益。市场行情变化、利率和汇率波动均会影响养殖户和养殖企业的正常收益（王亮，2018）。

6. 环境约束性

健康的海水养殖业需要在资源、经济与环境之间协调、可持续地发展。自 20 世纪 80 年代以来，由于养殖布局不合理、养殖模式不科学、尾水排污不规范、环保设施落后等原因，海水养殖导致的养殖污染问题日益严重。进入生态文明建设时期，绿色化和生态化对海水养殖的转型升级提出了新的要求，处理好保护与发展的关系成为今后海水养殖要解决的首要问题。同时，随着近海作业活动的逐渐频繁和沿海地区产业布局引发的用海竞争，海水养殖面临的海域空间资源的挤出效应增强。另外，海水养殖业内部具有较大的可资源化潜力，产业外部具有较强的产业耦合能力，可利用循环经济模式来突破资源和环境的约束，促进海水养殖业的健康可持续发展（王金环，2016）。

二、海水养殖产业链

目前，我国海水养殖产业已形成了"新品种培育-苗种繁育-增养殖技术-收获加工"的产业链，主要包括上游的水产苗种、渔用饲料、渔用药物、养殖设备等，中游的水产养殖环节，以及下游的水产品加工及流通环节。

（一）海水养殖业的上游产业

海水养殖的上游产业主要是为其产业发展提供生产要素的部门，主要包括水产苗种、渔用饲料、渔用药物、养殖设备等业态。

1. 水产苗种业

水产苗种是海水养殖业的基础，并且是最活跃、最重要的生产要素，是现代养殖业健康、可持续发展的关键，也是极具发展潜力的战略性新兴产业（吴之然等，2024）。根据《水产苗种管理办法》（2005 年）规定，水产苗种包括用于繁育、增养殖（栽培）生产和科研试验、观赏的水产动植物的亲本、稚体、幼体、受精卵、孢子及其遗传育种材料（岳冬冬等，2020），主要包括鱼类苗种、虾类苗种、蟹类苗种、贝类苗种、藻类苗种等。水产良种是水产养殖业科技进步的集中体现，而推广应用良种则是提高水产品产量和质量最经济、最有效的途径。

2. 渔用饲料业

渔用饲料是指专门为鱼类和其他水生生物设计的饲料，旨在满足它们的营养需求，促进它们健康成长。按照水产养殖阶段，可将渔用饲料分为鱼苗破碎料、育成料、成鱼料等。水产养殖者应根据鱼类的种类、生活习性以及营养需求来选择合适的饲料。

3. 渔用药物业

渔用药物是指为提高增养殖渔业产量，用以预防、控制和治疗水产动植物的病虫害，促进养殖品种健康生长，提升机体抗病能力以及改善养殖水体质量所使用的一切物质。

4. 养殖设备业

养殖装备主要是在海产品养殖过程中，为提高生产效率、改善动物福利、保障粮食安全以及促进农业可持续发展而使用的各种设备和机械。随着海水养殖逐步向深远海拓展，对抗风浪、耐腐蚀的高端养殖技术的需求越来越大，养殖工船、抗风浪网箱、水下机器人等高端装备及设备将成为重要的投入要素。进入数字化和信息化时代，海水养殖设备技术和数字信息技术不断发展与进步，在海水养殖生产中需要将智能化、自动化、工程化等设施装备与养殖工艺进行精准耦合，实现信息化管理和智能化操作，提高海水养殖生产效率，推动传统海水养殖向智慧渔业发展（李健等，2023）。

（二）海水养殖业的下游产业

海水养殖的下游产业主要围绕海产品的加工、仓储运输活动及旅游开发有关的产业部门，具体包括海产品加工业、水产流通业、水产（仓储）运输业、休闲渔业等。

1. 水产品加工业

水产品加工是指以水产品为原料，采用各种食品储藏加工、水产品综合利用技术和工艺所生产的产品，例如冷冻冷藏品、腌制品、干制品、熏制品、罐头食品、各种生熟小包装食品，以及鱼油、鱼肝油、多烯脂肪酸制剂、饲料鱼粉、藻胶、碘贝壳工艺等。水产品加工在海水养殖产业链中起到非常重要的作用，海产品加工程度的高低直接影响海产品附加值的高低及流通程度。2023年，我国水产品加工业产值4 784.60亿元，占渔业经济总产值的15.50%，加工技术以传统的冷冻、腌制、熏制、风干、冷藏等技术为主，精深加工技术不足，对海水养殖技术效率提升影响不明显（李森，2019）。

2. 水产流通业

水产流通是水产品以货币为媒介，通过商品交换实现从生产领域向消费领域转移的经济活动的总称。它是连接水产品生产活动和水产品消费活动的桥梁和纽带。流通环节主要有水产品收购、批发、零售、运输和储藏等。2023年，我国水产流通业产值为7 247.44亿元，占渔业经济总产值的23.47%。

3. 水产（仓储）运输业

水产（仓储）运输是指将水产品从一个地点向另一个地点运送的物流活动，包括暂养、装载、运输配送、卸载等环节，以确保水产品新鲜、安全、及时被送达目的地。在海洋渔业中，水产运输主要指冷链物流运输，冷链物流技术在水产仓储运输中扮演着重要角色，通过低温控制生鲜农产品的呼吸等代谢和微生物活性，以保持产品品质与鲜度，确保品质与安全，减少损耗与污染。2023年，我国水产（仓储）运输业产值为544.91亿元，占渔业经济总产值的1.77%，存在较大的发展空间。

4. 休闲渔业

休闲渔业是海水养殖业功能拓展的表征，是与旅游业、休闲产业、文化产业等融合发展所形成的新业态。休闲渔业在增进居民渔业体验、提升渔业旅游品质、提高渔民收益和促进渔村发展等方面发挥重要作用，现已发展成为海洋渔业的新增长点。休闲渔业的主要项目包括休闲垂钓、共享渔庄、增殖放流体验、赶海拾趣等。2023年我国休闲渔业产值达到 847.40 亿元，山东与广东的休闲渔业产业占全国休闲渔业的比例超过 15%。

第四节 海水养殖的投入产出与运行过程

一、海水养殖生产函数

生产函数表示的是在技术水平不变的条件下，企业在一定时期内使用各种生产要素数量与它们所能生产的最大产量之间的关系。在其他条件不变的情况下，对应既定的投入，产出越多，表明技术越先进。因此，生产函数反映了企业所使用的生产技术状况，也就是说，一个特定的生产函数是以一定时期内的生产技术水平保持不变为条件的。此外，生产函数中投入得到的产出量是现有技术条件下这些投入所能生产的最大产量，这意味着企业在生产技术的使用上要有效率。

假定一个养殖企业在生产过程中投入渔业劳动力、渔业资本、养殖面积、水产苗种等生产要素的数量分别用 L、K、S、N 等表示，而这些要素数量组合所能生产的最大产量为 Q。养殖企业的生产函数可以一般性地表示为

$$Q = f(L, K, S, N, \cdots) \tag{4-1}$$

二、海水养殖的投入要素

海水养殖的投入要素主要包括养殖海域、渔业劳动力、渔业资本、养殖技术、养殖资金、水产苗种等。此外，与淡水养殖相比，饲料、肥料、鱼药和雇工费用是海水养殖最重要的要素投入（姜启军等，2018）。

1. 养殖海域

养殖海域是渔业生产的基本生产资料，一般用海水养殖面积进行度量，海水养殖面积是指利用天然海水，在滩涂、浅海、海湾等适宜海洋生物生存的地方对各种海生动植物进行养殖的水面面积，包括海上养殖、滩涂养殖、其他养殖，也包括人工养殖海水产品的人工池和报废盐场等水面的面积。

2. 渔业劳动力

渔业劳动力是海水养殖投入的重要因素之一。渔业劳动力主要包括渔民、渔业专业从业人员、渔业兼业从业人员和渔业临时从业人员，渔业专业从业人员指的是那些拥有特定海水养殖技术，并以该技术从事专业工作以获得相应利益的人。渔业劳动力的数量多少、素质高低与海水养殖的最终产出之间存在着必然联系（计雪晴，2020）。

3. 渔业资本

现代化养殖资本一般以厂房、设备、渔船、网箱、冷库等固定资产的形式体现，海水养殖的固定资产投资主要由养殖渔船和各类养殖设施构成（李彦平等，2023）。

4. 养殖技术

海水养殖业与农业生产活动相似，海水动植物在不同的生长阶段对外界环境有不同的

需求。由于其生长具有明显的季节性特征，在海水养殖过程中需要采取不同的技术措施，以实现海水养殖业的经济效益最大化。

5. 养殖资金

海水养殖需要较大的资金投入，包括海域租赁、设施建设、饲料购买、疾病防控等方面。充足的资金是海水养殖顺利进行的保障。

6. 水产苗种

水产苗种是指用于繁育、养殖生产的水产动植物的亲本，特指水产养殖动物的种类、品种和幼体，是海水养殖中的一项重要投入。

三、海水养殖的经济产出

劳动者从事海上生产活动的直接目的是获取足够的海产品以满足人们的需求，并从中获得经济收入（计雪晴，2020）。因此，通常选择海水养殖业的产量（产值）和产品结构作为衡量其经济产出的两个指标。

（一）数量产出

1. 海水养殖总产量

海水养殖总产量是指在环境承载力范围内投入一定生产要素可以生产出来的最大产量，用 TP 表示。

$$TP = f(L, K, N, AS, \cdots) \qquad (4-2)$$

2. 海洋养殖平均产量

平均产量是指投入 1 单位生产要素的产量，记为 AP。假设在保持海水养殖的其他生产要素不变的条件下，每单位渔业劳动投入所生产的产量可以称为渔业劳动的平均产量，记为 AP_L。用公式表示为

$$AP_L = \frac{TP}{L} \qquad (4-3)$$

3. 海水养殖边际产量

边际产量是指增加 1 单位生产要素投入量所带来的产出增加量，记为 MP。边际产量反映了总产量的变动率，或者说是变动速度。假设在其他投入要素保持不变的条件下，增加 1 单位渔业养殖劳动力（ΔL）所带来的产出增加量为（ΔTP），那么渔业养殖劳动力投入的边际产量记为 MP_L。用公式表示为

$$MP_L = \frac{\Delta TP}{\Delta L} \qquad (4-4)$$

4. 边际报酬递减

边际报酬递减规律是指在技术水平保持不变的条件下，把一种可变的生产要素连同其他一种或几种不变的生产要素投到生产过程中，随着这种可变的生产要素投入量的逐渐增多，最初每增加 1 单位该要素所带来的产量增加量是递增的；但当这种可变要素投入量增加到一定程度后，增加 1 单位该要素所带来的产量增加量是递减的。简言之，在保持海水

养殖其他条件不变的情况下，一种可变要素投入在增加到一定程度之后，它所带来的边际产量是递减的。

5. 总产量、平均产量和边际产量之间的关系

边际报酬递减规律不仅决定了海水养殖边际产量随着可变要素投入量变动的趋势，而且决定了海水养殖总产量和平均产量的变动趋势，并使得三者之间的关系更加明晰。图4-1描绘了海水养殖总产量、平均产量和边际产量随着可变要素投入变动而变动的曲线。

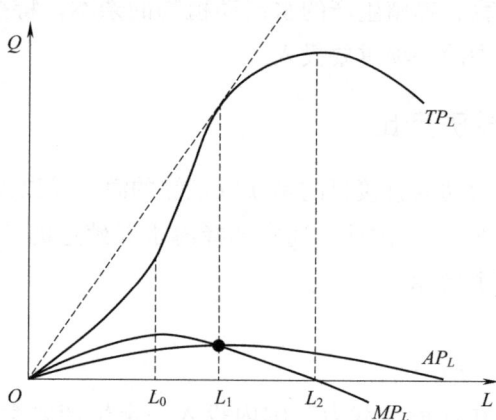

图4-1 总产量、平均产量和边际产量曲线（《西方经济学》编写组，2019）

在图4-1中，横轴表示可变要素渔业劳动力的投入数量 L，纵轴表示海水养殖数量 Q，相应的海水养殖总产量、平均产量和边际产量分别由 TP_L 曲线、AP_L 曲线和 MP_L 曲线表示。三条曲线的关系如下：在边际报酬递减规律的作用下，劳动力的边际产量曲线呈现先增加后递减的趋势；边际产量先增加后递减以及边际产量由正值转为负值，相应的，总产量曲线也会呈现先增加后递减的趋势；对应于上述总产量曲线，劳动的平均产量曲线是先增加后递减的；边际产量曲线与平均产量曲线相交，并且交于平均产量曲线的最大值点。

（二）产品结构

从结构视角出发，海水养殖产出主要用品种结构、方式结构这两个指标进行刻画。

1. 养殖品种结构（Variety Structure，VS）

海水养殖品种结构是指每个养殖品种的产量占总体产量的比例。海水养殖对象具体包括鱼类、甲壳类、贝类、藻类及其他类五大类别，具体养殖品种见第四章第二节。我们用 VS_{ij} 表示品种结构（i=1，2，3，…，n 表示养殖类别，包括鱼类、甲壳类、贝类、藻类和其他类；j=1，2，3，…，n 表示鱼类、甲壳类、贝类、藻类和其他类中的养殖品种），Q_{ij} 表示 i 类中养殖品种 j 的产量。用公式表示为

$$VS_{ij} = \frac{Q_{ij}}{TP} \tag{4-5}$$

例如，在2022年的甲壳类养殖中，南美白对虾养殖产量占7.30%，斑节对虾养殖产

量占 0.50%，中国对虾养殖产量占 0.14%，日本对虾养殖产量占 0.20%，梭子蟹养殖产量占 0.48%，青蟹养殖产量占 0.68%。

通过海水养殖品种结构可知海水养殖产品的类别（鱼类、甲壳类、贝类、藻类和其他类）结构。用公式表示为

$$VS_i = \frac{\sum_{j=1}^{n} Q_{ij}}{TP} \qquad (4-6)$$

例如，2022 年中国海水养殖产量 2 275.70 万 t。其中，鱼类养殖产量占 8.46%，甲壳类养殖产量占 8.58%，贝类养殖产量占 70.16%，藻类养殖产量占 11.93%，其他类（海参、海胆等）养殖产量占 2.06%。

2. 养殖模式结构（Pattern Structure，PS）

海水养殖模式结构是指海水养殖中每种养殖模式的产量在总产量中的占比。海水养殖模式主要有池塘、普通网箱、深水网箱、筏式、吊笼、底播、工厂化等，具体介绍见第四章第二节。用 PS_i 表示养殖方式结构（$i = 1，2，3，4，5，6，7$，分别对应不同的海水养殖方式），Q_{ij} 表示 i 方式下品种 j 的海水养殖产量。用公式表示为

$$PS_i = \frac{Q_{ij}}{TP} \qquad (4-7)$$

例如，在 2022 年中国海水养殖方式中，池塘养殖产量占 12.85%，普通网箱养殖产量占 2.82%，深水网箱养殖产量占 1.72%，筏式养殖产量占 29.99%，吊笼养殖产量占 7.74%，底播养殖产量占 23.74%，工厂化养殖产量占 1.71%。

四、海水养殖的技术演进

渔业技术是推动渔业经济发展的重要驱动力，渔业经济发展为渔业技术进步提供物质保证。生物繁育技术是海水养殖规模化发展的重要支撑，是海水养殖业独立发展为产业部门的重要标志。纵观中国海洋养殖业的发展历程，海水养殖的技术演进过程经历了从单一品种到多元化品种、从传统养殖技术到现代化养殖技术的转变。随着技术的不断进步和创新，海水养殖的效率和产量得到了显著提高，同时也为渔业产业的发展提供了强大的技术支持。

（一）按照品种创新分析

按照养殖品种技术创新分析，海水养殖技术的演进历程主要包括五个阶段，分别是海带养殖、对虾养殖、扇贝养殖、鲆鲽养殖和海参与鲍养殖（李勋祥，2024）。

1. 海带养殖

20 世纪 50 年代，青岛开始海带养殖的试验和推广。以中国科学院海洋研究所（以下简称"海洋所"）曾呈奎院士等为代表的青岛海洋科学家首先创造了海带夏苗培育法，与传统的秋苗培育法相比，大幅度延长了海带的生长时间并提高了产量。随后，发明了筏式养殖等技术，特别是 20 世纪 50 年代后期发明的海带南移栽培技术，将海带栽培区从寒温

带的辽宁一路拓展到亚热带的广东。20 世纪 60 年代，以海带养殖为代表的第一次海水养殖浪潮兴起使得中国海带的养殖面积和总产量大幅提升，迅速成为世界第一。

2. 对虾养殖

20 世纪 80 年代，对虾养殖掀起海水养殖的第二次浪潮。从 20 世纪 50 年代开始，以海洋科学家刘瑞玉院士等为代表开展了对虾的调查研究工作。20 世纪 60 年代，中国科学院海洋研究所吴尚勤教授率先在实验室人工控制下培育出了人工虾苗。20 世纪 80 年代，以海洋科学家赵法箴院士为代表的中国水产科学研究院黄海水产研究所（以下简称"黄海所"），突破了对虾工厂化全人工育苗技术，从根本上改变了中国长期主要依靠捕捞天然虾苗养殖的局面。通过科研机构的探索和试验，对虾养殖技术逐渐成熟，并得以在全国范围内推广。

3. 扇贝养殖

20 世纪 90 年代，扇贝养殖掀起海水养殖的第三次浪潮。1982 年，中国科学院海洋研究所张福绥院士首次从美国大西洋沿岸引进海湾扇贝，并突破了采卵、孵化、育苗等关键技术，研究成果获 1990 年度国家科学技术进步奖一等奖。在这一时期，海洋贝类养殖成为重点，扇贝养殖技术得到发展和普及。

4. 鲆鲽养殖

20 世纪末，鲆鲽养殖掀起海水养殖的第四次浪潮。1992 年，黄海所雷霁霖院士首次从英国引进了冷温性鱼类良种大菱鲆（多宝鱼），突破了工厂化育苗的关键技术，并构建了"温室大棚＋深井海水"的工厂化养殖模式。这为我国特别是北方地区找到了一条既耐低温又能快速生长的名贵鱼种，迅速形成了规模化养殖，使海洋鱼类养殖开始受到重视，并标志着海水养殖向多样化发展。

5. 海参与鲍养殖

21 世纪初，海参和鲍养殖掀起海水养殖的第五次浪潮。由于捕捞强度过大，海参、鲍等海珍品已经濒临资源枯竭。青岛市海洋科研单位对海参、鲍养殖技术进行了多次试验和研究，并在海参、鲍人工育苗和养殖技术上取得重大突破，由此推动鲍、海参等海珍品快速在全国推广养殖。

这五个阶段不仅展示了海水养殖技术的演进，也反映了中国海洋科技自主创新的能力和科学技术惠及人民群众的成果。每个阶段都有其特定的技术突破和产业推广，从海带、对虾等传统品种到扇贝、鲆鲽、海参等更广泛的海洋生物，均显示了海水养殖产业的多样化和现代化进程。

（二）按照生产力更替分析

按照海水养殖生产力更替分析，海水养殖业大致经历了从传统的手工劳作到现代的智能化管理的演进，具体如下：

1. 传统渔业

传统渔业时期又称为水产 1.0 时代，以手工劳动为主，受自然条件限制，养殖模式简单粗放。

2. 设施渔业

设施渔业时期又称为水产 2.0 时代。这一时期的海水养殖的主要特征是机械化、设施化、工厂化。进入 20 世纪 90 年代，传统水产养殖因基础设施简陋陈旧、水域环境恶化、养殖种群混杂、科技储备不足等问题而受到强烈冲击，为了解决以上问题、提高水产养殖竞争力，养殖者开始发展设施渔业。随着现代工程、机电、生物、环保、饲料科学等多学科的发展，人力操作机械进行劳作的方式，配合陆基工厂、网箱等装备技术，逐渐向规模化、科学化的生产管理转变，产业形式主要是工厂化养殖、大水体循环养殖、网箱（网围、网拦）养殖等。

3. 数字渔业

数字渔业时期又称为水产 3.0 时代。这一时期的主要特征是数字化、自动化、信息化。以计算机为核心的智能化工具被应用到水产养殖中，通过集成图像识别、传感器网络等多种智能技术，获取海洋生物的生长和生产环境的实时监测数据，为精细化海水养殖提供了数据支撑，让海水养殖透明化，进而提高了水产养殖效率。

4. 智慧渔业

智慧渔业时期又称为水产 4.0 时代。这一时期的主要特征是智能化、高科技性。依托物联网、5G（第五代移动通信技术）、互联网、卫星遥感、人工智能等，结合水产养殖的现状，将设施设备与互联网、物联网技术进行连接，促进海水养殖精准化、管理可视化、决策智能化。应用场景主要有环境智能化监视监测与调控、疾病智慧诊断、智能化饲料精准投喂、智慧化养殖选址决策、智慧化养殖密度决策、养殖产量预测等，这些应用不仅提高了养殖效率，还使管理更加精细化和智能化。

五、海水养殖的运行过程

基于海水养殖的投入产出分析和产业链构建，可知海水养殖的经济运行过程涉及多个环节。具体运行过程见图 4 - 2。

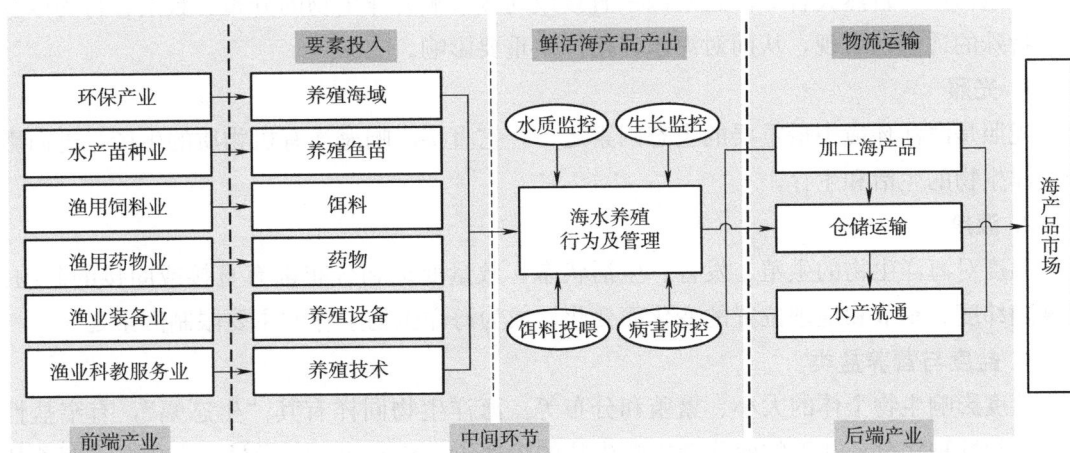

图 4 - 2 海水养殖的经济运行过程

（1）前端产业。它主要包括水产苗种、渔用饲料、渔用药物和渔业装备等。这些产业是海水养殖发展的基础，为海产品养殖提供生产要素。其中水产苗种的质量和数量直接影响养殖的产量和品质。水产饲料的生产原料主要由鱼粉、谷物原料和油脂构成，是专门为水生动物养殖提供的饵料。渔用药物的使用是为了保证水产养殖的健康和产量，而网箱、渔具、渔船等装备则是进行水产养殖活动的重要工具。

（2）中间环节。它是海水养殖活动本身，是整个海水养殖生态经济系统运行的核心部分，是将投入要素转化为海产品产出的关键环节，包括浅海养殖、滩涂养殖、港湾养殖等多种形式。养殖对象主要是鱼类、虾类、蟹类、贝类、藻类以及海珍品等其他经济动物。海产品养殖的产中管理是经济系统运行的主体和关键。通过养殖过程中恰当的养殖饵料的选用和投喂、及时有效的病害防控、科学合理的养殖密度安排促进养殖生物生长和增殖，完成海水养殖主体生产过程。

（3）后端产业。它主要涉及水产品的加工以及流通渠道，这一环节将影响最终产品的市场接受度和消费者的满意度。消费是养殖海产品生产的最终目的和动力，也是海水养殖生态经济系统的最终落脚点。海水养殖生产以市场为导向，生产者的行为受市场价格的调节。海水产品的加工包括冷冻、腌制、干燥等多种方式，以满足不同消费者的需求。水产流通运输是实现海产品从产地到餐桌的重要环节，其中冷链物流是海产品实现高效率集散和运输的重要方式。

第五节　海水养殖经济的影响因素与发展趋势

一、海水养殖经济的影响因素

（一）自然因素

影响海水养殖的自然因素主要包括光照、温度、盐度与营养盐类、溶解气体含量、海流、海域污染、自然灾害等。这些因素直接或间接影响海洋生物的分布、数量、行为以及一些特殊的适应性表现，从而对海水养殖产生重要影响。

1. 光照

光照是海洋环境中最重要的生态因素之一，它直接影响海洋有机物质的生产，进而影响海洋生物的生活和生存。

2. 温度

温度对海洋生物的生殖、发育、生活状态、数量变动和分布都有直接或间接的制约。温度随纬度、季节和地理位置的变化而变化，成为海洋生物生存的主要限制因素之一。

3. 盐度与营养盐类

盐度影响生物个体的大小、繁殖和分布等。海洋生物同样有其"生态幅"，有窄盐性种和广盐性种之分。盐度的变化会影响生物的渗透压、营养元素、微量元素分布。营养盐类是浮游植物和藻类生长不可缺少的微量成分，营养盐类会影响它们的增殖。营养盐类的可用性直接影响浮游生物的数量，进而影响整个海洋食物链。

4. 溶解气体

海水中溶解着大气中的多种气体，其中氧气和二氧化碳是海洋生物呼吸和光合作用的必需物质。这些气体的含量直接关系到海洋生物的呼吸作用和光合作用。此外，海洋酸化也会直接影响海洋生物资源的数量和质量，导致鱼类的栖息地和食物减少，危及千百万以海洋为生的居民的生存，导致他们可获取的食物数量大幅减少，从而危及全球的粮食安全。

5. 海流

海流在流动过程中不断调整其温度和盐度等特性，对海洋生物产生显著影响。海流的变化会形成不同的环境条件，从而影响生物的分布和生存。

6. 海域污染

海域污染是影响海水养殖业绿色发展的重要因素。近年来，随着海岸带产业的大量布局，工业废水、农业面源污染和生活污水的排放导致病害问题频繁出现，如鱼类的病毒性疾病、寄生虫病等，严重影响了养殖效益。同时，海产品的高密度养殖导致饵料、药物的大量使用以及排泄物增多，这加剧了水体污染并引起了海产品的大量死亡、减产。

7. 自然灾害

风暴潮、灾害性海浪、海啸、台风和海冰等自然灾害对海水养殖业构成严重威胁。这些灾害发生时，可能会破坏养殖设施如网箱、围栏和渔船，导致养殖品种大量死亡、严重减产，给养殖业带来巨大的经济损失。因此，了解海洋自然灾害的时空分布规律和致灾机理、建立有效的防灾减灾和预测预报预警体系是减少自然灾害损失的关键。

（二）经济因素

影响海水养殖的经济因素主要包括市场供求、养殖技术、人力资源、地区经济发展水平等。这些因素作用于海产品的生长、销售等环节，从而对海水养殖产生重要影响。

1. 市场供求

水产市场的供需关系直接影响海产品的市场价格，进而影响海水养殖的经济效益。养殖品种选择不当可能导致产品滞销，反之选择过于常见的品种则可能因跟风养殖而导致市场饱和、价格暴跌。季节性供需波动也是重要因素，如春节前后海产品市场需求旺盛，海产品价格较高，而秋天以后海产品供给往往大于需求，海产品价格下跌。

2. 养殖技术

海水养殖是一项技术密集型产业，需要养殖者具备较高的专业知识和技能。科学养殖技术和管理经验不足会导致养殖过程中海产品疾病频发、成活率低、生长速度慢等问题，会增加养殖成本和风险。科研教育是实现海水养殖技术创新的必要方式，科研教育水平越高的地区，海水养殖资源利用效率越高。

3. 人力资源

海水养殖生产过程是在人工调控下进行的，人的知识和能力对海水养殖的生产过程具有重要影响，而相关技术培训是海水养殖从业者掌握专业知识的主要途径之一，也是渔业技术推广的主要着力点。

4. 地区经济发展水平

海水养殖的发展能够促进居民就业、提高地区经济收益。同时，地区经济发展也能够为海水养殖业提供必要的资金、技术以及基础设施的支撑，推动海水养殖业更好发展。

（三）社会因素

影响海水养殖发展的社会因素主要包括渔业政策、环境规制、食品安全和多样化需求、生物多样性保护需求等，这些因素会对海水养殖发展的方向、规模与质量产生影响。

1. 渔业政策

渔业政策是国家处理与渔业有关事务的公共政策或国家政策，主要涉及渔业资源保护和利用、水域生态环境保护、渔业产业发展、渔业经济管理、与其他国家的渔业关系等领域，具体包括伏季休渔、柴油补贴、渔船更新改造补助、渔业资源养护补贴、养殖用海抵押贷款等。一方面，渔业政策的实施有利于合理布局养殖用海、优化养殖品种结构、推进养殖模式升级，进而实现海水养殖的可持续发展；另一方面，它还能规范和约束海水养殖行为，保护海洋渔业资源和生态环境，实现海洋生态平衡，促进海水养殖业的绿色健康发展。

2. 环境规制

环境规制是海水养殖生产中相关从业者环境行为的重要约束，主要分为命令控制型环境规制、市场激励型环境规制和公众参与型环境规制。命令控制型环境规制包括制定环境标准、污染物的排放标准以及技术标准等；市场激励型环境规制包括建立排污收费或征税制度、排污权交易制度等；公众参与型环境规制强度与海水养殖绿色发展存在非线性关系，即存在一个最优的环境规制强度，使得生产者采取友好型环境行为，从而提升海水养殖生态效率。

3. 粮食安全和多样化需求

鱼类和水产品作为第三大食物蛋白质来源，是居民饮食结构中不可或缺的部分，越来越多的鲍、海参、螃蟹等海洋水产品丰富了百姓的餐桌，满足了居民食物消费的多元化需求。随着消费者对粮食安全的日益关注，海水养殖过程中的药物残留、重金属超标以及非法添加问题成为公众关注的焦点，同时细菌性污染、病毒性污染等微生物污染也是海水养殖产品的主要问题。因此，在养殖过程中，要综合运用科技手段和政策措施，确保海水养殖产品质量，保障消费者的健康。

4. 生物多样性保护需求

过度捕捞导致海洋生物多样性遭到破坏，保护生物多样性成为和谐海洋建设的重要任务。海水养殖在生物繁育方面发挥重要作用，通过生物技术创新保护濒危海洋生物，生物多样性保护措施的实施一定程度上能够促进海水养殖的发展。

二、海水养殖经济的发展趋势

（一）数字化

当前是我国数字农业农村建设的重要阶段，作为农业的重要组成部分，海水养殖的数字化是实现智慧化海水养殖的前提，也是时代发展的必然趋势。我国水产养殖业正加速由粗放型向集约型转变，随着信息技术的高速发展，利用 5G、人工智能、物联网、大数据、卫星遥感等信息技术，发展数字化水产养殖，对提高水产养殖的生产力有着重要作用。《"十四五"全国渔业发展规划》明确提出了加快工厂化、网箱、池塘、稻渔等养殖模式的数字化改造，推进水质在线监测、智能增氧、精准饲喂、病害防控、循环水智能处理、水产品分级分拣等技术的应用，开展深远海养殖平台、无人渔场等先进养殖系统试验示范。2023 年中央 1 号文件提出，深入实施数字乡村发展行动，推动数字化应用场景研发推广，加快农业农村大数据应用，推进智慧农业发展。农业农村部、中央网络安全和信息化委员会办公室在《数字农业农村发展规划（2019—2025 年）》中提出了渔业智慧化、种业数字化等概念，指出要发展数字渔场。加快渔业信息化进程，实现海水养殖的数字化，进而实现智慧养殖，这对我国水产养殖业的提质增效、产业升级具有重要意义，也是我国从渔业大国迈向高水平渔业强国的必要途径（于喆，2023）。现阶段，海水养殖数字化技术主要有海水环境监控、水下影像采集、数字孪生渔场、物联网渔场等典型应用场景。

（二）绿色化

我国海水养殖业正处于从传统养殖向绿色健康养殖转型的初期阶段。目前，海水养殖面临规划布局不合理、资源利用效率低、组织经营方式落后、环境治理水平不高、创新驱动能力薄弱等问题，这些问题制约了其绿色发展的效率。近年来，我国高度重视水产绿色健康养殖发展：2019 年，农业农村部等 10 部委联合发布了《关于加快推进水产养殖业绿色发展的若干意见》，围绕转变养殖方式、改善养殖环境、加强科学布局等方面做出全面部署；2020 年和 2021 年的中央 1 号文件均提出"推进水产绿色健康养殖"；2021 年，农业农村部发布了《关于实施水产绿色健康养殖技术推广"五大行动"的通知》，明确提出了包括生态健康养殖模式推广、养殖尾水治理模式推广在内的多项措施（于露等，2024），通过政策规划引领海水养殖业绿色转型。海水养殖绿色发展模式主要包括池塘工程化循环水养殖、工厂化循环水养殖、池塘底排污尾水处理技术、人工湿地尾水处理等典型治理技术模式，水产养殖用药减量行动，配合饲料替代幼杂鱼行动，深海水产养殖，受控式集装箱养殖等。这些模式共同促进了海水养殖业的绿色、可持续发展，提升了水产品的质量和安全性，同时也保护了海洋生态环境。

（三）深远海化

发展深远海养殖对于优化水产养殖空间布局、促进海洋渔业转型升级、确保国家粮食安全、改善国民膳食结构、实施健康中国战略等都具有重要意义，向深远海拓展成为海水养殖业实现绿色健康发展的必然选择（安皓等，2017）。2023 年的中央 1 号文件提出，发展深水网箱、养殖工船等深远海养殖。2024 年 4 月，习近平总书记在广东考察时对大力发展深海养殖装备和智慧渔业作出重要指示。我国已经开始了深远海养殖的探索，例如青岛的"国信 1 号"养殖工船示范引领项目。深远海网箱养殖主要有桁架类大型养殖网箱、养殖工船、重力式深水网箱 3 种类型。其中，重力式深水网箱养殖是深水养殖的主要技术模式（李大海等，2023）。目前，制约我国深远海养殖发展的主要因素有产业配套薄弱、技术装备成熟度低、管理规制不健全、公共服务不完善等。为推进深远海养殖高质量发展，农业农村部等8部门印发《关于加快推进深远海养殖发展的意见》，围绕深远海养殖发展的重点领域和关键环节，提出全产业链、全环节加快推进深远海养殖发展的重点任务，这是我国发布的首个关于深远海养殖发展的指导性意见（陈晨，2023）。麦康森院士2016年提出了深远海养殖的五项战略任务：开展深远海海水养殖适宜品种繁养关键技术研究，构建优质高效养殖技术体系；构建以深远海养殖平台为核心的新型海洋渔业生产模式；研究和构建深远海海水养殖能源保障系统；建设海洋水产品智能化物流系统网络平台；构建新型海水淡化系统和水培蔬菜种植平台（麦康森，2016）。

（四）国际化

随着人类进入大规模开发利用海洋的时代，海洋在国家经济发展格局和对外开放中的作用日益重要，海洋渔业资源的开发利用成为海洋资源开发中的重要组成部分。海水养殖的国际化旨在通过共建共管促进渔业开发的国际合作，共同推进海洋命运共同体的建设。国际化发展模式主要包括科技合作项目签署、联合实验室建设、技术推广与培训以及示范基地建立等。例如中国-东盟海水养殖技术"一带一路"联合实验室，旨在通过联合研究和技术共享，推动海水养殖技术的发展和推广；在2024年举行的港珠澳海洋发展论坛暨中国-东盟海水养殖产业发展论坛上，中国与东盟国家100多家产学研机构签署了21个海水养殖国际科技合作项目。

海水养殖国际合作内容主要包括：①资源共享与优势互补。海水养殖资源在全球分布不均，通过国际合作可以实现资源共享，提高资源利用效率。不同国家和地区在海水养殖方面各有优势，通过合作可以实现优势互补，提升整体产业发展水平。②技术交流与合作。海水养殖面临种苗繁育、饲料研发、病害防治等技术挑战，需要加强科技创新和人才培养。国际合作可以促进技术交流，分享成功案例和经验总结，共同应对技术挑战。③政策法规的影响及应对策略。政策法规对国际合作有重要影响，需要分析政策法规对国际合作的影响，并制定相应的应对策略。④环保和可持续发展。随着全球对环保和可持续发展的重视，海水养殖实现绿色发展成为重要话题。国际合作可以加强这方面的交流，共同探讨如何减少海水养殖对海洋环境的影响，促进海洋生态系统的健康发展。

第五章　海洋捕捞经济

海洋捕捞是海洋水生动植物供给的又一重要方式，发展历史悠久。作为海洋渔业经济的重要组成部分，海洋捕捞对渔业整体产业链的发展起着基础支撑作用。本章围绕海洋捕捞作业活动：首先阐释了海洋捕捞经济的概念内涵、地位及作用，捕捞对象、主体和方式；其次介绍了海洋捕捞的产业特征和产业链的形成；再次分析了海洋捕捞经济的要素投入、生产成本与经济产出；最后介绍了海洋捕捞经济的影响因素和发展趋势。

第一节　海洋捕捞经济概述

一、海洋捕捞经济的概念和内涵

海洋捕捞是一个历史悠久的行业，涉及在海洋中捕捞各种天然水生动植物的活动，是海产品供给的主要来源。这个行业不仅包括捕捞鱼类，还包括捕捞其他水生经济动物，如甲壳类、贝类和藻类等。海洋捕捞产业是捕捞从业者利用各种捕捞技术及渔具（如网具、钓具、标枪等），通过围网、拖网、流刺网等方式，捕获海域中具有经济价值的鱼、虾、贝、藻等水生动植物活动的集合，是海洋水产业的重要组成部分。海洋捕捞经济是指与海洋捕捞活动相关的经济活动和经济关系，包括海洋捕捞渔业的生产、交换、分配和消费等方面的经济活动。

海洋捕捞经济一般由 5 个要素构成：捕捞从业者、海域空间、捕捞方式、捕捞技术及装备、捕捞对象。

（一）捕捞从业者

捕捞从业者，在海洋水域从事水生动植物捕捉、捞取、采集及水产品运输的人员和机构，主要包括传统渔民、捕捞技术人员、捕捞企业、捕捞合作社等，是海洋捕捞业发展的核心要素。海洋捕捞从业者既要具备一定的航海知识，便于在各种海域中安全有效地进行捕捞作业，又要了解不同水生动植物的生态习性，以便选择合适的捕捞方法和工具。某些特定的捕捞任务，如深海捕捞，可能需要特殊的设备和技能，例如使用潜水装备或特殊的捕鱼工具。

（二）海域空间

海域空间，主要是指海洋捕捞业的活动范围，是海洋捕捞经济的发展基础。基于水域的深度和水域的特征，将捕捞空间划分为沿岸、近海、外海和远海捕捞空间。FAO 将世界海洋捕捞渔场分为大西洋、印度洋、太平洋、北冰洋、地中海及黑海海域。我国现行的《渔业捕捞许可管理规定》第 7 条规定，将海洋捕捞作业场所分为 A、B、C、D 四类。

（三）捕捞方式

捕捞方式，指采用特定的经济与技术手段，使捕捞生产达到一定产量的一种规范化方法，捕捞方式要根据海洋水生动植物习性和海域特征进行选择。

（四）捕捞技术及装备

捕捞技术及装备，指用于捕捞海洋水生动植物的技术、设备及工具，是开展捕捞活动的重要支撑，旨在提高捕捞效率、节能减排，并实现捕捞作业的自动化和信息化。捕捞技术包括电子导航和定位技术、渔业勘测技术、通信技术等；捕捞装备包括捕捞船舶，渔网、渔用声呐探鱼仪、网位仪等捕捞工具，冷冻加工装备等渔业处理设备。

（五）捕捞对象

捕捞对象，指的是能够带来经济效益并实现规模化捕捞的海洋水生动植物，主要包括鱼类、虾类、蟹类、贝类、藻类等。海洋鱼类在全球海洋捕捞中占据主导地位，是全球水生动物总产量的主要来源，2022 年海洋鱼类捕捞量占比达 43%，这一比例显著高于虾蟹类、贝类和藻类等。按照《2021 中国渔业统计年鉴》的统计分类，海洋捕捞对象主要包括鱼类、甲壳类、贝类、藻类、头足类和其他类（岳冬冬等，2022）。

二、海洋捕捞业的主要类别

海洋捕捞业按照不同的分类标准能够划分为多种形态，主要分类标准包括捕捞主体、作业海域、捕捞方式、捕捞对象、捕捞技术、捕捞经营目的、捕捞渔具等。

（一）按照捕捞主体分类

根据海洋捕捞主体的属性不同，可将海洋捕捞划分为生计捕捞（个体捕捞、集体捕捞）、商业捕捞。个体捕捞是指以家庭为单位的个体捕捞渔户进行的捕捞活动。集体捕捞是指渔民通过集体合作的方式进行捕捞作业，旨在提高捕捞效率。商业捕捞是指因商业目的而进行的渔业活动，商业捕捞通常涉及中小型渔民或渔业公司通过捕捞水生生物来满足市场需求，获取经济收益。

（二）按照捕捞作业海域分类

根据捕捞作业海域的不同，可将海洋捕捞划分为沿海捕捞、近海捕捞、外海捕捞、远洋捕捞、极地捕捞。沿海捕捞是指在水深 40m 以内的沿岸水域捕捞，包括潮间带到水深 40m 以内的区域。近海捕捞是指在水深 40～100m 范围内的水域捕捞。外海捕捞是指在 100m 等深线以外的深海域采捕水生动物的生产活动，如在东海和南海外海水域的捕捞作业。远洋捕捞业是指在 200m 等深线以外的大洋区进行捕捞作业，包括在深海和公海海域的捕捞。极地捕捞，也称极地渔业，是指在南极或北极水域采捕水生经济生物的生产活动，例如南极磷虾捕捞。

（三）按照捕捞方式分类

根据捕捞方式的不同，可将海洋捕捞划分为拖网捕捞、围网捕捞、延绳钓捕捞、刺网捕捞、曳绳钓捕捞等，具体内容将在本章第二节介绍。

（四）按照捕捞对象分类

根据海洋捕捞对象的不同，可将海洋捕捞划分为鱼类捕捞、虾蟹类捕捞、贝类捕捞、头足类捕捞、珍珠捕捞、藻类捕捞等。

（五）按照捕捞技术分类

根据海洋捕捞技术演变，可将海洋捕捞划分为人力捕捞、机械捕捞、智能捕捞。人力捕捞是指依靠简单的渔网、鱼叉、鱼钩等工具借助人力进行捕捞，例如用手摸鱼、用木棒打鱼、用木刀砍鱼等。机械捕捞是指依托拖网渔船和围网渔船，利用流刺网、定置网等先进的渔具和捕鱼方法进行捕捞，大大节省了人力劳动。智能捕捞是指依托声呐、雷达、卫星导航等先进技术，利用远程控制渔船、自动定位系统和智能渔网等设备进行精准捕捞。

（六）按照捕捞经营目的分类

根据海洋捕捞的经营目的不同，可将海洋捕捞业划分为生产型捕捞、休闲型捕捞。生产型捕捞是指以营利为目的的捕捞行为，旨在获取经济利益，通常涉及大规模的捕捞活动，会对渔业资源造成较大影响。休闲型捕捞是指以休闲娱乐和水上体育运动为目的的任何一种捕鱼活动，一般以竿钓和手钓为主。这种方式对渔业资源的损害较小，例如海钓。

（七）按捕捞渔具分类

根据使用渔船数和捕捞对象、作业特点的差异，可将海洋捕捞业划分为单船拖网捕捞、双船拖网捕捞、浮拖网捕捞、底拖网捕捞、中层拖网捕捞、变水层拖网捕捞、单船围网捕捞，多船围网捕捞，光诱围网捕捞等。

三、海洋捕捞的地位与作用

（一）海洋捕捞的地位

海洋捕捞是海洋产业的重要组成部分，在国民经济中占据重要地位，它为解决世界粮食短缺问题、减少贫困、渔民增收作出了重要贡献（黄洪亮等，2022）。自 20 世纪 80 年代以来，全球捕捞渔业水生动物产量在每年 8 600 万～9 400 万 t 的范围内波动。海洋捕捞渔业仍然为全球水生动物总产量的一个主要来源，占比达 43%。进入 21 世纪，世界各沿海国家均把开发海洋资源、发展海洋经济和海洋产业作为主要方向，而实现海洋捕捞业可持续发展更是其发展的重要内容。我国是海洋捕捞渔业大国，渔船数量、从业人数和捕捞产量等均排在世界前列。根据 FAO 统计，2022 年我国捕捞渔业产量占世界总产量的 14.3%*，在满足国内水产品市场消费需求和国际水产品消费需求方面贡献了重要力量（岳冬冬等，2020）。随着捕捞技术的进步和大规模商业捕捞的发展，海洋捕捞业进入快速发展时期，但同时也面临渔业资源过度捕捞和环境限制等问题，导致海洋渔业资源出现衰

---

* 数据来源：FAO，2024. The state of world fisheries and aquaculture 2024 ［R］. Rome：FAO.

退现象，海洋捕捞总量不断减少。这表明在海洋捕捞业发展的同时，也需要关注资源的可持续利用和生态环境的保护，以确保海洋捕捞业的可持续发展。

（二）海洋捕捞的作用

海洋捕捞与海水养殖作为重要的食物和优质蛋白来源，不仅有效保障了国家粮食安全（李大海等，2019），而且带动了海洋渔业全产业链发展，促进了渔民增收。同时，海洋捕捞适度发展在维护国家海洋权益和生态平衡方面也发挥着重要作用。

1. 增加食物供给，满足市场需求

海洋捕捞业利用各种渔具、渔船及设备在海洋中对海洋鱼类和其他水生经济动植物进行捕捞，这种活动直接利用了海洋资源，为人类提供了丰富的食物来源。捕捞的海产品中含丰富的蛋白质、不饱和脂肪、矿物质和维生素等多种营养成分，能改善居民的膳食结构，促进居民身体健康。

2. 带动渔业发展，促进渔民增收

海洋捕捞业作为渔业产业链的上游，即生产供给环节，对全产业链的发展起着基础支撑作用。它的迅猛发展不仅带动了相关产业的发展，促进了渔业经济的增长，还能增加捕捞渔民及从业人员的生活收入，它肩负着人类可持续发展和渔业可持续发展的双重重任（孙瑞杰等，2015）。海洋捕捞经济的发展和渔民收入的增加，又能促进渔村基础设施建设，进而改善渔民生活质量。

3. 维护国家海洋权益，保障海洋安全

海洋捕捞业不仅在确保水产品安全供给、保障国家粮食安全方面发挥作用，而且在维护国家海洋权益方面体现出重要战略价值。开发利用远洋渔业资源是维护国家海洋权益的重要组成部分。远洋渔业资源开发与管理的话语权和参与权，也已成为国家综合实力的体现。在国际海洋渔业管理规则框架内，合理平等地开发和利用公海渔业资源，可以加强国家对海洋资源的控制力、维护国家的海洋权益、保障国家海洋安全（刘子飞等，2018）。

4. 可持续的海洋捕捞能够维护海洋生态平衡

海洋捕捞业通过合理的捕捞方式和配额管理来维持海洋生物的种群数量和多样性，从而保持生态平衡。通过优先捕捞成熟个体的选择性捕捞，可以避免过度捕捞年轻个体，从而确保种群的持续生产和生态系统的自然更新。同时，适当地捕捞可以避免某些物种过度繁殖。

第二节　海洋捕捞的对象、主体、作业方式与区域

一、海洋捕捞的对象

海洋捕捞的对象非常广泛，主要是指具有高经济价值的海洋动植物。按照中国渔业统计年鉴的统计分类，海洋捕捞对象中鱼类是海洋捕捞的主要品种，主要包括海鳗、鳓、鳀、沙丁鱼、鲱、石斑鱼、鲷、蓝圆鲹、白姑鱼、黄姑鱼、大黄鱼、小黄鱼等；甲壳类包

括虾类和蟹类，其中虾类主要包括毛虾、对虾、鹰爪虾、虾蛄等，蟹类主要包括梭子蟹、青蟹和蟳等；贝类主要包括蛤、蛏、蚶和螺等；藻类主要包括江蓠、石花菜和紫菜等；头足类主要包括乌贼、鱿鱼和章鱼等；其他类主要包括海蜇等。具体捕捞品种见表 5-1。远洋渔业捕捞对象主要包括金枪鱼、鱿鱼和南极磷虾等。

表 5-1 海洋捕捞品种

种类		主要捕捞品种
鱼类		海鳗、鳓、鳀、沙丁鱼、鲱、石斑鱼、鲷、蓝圆鲹、白姑鱼、黄姑鱼、大黄鱼、小黄鱼、梅童鱼、方头鱼、玉筋鱼、带鱼、金线鱼、梭鱼、鲐、鲅、金枪鱼、鲳、马面鲀、竹鱼和鲾等
甲壳类	虾类	毛虾、对虾、鹰爪虾、虾蛄等
	蟹类	梭子蟹、青蟹和蟳等
贝类		蛤、蛏、蚶和螺等
藻类		江蓠、石花菜和紫菜等
头足类		乌贼、鱿鱼和章鱼等
其他类		海蜇等

从全球海洋捕捞来看，2022 年海洋捕捞的水生动物产量为 8 000 万 t，海洋水生动物仍是全球动物性水产品的主要来源（43%）。海洋捕捞产量中约有 85% 为有鳍鱼类，主要是鳀（490 万 t）、阿拉斯加狭鳕（340 万 t）和鲣（310 万 t）。高价值品种捕捞量持续增长，金枪鱼和类金枪鱼物种产量创下 830 万 t 的纪录，头足类产量为 390 万 t，对虾和龙虾产量为 330 万 t。从我国海洋捕捞情况来看，2023 年鱼类仍是我国第一大捕捞品种，甲壳类排名第二，头足类排名第三。从具体捕捞品种产量来看，带鱼、鳀、鲐、鲅是鱼类捕捞的主要品种，2023 年带鱼、鳀的捕捞产量分别为 90.35 万 t、60.15 万 t；梭子蟹、毛虾是甲壳类捕捞的主要品种，2023 年梭子蟹、毛虾产量超过 30 万 t；鱿鱼是头足类捕捞的主要品种，2023 年鱿鱼的捕捞产量超过 30 万 t。

二、海洋捕捞的主体

海洋捕捞的主体是指从事与海产品捕捞有直接或间接关系的活动的人员或组织，包括捕捞渔民、捕捞专业合作社、捕捞企业等直接行为主体，以及政府部门、非政府组织、科研机构等关联主体。

（一）捕捞渔民

捕捞渔民是指直接或间接从事海洋捕捞渔业的传统渔民及其所供养（赡养或抚养）的渔业人口和长期从事海洋捕捞渔业生产的传统渔民外的劳动力（宋力男，2014）。渔民是渔业捕捞活动最直接的参与者，他们依赖海洋的渔业资源。渔民通过捕捞活动获取水产品，满足市场需求，渔民的行为和决策对渔业资源的可持续利用具有直接影响，因此，增强渔民的环保意识、推广可持续捕捞技术对于渔业资源的保护至关重要。

（二）捕捞专业合作社

捕捞专业合作社是一种由捕捞从业者联合组成的专业合作经济组织，例如山东乳山市荣辉海洋捕捞专业合作社、舟山市青凌海洋捕捞专业合作社、万宁华兴远洋捕捞专业合作社。捕捞专业合作社的形式通常涉及海洋捕捞活动，包括蟹笼、灯围等作业方式，通过专业化、多元化的经营策略，提升渔业经济的综合效益。海洋捕捞专业合作社的成立，旨在通过提供技术、信息等服务以及优化捕捞作业方式、拓展渔用物资销售、渔货冷藏及渔业相关的产业经营，实现自我服务、自我管理、自我完善、自我发展的目标。

（三）捕捞企业

捕捞企业是指组织开展海洋捕捞活动且具备独立经济核算资质的组织或法人。按照捕捞业务范围的不同，可将捕捞企业划分为远海捕捞企业、近海捕捞企业两种类型；也可以按照企业属性将其划分为国有控股捕捞企业和民营捕捞企业。捕捞企业在渔业资源开发、产业链延伸、促进就业、推动捕捞技术创新和产业升级以及参与国际合作与交流等方面发挥着重要作用，成为现代海洋捕捞业实现可持续发展的主体。

（四）政府部门

政府在渔业捕捞活动中扮演着监管者、服务者和协调者的多重角色。政府通过制定渔业政策、法规和标准，规范渔业捕捞行为，保护渔业资源。近年来，我国政府部门陆续出台海洋伏季休渔、海洋捕捞渔船船数和功率"双控制"、海洋捕捞产量"负增长"、海洋捕捞渔民转产转业、水生生物增殖放流和保护区建设等一系列政策措施（姬广磊等，2024），不断强化对近海捕捞的控制和规范管理。同时，政府间组织在渔业资源开发、保护与利用方面也发挥了一定的作用，例如联合国粮食及农业组织、中西太平洋渔业委员会、南极海洋生物资源委员会等。

（五）科研机构

科研机构是渔业科技创新的重要力量。它们通过科学研究和技术开发为渔业捕捞提供理论支持和技术保障。其研究成果可以应用于渔业资源的评估、捕捞技术的改进、水产品的加工和保鲜等方面，推动渔业产业的转型升级和可持续发展。

（六）非政府组织

非政府组织在渔业捕捞活动中发挥着监督、倡导和教育的作用。它们关注渔业资源的可持续利用、渔民权益保护、海洋生态保护等议题，通过组织活动、发布报告、倡导政策等方式，推动社会各界关注和支持渔业可持续发展。我国的渔业协会、美洲热带金枪鱼委员会都属于这种性质。

三、海洋捕捞的作业方式

海洋捕捞的作业方式主要包括围网、刺网、拖网、张网、延绳钓、曳绳钓等。目前，我国海洋捕捞以围网、拖网、刺网、张网为主要的作业方式（申伟，2011）。

（一）围网捕捞

围网属于过滤性围旋用具，是捕捞中上层鱼类规模最大、效率最高的渔具。围网捕捞分为单船围网、双船围网和多船围网。这种方法适用于近水鱼群，如鲱、鲭、鲑、鱿鱼及沙丁鱼等的捕捞。围网捕捞作业时，通过形成包围圈迫使鱼群进入网囊内，然后起网捞取渔获物。

（二）刺网捕捞

刺网捕捞是指通过将长带形的网列敷设于水域中，使鱼刺入网目或被网衣缠绕后加以捕捞，因为渔网会随海流移动，被缠住的鱼像刺一样挂在网上，因此被称为刺网。刺网捕捞适用于各种鱼类和其他海洋生物的捕捞，其长度可根据水域条件、渔船大小等因素确定。大型刺网往往由大、中、小网目的3层网构成，大鱼、小鱼全部落网，对海洋生物及生态环境破坏性很大。

（三）拖网捕捞

拖网捕捞是使用一条圆锥形的大网，通过船体的拖曳将一路上的所有东西卷入其中进行捕捞。拖网捕捞主要用于大规模捕捞，包括底层拖网和中层拖网，适用于虾、蟹、底层和中层水域鱼类（例如鳕类、黄鱼、带鱼等）的捕捞。拖网按结构特点可分为有袖拖网和无袖拖网两种形式。有袖拖网一般有1个网囊和2个网袖，是海洋拖网的主要结构形式。无袖拖网的结构形式有无袖单囊式和无袖多囊式两种。拖网捕捞对海床与海洋生态造成严重破坏，过度捕捞会产生连锁反应，许多鱼类会因无法获得足够的食物而死亡（例如抹香鲸）。

（四）张网捕捞

张网是定置渔具之一，是分布最广、种类最多、数量最大的传统定置工具，是一种定置在水域中利用水流迫使捕捞对象进入网囊的网具（孙满昌，2012）。按作业方式的不同，可将张网捕捞分为单桩式张网、双桩式张网、多桩式张网、单锚式张网、双锚式张网、樯张式张网、并列式张网、多锚式张网。这种方法耗能少、技术要求低、成本低、产量稳定，适用于大黄鱼、小黄鱼、带鱼、鮸、鲽、虾及其他小杂鱼和一些经济水产动物的幼体等的捕捞。

（五）延绳钓捕捞

延绳钓是捕捞大型洄游鱼类的主要渔法之一，是将一条有多个钩子的长线置于水底或接近水面的水中进行捕捞。延绳钓分为置延钓和漂浮延绳钓。此方法的优点是能够钓到大鱼而不损害幼鱼、成本低、耗能小、收益高，被认为是一种无污染的生态友好型生产技艺，适用于金枪鱼、剑鱼、大比目鱼、黑鳕和真鳕等海洋动物的捕捞。

（六）曳绳钓捕捞

曳绳钓捕捞是使用渔船拖着带有鱼饵或诱饵的鱼钩进行捕捞。按拖曳方式可分为直接拖曳和横桁拖曳两种。前者在船舷一侧拖曳数条钓线，每条钓线上系结数条支线及钓钩，钓捕底层、近底层的鱼类；后者利用船上设置的桁杆，拖曳数条钓线，每条钓线上系结数条支线（或钓钩直接系结在钓线上）及钓钩，钓捕中上层的鱼类。这种捕捞方式多在近海较深水域使用，钓捕的主要对象为金枪鱼、鲅、鳀鳅等游速较快的大中型鱼类。

四、海洋捕捞的作业区域

（一）世界渔区划分

FAO 根据各海域的地理位置、鱼类分布特点及历史上形成的捕捞范围等，将世界海洋捕捞渔场分为大西洋、印度洋、太平洋、北冰洋、地中海和黑海海域，并进一步细分至 19 个渔区。

大西洋海域主要包括 7 个渔区：中东大西洋，东北大西洋，西北大西洋，东南大西洋，西南大西洋，中西大西洋，大西洋南极区。

印度洋海域主要包括 3 个渔区：西区印度洋，东区印度洋，印度洋南极区。

太平洋海域主要包括 7 个渔区：西北太平洋，东北太平洋，中西太平洋，中东太平洋，西南太平洋，东南太平洋，太平洋南极区。

北冰洋海域包括 1 个渔区：北冰洋区。

地中海和黑海海域包括 1 个渔区：地中海和黑海区。

FAO 发布的《2024 年世界渔业和水产养殖状况报告》显示：2022 年 50％以上的海洋捕捞产量来自西北太平洋、中西太平洋和东南太平洋。

西北太平洋：该区域是 FAO 主要渔区当中产量最高的区域，以底层鱼类、其他中上层鱼类、其他鱼类和水生动物捕捞为主，金枪鱼、鲣、旗鱼捕捞产量比例较小。2022 年产量占全球海洋地区捕捞产量的 23.3％，主要有两个较高产量的物种：阿拉斯加狭鳕和太平洋沙丁鱼。

中西太平洋：该渔区捕捞渔业水生动植物产量差别较小。其中金枪鱼、鲣、旗鱼和其他中上层鱼类的捕捞比例较高，其他中上层鱼类次之，底层鱼类占比最小。2022 年海洋捕捞产量为 1 380 万 t，占全球海洋地区捕捞产量的 17.3％。鲣和黄鳍金枪鱼是该区域产量最高的两个物种。此外，该区域还拥有大量小型中上层鱼类，如沙丁鱼、鳀和鲹。

东南太平洋：该渔区以其他中上层鱼类捕捞为主，底层鱼类和金枪鱼、鲣、旗鱼的捕捞占比较小。2022 年海洋捕捞量达 900 万 t，相当于全球上岸量的 11.3％。自 20 世纪 90 年代初至 2016 年的持续下降趋势有所扭转，主要是因为鳀上岸量的增长（其渔获量占该区域总捕捞产量的 50％～70％）。

（二）中国渔区划分

中国将其海洋水域按经纬度划分为若干个渔区，以经纬度各 30′的范围为一个渔区。按照中国现行的《渔业捕捞许可管理规定》第 7 条的规定，将海洋捕捞作业场所分为 A、B、C、D 四类。

A 类渔区：黄海、渤海、东海和南海等海域机动渔船底拖网禁渔区线向陆地一侧海域。

B 类渔区：中国与有关国家缔结的协定确定的共同管理渔区、南沙海域、黄岩岛海域及其他特定渔业资源渔场和水产种质资源保护区。

C 类渔区：渤海、黄海、东海、南海及其他中国管辖海域中除 A 类、B 类渔区之外的海域。其中，黄渤海区为C_1、东海区为C_2、南海区为C_3。

D类渔区：公海。

第三节 海洋捕捞的产业特征与产业链

一、海洋捕捞的产业特征

海洋捕捞业是典型的资源型产业，渔业资源占据产业核心地位，渔业资源的多寡影响着海洋捕捞业的兴衰（管筱牧，2017）。海洋捕捞业同海水养殖业一样，均属于弱质性产业，弱质性是海洋捕捞业的根本特征，主要体现为作业活动的不确定性使得海洋捕捞产出不稳定、抗风险能力低、产业比较利益低、经营危险系数高等。因此，海洋捕捞业的产业特征包括资源决定性、资本和技术依赖性、作业范围广和风险性、捕捞季节性、产业关联性、政府管控难度大、作业活动国际化等。

（一）资源决定性

海洋捕捞渔业的发展是以海洋生物资源的蕴藏量、可捕量为前提的，渔业资源占据海洋捕捞业的核心地位（管筱牧，2017）。海洋水产资源的丰富程度和健康水平决定着海洋捕捞的规模和可持续发展潜力，海洋生物栖息地破坏、食物链改变及生存环境恶化所导致的渔业种群繁育能力下降、经济鱼类种群数量不足、可捕捞鱼类资源集聚度低、渔获物营养等级减少等海洋水产资源衰退问题直接导致捕捞渔获物总量的减少和渔获物品质的下降。例如，南极南乔治岛海域的南极鳕，1970年开始捕捞，当年产量超过50万t，第二年产量就下降了95％，第三年产量不到开始时的1％，第四年放弃捕捞，捕捞造成的资源崩溃直接导致其捕捞业的退出（Myers et al.，2005）。

（二）资本和技术依赖性

海洋捕捞业依赖先进的船舶技术和捕捞技术。捕捞渔船是海洋捕捞业发展的最基本、最重要的资本投入，是海洋捕捞业作业的主要载体。现代化捕捞渔船不仅能够拓展海洋捕捞空间，还能增加捕捞渔获物。捕捞渔船的现代化水平越高，捕捞作业效率越高且捕捞渔获物越多。精准捕捞离不开先进的捕捞技术和设备，例如拖网网板、冷冻加工装备、超强聚乙烯纤维材料、机电液压自动化控制、卫星遥感、自动化导航系统、无线电通信、渔用声呐探鱼仪以及网位仪等，先进技术与高端装备的应用对海洋捕捞业的发展具有重要作用。从捕捞船只的购置到捕捞渔具、船舶卫星定位设备、鱼探仪、测深仪等装备的采购都需要投入大量资金。

（三）作业范围广和风险性

海洋渔业资源的全球分布影响海洋捕捞的作业范围，从渔业资源分布来看，全球海洋渔业资源分布跨度较大。因此海洋捕捞业不仅限于近海区域，还延伸到远海、深海甚至公海等更广阔的海域。离岸捕捞作业的环境恶劣，风暴潮、飓风、海浪、海冰、海雾、地震、海啸及赤潮等突发性的海洋自然灾害时有发生，同时海洋渔业资源作为公共资源容易导致恶性竞争（罗余方，2018），这些因素都导致海洋捕捞业具有风险高、作业难度大的特点，海洋捕捞渔业的作业场所气候多变，后勤及通信保障成本高，生产安全风险一般高于陆地的其他农业产业（周扬，2020）。

（四）捕捞季节性

渔业资源的生物属性决定了海洋捕捞的季节性。渔业资源主要受自然环境因素的影响，包括水温、光照、海洋生物的繁殖和生长周期等，这些因素共同决定了海洋生物的分布和活动规律，从而影响了捕捞活动的最佳时机。例如：气温升高，海洋生物的活动会变得频繁，使得捕捞活动在温暖季节更为活跃；阳光充足有利于海洋藻类和蕨类的繁殖，进而为海洋生物提供食物，促进其生长。不同的海洋生物有不同的繁殖和生长周期，应把握不同生物的生长周期，实施精准捕捞。此外，禁渔期制度的实施也人为地强化了特定海域捕捞作业固有的季节性生产特点（卢昆，2011），如中国实施的海洋伏季休渔制度。

（五）产业关联性

海洋捕捞业不仅限于捕捞活动本身，还关联和涉及多个行业。海洋捕捞业不仅涉及捕捞船只及相关渔具渔机的建造、维修和更新，涉及渔业码头、加工厂、冷库等渔业基础设施的建设和生产，还涉及水产品的加工、贸易、储运和物流、渔业科技和公共服务等多个环节，跨越一二三产业，形成了完整的产业链。同时，这种多产业关联也为捕捞业带来了更多的发展机遇和挑战。为了实现可持续发展，需要加强产业链的各环节之间的协作与配合，提高整个产业体系的竞争力和抗风险能力。

（六）政府管控难度大

海洋捕捞业具有捕捞渔船数量多、从业人员繁杂、作业范围广、生产方式分散、兼捕性强和海上交易频繁等特点，高效的管控需要投入大量人力资源和先进的技术及监管装备，这些会导致政府监督管理成本较高（高明，2008）。政府管控不到位难以有效控制捕捞强度，非法捕捞和过度捕捞问题依然存在。

（七）作业活动国际化

海洋的广阔性和跨国性决定了海洋捕捞作业的国际性。相较于近海捕捞作业，远洋捕捞作业更易受到国际海洋捕捞法律制度的影响，因此远洋捕捞往往需要国际合作。不同国家和地区在海洋捕捞方面存在着合作与竞争的关系。通过国际合作，可以共同管理和保护海洋资源，促进捕捞业的可持续发展。同时，国际合作也扩大了捕捞业的作业范围，使得捕捞业能够跨越国界，在全球范围内开展作业。

二、海洋捕捞产业链

海洋捕捞业形成了以海产品捕捞为核心，以船舶修造、渔具和渔机生产、码头建设以及渔业科技研发、仓储物流为配套的全产业链，涵盖了从要素供给、捕捞作业到加工、销售的各个环节（高杨淑涵等，2024）。海洋捕捞产业链可划分为上、中、下游环节，各个环节形成了相互协作的经济技术联系，中、上游产业为海洋捕捞业提供生产要素，下游产业是水产品的流通、仓储、运输和销售环节。具体见图 5-1。

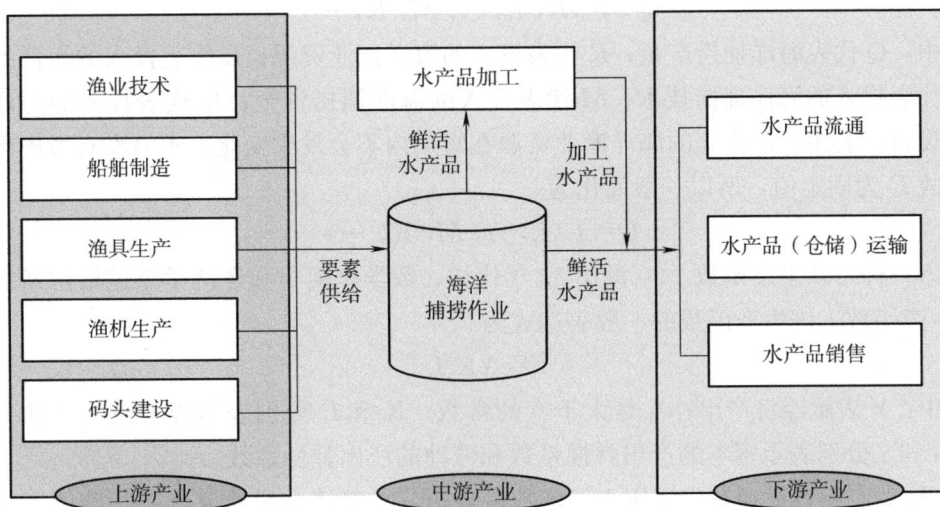

图 5-1　海洋捕捞产业链

（一）产业链的上游产业

海洋捕捞产业链的上游产业主要包括船舶及渔网、渔具相关配套设备制造，渔业码头建设等环节，其功能是为开展捕捞作业活动提供生产要素。渔船、渔具等生产要素的供给为捕捞提供了必要的物质和技术支持，直接影响捕捞效率和成本。

（二）产业链的中游产业

海洋捕捞产业链的中游产业是海洋水产品的输出环节，包括鲜活水产品和加工水产品输出。因此，这一产业包括两项作业活动：一是实际的捕捞活动，包括选择合适的捕捞地点、使用捕捞工具进行捕捞等；二是捕捞海洋水产品的简单加工，如清洗、切割、包装等。

（三）产业链的下游产业

海洋捕捞产业链的下游产业主要是为鲜活水产品和加工水产品实现从生产领域向消费领域转移的流通、仓储、运输和销售环节，主要包括水产品流通、水产品（仓储）运输和水产品销售等业态。

第四节　海洋捕捞经济的要素投入与经济产出

一、海洋捕捞生产函数

（一）海洋捕捞生产函数的一般形式

海洋捕捞生产函数是指一定时期内海洋捕捞生产中所使用的各种生产要素的数量与所能生产的最大产量之间的关系。为了简化分析，简化了生产要素的构成，海洋捕捞生产要素只包括海洋渔业资源、海洋捕捞人员、海洋捕捞技术、海洋捕捞资金和海洋捕捞渔船及设备。函数的一般形式为

$$Q=f(R, L, A, M, K, \cdots) \tag{5-1}$$

式中：Q 代表海洋捕捞产量；R 代表投入的海洋渔业资源；L 代表投入的海洋捕捞人员；A 代表投入的海洋捕捞技术；M 代表投入的海洋捕捞资金；K 代表投入的海洋捕捞渔船及设备。其中，R 代表的海洋渔业资源在短期内不会发生变化，本书没有考虑到长期趋势，故 R 为固定值，所以一般简化为

$$Q=f(L, A, M, K, \cdots) \tag{5-2}$$

考虑一种特殊生产函数。20 世纪 30 年代初，数学家柯布和经济学家道格拉斯提出了 C-D 生产函数，该生产函数的一般表达式为

$$Y=AK^{\alpha}L^{\beta} \tag{5-3}$$

式中：Y 表示经济产出；A 是大于 0 的常数；K 和 L 分别表示资本投入量和劳动投入量，α 和 β 分别表示资本的产出弹性系数和劳动的产出弹性系数。

C-D 生产函数模型被广泛用于经济数量分析，对经济数量研究具有特殊的意义。将 C-D 生产函数引入海洋捕捞经济研究，对其进行修正发现，随着经济的快速发展，传统的生产函数模型只能分析资本和劳动两种要素对产出的影响，因为其他变量如科学技术投入、制度变化等都被概括到了常数项中。但是，在科技革命不断推进和经济全球化的背景下，科学技术已成为推动经济增长的不可替代的因素。因此，将科学技术这一重要因素抽象掉既不符合当前知识经济和信息经济迅猛发展的实际，也难以体现科技对产出的贡献。基于上述考虑，本书重新选定变量构造新经济条件下的广义海洋捕捞 C-D 生产函数：

$$Y=\lambda K^{\alpha}L^{\beta}T^{\delta} \tag{5-4}$$

式中：Y 表示海洋捕捞产出量；K、L 和 T 分别表示海洋捕捞资本投入量、海洋人力投入量和海洋捕捞技术投入量；α、β 和 δ 分别表示海洋捕捞货币资本产出弹性系数、海洋捕捞人员的产出弹性系数和海洋捕捞技术产出弹性系数；λ 表示除资本、人力、科技之外的其他海洋捕捞投入对海洋捕捞产出的影响。

（二）考虑资源约束的可持续性海洋捕捞生产函数

1. 基于资源约束的最大可持续捕捞量

海洋渔业资源丰度是海洋捕捞业规模扩张的基本前提。海洋捕捞业基于渔业资源的可再生性实现持续发展，过度捕捞会导致海洋捕捞业走向灭亡。因此，在可持续发展理念下，应更加重视渔业资源对捕捞生产的影响，如何测度海洋捕捞的最大可持续捕捞量成为研究重点。

逻辑斯蒂产量模型是用于分析种群生物量增长率变化的经典模型，如果以时间为横轴，纵轴为海洋渔业资源增长的规模，则逻辑斯蒂曲线可表述为图 5-2。该模型描述了生物种群的增长率在一定生态系统容量约束下与生物资源量的关系。以此为基础，多名渔业研究学者对模型加以改进，发展出了多种渔业产量模型，包括 Walters-Hilborn 模型（W-H 模型）、Schnute 模型、D-Fox 模型和 I-Fox 模型 4 类，又称为剩余增长量模型。其中，W-H 模型是一种非平衡产量模型，具有适用于各种渔业分析的优势，鉴于此，可以利用 W-H 模型对渔业资源的最大捕捞量进行测算（韩立民等，2018）。

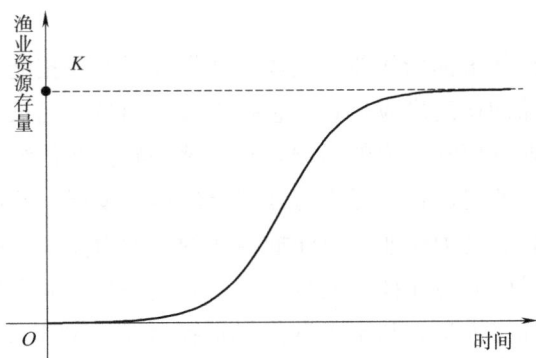

图 5-2 逻辑斯蒂增长曲线

设 t 为时间，S 为生态环境下种群的最大生物量，K 为环境负荷容量，S_t 为 t 时的生物量，则 $t+1$ 时的种群生物量表述为

$$S_{t+1}=S_t+rS_t(1-S_t/K)-C_t \tag{5-5}$$

式中：r 为自然增长率；C_t 为 t 时的渔获量，$C_t=qS_tf_t$，q 为捕获系数，f_t 为 t 时的捕捞努力量。t 时间生物量与捕获系数之积为单位努力量的捕获量，即 $S_tq=U_t$ 成立，变形得到 $S_t=U_t/q$ 来表示 t 时的生物量，随后引入式（5-5）得到：

$$U_{t+1}/U_t-1=r-rU_t/(Kq)-qf_t \tag{5-6}$$

将 U_t 和 f_t 看作待估参数，则公式（5-6）可被当作关于单位努力捕捞量年增长率与单位努力量捕获量的回归方程：

$$Y=b_0+b_1X_1+b_2X_2 \tag{5-7}$$

通过线性回归分析可以计算出 r、q、K，进而推算出最大可持续产量（F_{MSY}）：

$$F_{MSY}=rK/4 \tag{5-8}$$

2. 可持续性海洋捕捞生产函数

海洋捕捞生产函数是以最大可持续捕捞量（F_{MSY}）为前提的，如果实际捕捞产量超过 F_{MSY}，则会危及海洋渔业资源的再生能力，长期来看会降低海洋捕捞产量。考虑海洋渔业资源的约束，本书基于式（5-2）和式（5-8），构建了可持续性海洋捕捞生产函数：

$$\begin{cases} Q=f(L, A, M, K, \cdots) \\ S.t.\ Q\leqslant F_{MSY} \end{cases} \tag{5-9}$$

式中：$S.t.$ 表示约束条件，表示生产函数需要满足的前提条件，此处条件是捕捞生产数量要小于等于最大可持续捕捞量。

二、海洋捕捞的生产要素及成本

（一）海洋捕捞的生产要素

海洋捕捞业投入的生产要素主要包括捕捞人员、捕捞渔船、捕捞设备、捕捞技术、捕捞资金、动力和燃料、环境资源等，这些要素投入直接关系到海洋捕捞的效率和产量，影响海洋渔业发展规模。

1. 捕捞人员

海洋捕捞人员是直接从事捕捞作业的主体，他们通过专业技能和劳动，捕获各种海洋生物资源，确保了水产品的稳定供应，具体包括渔民、船员、船长等。捕捞人员数量的多少在不同时期对捕捞作业规模和效率的影响具有显著差异。在传统捕捞时期，海洋捕捞业人员的增加能够提升海洋捕捞产量，促进海洋捕捞经济的发展。然而，进入现代化捕捞时期，机械作业大规模代替劳动力作业，海洋捕捞业的劳动力需求结构发生显著变化，即劳动力需求由一般从业人员转向专业捕捞人员。这一时期一般从业人员对提高海洋捕捞效率具有消极作用，而专业捕捞人员有利于提升海洋捕捞效率。截至 2023 年末，中国从事海洋捕捞的人员有 84.65 万人，比 2022 年增长 0.44 万人。

2. 捕捞渔船

渔船的数量是衡量海洋捕捞能力的主要指标，海洋捕捞渔船的主机总功率、数量以及总吨位则决定了捕捞作业的能力和范围，进而影响海洋捕捞发展的效率与质量。捕捞渔船主要包括从事远洋捕捞的大型渔船和从事近海捕捞的中小型船只。随着沿海经济社会的发展和船舶技术的创新，海洋捕捞渔船不断增加，但大多数渔船的马力仍然较小，这在很大程度上限制了渔船的作业半径及其活动范围，而远洋捕捞作业对渔船要求较高，个体经营的渔民无法担负远洋捕捞的高额成本，因此只能集中在近海区域开展捕捞作业，从而很大程度上减小了海洋捕捞规模，使得海洋渔业生产面临极为严峻的形势（梅洁，2019）。截至 2023 年末，中国海洋捕捞机动捕捞渔船有 13.54 万艘，渔船总功率为 1 310.81 万 kW，其中国内海洋捕捞渔船有 13.29 万艘和 1 037.54 万 kW，远洋渔船有 2 462 艘和 273.27 万 kW。

3. 捕捞设备

捕捞设备是海洋捕捞业实现精准、高效捕捞的重要手段，包括延绳钓、拖网等。改革开放以来，随着渔业科技的进步，中国捕捞业发展迅速，逐渐由近海拓展到深远海。1985年中国第一支远洋渔业船队走出国门，拉开了远洋作业的序幕，使海洋捕捞走向远洋、走向全球，也使中国成为世界第一捕鱼大国。随着国家海洋强国战略的不断实施，对捕捞装备的研发愈加重视，捕捞装备科技将在现代捕捞渔业建设中发挥更大的支撑作用。除捕捞船舶外，现代海洋捕捞的装备还包括捕捞网具、船舶卫星定位设备、渔用声呐探鱼仪以及网位仪、测深仪等。这些装备的使用对海洋捕捞的影响主要体现在提高捕捞效率、优化作业方式、保护海洋生态以及促进渔业可持续发展等方面。

4. 捕捞技术

海洋捕捞技术的创新已成为推动渔业产业升级的关键因素。先进的海洋捕捞技术能够提高捕捞效率、降低捕捞成本，从而增加渔民的收入和企业的利润。同时，它还能带动相关产业的发展，如渔具制造、船舶修造、水产品加工、运输等，形成完整的产业链。随着卫星遥感技术、无线电通信技术、现代声学技术、电液压自动化控制技术等电子信息与机械技术的飞速发展，渔业生产管理信息服务系统、水平与垂直探鱼仪、渔业状态监测仪以及渔机自动控制仪等系列辅渔助渔装备的应用推进了海洋捕捞渔业的现代化进程，提高了海洋捕捞的信息化和自动化程度（徐皓等，2010）。

5. 捕捞资金

海洋捕捞业属于资本密集型产业，资金链的稳定对海洋捕捞的影响至关重要，从购买捕捞渔船、燃油到支付工人工资，再到捕捞技术和设备的更新换代，都需要充足的资金支持*。资金充足能够促进捕捞企业的扩张与发展，通过资本投入如购买捕捞新设备、修购现代化船只或进行技术升级，能够增强企业的捕捞能力。同时，资金充足还能降低融资成本，提高企业信用等级和市场认可度，增强企业的抗风险能力，使其能够更好地应对市场变化和潜在风险。另外，地方政府给予海洋捕捞一定的资金补贴，支持海洋捕捞业的可持续发展。例如，中国的渔业资源养护补贴、海洋捕捞渔民减船转产项目补助资金、中央远洋渔业发展补助以及渔业成品油价格补助专项资金等。

6. 动力和燃料

柴油等化石燃料是现代捕捞船的动力来源，主要用于渔船的航行和作业，如拖网捕鱼、渔网的使用等。近年来，随着燃油价格的上涨和常规能源的日渐渐少，能源的有效利用和结构转型受到越来越多的重视，锂电池动力、LNG（液化天然气）动力、甲醇动力和氢动力等新能源技术在海洋捕捞船舶中得到应用。中国是世界上渔船数量最多的国家之一，渔船耗油量占海洋渔业生产成本的 50% 以上。

7. 环境资源

海洋渔业资源存量与分布以及海洋环境质量是海洋捕捞可持续发展的基础。海洋渔业资源丰裕程度直接影响海洋捕捞规模，海洋渔业资源越丰富，海洋捕捞渔获物就越多，反之则越少。捕捞努力量影响渔业资源可再生性。适度的捕捞可以实现海洋资源的可持续利用，过度捕捞导致一些生物种群数量急剧减少，甚至濒临灭绝。同时，人类活动引起的海洋环境污染给渔业生态环境也带来威胁，进而影响海洋渔业资源的繁衍。因此，保护海洋渔业资源与生态环境，有利于促进海洋渔业资源增殖，扩大海洋渔业资源存量，推动海洋捕捞业可持续发展。

（二）海洋捕捞的生产成本

海洋捕捞的生产成本是指在一定时期内，海洋捕捞主体（例如捕捞企业）捕获一定数量的海洋动植物资源所使用的生产要素的费用（例如捕捞人员、捕捞渔船、捕捞资金、捕捞技术等）。接下来，本节考察短期和长期内海洋捕捞生产成本变化的基本规律。

1. 海洋捕捞的短期成本

捕捞主体为捕获既定产量海产品所需要的劳动力、资本、渔船、设备等生产要素投入的费用就是该产量下的总成本，它由固定成本和可变成本构成。其中固定成本也称不变成本，是不随捕捞产量的变动而变动的那部分成本，例如渔船购买成本。可变成本是随着捕捞产量的变动而变动的那部分成本，例如捕捞人员。用 STC、SFC 和 SVC 分别表示海洋捕捞的总成本、固定成本和可变成本，则有：

---

* 青岛银行首席经济学家办公室，2022. 创新金融支持体系：促进海洋渔业经济高质量发展［N］. 大众日报，2022-04-20.

$$STC = SFC + SVC \qquad (5-10)$$

依照某一捕捞产量下的总成本、固定成本和可变成本，可以定义相应的平均成本、平均不变成本和平均可变成本。

海洋捕捞的平均成本是将每单位捕捞产量所花费的总成本，用公式表示为

$$AC = \frac{STC}{Q} \qquad (5-11)$$

海洋捕捞的平均固定成本是将每单位捕捞产量分摊到的固定成本，用公式表示为

$$AFC = \frac{SFC}{Q} \qquad (5-12)$$

海洋捕捞的平均可变成本是每单位捕捞产量所花费的可变成本，用公式表示为

$$AVC = \frac{SVC}{Q} \qquad (5-13)$$

由于海洋捕捞的总成本等于固定成本与可变成本之和，因而在式（5-10）两边同时除以捕捞产量 Q 可以得到平均成本、平均不变成本以及平均可变成本的关系：

$$AC = AFC + AVC \qquad (5-14)$$

也可以根据上述 3 个成本产出的改变量来定义边际成本。边际成本是指增加 1 单位捕捞产量所增加的成本。固定成本不随捕捞产量的变动而变动，随着捕捞产量的增加，固定成本的改变量等于 0，所以，海洋捕捞的总成本改变量完全来源于可变成本。因此，海洋捕捞边际成本用公式可以定义为

$$MC = \frac{\Delta STC}{\Delta Q} = \frac{\Delta SVC}{\Delta Q} \qquad (5-15)$$

式中：ΔQ 表示捕捞产量的改变量，ΔSTC 和 ΔSVC 分别表示因捕捞产量改变而导致的总成本和可变成本的改变量，两者相等。

2. 海洋捕捞的长期成本

长期来看，海洋捕捞主体可以对所有的生产要素进行调整，因而所有生产要素都是可变投入，长期来看没有固定成本和可变成本之分。因此，有关海洋捕捞的长期成本的讨论只涉及长期总成本、长期平均成本和长期边际成本。

海洋捕捞的长期总成本是指捕捞主体（例如捕捞企业）长期捕获一定量海产品时通过改变生产规模所能达到的最低成本。海洋捕捞的长期总成本一般用 LTC 表示。相对于长期总成本，可以定义长期平均成本和长期边际成本。

海洋捕捞的长期平均成本是指从长期来看，平均每单位捕捞产量所花费的总成本，用公式表示为

$$LAC = \frac{LTC}{Q} \qquad (5-16)$$

海洋捕捞的长期边际成本是指从长期来看，捕捞主体每增加 1 单位捕捞产量所增加的总成本，用公式表示为

$$LMC = \frac{\Delta LTC}{\Delta Q} \qquad (5-17)$$

三、海洋捕捞的技术演进

海洋捕捞业发展历史悠久，捕捞技术随着时间的推移而不断进步。纵观海洋捕捞业发展历程，海洋捕捞技术大致经历了传统渔具和手工作业、机帆船和机械起网设备、现代捕捞装备、远洋捕捞技术4个阶段，呈现了从人力作业到机械作业再到智能化作业的演变过程。

（一）传统渔具和手工作业

海洋捕捞技术的发展历史漫长。据推测，最早的捕鱼方法是用手摸鱼、用木棒打鱼、用木刀砍鱼等（曲石，1986）。旧石器时代晚期，出现了用鱼叉叉鱼的方法，中国在这一时期的遗址出土了石链、标枪头和脱柄鱼镖等渔猎工具（安家瑗，1991）。在东南沿海地区出土了大量新石器早期的石质锛、骨质锛、骨鱼镖、鱼钩、鱼叉、投枪头，以及各式网坠等捕鱼工具。新石器中晚期，人们发明了各式鱼钩、钓鱼新方法和水上活动工具。舟船使人们不受自然环境的约束，可以到湖泊中心、河流深处以及近海沿岸从事捕鱼活动；网捕方法则提高了捕捞效率，使捕鱼量大增，为人们提供了更多的食物来源（程烨，2016）。公元10世纪前后，人类开始规模化海洋捕捞活动（方海等，2019）。

（二）机帆船和机械起网设备

19世纪中后期，西方国家将工业革命以来出现的动力机器应用于渔业生产，推动了渔业向工业化迈进。19世纪60年代中期，法国利用蒸汽机机动渔船进行捕捞生产；随后，英国将蒸汽机用于舷拖网渔船。蒸汽机拖网船因其经济性、自持力、抗风浪等性能均优于风帆渔船而很快流行于世界各国，这对海洋渔业规模的扩大和作业海区的开拓都起着重大作用（施鼎钧，1999）。

（三）现代捕捞装备

进入20世纪，随着卫星遥感技术、无线电通信技术、现代声学技术、机电液压自动化控制技术等电子信息与机械技术的飞速发展，拖网网板、冷冻加工装备、超强聚乙烯纤维材料、机电液压自动化控制、卫星遥感、无线电通信、渔用声呐探鱼仪以及网位仪等系列装备与技术被应用于海洋捕捞装备领域，促进了海洋捕捞装备和技术的快速发展（徐皓，2010）。20世纪50年代中期，英国建造了世界上第一艘大型艉滑道拖网渔船"Fair Try"号，随后欧美大型艉滑道拖网加工渔船得到了迅速发展，为远洋捕捞和全球渔业贸易铺平了道路，提高了渔具捕捞作业性能和生产效率，推动了大型高效节能捕捞渔具以及远洋渔业的发展，推进了渔业现代化进程（陈龙等，1996）。

（四）远洋捕捞技术

远洋捕捞技术经历了从传统到现代化的转变。早期的远洋捕捞主要依赖简单的渔具和手工操作，而现代远洋捕捞更加注重高科技设备，如自动化和机械化的捕捞装备、先进的导航和助渔设备、冷冻保藏和渔获物加工设施等。现代远洋捕捞的作业方式逐渐多样化，包括拖网、围网、延绳钓、竿钓和光诱手钓等。捕捞方式的多样化决定了捕捞渔船的多样化，包括单拖尾滑道拖网渔船、金枪鱼延绳钓渔船、自动鱿鱼钓渔船、手钓渔船、金枪鱼围网渔船、舷提网渔船等。现代化远洋捕捞船队通常配备有冷冻保藏和加工设施，能够在海上直接进行冷冻保藏和加工。例如，日本、韩国、挪威等渔业发达国家的远洋捕捞以大型远洋渔船为平台，渔业装备技术呈现自动化、信息化和专业化的特点，产品配套比较齐全，系统配套比较完善。近年来，中国自主设计与建造了金枪鱼围网渔船、秋刀鱼舷提网船、超低温冷藏运输船等大型专业化远洋渔船，技术达到国际同类先进水平（王志勇等，2022）。

四、海洋捕捞的经济产出

假定海洋捕捞作业是在考虑最大可持续捕捞量的基础上进行的，捕捞行为不会对海洋渔业资源造成巨大威胁，那么海洋捕捞产出就是可持续的。一般情况下，海洋捕捞的经济产出通常采用数量指标和结构指标进行度量。

（一）数量产出

1. 海洋捕捞的总产量

海洋捕捞总产量是指在资源环境承载力范围内投入一定生产要素可以生产出来的最大产量，用 TP^f 表示。

$$TP^f = f(L, A, M, K, \cdots) \tag{5-18}$$

图 5-3 描绘了 1950—2022 年世界捕捞渔业水生动物产量变化情况，海洋捕捞产量在 20 世纪 90 年代增长速度较快，90 年代后海洋捕捞产量增速降低，捕捞总产量趋于平稳。根据 FAO 渔业统计的数据分析：2022 年海洋地区的水生动物捕捞总产量为 7 970 万 t，占世界捕捞总产量的 86.34%。位列前七的生产国是中国（14.8%）、印度尼西亚（8.6%）、秘鲁（6.6%）、俄罗斯（5.9%）、美国（5.3%）、印度（4.5%）和越南（4.3%），7 个国家贡献了海洋捕捞总产量的 50.0%。

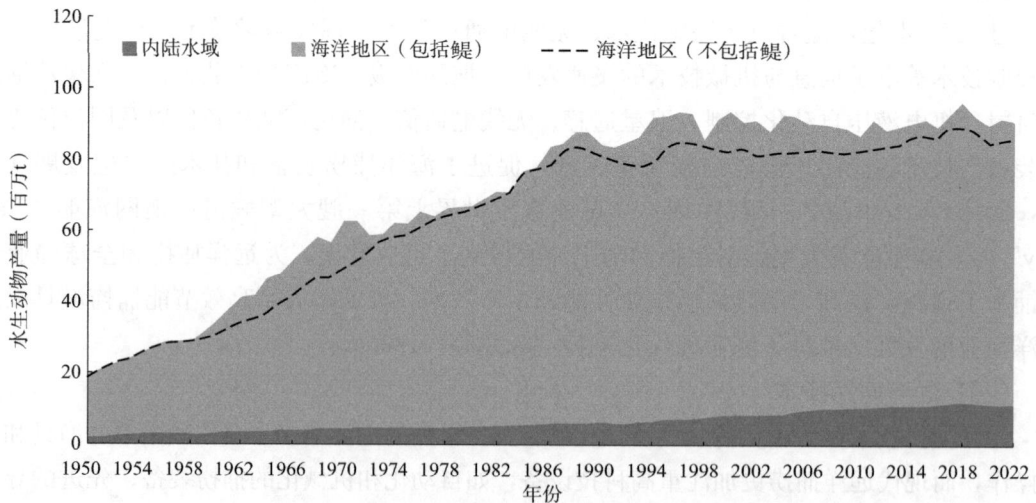

图 5-3 1950—2022 年世界捕捞渔业水生动物产量

资料来源：FAO，2024。渔业及水产养殖统计数据（FishStat）：1950—2022 年全球捕捞产量。载于：FlshstatJ 软件。www.fao.org/fishery/en/statistics/software/fishstatj。许可号：CC-BY-4.0。

注：水生动物不包括鳄、短吻鳄、凯门鳄、其他水生产品（特指珊瑚、珍珠、贝类和海绵）以及藻类。数据以鲜重当量为单位。

2. 海洋捕捞的平均产量

平均产量是投入 1 单位生产要素的产量，记为 AP。假设在保持海洋捕捞的其他生产要素不变的条件下，每单位渔业劳动投入所生产的产量，可以称为渔业劳动的平均产量，记为 AP_L^f。用公式表示为

$$AP_L^f = \frac{TP}{L} \qquad\qquad (5-19)$$

3. 海洋捕捞的边际产量

边际产量是指增加 1 单位生产要素投入量所带来的产出增加量，记为 MP。边际产量反映了总产量的变动率，或者说是变动速度。假设在其他投入要素保持不变的条件下，增加 1 单位海洋捕捞劳动力（ΔL）所带来的产出增加量为（ΔTP），那么海洋捕捞劳动力投入的边际产量记为 MP_L^f。用公式表示为

$$MP_L^f = \frac{\Delta TP}{\Delta L} \qquad\qquad (5-20)$$

4. 边际报酬递减规律

边际报酬递减规律是指在技术水平保持不变的条件下，把一种可变的生产要素连同其他一种或几种不变的生产要素投入到生产过程中，随着这种可变的生产要素投入量的逐渐增多，最初每增加 1 单位该要素所带来的产量增加量是递增的；但当这种可变要素投入量增加到一定程度后，增加 1 单位该要素所带来的产量增加量是递减的。简言之，在保持海洋捕捞其他条件不变的情况下，一种可变要素投入在增加到一定程度之后，它所带来的边际产量是递减的。

5. 总产量、平均产量和边际产量之间的关系

边际报酬递减规律不仅决定了海洋捕捞边际产量随着可变要素投入量变动的趋势，而且决定了海洋捕捞总产量和平均产量的变动趋势，并使得三者之间的关系更加明晰。图 5-4 描绘了海洋捕捞总产量、平均产量和边际产量随着可变要素投入的变动而变动的曲线。

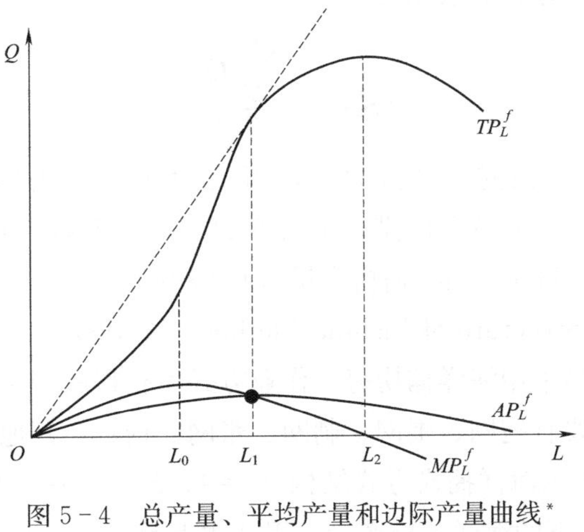

图 5-4 总产量、平均产量和边际产量曲线*

---

* 《西方经济学》编写组，2019. 西方经济学（第二版）上册 ［M］. 北京：高等教育出版社.

在图 5-4 中，横轴表示可变要素海洋捕捞劳动力的投入数量 L，纵轴表示海洋捕捞数量 Q，相应的海洋捕捞总产量、平均产量和边际产量曲线分别为 TP_L^f、AP_L^f 和 MP_L^f。3 条曲线的关系如下：在边际报酬递减规律的作用下，劳动力的边际产量曲线呈现先增加后递减的趋势；随着边际产量先增加后递减以及边际产量由正值转为负值，总产量曲线也会呈现先增加后递减的趋势；对应上述总产量曲线，劳动力的平均产量曲线是先增加后递减的；边际产量曲线与平均产量曲线相交，并且交于平均产量曲线的最大值点。

（二）结构产出

海洋捕捞产出的结构主要用捕捞品种结构和捕捞方式结构两个指标进行描述。

1. 捕捞品种结构（Species Structure of Fishing，FSS）

海洋捕捞品种结构是指捕捞的每一品种的产量占海洋捕捞总体产量的比例。海洋捕捞对象包括鱼类、甲壳类、贝类、藻类、头足类、其他类六大类别，具体捕捞品种见第五章第二节。我们用 FSS_{ij} 表示品种结构（$i=1，2，3，4，5，6$，分别表示捕捞品种类别，包括鱼类、甲壳类、贝类、藻类、头足类、其他类；$j=1，2，3，\cdots，j$ 表示鱼类、甲壳类、贝类、藻类、头足类和其他类中的捕捞品种），Q_{ij} 表示 i 类中捕捞品种 j 的产量。用公式表示为

$$FSS_{ij}=\frac{Q_{ij}}{TP} \tag{5-21}$$

例如，在 2023 年中国海洋鱼类捕捞中，带鱼捕捞产量占海洋捕捞总量的 9.53%，鳀捕捞产量占海洋捕捞总量的 6.63%，蓝圆鲹和鲐捕捞产量均占海洋捕捞总量的 4.13%，鲅捕捞产量占海洋捕捞总量的 3.85%，海鳗捕捞产量占海洋捕捞总量的 3.37%，金线鱼捕捞产量占海洋捕捞总量的 3.24%。

通过海洋捕捞品种结构可以测度海洋捕捞产品的类别（鱼类、甲壳类、贝类、藻类、头足类和其他类）结构。用公式表示为

$$FSS_i=\frac{\sum_{j=1}^n Q_{ij}}{TP} \tag{5-22}$$

例如，2023 年中国海洋捕捞产量 954.869 万 t。其中，鱼类捕捞产量占 67.66%，甲壳类捕捞产量占 19.95%，头足类捕捞产量占 6.22%，贝类捕捞产量占 3.70%，其他类（海蜇等）捕捞产量占 2.53%，藻类捕捞产量占 0.23%。

2. 捕捞方式结构（Structure of Fishing Methods，FMS）

海洋捕捞方式结构是采用海洋捕捞每一作业方式所获得的产量在海洋捕捞总产量中的比例。海洋捕捞方式主要有拖网、围网、刺网、张网、钓具、其他等，具体捕捞方式见第五章第二节。用 FMS_i 表示海洋捕捞方式结构（$i=1，2，3，\cdots$，分别对应不同的海洋捕捞方式），Q_{ij} 表示 i 方式下的海洋捕捞产量。用公式表示为

$$FMS_i=\frac{Q_i}{TP} \tag{5-23}$$

例如，在2022年中国海水捕捞方式中，拖网捕捞渔获物产量占48.60%，刺网捕捞渔获物产量占24.33%，张网捕捞渔获物产量占8.89%，围网捕捞渔获物产量占8.22%，钓具捕捞渔获物产量占3.73%。

第五节 海洋捕捞经济的影响因素及发展趋势

一、海洋捕捞经济的影响因素

（一）海洋渔业资源环境

海洋渔业资源环境是海洋捕捞生产的基础条件，是海洋捕捞经济可持续发展的重要前提。渔业资源环境对海洋捕捞经济的影响主要表现在以下几个方面：资源衰退、环境污染、极端天气和气候变化。海洋渔业资源长期开发的强度大且不均衡、利用不合理，导致渔业资源衰退问题突出，最终降低海洋捕捞业的生产效益。据FAO统计，2021年，生物可持续水平范围内的海洋渔业种群比例降至62.3%，比2019年下降2.3%。为了保护和合理开发利用海洋渔业资源，诸如规定最小网目尺寸、限制底拖网渔具的作业范围、制定渔具准入制度和休渔制度等（马阔建等，2021）管理措施出台并实施（孙康等，2020）。环境污染主要体现在捕捞渔船油污、工业废水、生活污水排放引起的海域水质下降，导致海洋生物生存环境遭到破坏，进而引起海洋生物大量死亡、渔业资源存量逐步降低。据不完全统计，中国渔船每年排放的污染物总计在400万t以上，船员的生活污水排放量在350万t以上、固态垃圾排放量在50万t以上（顾虹，2018）。海洋捕捞业是高风险行业，超强台风、风暴潮等极端天气气候事件以及渔船碰撞、生产性事故等给渔民生命和财产造成了重大损失（杨子江等，2011）。气候变化导致海洋温度变化，促使大多数温带渔业发生地理转移，影响海洋渔业资源的分布和全球海洋系统。

（二）海洋捕捞技术创新

技术创新是推动产业发展的根本动力，海洋捕捞能力的增强主要依赖捕捞技术的不断创新，主要表现在技术装备的研发应用和从业人员的技能提升两个方面。机械代替劳动是海洋捕捞技术进步的客观表现。随着捕捞机械智能化改进，海洋捕捞的自动化操作降低了人力成本。各国注重落地式起网机、动力滑车液压集中操作控制系统（徐皓等，2010）、Simrad EK80科学探鱼仪、Bisonics探鱼仪、DIDSON声学摄像机、全方位多波束渔用声呐等新装备的研发应用使人们能够更精准探查渔业资源、快速定位并实时跟踪渔场（宗艳梅等，2021），提高了海洋捕捞的效率。随着科技的不断进步和捕捞技术的不断创新，捕捞人员需要不断学习和掌握新的技能和知识，具备过硬的实际操作经验和风险防范能力，以适应不断变化的捕捞环境（薛飞等，2022）。

（三）海洋捕捞管理制度

渔业资源类似于准公共物品，具有非排他性和竞争性。这种特性决定了渔业资源在开发和利用过程中需要公共政策的保障，完善的管理制度可以推动海洋捕捞业的可持续发展。目前，海洋捕捞领域的管理制度主要有捕捞配额制度、资源养护制度、捕捞许可制度、油价补贴制度等。捕捞配额制度的实施有利于合理控制捕捞强度，避免过度捕捞、保护海洋生物多样性（罗文等，2024）。资源养护制度是保障海洋生物资源安全与可持续利用的重要政策（韩杨，2024），为海洋生物资源提供优质的生产环境，促进其繁殖，进而扩大海洋生物资源存量。例如海洋渔业资源养护补贴、海洋伏季休渔制度、渔船"双控"制度、海洋捕捞"零增长"等（张文兵等，2023）。捕捞许可制度能够规范捕捞渔船管理，控制捕捞强度，减缓渔业资源衰退。同时，渔业生产者按照规定缴纳资源增殖保护费，在一定程度上促进了渔业资源有序、有度、有偿开发（张忠国，2010）。油价补贴制度在降低生产成本、加强管理、促进安全生产、保护生态环境以及推动产业结构调整等多方面发挥重要作用，对渔民和渔业发展产生了积极的影响。

（四）市场价格与需求

水产品市场变化对海洋捕捞经济产生显著影响，主要通过产品市场和要素市场影响海洋捕捞业。在水产品市场上，水产品价格和需求是影响海洋捕捞生产的主要因素。水产品价格的上涨会激励捕捞者增加捕捞量，因为更高的价格意味着更高的经济回报。这种激励作用可能促使捕捞者使用更高效的捕捞技术和设备，甚至可能引发过度捕捞，从而对渔业资源造成压力。水产品的需求对海洋捕捞生产规模具有显著影响。随着居民收入和生活水平的提高，国民膳食结构逐渐优化，水产品的食物健康功能越来越受到重视，水产品在居民膳食中的占比越来越高，消费需求量也越来越大（赵燕芬等，2024）。另外，健康饮食观念的普及使得消费者对高质量、无污染的水产品的需求增加。在要素市场上，生产要素价格变动会引起捕捞成本的波动，进而影响海洋捕捞强度。海洋捕捞成本主要包括与捕捞所有投入有关的固定成本和变动成本，例如船只折旧、购买渔具、燃料和劳动力成本（冯瑞玉等，2023）。这些成本的上升会增加捕捞者的经济负担、降低捕捞活动的盈利能力。

（五）服务保障能力

稳定完善的能源、信息与运输服务体系是支撑海洋捕捞经济发展的重要保障，对海洋捕捞业实现远洋化、绿色化发展发挥着重要作用。海洋捕捞作业离不开机动渔船，机动渔船的燃油消耗成为海洋捕捞业的主要能源需求。随着远洋捕捞规模的进一步扩大，燃油的稳定供应，包括出发前的燃油储备、在航行中寻找合适的加油港口或进行海上加油等成为远洋捕捞能源保障的首要任务。随着国家对环境保护的重视，捕捞渔船开始向绿色低碳化转型，采用更高效的燃油和新能源技术（王鑫等，2023）成为减少能源消耗和碳排放、保护生态环境的主要转型路径。海洋捕捞效率的提高离不开外界的信息支持，充分应用空间观测等信息技术，能够提高渔场搜寻效率，减少渔船能源消耗。水产品物流业的迅猛发展为捕捞产品安全、快速、高质量运输提供了保障。现代水产品物流业通过供应链的高效整合、运输成本的降低、智能库存管理的应用、信息流通的加速、市场竞争力的提升以及创新驱动发展显著降低了水产品成本，推动了渔业的转型升级与可持续发展。

二、海洋捕捞经济的发展趋势

（一）海洋捕捞的远洋化

随着近海渔业资源的持续衰退，近海捕捞产量规模开始收缩（岳冬冬等，2020），近海渔业资源满足不了人们的日常需求，开发深远海渔业资源、发展远洋捕捞成为海洋渔业现代化建设的趋势（白辉哲，2020），这对保障国家粮食安全、优质水产品供应、维护国家海洋权益等具有重要意义。远洋捕捞业对作业渔船的要求较高，作业渔船需具备长续航力、高度机械化和自动化、完善的助渔导航设备，以及拥有冷冻冷藏或渔获物的加工设施。随着技术的进步，远洋渔船的更新改造力度加大，远洋渔船整体装备水平显著提高，作业方式也由单一的底拖网捕捞发展为大型拖网、大型围网、大型延绳钓等多种方式。发展远洋捕捞不仅要求渔船具备先进的设备和技术，还需要有完善的后勤支持和管理体系，例如远洋渔船的海外补给基地建设、远洋渔业项目审批和资格认定、远洋渔业项目和企业资格年审以及远洋渔业行业自律协调机制等。

自 1985 年开始，中国开始发展远洋渔业，经过将近 40 年的发展，远洋渔业作业范围已遍布太平洋、大西洋和印度洋及周边 40 多个国家的海域以及南极公海区域。截至 2022 年，中国拥有经批准的远洋渔业企业 177 家、远洋作业渔船 2 551 艘（其中公海作业渔船 1 498 艘），作业区域分布于太平洋、印度洋、大西洋公海和南极海域以及相关合作国家管辖海域，年产量 232.8 万 t。

（二）海洋捕捞的信息化

海洋捕捞的信息化是指运用物联网、大数据、人工智能、卫星遥感、移动互联网等现代信息技术，深入开发和利用海洋渔业信息资源，全面提高海洋渔业综合生产力和经营管理效率的过程。海洋捕捞信息化发展的关键就是推进现代信息技术在海洋捕捞领域的应用。这要求既要从国家层面系统推进捕捞业信息化建设，以信息化之桥联通"空、陆、海、船、人"，又要通过广泛交流信息化建设和应用所取得的最新成果，共同研究宽带卫星等新一代信息技术在海洋捕捞领域的创新应用路径，让信息化更好地服务于渔业生产、经营、管理等。海洋捕捞信息化建设主要体现在以下方面：一是利用物联网、大数据、人工智能、卫星遥感、移动互联网等现代信息技术，深入开发和利用海洋渔业信息资源，包括通过移动 App 应用软件等工具，实现智慧渔业的管理，全面提高渔业综合生产力和经营管理效率。二是重视大数据在渔船和渔港管理中的应用。中国水产科学研究院渔业工程研究所等机构利用大数据技术，对渔船和渔港进行更高效的管理。例如，全国渔船动态监控系统的建立使得渔船的位置数据可以被实时收集和分析，这不仅提高了捕捞效率，还有助于渔业资源的保护和管理。

例如，在农业农村部印发的《数字农业农村发展规划（2019—2025 年）》中强调，大力推进北斗导航技术、天通通信卫星在海洋捕捞中的应用，加快数字化通信基站建设，升级改造渔船卫星通信、定位导航、防碰撞等船用终端和数字化捕捞装备。加强远洋渔业数字技术基础研究，提升远洋渔业资源开发利用的信息采集分析能力，推进远洋渔船视频监控的应用。发展渔业船联网，推进渔船智能化航行、作业与控制，建设涵盖渔政执法、渔船进出港报告、电子捕捞日志、渔获物可追溯、渔船动态监控、渔港视频监控的渔港综合管理系统。

（三）海洋捕捞的智能化

海洋捕捞的智能化是指利用现代信息技术、人工智能、自动化控制等技术手段，改造和升级传统海洋捕捞方式，以提高捕捞效率、减少资源浪费、保护海洋生态环境。海洋捕捞智能化主要体现在捕捞装备的自动化、捕捞决策的智慧化和捕捞作业的生态化。一是捕捞装备的自动化。在捕捞渔船上安装自动化的渔网收放系统、渔船驾驶系统等自动化设备，减少劳动力需求，提高作业效率和安全性。通过智能传感器监测渔网的张力和状态，自动调整渔网的深度和位置，优化捕捞过程。利用北斗卫星导航系统等，实现对渔船的精确定位，帮助渔民更准确地找到渔场，减少盲目搜索的时间。在捕捞过程中，可以使用无人机进行侦察和监测，或者使用水下机器人进行特定种类鱼群的捕捞，减少对环境的影响。二是捕捞决策的智慧化。利用安装在渔船上的传感器和摄像头实时监测海水温度、盐度、流速、鱼类活动等渔情信息及数据，并运用大数据分析和人工智能算法，对收集到的渔情数据进行分析，预测鱼类分布和迁徙规律，指导作业渔船进行高效捕捞。三是海洋捕捞作业的生态化。智能系统能够帮助渔业部门监测和管理渔业资源，避免过度捕捞，实现海洋渔业资源的有效管理与海洋生态环境的保护。

例如，通过使用摄像机记录捕获的生物，并借助复杂软件根据物种对其进行分类，可以有效地自动化许多需要观察者的工作，监管者将能够更全面地了解某地区的捕捞现状和检测非法操作现象。浙江台州、宁波舟山等地纷纷发展智慧渔业，推进北斗、卫星通信等技术在海洋捕捞中的应用，积极发展渔业船联网，打造数字渔场，加快推进海洋渔业转型升级（夏佳佳等，2021）。

第六章 海洋渔业生态经济

海洋渔业作为重要的生物经济活动之一，不仅关系到食物供应和经济发展，还对海洋生态系统的平衡与可持续性产生深远影响。本章首先阐释海洋渔业生态经济的理论基础，即海洋渔业生态经济系统论，揭示该系统的内涵与特征、结构与功能及其评价与优化。其次，从绿色养殖、负责任捕捞和海洋休闲渔业三方面介绍海洋渔业生态经济在现实经济活动中所表现的典型形态，并通过具体案例展示了国内外在海洋渔业生态经济实践中的创新举措。再次，重点阐述了碳汇渔业这一新兴领域，分析其在应对气候变化中的作用，讨论了海洋渔业碳汇交易的现状与前景。最后，聚焦海水水体、栖息地以及种质资源等海洋渔业生态要素的保护，强调了海洋生态要素的有效保护对渔业资源可持续利用和生态系统稳定的重要作用。

第一节 海洋渔业生态经济系统

一、海洋渔业生态经济系统的内涵与特征

海洋渔业生态经济系统是指在一定的地理区域内，以海洋渔业资源为核心，通过海洋渔业生产活动，实现人与自然、经济与社会相互联系、相互制约、相互促进的生态、经济、社会复合系统。海洋渔业生态经济系统作为一个复杂的跨学科系统，融合了生态学与经济学的基本原理，旨在实现海洋渔业资源的可持续管理与优化利用。其内涵不仅限于海洋渔业经济活动的传统维度，如捕捞、养殖、加工和市场流通等，还包括了生态系统的结构、功能及其与人类经济活动之间的复杂互动关系。

海洋渔业生态经济系统具备以下几个显著特征：

（一）复杂性与多维性

海洋渔业生态经济系统的复杂性体现在其包含生物、物理、化学、经济和社会等多个维度。生态系统内部的生物资源与环境因子之间的关系错综复杂，这些生态要素又通过多种机制与人类的经济活动紧密联系。因此，海洋渔业生态经济系统研究不仅涉及自然科学领域的广泛知识，还要求结合经济学、社会学等多学科视角进行综合研究。

在海洋渔业中，鱼类种群的动态变化不仅受到自然环境因素（如水温、盐度、营养盐浓度等）的制约，还直接受到人类捕捞活动的影响。过度捕捞可能导致海洋渔业资源的衰退，合理的捕捞管理则有助于维持种群的稳定。同时，市场需求、海洋渔业政策与管理措

施等经济与社会因素也在不同程度上影响着海洋渔业资源的利用模式。因此，理解海洋渔业生态经济系统需要从生态、经济与社会多个维度综合分析。

（二）动态性与时空性

海洋渔业生态经济系统表现出显著的动态性和时空性。生态系统的结构与功能会随时间和空间的变化而发生转变，而这些变化将直接影响海洋渔业资源的可持续利用。海洋渔业资源的繁衍、生长、迁徙等生物过程以及生态系统的自我调节与恢复能力均具有时间和空间上的差异性。

例如，鱼类种群在不同季节可能会迁徙至不同的水域以满足其生物需求，这种时空变化要求海洋渔业管理者在不同的时间和地点采取差异化的管理措施。同时，生态系统的动态变化也意味着海洋渔业资源的可持续利用需要依据环境条件的变动而进行灵活调整，从而避免资源的过度开发和生态环境的破坏。

（三）整体性与系统性

海洋渔业生态经济系统具有整体性与系统性，其内在各组成部分之间存在着紧密的相互依存关系。生态系统的任何一部分发生变化，都会引发整个系统的连锁反应。海洋渔业资源的管理与利用必须从整体系统的角度出发，综合考虑各要素之间的相互关系。

在海洋渔业中，底栖生物、浮游生物与鱼类等不同层次的生物群落之间通过食物链和食物网形成复杂的关系。破坏某一层次的生物群落可能会导致整个食物网的失衡，从而影响海洋渔业生态系统的稳定性。海洋渔业管理不仅要注重特定物种的保护，还需关注整个生态系统的稳定性与功能的完整性。

（四）不可逆性与脆弱性

海洋渔业生态经济系统受到破坏后，恢复过程往往较为缓慢，甚至可能无法逆转，表现出显著的不可逆性与脆弱性。过度捕捞可能导致某些鱼类种群的急剧减少甚至灭绝，从而破坏生态系统的平衡。此外，生态环境的退化，如水体污染、栖息地破坏等，也可能导致海洋渔业资源的长期衰退。

这种特征要求在利用海洋渔业资源时必须采取高度谨慎的态度，充分考虑生态系统的承载能力，避免不可逆的生态损害。同时，海洋渔业生态经济系统的脆弱性表明，当系统遭受外部冲击时，其恢复能力相对较弱，容易陷入不稳定状态。维护海洋渔业生态经济系统的健康需要持续的监测与科学的管理。

（五）可持续性与适应性

实现可持续发展是海洋渔业生态经济系统的重要目标之一，即在满足当代需求的同时，不损害未来世代满足其需求的能力。为了实现这一目标，海洋渔业生态经济系统需要具备足够的适应性，以应对环境条件、资源可用性与市场需求等方面的变化。

海洋渔业生态经济系统的可持续性不仅体现在资源的持续利用上，还包括生态系统功能的长期维持、社会经济效益的稳步增长以及生态、经济与社会三者之间的协调发展。例如，通过推广生态友好的养殖技术、实行科学的捕捞配额管理，可以有效提高海洋渔业资源的可持续利用水平，增强海洋渔业生态经济系统应对外部变化的能力。

二、海洋渔业生态经济系统的结构与功能

海洋渔业生态经济系统是一个复杂的多维系统，其结构涵盖了生态、经济和社会三个相互关联的子系统。每个子系统在海洋渔业资源的可持续利用中扮演着独特的角色，并通过复杂的互动机制共同决定系统整体的功能与效能。

（一）海洋渔业生态子系统

1. 海洋渔业生态子系统的结构

海洋渔业生态子系统是海洋渔业生态经济系统的基础构成部分，其结构由生物群落、物理化学环境和生态过程三大要素组成。生物群落涵盖了鱼类、浮游生物、底栖生物以及水生植物等，这些生物通过复杂的食物链和食物网关系形成一个紧密联系的生态网络。物理化学环境则包括水体的温度、盐度、光照、营养盐浓度等，这些环境因子决定了生物群落的组成和功能。

生态过程是海洋渔业生态子系统功能得以实现的关键所在，包括初级生产、能量流动、物质循环和种群动态等过程。这些生态过程确保了生物资源的再生能力和生态系统的稳定性，并为海洋渔业经济活动提供了资源基础。例如，初级生产过程通过光合作用将太阳能转化为化学能，构成了生态系统能量流动的起点，直接影响了鱼类资源的生产力。

2. 海洋渔业生态子系统的功能

海洋渔业生态子系统的功能主要体现在以下几点：

一是生物多样性的维持。生物多样性是生态系统稳定性的基础，海洋渔业生态子系统通过复杂的生物相互作用维持了生物种群的多样性，这对于应对环境变化和维持生态平衡至关重要。

二是海洋渔业资源的生产。海洋渔业生态子系统是海洋渔业资源生产的源泉。通过自然生态过程，鱼类和其他水生生物得以繁殖和生长，从而为海洋渔业经济活动提供了可持续的资源基础。海洋渔业资源的丰度和健康状态直接依赖生态子系统的结构和功能。

三是生态服务的提供。海洋渔业生态子系统提供了多种生态服务，包括水质净化、栖息地、碳汇等。这些服务不仅对海洋渔业本身有重要作用，还对整个生态系统的健康和人类社会的福祉有深远影响。例如，滨海湿地不仅为鱼类提供了关键的栖息环境，还通过水质净化功能减轻了人类活动对近海环境的污染。

（二）海洋渔业经济子系统

1. 海洋渔业经济子系统的结构

海洋渔业经济子系统由一系列与海洋渔业资源开发和利用相关的经济活动构成，其结构可以分为生产、加工、流通和消费四个主要环节。在生产环节，海洋渔业经济子系统包括捕捞、养殖和增殖活动，这些活动决定了海洋渔业资源的初级供应。在加工环节，海洋渔业产品经过初级加工和深加工，形成了具有市场价值的商品。流通环节则涉及产品的储存、运输和销售，确保海洋渔业产品能够高效地进入市场。消费环节是海洋渔业经济子系统的终端，消费者需求直接影响整个系统的运作方式。

2. 海洋渔业经济子系统的功能

海洋渔业经济子系统的核心功能包括：

一是实现海洋渔业资源的经济价值转化。通过捕捞、养殖和加工等活动，海洋渔业资源被转化为具有市场价值的产品，从而带来了经济效益。海洋渔业经济子系统通过市场机制将这些产品流通到全球市场，不仅满足了消费者的需求，也促进了区域和国家经济的发展。

二是促进海洋渔业经济高质量发展。海洋渔业经济子系统在技术进步和产业升级方面发挥了重要作用。随着科技的进步，海洋渔业经济子系统不断创新捕捞和养殖技术，提高了资源利用效率，并推动了海洋渔业产业的现代化发展。通过引入生态友好型技术和可持续管理模式，海洋渔业经济子系统不仅增加了产出，还减少了对环境的负面影响。

三是为社会提供就业机会。海洋渔业经济子系统为社会提供了大量的就业机会，特别是在沿海海洋渔业发达地区。海洋渔业活动是这些地区经济的支柱产业，海洋渔业经济子系统通过提供就业和创造收入，直接改善了地方经济状况，并提高了社会福祉。

（三）海洋渔业社会子系统

1. 海洋渔业社会子系统的结构

海洋渔业社会子系统包括与海洋渔业活动相关的社会文化、法律制度、社区组织及人群行为等要素。社会文化方面，海洋渔业社区（以渔村为表现形式）拥有独特的传统知识、信仰和行为规范，这些文化要素在海洋渔业资源的利用和管理中发挥着重要作用。渔民的传统知识，例如对鱼类习性和捕捞技术的了解，在现代海洋渔业管理中仍具有重要参考价值。

法律制度和政策框架是海洋渔业社会子系统的另一关键组成部分，涵盖了海洋渔业法、环境保护法以及各种与海洋渔业资源管理相关的政策法规。这些制度为海洋渔业活动的规范化开展提供了法律依据，并为海洋渔业资源的可持续利用提供了保障。

社区组织和人群行为在海洋渔业社会子系统中也占有重要地位。海洋渔业社区，尤其是以渔村为代表的组织形式、内部合作机制以及与外界的联系网络，直接影响了海洋渔业资源管理的效果以及社区的整体发展水平。

2. 海洋渔业社会子系统的功能

海洋渔业社会子系统的主要功能在于协调海洋渔业生态子系统与海洋渔业经济子系统之间的关系，促进海洋渔业资源的可持续管理和社会公平。

第一，海洋渔业社会子系统通过文化传承和教育，提升了渔民及相关利益群体的生态保护意识和可持续发展理念。这种意识的提高对于长远的海洋渔业资源管理和生态系统保护具有积极影响。

第二，海洋渔业社会子系统通过法律制度和政策措施的制定与实施，规范了海洋渔业活动，确保了海洋渔业资源的合理利用与保护。例如，海洋渔业管理法律通过实施捕捞配额制度和禁渔期政策，有效防止了过度捕捞，保障了海洋渔业资源的再生能力。同时，环境保护法律法规的执行也减少了海洋渔业活动对环境的负面影响，促进了生态系统的健康和稳定。

第三，海洋渔业社会子系统在推动社会公平和社区发展的过程中发挥了重要作用。通过建立有效的社区组织和合作机制，海洋渔业社会子系统能够动员社区力量，共同管理和合理分配海洋渔业资源。这不仅提升了海洋渔业资源管理的效率，还促进了海洋渔业社区的经济发展和社会进步。

（四）三大子系统间的作用机理

在海洋渔业生态经济系统中，生态、经济和社会三个子系统彼此相互作用，共同实现海洋渔业资源的可持续利用、经济效益的增长以及社会福祉的提升。

1. 生态子系统与经济子系统的相互作用

海洋渔业生态经济系统的生态子系统主要包括海洋渔业资源及其栖息环境。海洋渔业资源作为经济子系统的核心投入，直接影响捕捞和养殖的产出水平。海洋生态子系统的良好状况能提供稳定的渔业资源，而经济子系统则依赖这种资源供给产生经济效益。同时，经济活动的强度和方式反过来会影响生态子系统的健康。例如，过度捕捞会削弱海洋渔业资源的再生能力，而采取负责任的捕捞方式和实施适度的捕捞限额则有助于维持生态平衡，增强资源的可持续性。生态子系统的稳定性与经济子系统的收益水平之间呈现正反馈关系，通过对资源管理的调整能够逐步建立资源利用与保护的平衡。

此外，经济活动的收益又能为海洋生态保护和海洋渔业资源修复提供资金支持，例如生态恢复项目和污染治理措施。通过这种资源的再投资方式，经济子系统反哺生态子系统，为其提供必要的资金和技术支持，从而维持海洋渔业资源的再生能力和海洋生态环境的健康。

2. 生态子系统与社会子系统的相互作用

生态子系统不仅为渔业生产提供资源，还对沿海渔村的社会文化和生活方式产生深刻影响。渔民和沿海居民对生态子系统的依赖，不仅体现在生计需求上，还包括对文化和传统的维护。良好的生态环境和海洋渔业资源支持沿海渔村的稳定发展，反过来，社会子系统的参与和管理有助于生态保护的落实。例如，渔民和社区居民可以通过参与生态修复和环境保护活动减少对自然资源的破坏性行为，并通过实践方式提升生态意识。

在这一过程中，社会子系统通过环境教育、社区共管、环保推广等措施促进生态保护的自觉性和一致性，形成社会对子系统的反馈和支持。例如，一些地区通过设立渔业合作组织和实施资源共管制度，引导居民合理利用资源、减少污染物排放实现社会子系统对生态子系统的积极影响。

3. 经济子系统与社会子系统的相互作用

经济子系统与社会子系统的相互作用主要体现在海洋渔业收入和社会福利的互动上。海洋渔业活动为沿海居民带来经济收益，提升了他们的生活质量，同时也推动了沿海社区的基础设施建设和社会保障体系的完善。经济收益的增加反过来提高了沿海居民的生活水平，使他们更加重视可持续发展的理念，从而为海洋资源的合理利用和环境保护创造了社会基础。

在经济激励的作用下，社会子系统通过海洋渔业管理制度和政策调节经济子系统的行为。例如，沿海社区可以通过引入绿色补贴、碳汇交易等机制，鼓励居民参与低碳、生态友好的生产方式。此外，经济子系统也可以通过引导休闲渔业、生态旅游等新型经济模式的实现，为社会子系统提供新的经济增长点，使沿海社区在保护环境的同时获得经济收益。

综上所述，海洋渔业生态、经济和社会子系统之间的互动关系并非静态的，而是通过一系列反馈机制维持动态平衡的。资源状态的变化会影响经济产出，经济活动的调整会影响生态环境的质量，而生态环境的质量又会通过影响资源供给进而调节经济活动。在这种反馈作用下，海洋渔业生态经济系统能够根据内外部变化进行动态调整，实现各子系统的协调和系统整体的平衡。

三、海洋渔业生态经济系统的评价与优化

海洋渔业生态经济系统的评价与优化是实现海洋渔业资源可持续管理的重要手段。评价过程不仅涉及生态、经济和社会各维度的指标体系的构建与综合分析，还包括对系统内部结构与功能的全面诊断。优化过程则是在评价结果的基础上，提出系统性的管理策略与技术路径，以实现海洋渔业资源的合理利用、生态环境的保护和经济效益的最大化。

（一）海洋渔业生态经济系统的评价

1. 评价指标体系的构建

构建科学的评价指标体系是海洋渔业生态经济系统综合评价的基础。海洋渔业生态经济系统的复杂性和多维性决定了其评价需要涵盖生态、经济和社会等多个方面。具体而言：生态维度的指标主要包括水体质量、生物多样性、资源可持续利用水平等；经济维度的指标涵盖海洋渔业产出、经济效益、市场供求关系等；社会维度的指标则涉及海洋渔业就业率、社区发展水平、社会公平性等。

生态维度指标的选择应侧重于反映生态系统健康状况和资源可持续性的要素。例如，鱼类种群的结构和数量、水体的营养盐浓度、生物的丰富度等，都是衡量海洋渔业生态系统健康状况的重要指标。经济维度指标则应关注海洋渔业生产的产值与效益，如单位面积产出、海洋渔业资源利用率、市场竞争力等。社会维度指标则可以包括海洋渔业从业人员的收入水平、海洋渔业社区的经济发展状况、社会福利分配的公平性等。

在评价指标体系构建过程中，需要注意各指标之间的相互关系和权重分配。由于生态、经济和社会维度之间可能存在相互制约的关系，因此在进行综合评价时，必须通过合理的权重设置，确保评价结果能够全面反映海洋渔业生态经济系统的整体状况。

2. 评价方法的选择与应用

在海洋渔业生态经济系统的评价过程中，选择科学合理的评价方法至关重要。当前，常用的评价方法包括层次分析法（AHP）、模糊综合评价法、系统动力学模型（SD）和多准则决策分析法（MCDA）等。这些方法在不同的研究情况下具有各自的优势与适用性。

层次分析法通过构建多层次的评价指标体系，并利用专家打分法进行权重分配，适用

于复杂系统的综合评价。模糊综合评价法则通过引入模糊数学的概念，对评价过程中存在的不确定性进行处理，适用于生态系统状态的模糊评价。系统动力学模型则以动态模拟为基础，能够揭示海洋渔业生态经济系统中各要素之间的动态关系，适用于对系统内部反馈机制的深入分析。多准则决策分析法则通过对多个评价准则的综合分析，提供了针对性较强的决策支持，适用于多目标优化情况下的系统评价。

在实际应用中，上述方法往往需要结合系统的具体特征进行选择和调整。例如，在对海洋渔业资源可持续性进行评价时，可以采用层次分析法与模糊综合评价法相结合的方法，通过构建多维度、多层次的指标体系，综合反映资源的利用现状与可持续发展潜力。在评估海洋渔业生态系统的健康状况时，可以引入系统动力学模型，通过动态模拟与反馈分析揭示系统内部的生态过程与经济活动之间的复杂互动关系。

3. 评价结果的解读与反馈

评价结果的解读与反馈是评价过程中的关键环节。通过对评价结果的深入分析，可以发现海洋渔业生态经济系统中的优势与薄弱环节，为后续的优化提供科学依据。例如，如果评价结果显示海洋渔业生态子系统中某些关键物种的种群数量呈现下降趋势，则表明生态系统面临较大的压力，需要采取紧急保护措施。如果评价结果显示海洋渔业经济效益低于预期，则需要进一步分析影响经济效益的主要因素，可能涉及资源管理、市场机制或技术水平等方面的问题。

评价结果的反馈不仅有助于系统内部的自我调整，也为政策制定者提供了决策参考。通过对评价结果的定期监测与反馈机制的建立，可以实现对海洋渔业生态经济系统的动态管理，及时调整优化策略，确保系统的长期稳定与可持续发展。

（二）海洋渔业生态经济系统的优化

1. 生态优化路径

生态优化是海洋渔业生态经济系统优化的核心内容之一，其目标是通过合理的生态管理措施，维护和提升生态系统的健康与稳定。

首先，提高海洋渔业资源的再生能力是实现生态优化的基础。通过科学的捕捞配额管理和禁渔期设置，限制过度捕捞，确保海洋渔业资源的可持续再生。其次，保护关键栖息地对于维持生物多样性和生态系统功能具有重要意义。通过设立海洋保护区、修复退化栖息地等措施，可以有效保护鱼类的繁殖和栖息环境。减少污染排放是另一个关键的生态优化路径，可通过严格控制养殖业和工业排放改善水质，保障生态系统的健康。

此外，推动生态友好型养殖和捕捞技术的发展也是生态优化的重要途径。推广低环境影响的养殖模式，如循环水养殖和生态浮床技术，减少对自然水体的依赖和污染。同时，鼓励使用选择性捕捞技术，减少非目标物种的捕捞和生态破坏，实现海洋渔业生产与生态保护的协调发展。

2. 经济优化路径

经济优化路径的核心在于提升海洋渔业经济系统的效率和效益，实现经济效益的最大化与可持续性。

海洋渔业科技创新是经济优化的关键驱动力。通过引入先进的养殖和捕捞技术来提高生产效率、降低生产成本。同时，优化海洋渔业产业结构，减少对单一捕捞业的依赖，推动水产养殖业的发展，形成多元化的海洋渔业经济体系。此外，海洋渔业产业升级也是经济优化的重要内容，通过提升加工技术开发高附加值产品、增强市场竞争力。

提升市场竞争力和产品附加值对于经济优化至关重要。通过完善海洋渔业产品的品牌建设、质量认证和市场推广，提高产品的市场占有率和价格水平，从而实现经济效益的最大化。同时，鼓励海洋渔业企业与科研机构合作，开发创新型产品和技术服务，进一步增强海洋渔业经济系统的竞争力与可持续发展能力。

3. 社会优化路径

社会优化路径的核心在于实现海洋渔业社会子系统的公平性和可持续发展，具体策略包括：一是促进社区参与和共管机制。通过赋予海洋渔业社区更多的资源管理权利，鼓励社区成员参与决策过程，提高资源管理的透明度和效率。二是提升海洋渔业从业人员的技能与福利。通过提供职业培训和社会保障提高海洋渔业从业人员的收入和生活质量，增强社会对海洋渔业活动的支持和参与度。三是健全海洋渔业法律制度。通过完善海洋渔业资源管理的法律法规，确保海洋渔业活动在合法合规的框架内进行，保护海洋渔业资源的可持续利用。四是增强社会对海洋渔业资源的保护意识。加强公众教育，推动形成全社会参与的资源管理与保护机制。

第二节 海洋渔业生态经济典型模式

一、海水绿色养殖

（一）模式介绍

海水绿色养殖作为海洋渔业生态经济的重要典型形态，旨在通过生态友好型养殖技术与管理方式实现水产养殖的可持续发展。其核心理念在于减少养殖过程对自然环境的不利影响，同时提升养殖产品的质量与市场竞争力。与传统的高密度、工业化养殖方式相比，绿色养殖强调生态平衡、环境保护与资源的合理开发。绿色养殖注重生态环境的保护与资源的合理利用，强调通过生态工程、循环水养殖系统、生态浮床技术等创新手段，优化养殖系统的结构与功能。

第一，海水绿色养殖注重减少化学药品和抗生素的使用。传统养殖中常常依赖大量化学品来控制疾病和增加产量，这导致水体污染、抗生素残留以及病害的进一步扩散。绿色养殖通过改进养殖技术和管理措施，如采用生态友好型饲料、改进水质管理和引入生物防控技术等，显著减少了化学药品的使用，降低了对环境的负面影响。例如，水循环系统的应用可以有效避免水体富营养化，减少养殖废水的排放，改善养殖区域的水质状况。

第二，海水绿色养殖提倡多样化的养殖模式。例如，海洋牧场模式通过在近海建立人工鱼礁来增加养殖区的生态多样性，改善养殖生物的栖息环境，从而实现生物资源的可持续利用。多物种混养模式也是绿色养殖中的重要实践，通过在同一养殖系统中养殖多种生物，可以形成不同物种之间的互补关系，减少饲料的浪费和降低疾病的传播风险。

第三，海水绿色养殖还强调对养殖废弃物的处理和循环利用。通过引入环保处理技术，减少养殖过程中的污染物排放，实现废弃物的循环利用。例如，生物滤池技术通过使用水生植物和微生物吸收水中的有害物质，净化养殖水体。同时，养殖废料经过处理后可用于有机肥料的生产，形成循环经济体系。

海水绿色养殖的实施不仅提高了养殖效率和产品质量，还促进了海洋渔业资源的可持续利用。在绿色养殖模式下，水产养殖业逐步从传统的高投入、高污染模式转向低污染、高效益的生态模式。这一转变不仅有助于缓解水资源短缺和环境污染问题，还为实现海洋渔业的可持续发展提供了有效路径。因此，绿色养殖作为海洋渔业生态经济的重要组成部分，具有广阔的发展前景和深远的生态经济意义。

（二）案例分析：辽宁大连的海参绿色养殖

随着人们对健康食品需求的不断增加，海参这一传统的珍贵海洋生物逐渐成为餐桌上的"宠儿"。而在中国的东北沿海城市大连，海参养殖不仅是当地经济的支柱产业，还是绿色养殖的成功范例。

大连位于辽东半岛，得天独厚的自然环境为海参养殖提供了优质的条件。这里海水清洁、水温适中，特别适合海参的生长。然而，随着养殖规模的不断扩大，如何在不破坏生态环境的前提下提高海参的产量和质量成为当地政府和养殖户共同面临的挑战。

为了应对这一挑战，大连逐步推行了绿色养殖模式。首先，养殖户采用深水网箱和浅海围栏相结合的方式进行养殖。通过在海底布设人工鱼礁为海参创造理想的栖息环境。这种养殖模式不仅大大提高了海参的生长速度和品质，还有效减少了养殖过程中对海洋生态系统的破坏。

大连还引入了先进的水质监控技术，确保养殖水域的环境始终处于健康状态。通过实时监控水质指标，养殖户能够及时调整养殖策略，避免水质问题导致的海参死亡或品质下降。此外，为了减少传统饲料对环境的污染，大连的养殖户推广使用生态饲料，这不仅降低了水体富营养化的风险，还提升了海参的天然品质。

大连的海参不仅在国内市场广受欢迎，还被远销至世界各地，成为大连经济的重要支柱产业。2023年，大连海参养殖产量5.8万t，养殖面积突破200万亩*。绿色养殖模式的实施，大大提升了海参的成活率和品质，使得大连出产的海参在市场上具有更高的竞争力。更重要的是，海参的绿色养殖也带动了相关产业的发展，例如海产品加工、包装和物流等，进一步推动了地方经济的整体发展。2021年，大连海参全产业链产值就已突破200亿元，占全市海洋渔业经济总产值的28%。

---

* 亩为非法定计量单位，1亩=1/15 hm²。——编者注

二、负责任捕捞

（一）模式介绍

负责任捕捞是指在捕捞活动中，海洋渔业从业者遵守国际和国家的海洋渔业管理规定，确保捕捞活动在不破坏生态系统的前提下进行，以保证海洋渔业资源的长期可持续利用。FAO 提出的《负责任海洋渔业行为守则》为全球海洋渔业管理提供了重要的理论框架和操作指南。

负责任捕捞首先强调对海洋渔业资源的科学管理。通过制定合理的捕捞配额、禁渔期、捕捞区域等措施，确保鱼类种群有足够的时间和空间进行繁殖和恢复。例如，很多国家引入了捕捞配额制度，通过严格控制年捕捞量防止过度捕捞和资源枯竭。特别是在鱼类种群数量下降的情况下，捕捞配额制度有助于保护鱼类种群的长期生存。

负责任捕捞倡导使用环保捕捞工具和技术。传统捕捞方式，如底拖网捕捞，常常对海底环境造成严重破坏，影响海洋生态系统的健康。负责任捕捞通过使用选择性捕捞网具，如大型鱼类逃生装置和改良的网目尺寸，减少了对非目标物种的捕捞和对海底生态系统的破坏。此外，负责任捕捞也强调减少废弃渔具的使用，防止渔具在海洋中持续捕捞非目标物种，造成"幽灵捕捞"的现象。

负责任捕捞还强调海洋渔业从业者的社会责任，包括对渔民的培训、社会福利保障以及社区参与海洋渔业管理等内容。负责任捕捞要求海洋渔业从业者遵守海洋渔业法规，保护海洋生态系统，确保海洋渔业资源的可持续性。同时，渔民的积极参与有助于提高社区对海洋渔业资源管理的责任感，增强资源管理的效果。

负责任捕捞的实施不仅保护了海洋渔业资源的可持续性，还有助于维护海洋生态系统的健康与功能。通过科学管理与技术创新，负责任捕捞为全球海洋渔业的长期发展提供了可行的解决方案，减少了过度捕捞对海洋环境的负面影响，推动了海洋渔业资源的永续利用。因此，负责任捕捞作为海洋渔业生态经济的关键形态之一，对于实现全球海洋渔业的生态经济目标具有重要的理论与实践意义。

（二）案例分析：加拿大的总可捕量制度

总可捕量（TAC）制度是渔业管理中的一项关键措施，主要通过科学评估确定每年允许捕捞的特定鱼类物种的数量上限。TAC 的设定基于对鱼类种群状况、栖息地条件、渔业活动及生态系统健康的综合评估，其主要目的是防止过度捕捞，确保鱼类种群在可持续的水平上维持和繁殖，从而支持渔业的长远发展。

加拿大是全球最大的海洋渔业国家之一，拥有广阔的渔业资源，特别是在大西洋和太平洋沿岸的丰富渔场。随着 20 世纪中叶过度捕捞问题的加剧，渔业资源的急剧减少引发加拿大政府对渔业管理的重视。TAC 制度正是在这种背景下于 20 世纪后期被逐步引入的。该制度的核心理念在于通过科学依据制定捕捞限额，确保捕捞活动不会导致鱼类种群的不可逆崩溃，从而为后代保留充足的渔业资源。

加拿大的 TAC 制度建立在严格的科学评估的基础上。每年，渔业与海洋部（Fisheries

and Oceans Canada，DFO）会组织科学家和渔业专家对特定物种的种群规模、繁殖率、自然死亡率以及生态系统状况进行评估。这些评估数据有渔业监测、科学调查、捕捞日志以及船只追踪系统等多种来源。

设定 TAC 时，科学家通常使用渔业生物学模型，如产卵量和补充量关系（Spawning Stock Biomass and Recruitment）以及最大可持续产量（Maximum Sustainable Yield，MSY）的理论。这些模型帮助评估在不损害种群再生能力的情况下能够安全捕捞的最大量。科学家还会考虑其他因素，如环境变化、栖息地质量、捕捞技术的改进等，以确保 TAC 的制定能够反映动态变化的生态和经济条件。

此外，加拿大在设定 TAC 时遵循预警原则（Precautionary Approach）。当种群状态不明确或科学评估中存在较大不确定性时，管理者通常会设定较低的捕捞限额，确保即使在不完全掌握种群状态的情况下，渔业活动也不会对其造成不可逆的破坏。

在 TAC 制度下，加拿大根据不同的渔业类型、地区以及捕捞者的历史捕捞记录，将总可捕量分配给个体渔民、渔业公司和社区。这一过程被称为配额分配，通常是通过个体可转让配额制度（Individual Transferable Quotas，ITQs）来实现的。ITQs 允许捕捞者在合法范围内获得特定数量的捕捞配额，并可以在市场上进行交易。这一制度的好处在于能够提升渔业生产效率，减少过度竞争，并鼓励渔业从业者遵守可持续捕捞的规则。

TAC 制度的有效性依赖严格的执行与监督。加拿大在 TAC 制度执行过程中引入了一系列现代化的监管工具，如电子监控系统、船只定位追踪系统以及渔获报告制度。每个获得配额的渔民或渔业公司必须定期提交详细的捕捞报告，包括捕获量、捕捞位置、捕捞方式等信息。政府通过电子系统实时监控渔船的活动，并对捕捞数据进行交叉验证，确保实际捕捞量不超过配额。此外，政府还采取了多种措施来打击非法、无管制和无报告捕捞（Illegal，Unreported and Unregulated，IUU）。这些措施包括增加巡逻船和渔业监察员的巡查频率、加大对违规捕捞行为的处罚力度，以及推动国际合作以打击跨境渔业犯罪行为。通过这些监管手段，加拿大有效减少了过度捕捞和非法捕捞行为，提升了渔业管理的透明度和规范性。

加拿大的 TAC 制度在实践中取得了显著成效。经过数十年的 TAC 制度管理，许多重要的商业鱼类种群，如鳕、鲱和大西洋鲑鱼等的种群规模逐步恢复，渔业资源的可持续性得到了有效保障。通过有科学依据的捕捞限额设定，加拿大不仅保护了渔业资源，还为渔业从业者提供了长期稳定的经济收益。

三、海洋休闲渔业

（一）模式介绍

海洋休闲渔业作为海洋渔业生态经济的一种新兴形态，结合了海洋渔业资源的可持续利用与旅游、休闲产业的发展，形成了集经济、生态与社会效益于一体的综合性产业。其主要特征在于通过开发和利用海洋渔业资源，满足人们的休闲娱乐需求，同时促进地方经济的发展与生态环境的保护*。

首先，海洋休闲渔业对海洋渔业资源的压力较小。与商业捕捞不同，海洋休闲渔业主要依靠个人或小规模的捕捞活动，这种模式对海洋渔业资源的消耗相对较低。同时，海洋休闲渔业常常与海洋渔业资源的保护和管理相结合，通过限制捕捞数量、规定捕捞季节和捕捞方式确保海洋渔业资源的可持续利用。例如，许多国家在海洋休闲渔业中引入"捕捞后放生"的环保理念，游客在体验钓鱼的乐趣后，将捕捞的鱼类放归自然，以保护鱼类种群。

其次，海洋休闲渔业具有较高的社会效益和经济效益。通过与旅游业的结合，海洋休闲渔业不仅为渔民提供了新的收入来源，还推动了地方经济的发展。海洋休闲渔业能够带动当地的餐饮、住宿、交通等相关产业的发展，特别是在沿海和内陆海洋渔业资源丰富的地区，海洋休闲渔业已经成为许多地方经济的重要支柱之一。我国许多沿海城市已经通过发展海洋休闲渔业吸引了大量游客前来体验海洋渔业文化，带动了当地经济的快速发展。

最后，海洋休闲渔业还具备重要的教育和文化功能，可以通过向游客展示海洋渔业资源的可持续利用和生态保护的重要性来提高公众的环保意识，增强社会对海洋渔业资源保护的参与度。同时，许多海洋休闲渔业活动还结合了当地的海洋渔业文化和历史传统，为游客提供了丰富的文化体验，增强了对海洋渔业文化的传承和推广。

海洋休闲渔业的发展依赖优质的海洋渔业资源与良好的生态环境。通过设计和建设生态旅游区、渔家乐、钓鱼场等设施，海洋休闲渔业能够吸引大量游客参与海洋休闲渔业活动，如钓鱼、垂钓比赛、生态观光等。这不仅为地方经济带来了新的增长点，还提高了社会公众保护海洋渔业资源与维护生态环境的意识。

（二）案例介绍：浙江嵊泗海岛的渔旅融合发展

浙江省嵊泗县位于我国东海之滨、长江口外的舟山群岛北部，是典型的海岛县。嵊泗县的海洋资源丰富，主要渔场位于舟山渔场，该渔场是我国东海的三大渔场之一。舟山渔场以鱼类品种多、渔业资源丰饶而著称，主要经济鱼类包括带鱼、鲳、黄鱼、鱿鱼和虾蟹等。此外，嵊泗海域的水温适中，饵料生物丰富，非常适合海洋生物的繁衍与生长，成为各种鱼类的产卵场和越冬场。

"十四五"时期嵊泗县积极开展生态产业研究，深入践行"绿水青山就是金山银山"的发展理念，贯彻新发展理念，结合休闲渔业、海钓业、生态旅游业，拓宽渔业行业边界，结合渔业文化，打造独特品牌。这一时期嵊泗县形成了具有当地特色的渔旅融合、打造品牌的发展模式。

一是通过渔旅融合发展，着力优化以渔业为基础、以低碳旅游为主导的产业体系，实现传统渔业与旅游业相结合。一方面，加大渔旅项目开发力度。通过以三产带动一产，依托绿华大黄鱼养殖基地和万亩贻贝养殖基地，推进休闲渔业体验基地建设，打造集养殖、

＊ 柴寿升，龙春凤，2019. 消费者行为视角下我国海洋休闲渔业发展路径研究［J］. 山东大学学报（哲学社会科学版）（1）：136－144.

垂钓、休闲、餐饮、娱乐、靠泊等功能于一体的海上综合性娱乐休闲平台，往高端设施渔业引流游客。鼓励发展中、高端型渔家乐，吸引游客体验海上作业，品味嵊泗海鲜。另一方面，大力发展海钓产业。嵊泗县加快建设嵊山、壁下等一批国际海钓基地，通过科学布局海钓服务基础设施，加快提升海钓产业组织化程度建设等，以菜园、五龙为核心，在六井潭、边礁呑沙滩等区域打造陆上钓点，加快海钓行业规范化管理，实行休闲海钓经营准入制。根据不同客户群体，推出生产型、营生型、休闲型、竞技型等不同层次、差异化海钓产品。争创浙江省海钓规范化管理示范基地。

二是充分利用海岛渔村优势，以特色民宿为媒介，实现生态旅游蓬勃发展。嵊泗县政府积极发展相关产业链，在运营中以"一岛一韵"民宿群为试点，探索经营"一村一公司、一岛一公司"发展模式，或以"小、散、弱"的民宿抱团先试，统一标识、统一标准、统一经营理念，但辅以民宿主不同的人性化生活情怀，以达到在经营方式中统一、在游客体验中不同。

三是借助生态旅游的兴起促进海产品的销售。通过结合渔俗文化和市场需求开发设计特色伴手礼，能够做大做特"鱼"产业。根据旅游购物场所布局，重点建设海鲜商品展销基础设施，能够改变嵊泗旅游商品无法集中销售的窘境。在农贸市场设立嵊泗特色水产品集中销售区，在李柱山交通集散中心建立旅游购物集中区，在宾馆饭店、民宿集中区设立旅游商品专柜，以此来拓宽销售渠道。

四是融合海洋文化，打造特色品牌。一方面，嵊泗注重渔俗节庆与海鲜融合，打造具有嵊泗本土特色的地方节庆赛事，开发具有渔文化内涵、区域特色鲜明、渔家风情浓郁的旅游产品。通过促进海岛文化、渔村渔事与海鲜品尝相融合，重点打造"嵊泗贻贝节""东海带鱼节""东海梭子蟹节"等文化盛宴和城市"IP"活动，大力宣传"东海海鲜、食在嵊泗"的旅游形象，打造"三生融合"美丽新渔村。另一方面，嵊泗以引进知名品牌、自行组织节庆活动等方式开拓经营民宿与海钓品牌。通过充分利用嵊泗海洋海岛特色优势，积极尝试对接近年来国内民宿市场上涌现的一批客栈品牌如游多多、童话、宛若故里等，能够形成品牌效应。同时，组织开展海钓节、海钓嘉年华等节庆活动，策划举办专业钓和休闲钓等国际国内重大赛事，打响嵊泗"海钓天堂"品牌，也有利于打造嵊泗海钓名片。

第三节 碳汇渔业

一、碳汇渔业的概念和内涵

碳汇渔业（Carbon Sink Fisheries）是近年来随着全球气候变化问题的日益严重而逐步提出的创新性概念。它主要是指通过海洋渔业资源的利用和管理，尤其是通过优化养殖和捕捞方式、保护海洋生态系统的碳汇能力来增强海洋渔业系统对大气中二氧化碳的吸收和固定，从而减缓气候变化。作为一种以生态和环境为基础的海洋渔业管理模式，碳汇渔业不仅关注海洋渔业生产的经济效益，还特别强调海洋渔业活动在全球碳循环中的重要角色。

（一）碳汇的基础概念

碳汇（Carbon Sink）是指自然界中能够吸收并存储大气中二氧化碳的生态系统或过程，主要包括森林、湿地、土壤以及海洋。海洋生物，尤其是初级生产者如浮游植物、海藻和红树林等，能够通过光合作用将大气中的二氧化碳转化为有机碳，并固定在生物体内或沉积物中。这不仅有助于降低大气中的二氧化碳浓度，还在气候变化的减缓中发挥了至关重要的作用。

作为地球上最大的活跃碳库，海洋在气候变化中有着举足轻重的作用，储存了地球上93％的二氧化碳，每年吸收约30％的人类排放的二氧化碳。气候变化使得陆域生态系统碳汇的不稳定风险增加，要想达成气候目标，必须重视海洋生态系统的碳汇作用。碳汇渔业的提出正是基于海洋在碳汇中的独特地位。

（二）碳汇渔业的概念发展

碳汇渔业的提出不仅旨在优化海洋渔业资源的利用，更重要的是通过科学管理与技术手段提升海洋渔业活动对生态系统碳汇功能的促进作用。与传统海洋渔业不同，碳汇渔业更加注重通过生态养殖、捕捞调控以及生态系统修复等方式增加海洋和水生生态系统的碳储存能力。

碳汇渔业的理念可以分为两个主要方面：一方面，它依赖养殖和捕捞活动中的碳固定。例如：通过对海藻、贝类等水产养殖的合理管理，提升生物的光合作用效率和碳储存能力；另一方面，通过对海洋生态系统的修复和保护，进一步增强生态系统本身的碳吸收和存储能力。通过对红树林、海草床和珊瑚礁等重要碳汇生态系统的保护和恢复，碳汇渔业能够更大限度缓解气候变化的影响。

（三）碳汇渔业的政策背景与重要性

随着《巴黎协定》以及各国对减缓气候变化承诺的加强，碳汇渔业作为一种新的碳减排与生态保护策略，逐渐受到了广泛关注。在全球范围内，如何将海洋渔业生产与生态系统的碳汇功能结合起来，已经成为海洋渔业管理中的一个关键课题。

碳汇渔业的重要性不仅体现在环境保护方面，还与国家和地区的经济发展息息相关。特别是对于依赖海洋渔业的沿海国家和地区，碳汇渔业能够在保障海洋渔业资源可持续利用的同时创造新的经济增长点。例如，通过生态友好的养殖和捕捞模式，不仅能够减少碳排放，还能通过碳汇交易机制获得额外的经济收益。

二、碳汇渔业的固碳机制

碳汇渔业的固碳机制是通过水生生物的生长、代谢、摄食以及矿化过程吸收并固定大气中的二氧化碳，降低其浓度并实现碳的存储。主要的固碳机制可以分为鱼类、藻类、贝类和甲壳类三大类，它们在各自的生物过程和生态环境中对碳的吸收与固定产生了不同程度的贡献。下面将针对三大类详细探讨其碳汇机制。

（一）鱼类的固碳机制

鱼类作为海洋生态系统中的关键组成部分，不仅在食物链中扮演着重要角色，还通过多种生理和生态机制参与海洋碳循环并贡献于碳汇功能。鱼类固碳的主要机制包括通过摄食将有机碳转化为生物质碳、通过代谢生成无机碳酸盐，以及通过鱼类遗骸和排泄物形成沉积碳库。

1. 鱼类的碳摄入与生物质碳库

鱼类固碳的首要方式是通过摄食浮游生物、底栖生物及其他海洋生物将这些初级生产者固定的有机碳转化为自身的生物质。在海洋生态系统中，浮游植物通过光合作用吸收二氧化碳并形成有机物，而鱼类通过捕食这些初级生产者以及其他次级消费者来积累生物质碳库。不同种类的鱼类在碳汇中扮演着不同的角色，特别是大型掠食性鱼类，其摄食效率高且生命周期较长，因此在其生命过程中能够固定大量碳。

值得注意的是，鱼类的生物质碳储存具有一定的动态性。随着鱼类的成长，其体内储存的碳不断增加，而当鱼类被捕捞后，这些储存的碳则被转移到人类消费体系中。然而，这种转移过程并不会立即导致碳的释放，如果鱼类产品进入长期保存的食品链或工业链中，这部分碳将被长期储存。此外，通过可持续的海洋渔业管理和减少过度捕捞，鱼类种群的健康和数量得以维持，这进一步保障了海洋生态系统的碳汇功能。

2. 鱼类代谢与无机碳酸盐的生成

鱼类的代谢过程也是碳汇机制的重要组成部分。在代谢过程中，鱼类通过排泄物释放无机碳酸盐（主要是碳酸钙），这些碳酸钙颗粒在海洋中通过沉积作用形成碳库。研究表明，鱼类每年产生的碳酸钙排泄物占全球海洋碳酸钙沉积量相当大的比例，这种积累在珊瑚礁及热带海洋地区尤为明显。

鱼类产生的碳酸钙排泄物相对密集，沉降至海底后，能够长期储存在海洋沉积物中。这一过程有效地降低了大气和海洋中的二氧化碳浓度，并通过固碳作用增强了海洋碳汇能力。鱼类代谢生成的碳酸钙是一种高效且可持续的碳储存形式，不易被重新释放至大气中，因而对气候变化的减缓具有显著作用。

3. 鱼类遗骸与碳沉积

鱼类死亡后，其遗骸成为海洋沉积碳库的另一重要来源。鱼类尸体沉入海底后，一部分有机碳被细菌和其他分解者分解，而另一部分碳则被储存在海底沉积物中，成为长期碳储存的一部分。特别是在深海环境中，由于低温、缺氧等因素的影响，鱼类遗骸的分解过程较为缓慢，这进一步增强了其碳储存的稳定性。

这一过程不仅帮助减少了海洋中的二氧化碳，还通过生态系统的自然循环过程将碳长时间锁定在海洋沉积物中。深海区域，尤其是洋底的沉积层，被认为是全球碳储存的主要场所之一，而鱼类遗骸和其他有机物质共同构成了这一碳汇。

（二）藻类的固碳机制

藻类，尤其是大型海藻（如巨藻和裙带菜等），是海洋生态系统中的重要初级生产者，通过光合作用直接吸收并固定大气中的二氧化碳，是碳汇渔业中最关键的生物群体之一。

藻类的固碳机制主要体现在光合作用中的碳吸收、生物质的形成与沉积、藻类养殖的间接固碳等多个方面。

1. 光合作用中的碳固定

藻类的固碳机制首先通过光合作用来实现。藻类利用光能将水中的二氧化碳转化为有机碳，通过细胞中的叶绿体进行光合作用，将二氧化碳和水转化为有机物质（如葡萄糖）和氧气。作为重要的初级生产者，藻类不仅在海洋食物链中起着基础性作用，还通过生长过程中的碳固定显著降低了海水中的二氧化碳浓度。

不同种类的藻类在碳固定效率上有所不同。研究表明，大型海藻的碳吸收能力要远高于浮游植物。尤其是巨藻，其生物质产量较高，在生长期内可以固定大量的碳。藻类的快速生长周期使其成为补充海洋碳汇的一个高效途径，能够在相对短的时间内将大量大气二氧化碳转化为生物质。这些生物质不仅构成了海洋生态系统中的重要碳库，还在藻类死亡后通过沉积作用实现碳的长期储存。

2. 生物质的形成与沉积

藻类的固碳能力不仅体现在其在光合作用过程中通过叶绿体吸收碳，还体现在通过其生物质的形成和沉积进一步实现。藻类生长时会将二氧化碳转化为纤维素和糖类等结构性有机物，储存在自身的细胞壁中。这些生物质中储存的碳在藻类生长过程中不被释放，形成了短期碳库。

更重要的是，当藻类死亡后，部分残骸会沉入海底，成为海底沉积物的一部分。这一过程中的碳固定是长期的，通过沉积物的埋藏作用，碳被隔离在深海环境中，避免了重新进入大气。特别是在低温和缺氧的深海区域，藻类残骸的分解速度极为缓慢，其固碳效果可以得到进一步增强。

3. 藻类养殖的间接固碳效应

大规模藻类养殖对海洋环境的改善也间接增强了碳汇功能。藻类能够有效吸收水体中的营养元素（如氮和磷等），从而减少了因养殖废水或工业废水排放而引发的海洋富营养化问题。藻类养殖不仅能够降低水体的营养负荷，还可以通过生态修复过程恢复海洋生态系统的平衡，进一步增强海洋碳汇功能。

藻类还为许多海洋物种提供了栖息地和食物来源，促进了海洋生物多样性的维持，在这种多样性背景下，海洋生态系统的稳定性和碳汇功能进一步提升。通过改善海洋环境和生态条件，藻类养殖在促进碳汇渔业发展的同时，也在更广泛的生态系统层面强化了碳储存能力。

此外，藻类还通过与其他海洋生态系统的相互作用进一步放大了其固碳效果。例如，海草床和红树林的碳汇能力远高于陆地森林，而藻类与这些生态系统的协同作用可以进一步增强其整体碳汇效应。

（三）贝类和甲壳类的固碳机制

贝类和甲壳类在海洋生态系统中的固碳作用主要依赖其生物矿化过程，即通过形成外壳或骨骼将无机碳转化为碳酸钙，并在其生命周期内储存大量的碳。这些生物在固碳过程中的贡献不仅体现在其生物质中存储的有机碳，还通过其壳体的形成实现了长效的碳储存。贝类和甲壳类固碳机制的复杂性不仅体现在其生理过程、生态系统服务功能上，还体现在它们对碳循环的影响上。

1. 生物矿化与碳酸钙的形成

贝类和甲壳类通过生物矿化作用生成的碳酸钙外壳是其固碳的核心机制。生物矿化是指生物通过其外部结构（如贝壳和甲壳）的形成，将水体中的碳酸根离子与钙离子结合，生成碳酸钙。这一过程中，二氧化碳以无机碳形式被"锁定"在外壳中，而碳酸钙壳体的形成使得这些无机碳可以被长时间储存，形成了海洋中的长期碳汇。

贝类（例如牡蛎、贻贝、蛤蜊等）的生物矿化过程尤其突出，通过生成坚硬的碳酸钙壳体，大量的碳被固定在壳体中。甲壳类（如螃蟹、虾等）也通过其外骨骼进行生物矿化，但由于其外骨骼周期性脱壳再生，这部分碳酸钙的固定相较贝类来说更为动态。尽管如此，甲壳类的固碳能力在其生命周期的长时间跨度中依然不容忽视。

2. 壳体碳的长期沉积与储存

当贝类和甲壳类生物死亡后，它们的壳体通常会沉入海底，成为海洋沉积物的一部分。这些沉积物中的碳酸钙能够保持稳定，并被长期存储在海洋沉积物层中，降低其重新进入大气的可能性。特别是在深海区域，低温和缺氧环境将减缓壳体的分解，从而增强碳的长期储存能力。

这种沉积作用是贝类和甲壳类生物对海洋碳汇贡献的关键一环，通过这种机制，碳不仅能在这些生物的生命周期中被暂时固定，还能够通过沉积物的累积组成海洋中重要的长期碳库。近年来，随着全球气候变化的加剧，贝类和甲壳类对海洋碳储存的贡献也愈发受到关注。

3. 贝类和甲壳类养殖对碳循环的影响

贝类和甲壳类的养殖在现代碳汇渔业中发挥着重要作用。大规模的贝类养殖不仅提供了食品和经济收益，还为促进海洋碳固定提供了一条有效途径。养殖活动通过人为管理和控制优化了贝类生物的生长环境，进一步提升了其碳固定效率。

贝类养殖中，贝类能够通过滤食作用清除水体中的浮游生物和有机颗粒，显著降低水体的富营养化程度，并提升水质。这种生态服务功能间接增强了生态系统的碳汇能力，因为富营养化水体中的有机物分解过程中会释放大量二氧化碳，而贝类的净水作用有助于减少这一过程中的碳排放。

甲壳类养殖在碳固定方面的贡献虽然较贝类小，但其在海洋生态系统中的作用同样重要。通过合理的养殖管理，甲壳类能够与其他养殖生物（如鱼类和贝类）形成互补关系，共同提高养殖生态系统的生产力和碳汇能力。

三、碳汇渔业的价值构成

随着全球气候变化问题日益严重，碳汇渔业不仅在生态保护和气候调节方面具有重要作用，还对经济发展和社会福祉产生了深远影响。因此，碳汇渔业的价值评估需从生态价值、经济价值和社会价值三个方面进行详细分析和衡量。

（一）生态价值

碳汇渔业的生态价值主要体现在其在全球碳循环中扮演的关键角色。海洋作为地球上最大的碳汇之一，能够吸收和存储大量的二氧化碳，而海洋渔业活动通过科学的管理和养殖方式，可以进一步提高海洋生态系统的碳汇能力。通过鱼类、藻类、贝类和甲壳类等生物的生物碳固定作用，碳汇渔业在海洋碳储存和减缓气候变化中发挥了显著的作用。

首先，碳汇渔业中的初级生产者（如藻类）通过光合作用固定大气中的二氧化碳，形成大量的有机碳。这些有机碳不仅被储存在生物体内，还通过生物沉积作用被长期存储在海底，形成稳定的碳库。特别是大规模的藻类养殖，能够有效地提高海洋生态系统的碳固定能力，对全球碳循环具有积极的影响。

其次，碳汇渔业还能够通过缓解富营养化等环境问题，进一步增强海洋生态系统的健康性和稳定性。例如，贝类养殖能够吸收水体中的营养盐，减少水体富营养化，改善海洋水质，间接增强海洋碳汇能力。此外，海洋渔业活动中的生态修复措施（如海草床和红树林的恢复）有助于增加海洋生态系统的生物多样性，提高其碳储存能力。

最后，在生态价值评估中，还需考虑碳汇渔业对生物多样性的保护作用。通过维护海洋生态系统的健康，碳汇渔业有助于增强生态系统的恢复力，提升其对气候变化等环境压力的适应能力。这种生态保护功能不仅有助于维护全球生态平衡，还为长期的碳固定和碳汇能力提升提供了基础保障。

（二）经济价值

碳汇渔业的经济价值主要体现在其通过碳汇交易机制以及高附加值产品开发带来的直接经济收益。随着全球碳交易市场的快速发展，碳汇渔业被认为是一种具有显著经济潜力的绿色产业。通过碳汇认证和碳补偿机制，海洋渔业活动能够为全球碳减排目标贡献碳汇量，从而在碳市场上获得经济回报。

一是碳汇渔业能够通过碳汇交易产生经济效益。碳汇交易是全球碳减排政策的重要组成部分，旨在通过市场机制鼓励各国减少碳排放，并通过碳汇项目（如碳汇渔业）增加碳储存量。在这一机制下，碳汇渔业的参与者（如养殖户和企业）可以通过养殖活动中产生的碳汇量出售碳信用，获得额外的经济收益。这种市场化的激励机制不仅有助于推动碳汇渔业的发展，还能够为海洋渔业从业者带来新的收入来源。

二是碳汇渔业的产品具有较高的市场价值。随着消费者对可持续发展和绿色产品需求的增加，碳汇渔业中的水产品（如生态友好型鱼类、藻类和贝类）在市场上具有更高的附加值。例如，绿色认证的水产品因其生产过程环保、对气候变化有积极贡献而逐渐占据高端市场份额。通过品牌建设和市场推广，碳汇渔业不仅能够提升产品的市场竞争力，还为海洋渔业产业的可持续发展提供了经济动力。

三是碳汇渔业的经济价值还体现在其对海洋渔业社区的带动作用。通过发展碳汇渔业，渔民不仅能够提高收入，还能参与到全球碳减排的努力中。特别是在沿海地区，碳汇渔业能够提供大量的就业机会，促进地方经济的繁荣与发展。这种经济效益的溢出效应不局限于海洋渔业本身，还扩展到相关的生态旅游、教育培训等产业，进一步增强了地方经济的活力。

（三）社会价值

碳汇渔业的社会价值评估侧重于其在社会福祉、环境保护意识提升以及全球气候治理中的贡献。碳汇渔业不仅是一种生产模式，还是推动社会向绿色、低碳方向发展的重要力量。

第一，碳汇渔业为沿海渔民和社区带来了更稳定的生计保障。通过可持续的养殖和捕捞模式，碳汇渔业减少了对自然资源的过度依赖，确保了海洋渔业资源的长期可持续利用。与此同时，碳汇渔业的推广还提供了就业机会，特别是在不发达沿海地区，这种模式为当地渔民提供了更多的经济选择，有助于提高他们的生活水平和社会地位。

第二，碳汇渔业的实施有助于提高公众的环保意识。通过碳汇渔业的宣传与推广，公众对气候变化的理解和认识逐渐加深。特别是在社区参与的过程中，碳汇渔业强调资源的共同管理和环保责任的分担，这种社会参与感增强了公众对生态保护的认同感，推动了绿色文化在全社会的普及和渗透。

第三，碳汇渔业在全球气候治理中具有重要的社会影响力。作为全球碳减排努力的一部分，碳汇渔业不仅能够为国家和地区的碳减排目标作出贡献，还能够通过国际合作和技术共享推动全球碳汇技术和管理经验的交流与发展。这种全球化的合作模式有助于提高各国在应对气候变化方面的能力，促进国际社会在环保和气候变化领域的共同进步。

四、碳汇渔业的价值实现

（一）碳汇渔业的价值评估

碳汇渔业的价值评估主要在于构建一套系统性方法来量化其在生态、经济和社会层面的碳汇效益。科学准确的评估不仅有助于明晰碳汇渔业的多维价值，还为碳汇渔业的交易和政策制定提供了依据。

1. 基于生物固碳量的生态评估

碳汇渔业的生态评估首先需要科学测算其生物固碳量。这一过程通常采用碳固定模型计算不同碳汇物种的碳吸收量和固碳速率，并结合区域或具体生境的数据建立海洋碳汇效应的量化标准。例如，在评估藻类的碳汇价值时，通常需要计算其在不同季节和海区的碳吸收量，并评估其对整体碳循环的贡献。通过生物量和固碳速率的结合，可建立单位时间内的碳吸收量模型，量化碳汇渔业在减缓气候变化中的实际效用。

为了进一步提高评估的精准度，还可以运用遥感和监测数据，获取大型藻类场、贝类养殖场和海底沉积物的动态数据，通过时间序列分析和空间统计学方法估算渔业生物的碳吸收量。这种基于定量化数据的评估方法可以为后续的碳汇交易机制提供基础数据支持，也为碳汇渔业的生态价值提供了科学依据。

2. 经济成本效益分析

在经济层面的评估方法中，成本效益分析（Cost – Benefit Analysis，CBA）是常用的方法之一。碳汇渔业的经济评估需要考虑其在固碳过程中的投入成本、经营管理费用以及潜在的碳汇收益。例如，可以计算单位碳固化所需的成本，并将其与传统的碳减排措施（如工业减排、造林）进行比较，评估碳汇渔业的经济竞争力。此外，还需考量市场中的碳价格变化，并结合不同时期的成本结构，预测碳汇渔业的长期经济可行性。

碳汇渔业在不同区域和生境中的成本效益也各不相同，例如，藻类种植的成本和收益与海水温度、营养盐浓度等因素密切相关，因此需要采用区域化的成本效益评估模型。此外，评估中还可以引入生命周期分析法（Life Cycle Analysis，LCA），以确定从投入到收益全过程的碳足迹和经济效益。

3. 社会影响的评估

碳汇渔业的社会价值评估主要聚焦其在环境、就业和社区发展等方面的影响。采用社会影响评估（Social Impact Assessment，SIA）方法，可从多个层面系统分析碳汇渔业对当地社区的贡献。例如，碳汇渔业的实施可能带动地方就业，尤其是在偏远或渔业依赖性较强的社区，可促进经济多样化并提升生活质量。此外，碳汇渔业的生态效益也有助于提高社区居民的环保意识，为可持续发展的社会观念奠定基础。

在实际评估中，还可以采用调查研究和问卷法，收集相关群体的反馈和需求，以此来分析碳汇渔业对社会福祉的贡献。同时，定量化的数据和指标，例如就业人数、收入增长率和社区满意度等，能够更直观地反映碳汇渔业的社会价值。

（二）碳汇渔业的交易机制

2021年中共中央、国务院《关于完整准确全面贯彻新发展理念做好碳达峰碳中和工作的意见》明确提出要将碳汇交易纳入全国碳排放权交易市场。与陆域林业碳汇相比，海洋渔业碳汇是一种安全、稳定和高效的碳中和途径，具有固碳量大、固碳效果持久的优势。我国碳排放交易体系建设正在加快推进，将海洋渔业碳汇纳入全国碳排放交易的条件逐步具备。

1. 确定交易主体

海洋渔业碳汇交易的实现需要政府、企业和社会的多方参与。各主体在海洋渔业碳汇交易发展的不同阶段扮演何种角色需要清晰界定，各个主体所拥有的责权利也需要合理划分。

在起步阶段，由于市场机制不完善，多数企业基于规避风险考虑通常对海洋渔业碳汇交易持观望态度。因此，需要具有公信力的政府机构直接参与到碳汇交易中、作为碳汇交易中的卖方，以国内、省内知名企业或组织为主要买方，发挥好示范引领作用。随着交易市场的不断完善，水产龙头企业及个体养殖户被纳入供给方并逐步成为主要卖方，而碳市场中具有强制减排义务的企业（如发电、化工、建材、钢铁行业的企业）被纳入需求方并逐步成为主要买方。在这一过程中，政府的身份需要从"运动员"转变为"裁判员"，逐步退出海洋渔业碳汇的直接交易，承担起市场监管的职责。

2. 构建交易平台

在哪里交易直接关系到海洋渔业碳汇交易成本问题，也直接关系到海洋渔业碳汇交易是否能够达成。海洋渔业碳汇交易平台设立的主要原则就是使交易成本最小化。

在起步阶段，可以在原有的公共资源交易中心的基础上增设海洋渔业碳汇交易的专项服务板块。进入成熟阶段后，探索设立专门的海洋渔业碳汇交易平台及官方网站，充分发挥信息化、网络化技术优势，并加快相关业态的商业模式探索，以适应海洋渔业碳汇交易多样化发展需要。

在协商定价过程中，卖方凭借海洋渔业碳汇经济价值核算证明在交易平台进行登记，交易平台将信息在其官网上发布。有购买意愿的企业或组织借助交易平台与卖方进行协商，具体定价可采用协议定价（单个意愿购买者）或公开竞价（多个意愿购买者）的方式，最终通过交易平台完成资金的流转。

3. 做好监督反馈

买卖双方交易的达成并不意味着海洋渔业碳汇交易的结束，在交易后还需要做好监督管理与反馈调整。交易完成后，买方可以对所购买的海洋渔业碳汇进行具体用途开发，如广告宣传、打造品牌形象、开发"零碳"商品等。交易平台需要对这些具体用途进行监管，杜绝虚假宣传和过度将购买成本转嫁给消费者的行为。此外，还需要监督交易双方是否违约，如果违约则需要寻求理赔以及防止第三方的侵权行为，保护交易双方的产权。

反馈调整方面，可以对整个交易事件进行全方位梳理，总结整个交易环节的实践经验，同时找出工作中存在的不足之处，厘清问题根源，在下次交易中加以改进，最终实现对整个交易机制的不断优化调整。此外，还可以借助媒体对整个交易事件进行宣传推广，以吸引更多的企业、组织或个人加到海洋渔业碳汇交易中，扩大海洋渔业碳汇交易的规模和影响力，推动海洋渔业碳汇交易从起步阶段向成熟阶段迈进。

（三）碳汇渔业的实现路径

首先，对接"双碳"目标，做好长期规划。以碳达峰、碳中和目标为引领，建立健全海洋碳市场管理制度，制定清晰的路线图和时间表。以现有红树林、海草床、盐沼等典型滨海碳汇生态系统为基础，充分考虑沿海产业的承受力及竞争力，调整优化重点海洋生态保护区，为进一步提升海洋固碳能力预留足够空间。同时，要做好与各级海洋功能区划和海洋渔业发展规划的衔接，将海洋渔业碳汇交易制度落实到现行规划体系中。加快推动海洋渔业碳汇交易制度法治化，根据实践发展要求，逐步完善配额分配、信用监管、违规惩戒等内容，适时出台规范性的规章和条例，推动各部门之间形成协调机制，为海洋渔业碳汇交易提供制度保障。

其次，开展海洋渔业碳汇资源调查与价值评估，探索构建"海洋渔业碳票"制度。建议自然资源部门与涉海科研机构合作，制定统一的海洋渔业碳汇能力评估体系和经济价值核算方法。与此同时，借鉴陆域林业碳汇中"碳票"的实践经验，探索试点"海洋渔业碳票"制度。"海洋渔业碳票"也就是海洋渔业碳汇收益权的凭证，海洋渔业碳汇资源每年所能转换的海洋渔业碳汇增量经第三方机构监测核算、专家审查和自然资源部门审定后，最终向产权所有人制发"海洋渔业碳票"。"海洋渔业碳票"可作为海洋渔业碳汇交易的"身份证"，被赋予交易、质押、兑现、抵消等权能。

最后，设立海洋渔业碳汇交易专项基金，构建交易参与的激励机制。一方面，建议由沿海各地区财政部门牵头设立海洋渔业碳汇发展专项基金，为海洋渔业碳汇交易机制的运行提供长效资金保障。基金的来源可以包括中央下发的海洋生态保护修复的财政转移支付、省财政配套经费、商业银行质押贷款以及公益性募捐等。另一方面，与税务部门合作，为参与"购汇"交易的企业制定专项税收优惠或财政补贴政策，或根据成交价对企业进行直接补贴、免收交易费等，形成政府支持交易、交易支撑碳汇项目建设的良性模式，促进交易平台和配套机制的逐步完善。此外，借助媒体对参与海洋渔业碳汇交易的企业或个人进行宣传，帮助参与主体塑造良好的社会形象，激励企业和个人参与海洋渔业碳汇交易，推动交易机制的形成与完善。

五、碳汇渔业发展趋势

（一）技术创新推动碳汇渔业效率提升

碳汇渔业的发展高度依赖技术创新，特别是在海洋生态系统的监测、管理和碳汇量化方面。未来，随着科学技术的不断进步，碳汇渔业的技术支撑将变得更加成熟和高效，主要体现在以下几个方面：

一是精准碳汇监测技术的应用将得到进一步推广。目前，海洋渔业活动对碳汇的具体贡献难以精确量化，尤其是在不同生态环境和生产模式下，碳固定和碳沉积的情况各不相同。未来，遥感技术、无人机监测、卫星数据以及海洋传感器的结合，将为碳汇渔业提供更加精准的碳汇监测手段。通过对碳流动和储存的实时监控，海洋渔业管理者能够更好地制定和调整碳汇渔业的管理策略，从而提高碳汇效应的整体效率。

二是海洋碳汇模型的改进也将为碳汇渔业的发展提供新的动力。随着对海洋碳循环机制研究的深入，科学家可以通过建立更加复杂且精细的碳汇模型来预测和优化不同海洋渔业活动对碳固定的潜在影响。基于这些模型，政策制定者和行业从业者可以更好地规划海洋渔业布局，选择碳汇效应更高的养殖方式和生态管理手段，进一步提高碳汇渔业的整体效益。

三是人工生态系统修复技术将成为碳汇渔业发展的重要领域。通过在海洋中建立人工鱼礁、海草床和红树林等碳汇生态系统，不仅可以增强这些生态系统的碳固定能力，还能够改善海洋生态环境，提供更多的生物栖息地。这些技术在实践中已经得到了初步应用，未来随着技术的成熟，人工生态系统修复的规模和效率将进一步提升，推动碳汇渔业的可持续发展。

（二）政策和市场机制的逐步完善

碳汇渔业的可持续发展离不开政策支持和市场机制的推动。随着全球各国对气候变化问题的日益关注，碳汇渔业已经开始被纳入各类国家和国际气候政策框架。未来，政策和市场机制的逐步完善将进一步促进碳汇渔业的发展。

首先，国家和地区的碳汇政策支持将更加具体和有力。当前，碳汇渔业在全球范围内的政策体系尚不完善，许多国家还没有制定具体的碳汇渔业发展计划。然而，随着《巴黎协定》及各国碳减排承诺的推进，未来的政策环境将更加有利于碳汇渔业的发展。各国政府可能会通过设立碳汇渔业专项补贴、建立碳汇认证机制以及制定碳汇渔业标准等方式推动该领域的快速发展。

其次，碳交易市场的日益成熟将为碳汇渔业提供更多的经济激励。碳交易市场是一种通过市场机制实现碳减排目标的方式，旨在通过交易碳信用激励各国、各行业减少碳排放并增加碳储存量。未来，碳汇渔业将逐渐被纳入全球碳交易体系，海洋渔业从业者可以通过出售碳信用获得额外收入，从而推动碳汇渔业的规模化发展。此外，随着碳市场规则的进一步完善，碳汇渔业的碳汇量化标准将更加清晰，市场交易的透明度和公平性也将进一步提升。

最后，国际合作与技术共享将成为碳汇渔业发展的重要趋势。碳汇渔业涉及复杂的生态、经济和技术问题，需要全球范围内的合作与协调。未来，国际组织、科研机构和各国政府将通过共享碳汇技术、共同制定国际碳汇标准等方式推动碳汇渔业的全球化发展。特别是在发展中国家，国际技术援助和资金支持将为其碳汇渔业的发展提供重要的帮助，推动全球碳汇能力的整体提升。

（三）碳汇渔业的多元化发展模式

随着碳汇渔业的不断发展，其发展模式也将呈现多样化的趋势。不同地区和国家根据其自然资源、经济条件和技术水平探索出了多种适合本地化发展的碳汇渔业模式，未来这些模式将进一步多元化。

一方面，生态友好型养殖模式将成为碳汇渔业的主流发展方向。通过优化养殖技术和管理模式减少对环境的影响，提升养殖过程中碳的固定和储存能力。例如，海藻、贝类等生态养殖模式通过大规模的碳固定和生物矿化过程，有效增强了海洋碳汇能力。未来，随着技术的进步和政策的支持，生态友好型养殖模式将得到进一步推广，并在全球范围内形成规模化效应。

另一方面，海洋渔业与生态修复相结合的复合发展模式将获得更多关注。除了传统的养殖和捕捞活动，碳汇渔业还将与生态修复项目紧密结合，通过恢复和重建海洋碳汇生态系统（如红树林、海草床、珊瑚礁等）增强海洋渔业的生态效益和碳汇能力。这种复合发展模式不仅有助于提升海洋渔业的生产效率，还能实现生态环境的整体改善和可持续发展。

此外，碳汇渔业与旅游业的融合发展也将成为新的趋势。随着全球绿色经济的发展，越来越多的游客对生态旅游和可持续发展项目表现出浓厚兴趣。碳汇渔业与旅游业的结合，不仅可以为海洋渔业社区带来更多的经济收入，还能够通过推广碳汇渔业的理念提升公众的环保意识，推动社会向更加可持续的方向发展。例如，一些国家已经开始在沿海地区开发结合碳汇渔业和生态旅游的项目，吸引游客体验养殖和碳汇活动，并参与生态保护。

第四节　海洋渔业生态要素保护

海洋渔业生态要素保护是维持海洋生态系统健康与渔业资源可持续利用的基础。随着全球气候变化、过度捕捞、沿海开发以及污染加剧，海洋生态系统中的关键要素正面临前所未有的压力。海洋渔业资源的生产力、生态平衡以及环境质量均依赖多种关键生态要素的良好状态，包括海水水体、海水栖息地、海洋渔业种质资源等。这些要素共同决定了海洋生态系统的稳定性和可持续性，影响着海洋渔业资源的更新和海洋生物多样性的维持。

一、海水水体保护

海水水体保护在海洋渔业生态经济中具有重要意义，直接影响海洋生态系统的健康、渔业资源的可持续利用以及全球环境的稳定。海洋水体不仅为水生生物提供栖息环境和食物来源，还通过调节全球气候、碳循环以及水文过程发挥着关键作用。随着人类活动的加剧，海洋水体面临日益严重的污染威胁，包括工业废水、农业径流、生活污水以及塑料垃圾等多种因素，这些污染物严重威胁着海洋生态系统的健康与稳定。因此，海水水体保护已经成为全球环境治理的重要任务，也是海洋渔业生态经济可持续发展的关键环节。

（一）海水水体保护的必要性

海水水体的质量直接决定了海洋生物的健康、渔业资源的生产力以及生态系统的平衡。良好的水质环境为鱼类、贝类、藻类等水生生物提供了适宜的栖息条件，促进其繁殖、生长和代谢。同时，海洋水体通过光合作用、碳吸收以及热量交换等过程调节地球的气候系统和碳循环。因此，保护海洋水体不仅关系到渔业的可持续发展，还与全球气候变化和生态平衡密切相关。

然而，近年来，全球范围内的海洋水体污染问题日益严重。根据联合国环境规划署的数据，全球每年有数百万吨塑料垃圾、重金属、有机污染物等流入海洋，导致海洋生态系统面临严重威胁。水体污染不仅影响水生生物的健康，还破坏了食物链结构，导致渔业资源减少。特别是在沿海地区，富营养化、赤潮现象和海洋酸化等问题加剧了生态环境的恶化，进而影响了渔业的经济效益和生物多样性。

（二）海水水体污染的主要来源

海洋水体污染主要来源于人类活动，具体包括工业废水、农业面源污染、城市污水和塑料垃圾等多个方面。每一类污染源都会对海洋生态系统产生不同程度的影响，而且它们往往相互作用，进一步加剧了水体污染的复杂性和严重性。

工业废水是海洋水体污染的主要来源之一。沿海工业区向海洋排放大量的化学废物和重金属（如汞、铅、镉等），这些有毒物质进入海洋后，可能通过生物富集效应逐渐积累在海洋生物体内，影响其健康和繁殖能力，进而威胁到人类的粮食安全。

农业面源污染也是造成水体富营养化和海洋污染的重要因素之一。大量使用的化肥和农药随着雨水径流进入河流和海洋，增加了水体中的氮、磷等营养元素的浓度，导致富营养化问题加剧。富营养化引发的赤潮和藻华现象不仅消耗了海洋中的氧气，还导致大量水生生物死亡，破坏了渔业资源和生态系统平衡。

城市污水是另一个主要污染源，特别是在城市化进程较快的沿海地区。未经处理或处理不当的生活污水被直接排入海洋，其中含有大量的有机物、病原体和重金属等污染物，严重影响了海洋水体的质量。特别是在发展中国家，由于基础设施建设滞后，污水处理能力有限，导致城市污水对海洋的污染问题尤为突出。

塑料垃圾已经成为全球范围内的重大环境问题。据统计，全球每年有超过 800 万 t 的塑料垃圾进入海洋，这些塑料垃圾在海洋中分解为微塑料，被海洋生物摄入后，可能通过食物链对整个生态系统造成不可逆的损害。塑料污染不仅影响海洋生物的生存环境，还破坏了海洋生态系统的结构和功能。

（三）海水水体保护的措施与技术

针对日益严重的海洋水体污染问题，必须采取多层次、多维度的保护措施，以维持海洋生态系统的健康与稳定。海水水体保护的核心在于污染源的控制、技术创新和管理机制的完善。

1. 强化污染源管理

政府和相关机构应加大对海洋污染源的监管力度，特别是在工业废水、农业径流和城市污水排放方面，制定更加严格的环保标准和法律法规，确保污染物排放符合规定。对于工业废水，必须采取预处理措施，减少有毒物质的排放。农业径流方面，可以通过推广有机农业和生态农业技术减少化肥和农药的使用，从源头上控制污染物的流入。

2. 绿色水产养殖技术的推广

水产养殖业的快速发展给海洋水体带来了新的环境压力。传统的高密度养殖方式往往会产生大量的养殖废水，含有残余饲料、药物和养殖排泄物，导致水体富营养化和污染。为减少养殖业对海洋水体的负面影响，应大力推广循环水养殖、生态养殖和多营养层级综合养殖等绿色技术。这些技术能够减少养殖废水的排放，优化养殖区的水质，确保海洋环境的可持续性。

3. 海洋生态系统修复

针对已经受损的海洋生态系统，生态修复措施是恢复其功能和健康的重要途径。通过人工种植海草床、恢复红树林、修复珊瑚礁等措施，可以有效改善水质、恢复生物多样性。海草床和红树林等生态系统不仅具有水体净化功能，还能通过吸收和固定二氧化碳增强海洋的碳汇能力。

4. 塑料垃圾治理

塑料垃圾的治理是海水水体保护中的一项重要任务。减少塑料的使用、提高回收率以及加大海洋塑料垃圾的清理力度是减少塑料对海洋水体污染的有效手段。近年来，全球范围内的"禁塑"行动和清理海洋塑料垃圾的倡议已经取得了一定的成效，未来还需要更多的技术创新和社会参与以进一步减少塑料垃圾对海洋环境的影响。

5. 海水水质监测技术的提升

技术创新是海洋水体保护的关键。通过引入遥感技术、自动化监测设备以及数据分析技术，可以实现对海洋水质的实时监测和评估。现代监测技术能够精准监测海水中的污染物含量，及时发现水质变化，帮助管理者制定科学的水体保护措施。

二、海洋栖息地保护

海洋栖息地保护是维持海洋生态系统健康与渔业资源可持续利用的重要环节。海洋栖息地涵盖了从沿海红树林到深海生态系统的广泛类型，为海洋生物提供繁殖、觅食和栖息的必要条件。随着人类活动和气候变化的加剧，许多海洋栖息地正遭受日益严重的退化和破坏，进而威胁到全球渔业资源、海洋生物多样性及其生态系统服务功能。因此，保护和恢复海洋栖息地不仅是生态环境保护的重点，也是渔业生态经济可持续发展的重要基础。

（一）海洋栖息地的种类与功能

海洋栖息地包括多种类型的生态系统，每一种栖息地在支持生物多样性和渔业资源方面具有独特的功能。以下是几种典型的海洋栖息地及其生态功能：

1. 红树林

红树林广泛分布于热带和亚热带的沿海地区，作为过渡性生态系统，红树林能够为鱼类、甲壳类和贝类等多种海洋生物提供重要的育幼场所。同时，红树林通过固定岸线、防止海岸侵蚀、减少风暴潮破坏以及固碳等方式维护海岸生态系统的稳定性。

2. 海草床

海草床是海洋中重要的碳汇生态系统，广泛分布于浅海区域。海草通过光合作用吸收二氧化碳，将其转化为有机碳，并通过沉积物固定大量碳元素。海草床为许多鱼类、无脊椎动物提供栖息地，并具有改善水质、减少海岸侵蚀的作用。

3. 珊瑚礁

珊瑚礁是全球最具生物多样性的海洋生态系统之一。珊瑚礁为数以千计的鱼类和无脊椎动物提供栖息场所，是重要的渔业资源基地。珊瑚礁还通过阻挡风暴潮和海浪来保护沿海地区使其免受侵蚀和灾害。

4. 深海生态系统

深海栖息地包括海山、海底热泉和深海平原，尽管人类对这些栖息地的认识还相对有限，但它们在支持全球海洋生物多样性和维持海洋生态平衡方面发挥着重要作用。深海生态系统不仅为独特的生物群落提供了栖息地，还通过深海碳汇等过程调节全球气候。

（二）海洋栖息地的破坏与退化

海洋栖息地的退化和破坏源于多重因素的叠加作用，包括人类活动和气候变化。以下是一些主要的破坏因素：

一是沿海开发与填海造地。随着全球沿海城市化的加剧，许多红树林和湿地被改造为农业用地、工业区和景区，导致栖息地面积急剧缩小。这不仅减少了海洋生物的繁殖地和栖息空间，还削弱了红树林等生态系统的防灾能力。

二是气候变化。气候变化对海洋栖息地的影响极为深远。海洋温度上升导致珊瑚礁白化，大面积的珊瑚礁因此失去功能性。海洋酸化则影响到贝类和其他钙质壳体生物的生存能力，进而削弱了整个海洋食物链的稳定性。此外，气候变化还可能引发海平面上升，淹没沿海湿地和海草床，加剧栖息地退化。

三是海洋污染。工业废水、农业径流和城市污水被排入海洋后，引发了富营养化问题，导致赤潮和水华现象的频发。这些现象不仅通过减少氧气影响水生生物的生存，还破坏了海洋栖息地的生物多样性。此外，塑料垃圾的沉积和化学污染物的扩散也对海洋栖息地构成了长期威胁。

四是过度捕捞。过度捕捞对海洋栖息地的破坏不可忽视，特别是底拖网捕捞对海底栖息地的摧毁。底拖网会直接破坏海底珊瑚礁、海草床等栖息地结构，扰动底部沉积物，导致水质恶化，从而降低栖息地的生态功能和修复能力。

（三）海洋栖息地保护的措施与技术

为了保护日益退化的海洋栖息地，全球范围内采取了多种有效的保护与修复措施。这些措施不仅能够减缓栖息地的破坏速度，还可以通过生态修复提高栖息地的功能性与生物多样性。

1. 海洋保护区的设立

设立海洋保护区（Marine Protected Areas，MPA）是栖息地保护中最为常见且有效的管理手段之一。通过限制人类活动，特别是禁止捕捞和开发，海洋保护区为受威胁的海洋栖息地提供了恢复的机会。研究表明，海洋保护区能够提高鱼类种群密度、增强生物多样性，并通过"溢出效应"促进周边非保护区的渔业资源恢复。

2. 生态修复技术

生态修复是针对已经退化或遭破坏的栖息地所采取的重要补救措施。通过人工种植海草、重建红树林、珊瑚礁修复等技术，可以有效恢复这些生态系统的功能。例如，珊瑚礁修复技术通过人工移植健康的珊瑚片段，加速珊瑚礁的自然再生过程。类似地，红树林和海草床的种植项目能够稳定海岸线、减少侵蚀，并提供栖息场所。

3. 绿色捕捞技术的推广

为了减少捕捞活动对海洋栖息地的影响，必须推广生态友好型的捕捞技术。例如，选择性网具可以减少对非目标物种的捕捞，避免破坏底栖生态系统。同时，限制底拖网捕捞，推广钓线捕捞等低破坏性的捕捞方式，有助于减少对海洋栖息地的直接损害。

4. 水质管理与污染防治

水质管理是保护海洋栖息地的重要措施之一。通过减少工业和农业污染物的排放、改善水质，可以显著减少海洋污染对栖息地的影响。推广清洁生产技术、减少农药和化肥的使用，以及加强污水处理基础设施建设，都是有效减少海洋污染的手段。此外，全球范围内的塑料垃圾清理行动也在积极推进，以减少塑料垃圾污染对海洋栖息地的长期威胁。

三、海洋渔业种质资源保护

海洋渔业种质资源是海洋生物多样性与生态系统功能的核心组成部分，种质资源的保护对于渔业资源的可持续利用、基因多样性的维持以及海洋生态系统的长期健康具有重要意义。种质资源通常指的是生物体的遗传材料，包括基因、染色体、种子、胚胎等，渔业种质资源则特指那些与水生生物繁殖、遗传和演化有关的基因资源。随着气候变化、过度捕捞、污染和栖息地破坏等问题的加剧，海洋渔业种质资源面临前所未有的压力。因此，加强种质资源的保护与管理，对于维持渔业资源的多样性和适应性至关重要。

（一）海洋渔业种质资源的定义与重要性

海洋渔业种质资源是指在海洋中与鱼类、贝类、甲壳类及其他水生生物有关的遗传材料。这些资源不仅决定了海洋生物的生存能力和繁殖能力，还直接影响渔业资源的健康与稳定。种质资源具有重要的生态价值和经济价值。一方面，种质资源的多样性维持了海洋生物群落的生态平衡，为食物链的各个层级提供了重要的生物支持；另一方面，渔业种质资源是渔业经济的基础，许多商业捕捞的物种直接依赖健康的基因库来维持其种群的数量与质量。

基因多样性是种质资源的重要组成部分，它通过为生物种群提供足够的遗传变异来增强其对环境变化、疾病和捕捞压力的适应能力。例如，某些鱼类种群基因多样性丰富、能够在不同的栖息环境中存活并繁殖，而遗传单一的种群则更容易在面临环境压力时崩溃。因此，保护种质资源中的基因多样性是确保海洋生物群落稳定和渔业资源可持续利用的关键。

（二）海洋渔业种质资源面临的威胁

尽管海洋种质资源在渔业中扮演着重要角色，但它们正面临多重威胁，这些威胁主要来源于人类活动和环境变化。

1. 过度捕捞

过度捕捞是影响海洋渔业种质资源的主要因素之一。当特定物种被长期过度捕捞时，种群数量急剧下降，导致其基因库缩小。特别是在捕捞压力下，大型个体往往首先被捕捞，这意味着具备优良基因的个体无法参与繁殖，基因库中缺乏能够维持种群健康的遗传材料。长期的过度捕捞不仅会影响渔业资源的数量，还会削弱物种对环境变化的适应能力，使其变得更加脆弱。

2. 栖息地破坏

海洋栖息地的破坏同样对种质资源构成威胁。红树林、海草床、珊瑚礁等关键栖息地为海洋生物提供了繁殖和幼鱼培育的重要场所。一旦这些栖息地遭到破坏，许多物种将失去重要的繁殖地，导致种群数量下降、基因流动受限。例如，珊瑚礁生态系统的退化会导致依赖其生存的鱼类和无脊椎动物种群急剧减少，直接影响这些物种的基因多样性和进化能力。

3. 气候变化

气候变化通过海洋温度上升、酸化和海平面上升等方式间接影响海洋种质资源。海水温度的变化可能改变物种的分布范围，影响其繁殖周期和幼体存活率。同时，海洋酸化削弱了贝类等钙质生物形成外壳的能力，导致这些物种的种群繁殖能力下降，影响了它们的遗传多样性。

4. 外来物种入侵

外来物种的引入也是威胁海洋种质资源的重要因素之一。外来物种通过竞争、捕食或传染疾病，可能对本地种群的基因库产生负面影响。尤其是在水产养殖和全球化贸易过程中，一些非本地物种被无意或故意引入，导致本地物种的基因多样性受到破坏。例如，外来物种可能与本地物种杂交，导致原有种群的遗传特性被削弱。

（三）海洋渔业种质资源保护的策略

为应对种质资源面临的挑战，需要采取一系列科学的保护策略：

一是建立海洋生物种质库与基因资源库。建立种质库是保存海洋生物遗传材料的重要方式。通过对水生生物的基因资源进行保存（如冷冻精子、卵子、胚胎和 DNA 样本），可以在物种濒临灭绝或基因库受损时进行种群的重建与恢复。这种基因保存技术为未来海洋物种的繁殖和种群修复提供了宝贵的遗传资源。

二是海洋保护区的设立与管理。设立海洋保护区是保护海洋渔业种质资源的重要措施之一。海洋保护区通过限制或禁止捕捞等人类活动保护物种及其栖息地的完整性，允许物种种群自然繁殖和恢复。这些保护区不仅有助于恢复种群数量，还能提高物种的基因多样性。通过保护关键栖息地，如红树林、珊瑚礁和海草床，保护区能够为许多物种提供安全的繁殖环境。

三是改善渔业管理与捕捞技术。科学的渔业管理和生态友好型捕捞技术有助于减少对种质资源的负面影响。通过实施捕捞配额、禁渔期、最低捕捞尺寸等措施，可以有效避免过度捕捞，保护渔业资源的可持续性。此外，推广选择性捕捞技术，如使用大孔径网具和逃生孔，可以避免捕捞幼鱼和非目标物种，从而保护种群的基因库。

四是增殖放流与人工繁殖。通过人工繁殖和增殖放流使渔业资源得以补充，同时保护了基因多样性。人工繁殖可以确保一些濒危物种的种群数量不会过度下降，同时，放流的个体还可以增加野外种群的基因多样性。例如，针对特定鱼类、贝类和甲壳类物种的增殖放流计划在全球许多国家得到推广，以支持渔业资源的恢复。

五是国际合作与政策协调。由于许多渔业资源具有跨境性，国际合作在种质资源保护中尤为重要。通过国际条约和多边协议，国家间可以共享科学数据和技术经验，共同制定可持续的渔业管理措施。例如，《联合国海洋法公约》及相关条约为海洋生物多样性和种质资源的国际合作提供了法律框架，推动了全球种质资源保护工作的协调开展。

第七章 渔业技术经济

第一节 渔业技术经济概述

一、概念和内涵

海洋渔业的发展依赖资本投入和技术进步。面对资源的稀缺和人们日益增长的物质需求之间的矛盾，将技术和经济结合起来推动经济持续稳定增长变得尤为重要。技术经济学来源于人们的生产实践需要，技术经济学融经济学和技术科学于一体，把技术问题和经济问题结合起来考虑，是通过实现技术与经济的有机结合来找寻获得最大利润途径的一门学科。

渔业技术经济学是一门研究渔业领域技术与经济互动关系的学科，它主要探讨渔业生产过程中的项目评价、技术选择及其经济效益，以及如何通过技术创新推动渔业发展。渔业技术经济学关注渔业生产中技术的应用如何影响经济效益，包括成本、产出、效率等经济指标。其主要任务是应用经济学原理和方法，对渔业技术方案进行成本效益分析、风险评估和投资决策分析等，并研究如何通过技术手段优化渔业资源的配置，提高资源利用效率，确保渔业资源的可持续利用。

此外，渔业技术经济学还注重分析渔业技术的发展、创新过程及其在渔业产业中的扩散机制，以及这些过程对提升产业竞争力的作用；研究技术政策、管理措施对渔业技术发展的影响，以及如何制定有效的技术政策来促进渔业产业的健康发展；探讨渔业技术对海洋生态环境的影响，研究如何实现渔业生产的环境友好和技术的可持续性等。

二、研究内容

针对技术经济学的研究内容，比较一致的观点包括以下三个方面：一是技术经济学是一门研究技术方案、技术试验的经济效果的学科。这种观点认为技术经济学是研究技术方案、技术措施、技术政策、新技术装备的经济效果，寻求提高经济效果的途径和方法的学科，技术经济分析的任务就是计算技术活动的经济效果。技术经济分析能帮助人们在一个投资项目尚未实施之前估算出它的经济效果，并通过对不同方案的比较选出最有效利用现有资源要素的方案，从而使投资决策建立在科学分析的基础之上。技术经济分析还能帮助人们在日常工业生产活动中选择合理的技术方案，改进各种具体产品的设计与生产工艺，用最低的成本生产出符合要求的产品，提高工业生产的经济效益和社会效益。二是技术经济学是一门研究技术创新和技术进步，研究技术与经济结合促进企业发展和国民经济增长的学科。作为应用经济学的一个分支，技术经济学的分析和评价方法在各种资源的配置方面起着过滤和优化的作用，不仅从微观方面研究资源优化配置的方法，而且从宏观方面研究技术与经济最优结合的内在动因问题。三是技术经济是一门研究技术与经济内在联系的学科。研究技术发展与经济发展相互作用的规律、技术发展与经济发展最佳结合与协调发展的规律、技术与经济最佳结合的实现形式和方法等。研究技术与经济的有机结合与内在联系的目的无外乎实现技术与经济的协调发展，既注重技术选择与经济实力相协调，又注重通过关键领域和关键技术的超前发展带动其他领域部门和技术的全面发展。

由上述分析可知，渔业技术经济学研究的内容非常广泛，涉及渔业经济与技术的各个方面和层次。本书重点介绍海洋渔业技术经济学微观层面的内容，即项目投资决策分析中的概念方法和技能。本部分力求体现三个特点，即知识系统性、工具技能性和实践操作性。

三、渔业生产技术

(一) 海洋捕捞技术

海洋捕捞可分为沿海捕捞、外海捕捞和远洋捕捞，其捕捞对象和作业环境有所不同。根据海洋捕捞对象的习性及捕捞作业环境，人们发展出了多种渔具及相应渔法，以提高捕捞效率。海洋捕捞所用的渔具有网渔具、钓渔具、猎捕渔具、特种渔具（如光电捕鱼、电气捕鱼、鱼泵等）和杂渔具（如耙刺、笼壶、潜水器等）5部分。其中网渔具有拖网、围网、刺网、张网、建网、插网、敷网和掩网8类，加上钓渔具、猎捕渔具、特种渔具和杂渔具共12类。其中拖网、围网、刺网和钓具最常用，以下对其捕捞原理与作业特点进行介绍。

1. 拖网捕鱼

拖网是过滤性运动渔具，作业时依靠渔船的动力拖曳囊袋形网具，将鱼、虾、蟹、贝或软体动物强行拖入网内而达到捕捞的目的。拖网有中层拖网和底层拖网，前者主要捕捞中层或中上层集群性鱼类，后者主要捕捞底层或近底层集群性鱼类。我国都为底层拖网，主要捕捞对象有带鱼、大黄鱼、小黄鱼、海鳗、鲆、鲽、虾、蟹等。拖网作业是强制性的捕鱼，其主要特点和优势：①作业机动灵活、适应性强，有较高的生产效率。②作业范围广，作业海区遍布世界各大海域，不仅可以捕捞鱼类，还能捕捞头足类、贝类和甲壳类，并能有选择性地对水域表层、中层、底层捕捞对象实施有效的捕捞。③相对于其他方法，拖网作业渔船机械化、自动化水平较高，并进一步向大型化、自动化和现代化发展。

由于捕捞效率高，拖网渔业在世界各主要渔业国家占相当大的比例。我国拖网渔业遍及全国各海区，拖网渔获量在海洋渔获量中占主要地位。但高效率的捕捞给全球海洋渔业资源和海洋生态环境造成巨大压力和损害，特别是底层拖网作业不仅对鱼类资源造成巨大损害，还对鱼类赖以生存的海洋生态环境造成巨大破坏。自20世纪70年代以来，海洋渔业资源的衰退在很大程度上是由于拖网渔业的迅速发展。因此世界范围内提出了负责任捕捞的概念，一致要求限制和减少工业化拖网捕捞的发展。我国也采取了调整和管理措施，如发展外海和远洋渔业、严格执行捕捞许可制度、转移部分拖网捕捞力量从事钓业生产、开发中、上层渔业资源、鼓励渔民转产转业等。

2. 围网捕鱼

围网捕捞的对象是集群性鱼类。围网捕鱼根据捕捞对象集群的特性，利用长带形或一囊两翼的网具包围鱼群，采用围捕或结合围张、围拖等方式，迫使鱼群集中到网囊。围网捕捞对象主要是集群性的中上层鱼类，如金枪鱼、鲐、太平洋鲱、蓝圆鲹、竹荚鱼、金色沙丁鱼、脂眼鲱、圆腹鲱、鲹鲣、鲅、青鳞鱼、大黄鱼、带鱼、鳓、鳀、沙丁鱼、鲑鳟类以及毛鳞鱼等。随着装备技术水平的提高，捕捞对象除了中、上层集群性鱼类之外，还包括近底层集群性鱼类。围网作业具有以下特点：①生产规模大，网次产量高。如大型金枪鱼围网长 1 500～2 300m，高 250～300m，重约 30t，网次产量高达数百吨至上千吨。②要求捕捞对象具有稳定的集群性，鱼群的大小、密度和稳定程度决定了围网捕捞的效果。③生产技术要求高。需要采用高科技设备探寻鱼群，围捕过程中需要多船配合，在短时间内把运动状态下的鱼群成功地包围，操作复杂。④要求作业渔船具有良好的性能和先进的捕捞机械设备，因此成本高、投资大。

围网捕鱼以围捕上、中层较大的密集鱼群为特征，以鱼群侦察为先决条件，以网具能迅速包围鱼群并能防止鱼群逃逸为作业原则。根据鱼群栖息水层的不同，作业方法有围捕起水鱼群、瞄准捕捞和光诱捕捞等。这些特性使得围网捕鱼具有目标选择性强、对渔业资源环境破坏小的优势，因此是全球主要渔业国家的发展重点。围网渔船与捕捞设备的现代化程度是一个国家现代渔业发展水平的标志。我国的围网渔业与世界先进国家相比还有一定差距，如灯光围网船组产量仍处于较低水平，鱼群侦察技术、灯诱设备等都需进一步提高。未来应加强对中、上层鱼类资源的调查，积极研制先进的鱼群探测仪器，同时还应进一步提高渔船性能和设备，加强对深海作业的渔具和渔法的研究等。

3. 刺网捕鱼

刺网是网渔具中结构最简单的渔具。它使用均匀的长带形网衣，其上、下纲分别装配浮子和沉子，垂直张开网衣，拦截鱼、虾通道，使其刺入网目或缠绕在网衣上，从而达到捕捞的目的。刺网捕鱼不像其他囊形网具兜捕鱼，而是靠鱼类与网具直接接触进行捕获。刺网捕捞对象有体形规则的石首鱼类、鳓、鲳、鲅、沙丁鱼、金枪鱼、鲷等，主要以刺挂方式捕捞。同时以缠绕的方式捕捞体形不规则或多鳍刺的鱼类，如鲨鱼、鳐鱼、鲔、鲟以及梭子蟹、对虾等。刺网作业特点包括：①结构简单，操作方便，生产作业机动灵活，选择性好，渔获质量较高。②渔具制作和生产成本相对较低，对渔船动力要求不高，因此是生产中使用较广泛的渔具。③刺网网具的尺寸、材料、结构、刺缠性能等与捕捞对象的生理与行为习性（包括视觉、色觉、鱼体形状与尺寸、鱼类对网壁和漂流网列的反应等）必须相适应。④刺网作业与渔场环境条件（包括水温、水深、底质、水色、透明度、光照、与背景色的配合等）有密切关系。同时，水流对刺网的漂流、网形变化、鱼的趋流反应等都有密切关系。

刺网作业的缺点主要是产量不如拖网、围网等高，此外，取渔获物麻烦且鱼体易受损伤。不过由于其具有结构简单、操作简便、对鱼类和渔场适应性强、对渔船设备要求不高、渔获物质优价高、对幼鱼资源损害小等优势，在渔业中占有一定地位。我国目前分布较广的刺网有马鲛鱼流网、鲨鱼流网、梭子蟹流网、北方的对虾流网、长江口的银鱼流网等。随着传统经济鱼类资源的衰退、小型鱼类的增加而发展起来的有黄鲫鱼流网、青鳞鱼流网等。刺网能够保护幼鱼资源，但小型刺网发展起来后对资源保育产生了一定危害。

4. 钓具捕鱼

钓具捕鱼通常在钓线上系结钓钩，并装上诱惑性饵料（包括真饵和拟饵），利用鱼类、甲壳类、头足类等动物的食性，诱其吞食而达到捕捞的目的。也有少数钓具不装钓钩，以食饵诱集鱼类将其钓获。钓具的捕捞对象广泛，有带鱼、鲨、鳓、鳗、大黄鱼、黄姑鱼、鳕、石斑鱼、金枪鱼、鲷科鱼类、对虾、梭子蟹、柔鱼、河鲀等。远洋延绳钓主要捕捞对象有鲔（长鳍鲔、大目鲔、黄鳍鲔、黑鲔）、鲣（真鲣、花鲣、圆花鲣以及其他鲣类）及鱿鱼等。其作业方式为漂流延绳式、定置延绳式、曳绳式和垂钓式四种。钓具作业特点包括：①作业渔场广泛，适合捕捞分散的各水层鱼群，近岸、远洋均可生产。一般不受渔场底质、水深和水流的限制。尤其是在水深流急、海底多礁、地形底质差一般网具难以作业的海域能发挥其特色。②从渔获量角度来看，其效率远不如网具捕鱼，但渔获质量高，对资源有保护作用。③钓具结构简单，成本低，投资少，便于推广。

自古以来钓具就是近岸浅海渔民广泛使用的重要生产工具，在我国岩礁海岩带的东南沿海和山东、辽东半岛沿海，特别是在海岛省份台湾，钓渔业一向比较发达，多年来由于片面发展高产渔具，钓渔具作业渔场被压缩，一些传统的捕捞对象因被拖网、围网、张网等方式过度捕捞而减少，致使钓鱼业衰退。近年来，由于渔业调整、生产体制改革和实行开放政策，衰退多年的钓渔业形势才有所转变，逐渐成为提供高档优质鱼类、繁荣水产品市场、发展渔村经济的重要手段。此外，由于开发利用外海及远洋鱼类资源的需要，金枪鱼延绳钓和光诱机钓鱿鱼等大型远洋钓渔业发展迅速，大大提高了钓渔业的产业地位。

（二）海水养殖技术

相比于海洋捕捞，海水养殖的生产过程更为复杂，涉及种苗繁育采集、暂养、养成、育肥等多个环节，单一品种的养殖会涉及不同水域和不同养殖方式，因此对单一养殖方式的介绍缺乏意义。以下结合我国海水养殖的主要代表性品种介绍各类主要养殖技术。

1. 近江牡蛎养殖

近江牡蛎是我国贝类养殖的主要品种之一，牡蛎肉味鲜美、营养丰富，提炼的蚝油具有药用价值，也是主要的碳汇品种。牡蛎的摄食方式是滤食，唇瓣和鳃的表面密生纤毛，依靠纤毛的摆动和鳃及唇瓣的过滤把食物滤下。因此可利用海水中的自然营养成分经 2～3 年养成，无须投喂饲料。

传统上通过采集野生苗种进行培育，通常选择环境适宜、有江河流入的漏斗形内湾作为采苗区，利用石棉板、水泥瓦、水泥棒等制作采苗（附着）器，采集海域中的牡蛎幼体。近年来，其人工育种取得突破，如水产科学研究院黄海水产研究所完成了近江牡蛎群体、家系构建和苗种扩繁研发，中国科学院海洋研究所与湛江蚝产业技术研究院联合繁育了近江牡蛎"广福1号"新品系苗种等。

近江牡蛎的养成方法有浅滩插养法、棚架养成法和筏式养成法。浅滩插养法是将附着基按一定间距投放于适宜的浅滩，其间需进行移拖分植等工作，生产管理较为简单。棚架养成法利用钢筋水泥或竹木制作棚架，将成串的石棉板、牡蛎壳等采苗后吊挂于棚架上进行养成。如果是水泥棚架，也可利用其本身作为采苗附着基自然附苗养成。棚架可设置在内湾深水场地，能充分利用水体，牡蛎生长快，能减少泥沙覆盖、洪水冲击、烈日曝晒造成的损失，有效地防止荔枝螺、红螺、青蟹及底栖鱼类的侵害，是一种稳定高产的养殖方法。筏式养成法利用竹木、泡沫、聚乙烯等制作海上浮筏，将水泥瓦、石棉板等附着器串联吊挂于筏下进行养成。浮筏可随潮水涨落，吊养牡蛎可固定在同一水层，环境良好且稳定，牡蛎生长快、质量好，可缩短养殖周期、降低劳动强度。但浮筏抗风浪性差，只适用于风浪不大和低潮时水深 4m 以上的海区。

牡蛎在收获前需进行育肥。一般在 9 月后将牡蛎移到育肥场，育肥场可提供优良的生活环境，促进牡蛎生长和生殖腺发育，以达到收获丰满蚝肉的目的。育肥期的海区除了具备养成海区的起码条件外，还要求有更加丰富的饵料来源。常用育肥方法有地播育肥法和筏式吊养育肥法两种。

2. 中国对虾池塘养殖

中国对虾是我国甲壳类养殖的主要品种，肉质鲜嫩，营养丰富，口味鲜美。中国对虾生产周期短，市场需求量大、投资回报率高，也是重要的出口水产品。自然状态下中国对虾主要捕食底栖动物，如多毛类、小型甲壳类和双壳类等，有时也捕食浮游动物。养殖饵料主要用鱼粉、虫粉、豆粕、谷类粉等制成。

亲虾来源一是越冬培育的养殖亲虾，二是在自然海区捕捞的亲虾。其中越冬亲虾具有来源稳定、可人为控制产卵时间、利用率高等优势。亲虾需经暂养、入室、交配、越冬、促熟等过程后，在繁殖期开始产卵。产卵方式有产卵池中产卵、（池中）网箱产卵和育苗池产卵 3 种方式。其孵化培育对环境有较高要求：卵孵化适宜水温为 $18 \sim 22℃$，幼体发育适温范围为 $20 \sim 27℃$，无节幼体、溞状幼体、糠虾幼体、仔虾的适温范围为 $20 \sim 30℃$，适宜盐度一般为 $23 \sim 32$，pH 为 $7.6 \sim 9.3$。溞状幼体阶段以摄取浮游植物为主，糠虾幼体阶段除摄食植物性饵料之外，还捕食动物性饵料生物，仔虾阶段以食浮游动物和底栖饵料生物为主。

虾苗发育体长 0.7cm 以上即可出池，进入养成阶段。对虾养殖的关键技术是养成池建造、养殖用水、苗种暂养、虾苗放养以及饲养管理。养成池建造应以虾池为主体，充分考虑进排水系统、扬水站、蓄水沉淀池虾苗中间培育池、供电设施、冷藏保鲜车间、饵料加工车间、储存车间、化验室等的建设。虾苗放养对养殖池的水深、水温、盐度和 pH 等都有一定要求。饲养管理包括养殖池内的水环境管理、饵料投喂及日常观测工作。其中：水环境管理的重点在养殖池内的水质调控技术上，如添换水控制水位、增氧技术等；饵料的投喂的重点在投喂次数与方法、投喂数量控制以及如何提高饵料利用率等问题上；日常观测主要观测对虾病原、观测水质环境、观测对虾生长动态和胃饱满度及虾池是否安全等。

3. 卵形鲳鲹深海网箱养殖

卵形鲳鲹，又称金鲳，肉质细嫩鲜美，体色艳丽，具有鲹类的特殊香味，被列为名贵食用鱼类，是我国海水养殖产量最大的鱼种。卵形鲳鲹具有能抵抗较强的洋流、能充分利用大养殖空间、能摄食人工配合饲料、能进行冷冻保鲜加工的特性，是拓展深远海养殖空间的重要品种之一。卵形鲳鲹为肉食性鱼类，成鱼以端足类、双壳类、软体动物、蟹类幼体和小鱼虾等为食，人工饲养可投喂鱼、虾片块及人工配合颗粒饵料。

选择来自良种场或自然水域、自然条件下成熟或人工培育条件下成熟的个体作为亲鱼，亲鱼规格为 4 龄 4kg 以上。经强化培育催产等让其自然排放精卵、受精，之后收集受精卵进行池塘孵化，在水温 20～23℃、盐度 28 的条件下，胚胎经过 3～42h 孵化成仔鱼。仔鱼培育可分室内水泥池培育和池塘培育两种，根据生长周期投喂鳗鱼粉、轮虫及卤虫无节幼体、桡足类枝角类、鱼肉糜、淡水枝角类等饵料。鱼苗全长达 2.5cm 后，幼鱼变态完成，可按不同规格分别培育。

养殖海区应选择潮流通畅、周围无污染、海底地势平缓、底质以泥沙质为主的开放性海域，水深＞16.0m，流速＜1.0m/s，周年平均浪高＜1.0m。水体要求：水温 18～32℃，盐度 16～35，透明度≥3.0m，pH 7.5～8.6，溶解氧≥5.0mg/L，海区水质符合 GB11607 的要求。一般采用重力式深水网箱，网箱框架材质主要有高密度聚乙烯、金属框架等，网衣材料主要有 PE（聚乙烯）、PA（尼龙）、UHMWFE（超高分子量聚乙烯）、PET（聚对苯二甲酸乙二醇酯）等，采用锚、碇系统固定。配套设施包括生产管理平台、投饵设备、水质监测设备、洗网机、发电机组等。海上布局网箱间距＞100m，需符合 GB/T 20014.16 的要求。选用专用膨化颗粒饲料，饲料粒径根据鱼体规格确定，根据水温、水质、天气、波浪及鱼的摄食情况等确定合适投喂量。根据网箱上污损生物附着量及鱼类养殖情况换洗网衣，定期或大风浪前后检查网箱设施（网衣、框架、浮子等）是否安全。采取"预防为主，防治结合"的原则防治疾病。鱼体重＞500g 时可一次或分批收获。

目前卵形鲳鲹养殖产业依然面临优良新品种缺乏、设施装备水平不高、养殖技术有待提高、冷冻保鲜和精深加工水平亟待提升等问题。深远海养殖上下游结合紧密，要从突破性新品种、安全的网箱及配套设施、智能管控、绿色精准营养、高效养殖模式和加工流通入手，打造从优良种质到高效养殖再到加工流通的上下游密切协同的产业链。

4. 海带海上养殖

海带是多年生大型藻类，营养丰富，成本低，是一种重要的海生资源。富含人体必需氨基酸。海带可做工业原料，提取褐藻糖胶、甘露醇、膳食纤维和海藻酸钠等。自然状态下海带多生长于海边低潮线下 2m 深度的岩石上，人工养殖时生长在绳索或竹材上，耐寒，耐高盐，生长快速。

选择品质良好且没有形成孢子囊的海带个体作为种海带，在育苗池内培育收集孢子，利用育苗帘附着孢子培育幼苗。苗长 2cm 左右时即可下海暂养，长至 20cm 左右时即可分苗。分苗时将幼苗分散夹到养成苗绳上，采用浮养和垂挂的方式进行养成。浮养是将海带苗种放置在浮筏上，利用浮筏漂浮在水面上，利用海水中的养分供给海带生长。垂挂是将海带苗种绑在绳子或网架上，垂挂在水中，利用水流中的养分供给海带生长。悬挂时要保证幼苗在水中位置的稳定、不受风浪和水流的影响，同时要光照充足、不被其他海带遮挡。

养殖海区需要符合以下条件：海底平坦，最好是泥底或泥沙底，沙底较硬为次之，也可以是岩礁底。根据养育形式和苗绳长短来确定水的深度，冬季大潮时水深在 5m 以上的海区适合筏式养殖技术，水流大、波浪小、有冷水团和上升流的海区养殖效果更好。水体透明度较好，富含营养盐，每立方米含氮量在 100mg 以上，满足《渔业水质标准》（GB 11607—1989）的要求。如果养殖海区的含氮量较低，需要施氮肥，磷肥作为补充。养成期的管理主要是调节水层和安全检查。调节水层是根据海带的生长阶段和光照需求，适时提升或降低养殖水层，以保证海带的光合作用和养分吸收。安全检查是经常检查浮缆、桩缆是否有磨损，养殖架是否牢固，海带是否有缠绕等。海带在海底养成时间一般为 4~6 个月，收获一般在 3—4 月，根据海带的生长情况和市场需求确定，要求长、宽、厚等达到一定规格。

第二节　渔业技术经济评价

技术经济评价是利用系统性方法对技术项目、投资决策或政策选择的经济可行性和效益进行评估，以确定其是否具有经济合理性、技术可行性和社会价值。成本效益分析是技术经济评价的核心。所谓效益，是指某个行动、决策、投资或项目所带来的正面结果或价值，在技术经济分析中通常指的是通过某种经济活动或投资所获得的收益，包括直接的财务收益和间接的经济效益。

渔业技术经济评价主要是对渔业生产经营中的投入产出进行核算分析。所谓投入，既包括劳动消耗与占用，也包括资源消耗与占用。所谓产出，是指各种价值形式的生产成果。对海洋渔业生产来说，投入主要包括渔业劳动力、渔用资金、海洋生物资源和海域空间资源的消耗和占用。讲究渔业经济效益，就是以尽可能少的投入取得尽可能多的产出。这包括三个方面：一是劳动、资源的消耗和占用要尽量少，也就是要尽量节约人力、物力和财力及合理利用渔业自然资源（包括生物资源和海域资源）。二是要获得尽可能多的水产品，创造更多的社会财富。三是海水产品要符合社会需要。所谓符合社会需要，不仅在数量上要满足社会需要，而且在质量上、规格上、花色品种上也要得到社会的认可。这样才能实现海水产品的价值，使海洋渔业经营活动的成果得到社会的承认。

一、渔业经济效益评价

渔业经济效益评价是衡量渔业活动在经济上是否合理有效的一种方法。它涉及多个指标，这些指标可以帮助决策者、管理者和渔业从业者了解渔业资源的利用效率、成本控制、产出价值和可持续发展能力。这些指标既可以单独使用，也可以组合使用以提供更全面的经济效益评价。在实际应用中，可能需要根据具体的渔业类型、地区特点和政策环境来选择指标。从不同方面对渔业经济效益进行评价的指标很多，以下选择实践中常用的主要指标进行介绍。

（一）要素效率指标

渔业劳动生产率。一般以每个渔业劳动力的年产量或年产值来计算，反映了渔业劳动力的生产效率。

渔业劳动生产率＝水产品产量或产值/劳动消耗量（人数或时间）

单位水面（体）产量或产值。在一定的水域面（体）积所能产出的水产品产量或产值，反映了海域空间的生产效率。

单位水面（体）产量或产值＝水产品产量或产值/水域面（体）积

资金生产率。每单位资金占用量对应产出的水产品产量或产值的数额，它反映资金利用的经济效益。

资金生产率＝水产品年产量或年产值/年平均资金占用额

资金利润率。即盈利率，指在渔业生产过程中运用技术和资金的经济效益，即补偿了全部资金消耗后，为企业创造的新增价值。

资金利润率＝（水产品产量－全部生产费用）/年平均资金占用额

（二）成本效果指标

单位产品成本。指生产（捕捞或养殖）每千克或每百千克水产品的成本，即每千克或每百千克水产品可消耗的各种费用的总和。

单位产品成本＝水产品总成本/水产品产量

单位产品变动成本。指成本总额中随着水产品产量（或销售量）的增减而变动的那部分成本。

单位产品变动成本＝生产该品种各项变动成本之和/该种水产品产量

单位产品固定成本。指总额不随着水产品产量（或销售量）的变动而增减的费用。

单位产品固定成本＝生产该品种各项固定成本之和/该种水产品的产量

成本利润率。该指标反映利润水平的高低，能更确切地表示资金的经济效果，即消耗每单位资金所能带来的经济效果。

成本利润率＝全部水产品的利润额×100％/全年水产品的成本总额

单位面积水产品成本。指养殖某种水产品平均每单位养殖面积所支出的费用总额，可反映单位水面的成本投入。

单位面积水产品成本＝水产品生产总成本/养殖总面积

（三）物资消耗效果指标

饲料转化率。用以计算不同的养殖品种、年龄、养殖空间、投饲方法或营养成分的饲料所取得的养殖效益。

饲料转化率＝鱼体增重量×100％/投喂饲料量

单位物资费用产量或产值。该指标反映生产每单位产品所需要的物资费用与产量或产值的关系。

单位物资费用产量或产值＝总产量或总产值/生产物资费用总额

单位能耗（油、电、煤）产量或产值。该指标反映生产每单位产品所耗的能量与产量或产值的关系。

单位能耗（油、电、煤）产量或产值＝水产品总产量或总产值/总能耗量

（四）养殖技术指标组

放养密度。该指标是指在一定的水域内放养成鱼的数量。

放养密度＝放养成鱼尾数/可养鱼水面积（亩）

饲料系数。该指标反映饲料投放的效果，可以反映使用饲料技术的高低。其计算公式为

饲料系数＝投喂的饲料总数/养殖对象的总增重量

饲料投放强度。该指标是指每天投放的饲料量与已养殖水面面积之比。

饲料投放强度＝每天投放的饲料量/已养殖水面面积

鱼苗孵化率。该指标被用来反映鱼苗孵化的效果。

鱼苗孵化率＝鱼苗尾数×100％/总产卵量

鱼苗成活率。该指标被用来反映鱼苗饲养成为鱼种的效果。

鱼苗成活率＝鱼种尾数×100％/鱼苗尾数

成鱼成活率。该指标被用来反映鱼种饲养成为成鱼的效果。

成鱼成活率＝成鱼尾数×100％/鱼种尾数

养殖水面（体）利用率。该指标是被用来反映一定范围的自然水域面（体）资源的利用效率。

养殖水面（体）利用率＝已养殖水域面（体）积×100％/可养鱼水面（体）积

饲料利用率。指养殖过程中所利用的饲料总量与饲料消耗总量的百分比，反映饲料利用的效率。

饲料利用率＝（饲料消耗总量－饲料损失量）×100％/饲料消耗总量

（五）捕捞技术指标组

渔获率。指某水域某一时期渔获量占同期捕捞对象群体总量的百分比，是判断捕捞效能的重要指标。

渔获率＝渔获量×100％/捕捞对象群体总量

捕捞强度。指单位时间内对某一渔场或某一种捕捞对象投入的捕捞努力量的数量。另可指一段时间内实际捕捞量占允许捕捞量的比例。

捕捞强度＝捕捞努力量（以总功率或总吨计）/海域面积

捕捞强度＝实际捕捞量×100％/允许捕捞量

渔船生产率。反映单位渔船生产能力的指标。

渔船生产率＝全年生产水产品总产量/年平均渔船总吨位

平均网产量。指生产渔船在报告期内平均每投一次网所得的水产品产量，它是反映渔船生产技术水平的指标。

$$平均网产量＝报告期内到港水产品产量/投网总次数$$

二、渔业投资项目评价

投资项目评价的指标可以分为三大类，它们从不同角度反映了项目的经济可行性。一是反映价值量大小的价值型指标，如净现值、净现值率等。二是反映资金利用效率的效率型指标，如投资收益率、内部收益率等相对经济指标。三是反映时间长短的时间型指标，如静态投资回收期、动态投资回收期等。这三类指标从不同的角度说明了项目的经济性，各有自己的应用范围和条件。可根据实际的投资条件，选用合适的评价方法进行评价，也可同时选用多种方法从不同角度进行分析、评价，从而使经济效果的评价更科学、更准确。

（一）价值型指标

1. 净现值

净现值是对投资项目进行动态评价最重要的指标之一，该指标考察项目寿命期内每年发生的净现金流量，将其按一定的折现率折现到同一时点（通常是期初）的现值并做累加。净现值的表达式为

$$NPV = \sum_{t=0}^{n}(CI_t - CO_t)(1+i_0)^{-t} = \sum_{t=0}^{n}(CI_t - K_t - CO'_t)(1+i_0)^{-t}$$

$$(7-1)$$

式中：NPV 为净现值（Net Present Value）；CI_t 为第 t 年的现金流入额；CO_t 为第 t 年的现金流出额；K_t 为第 t 年的投资支出；CO'_t 为第 t 年除投资支出以外的现金流出；n 为项目寿命年限；i_0 为基准折现率。

判别准则：对单一项目方案而言，若 $NPV \geqslant 0$，则项目应被接受；若 $NPV < 0$，则项目应被拒绝。多方案比选时，净现值越大的方案越优（净现值最大化准则）。这一指标更加切合实际，已经越来越被广泛采用。

2. 净现值率

将净现值与投资现值相比可以得到净现值率（或称净现值比，$NPVR$），表示单位投资所得的净现值，反映了单位投资收益的大小。计算公式为

$$NPVR = \frac{NPV}{I_P} = \frac{\sum_{t=0}^{n}(CI_t - CO_t)(1+i_0)^{-t}}{\sum_{t=0}^{n}I_t(1+i_0)^{-t}} \qquad (7-2)$$

式中：I_P 为历年投资的现值。

判别准则：当 $NPVR \geqslant 0$ 时，项目可行；当 $NPVR < 0$ 时，项目不可行。

（二）效率型指标

1. 投资收益率

投资收益率就是项目在正常生产年份的净收益与投资总额的比值。其一般表达式为

$$R = \frac{NB}{K} \qquad (7-3)$$

式中：K 为各年投资总额，根据不同的分析目的，K 可以是全部投资额，也可以是投资者的权益投资额；NB 为正常年份的净收益，根据不同的分析目的，NB 可以是利润，可以是利润和税金总额，也可以是年净现金流入等；R 为投资收益率，根据 K 和 NB 的具体含义，R 可以表现为不同的具体形态：

全部投资收益率＝（年利润＋折旧与摊销＋利息支出）×100％/全部投资额

权益投资收益率＝（年利润＋折旧与摊销）×100％/权益投资额

投资利税率＝（年利润＋税金）×100％/全部投资额

投资利润率＝年利润×100％/权益投资额

投资收益率未考虑资金时间价值，而且舍弃了项目建设期、寿命期等诸多经济数据，故一般仅被用于技术经济数据尚不完整的项目的初步研究阶段。

用投资收益率指标评价投资方案的经济效果，需要与根据同类项目的历史数据及投资者意愿等确定的基准投资收益率作比较，设基准投资收益率为R_b，判别准则为：若 $R \geqslant R_b$，则项目可行；若 $R < R_b$，则项目不可行。

2. 内部收益率

在所有项目投资经济评价指标中，内部收益率（Internal RateofReturn，IRR）是最重要的评价指标之一。内部收益率是投资方案在其寿命期内各年净现金流量的现值累计为零时的折现率，或者说内部收益率就是投资方案净现值为零时的折现率。内部收益率可通过解下述方程求得：

$$IRR = \sum_{t=0}^{n} (CI_t - CO_t)(1+IRR)^{-t} = 0 \qquad (7-4)$$

式中：IRR 为内部收益率；其他符号的意义同前。该式是一个高次方程，不容易直接求解，通常采用数值计算中的"插值法"求近似值。内部收益率被认为是项目的盈利率，它反映了投资的使用效率，概念清晰明确、在国际上普遍受到重视和使用，并被作为经济评价的主要指标。

判别准则：设基准折现率为 i，若 $IRR \geqslant i$，则项目在经济效果上可以接受，若 $IRR < i$，则项目在经济效果上不可接受。

当投资资金有限、必须把资金分配给投资收益好的项目时，可以计算各投资方案的内部收益率，然后把各投资方案按内部收益率的大小排序，依次选取内部收益率大的方案，这样就可以达到优化利用资金的目的。

（三）时间型指标

1. 静态投资回收期

静态投资回收期是指用项目的净收益回收全部投资所需要的时间。它是在财务上考察项目投资回收能力的主要静态指标，静态投资回收期（以年表示）一般从开始建设之年算起，如果从投产之年算起，应予以注明。其表达式为

$$\sum_{t=0}^{P_t}(CI_t - CO_t) = 0 \tag{7-5}$$

式中：CI_t 为年现金流入；CO_t 为年现金流出；P_t 为静态投资回收期。

$P_t =$（$P-1$）+第（$P-1$）年累计净现金流量绝对值/第 P 年净现金流量

式中：P 为项目各年累计净现金流首次为正或 0 的年份。用投资回收期评价投资项目时，需要将计算所得的投资回收期与同类项目的历史数据或投资者意愿确定的基准投资回收期相比较。设基准投资回收期为 P_c，判别准则：

若 $P_c \geqslant P_t$，表明能在规定的时间内收回投资，则项目可行。

若 $P_c \leqslant P_t$，表明不能在规定的时间内收回投资，则项目不可行。

投资回收期只能被用来反映项目的清偿能力，单从投资回收期长短方面来评价一个项目，容易导致错误的结论，因此不可作为项目评选的主要指标。

2. 动态投资回收期

投资者一般都十分关心投资的回收速度，为了降低投资风险，都希望越早收回投资越好。动态投资回收期是一个常用的经济评价指标。它弥补了静态投资回收期没有考虑资金的时间价值这一缺点，更符合实际情况。

动态投资回收期是项目从开始投资算起，到累计折现现金流量等于 0 时所需的时间。其表达式为

$$\sum_{t=0}^{P_t}(CI_t - CO_t)(1+i_c)^{-t} = 0 \tag{7-6}$$

式中：i_c 为基准收益率；P_t 为动态投资回收期；CI_t 为年现金流入；CO_t 为年现金流出。其计算式为

$P_t = P-1+$第 $P-1$ 年累计折现值绝对值/第 P 年净现金流量现值

式中：P 为累计折现值为正或 0 的年份。用动态投资回收期评价投资项目时，应将其与基准投资回收期相比较。设基准投资回收期为 P_c，判别准则：

若 $P_c \geqslant P_t$，表明能在规定时间内收回投资，则项目可行。

若 $P_c \leqslant P_t$，表明不能在规定时间内收回投资，则项目不可行。

（四）基准折现率确定的原则

基准折现率是投资项目经济效果评价中的重要参数，从具体项目投资决策的角度，所取基准折现率应反映投资者对资金时间价值的估计。如果所筹措资金的来源不止一种，则应以所有来源资金的加权平均成本作为全部资金的综合成本，由此确定折现率。税后加权平均资金成本的计算式为

$$k = \sum_{j=1}^{m} P_{dj}k_{dj} + P_s k_s + P_e k_e \tag{7-7}$$

式中：k_{dj} 是第 j 种借贷资金的税后成本；k_s 为有限股股本资金的税后成本；k_e 为普通股股本资金的税后成本；P_{dj} 为第 j 种借贷资金在资金总额中的占比；P_s 和 P_e 分别为优先股和普通股股本资金在资金总额中的占比。

在投资评价实践中，经常有人用行业平均投资收益率或企业历史投资收益率作为基准折现率。行业平均投资收益率和企业历史投资收益率可以在某种程度上反映企业投资的机会成本，当企业难以确定具体项目的投资机会成本时，如果行业平均投资收益率或企业历史投资收益率高于项目的筹资成本，也可以此作为确定基准折现率的参考值。

第三节　渔业风险管理

海洋渔业投资项目在生产经营过程中，随着时间的演变，存在着各种不确定因素，从而会导致一系列风险。风险既来源于人们对未来市场需求、成本和收益等经济要素估算得不准确，也来源于项目实施内外环境的变化。因此，风险分析是海洋渔业投资项目评价和经济活动分析的重要组成部分。以下对风险概述、风险识别、风险分析、风险应对等进行讨论。

一、渔业风险概述

（一）风险的概念

经济管理领域，风险（Risk）和不确定性（Uncertainty）是两个核心概念，它们在决策过程中扮演着重要角色。弗兰克·H. 奈特（Frank H. Knight）在 1921 年的著作《风险、不确定性和利润》中区分了风险和不确定性，他认为：风险是可度量的不确定性，可以通过概率来评估，而不确定性是不可度量的，因为它涉及完全未知的事件，我们无法对其进行概率评估。

具体而言，风险是指在已知概率分布的情况下，事件发生的不确定性，人们可以通过历史数据、统计分析等方法来评估某一事件发生的可能性。其特点包括：可量化性，即风险的大小可以通过概率来衡量；可预测性，即在一定程度上风险事件的发生是可以预测的；可管理性，即可通过各种风险管理工具和技术，如保险、对冲等，对风险进行管理和控制。

不确定性则是指在没有足够信息来确定概率分布的情况下的不确定性。它涉及未来事件的未知性，无法通过现有的信息来预测这些事件的发生概率。其特点包括：不可量化性，即由于缺乏信息，不确定性的大小无法用概率来衡量；不可预测性，即不确定性事件的发生是难以预测的；难以管理性，即由于不确定性的不可预测性，很难通过常规的风险管理工具来控制。

在海洋渔业生产经营和创新过程中，人们主要关注各种不确定性带来的安全危害及经济损失。因此，渔业风险主要是关注损失发生的潜在可能性，其通常与损失的大小和发生的概率相关。渔业风险管理的任务就是识别、评估企业生产、经营中所存在的风险，制定风险管理措施以降低损失。

（二）风险管理

风险管理是风险主体旨在避免和降低风险的一种认识、分析、控制风险和处理风险损失的管理活动的总称。此定义表明，风险管理是以静态风险和动态风险为对象的全面风险管理。风险管理应体现成本和效益关系，在主客观条件允许的情况下选择最低成本、最佳效益的方法。

风险管理的过程和方法可以用这样一个基本模式表示，即"识别（Discern）—分析（Analysis）—决策（Decision）—控制（Control）—处理（Dispose），简称 DADCD 风险管理模式。

风险识别是风险管理的第一步，它是指风险主体对所面临的风险以及潜在风险加以判断、归类和鉴定的过程。包括对风险信息的收集整理、对风险环境的了解和分析、对风险特征和类别的区分。

风险分析是估定各种方案、条件、情况下可能的损失和利益的大小，计算风险度，以此确定风险级别。

风险决策是在风险分析的基础上决定冒风险的程度，选定认为最有利的方案。

风险控制是针对已决定冒的风险建立风险控制体系，其中包括采取避免和降低风险的各种办法，制定风险控制的计划。

风险处理是在风险不可避免的情况下，对风险损失从财务上予以补偿，从人员和物资上给予妥善安排，防止损失的扩大，变不利为有利，总结风险管理中的经验教训。

风险是始终存在并且不断变化的，因此，风险管理的过程将循着以上模式周而复始地不断进行，并在这一过程中得到发展和完善。

二、渔业风险识别

（一）风险的来源

海洋渔业生产经营面临复杂多变的外部环境，涉及自然、社会、环境等多种风险因素。一些主要的风险来源包括：

自然风险：海洋渔业受天气变化和自然灾害事件的影响巨大，包括台风、风暴潮、海浪、海流等极端天气事件、水温和盐度的异常变化等。这些不可预测的因素可能导致生产中断，甚至造成人员伤亡和财产损失。

资源风险：海洋生物资源丰度及其分布的变动性和随机性，使海洋捕捞与海水养殖生产具有不确定性。此外，过度捕捞和生态环境破坏导致鱼类资源减少甚至枯竭，对渔业的经济效益和长期可持续性产生影响。

市场风险：海洋渔业产品对鲜活程度要求高，保存周期较短，其产出具有集中性和周期性，与淡水鱼、禽畜肉存在较强的竞争关系，因此市场价格和需求波动较大。此外，国际贸易政策变动也会影响市场准入和价格。

技术风险：海洋渔业领域技术更新换代迅速，由于技术本身的不确定性、不完善性或技术应用过程中的潜在问题，可能导致经济损失、生产效率下降、产品质量问题、安全事故或环境影响等不利后果。

政策与法规风险：由于捕捞配额和季节性限制、渔业许可和准入制度、环境保护法规等政策法规或标准的变化，以及企业对这些变化的适应性不足，可能导致经济损失、合规成本增加、进入限制或法律责任等风险。

生态环境风险：由于生态环境变化或人类活动影响，产生生态系统退化、生物多样性下降、资源减少等不利后果，由此对海洋渔业生产带来不利影响。主要风险因素包括海洋污染物、有害藻华、工程开发、海洋酸化、物种入侵等。

生产风险：海洋渔业生产过程中由各种因素导致的无法达到预期生产目标、产品质量下降、生产成本增加或生产中断等风险。这些因素包括设备风险、作业风险、健康风险、能源与物料成本风险、物流与供应链风险等。

此外，海洋渔业生产还面临一般行业所面临的宏观经济风险、汇率变动风险，社会动荡、劳动力短缺等社会风险、财务风险及信息风险等。

（二）风险的性质

1. 客观性与相对性

风险的客观性是指其不以人的意志为转移。这是因为决定风险的各因素相对风险主体独立存在，由其自身客观规律决定，并在一定的条件下有可能变成现实，并不依赖风险主体的主观意识。风险的相对性是指对于不同风险主体而言风险大小是不同的。这种相对性是由风险主体的承受能力所决定的，企业的承受能力主要由其人员、财力、物资、机制、信息等因素构成。如同样面临风暴潮，深远海养殖与陆基工厂化养殖面临的威胁截然不同。

2. 不确定性与不利性

风险的不确定性是指对风险主体来说，风险程度大小、风险事件发生与否、风险发生的时间与地点等是不确定的。风险的不确定性可能会给风险主体带来有利或不利的双向影响。例如渔获市场价格、渔业资源分布、深远海养殖环境条件等，都可能发生有利或不利的变动。针对这类不确定性，风险主体可以采用积极管理行为并利用其有利方面。从稳健经营角度出发，风险管理更注重不确定性带来的负面影响，如气象灾害、藻华疫病等带来的安全危害及经济损失。

3. 风险与利益的相伴性

风险与利益的相伴性是指风险带来的损失和利益两种可能性对其主体来说是必然同时存在的。风险的各种损害，诸如经济损失、经营中断、人身危害、心理挫折等，对风险主体都是不利的。一般而言，风险是利益的代价，利益是风险的补偿，风险和利益是相辅相成、对立统一的。海洋渔业经营风险大，但正是由于风险的阻碍，某些渔业经营项目竞争不充分，其经济收益可能更高。因此，提升风险管理能力、降低风险损害可以获得更大的竞争优势。

4. 系统性与个体性

系统性风险是指影响整个海洋渔业产业或市场的广泛风险，这些风险通常是由外部因素引起的，单个企业或项目很难控制或避免。如气候变化导致的海洋温度升高、海平面上升和海洋酸化，可能影响鱼类种群的分布和数量。政府对渔业的监管政策变化、市场需求波动、国际贸易环境和关税变动等，都会影响海洋渔业整体的经营。非系统性风险是指特定于某个企业或项目的个体风险，如决策失误、技术故障等，这些风险可通过适当的管理策略来避免。

三、渔业风险分析

渔业风险分析重点关注风险对收益的影响。前面的分析都将投资项目的投资、费用成本等现金流入流出看作确定的，并在此基础上进行投资决策评估，这被称为确定性分析。实际上，项目投资决策评估所采用的数据来自事前对项目未来的预测和估算，由于风险的存在，它们在一定范围内是随机变动的，因此项目未来实现的结果与事前计算的结果可能不完全一致，项目投资决策分析上就存在一个风险问题。如果风险与不确定性问题没有被科学地考虑进去，项目投资决策会误导项目投资与运作走向失败。因此，项目投资决策评估一定要在确定性分析的基础上再进行不确定性分析，判断项目实施后可能的风险所在，使作出的投资决策更加科学合理。一般把未来可能变化的因素对投资项目未来现金流的影响分析统称为风险分析，主要包括盈亏平衡分析、敏感性分析、概率分析等。

（一）盈亏平衡分析

盈亏平衡分析又被称为损益平衡分析或量-本-利分析，它是对项目的生产规模、成本和销售收入进行综合分析的一种技术经济分析方法，被广泛应用于经营分析、成本管理和方案选择等领域。盈亏平衡分析的目的是确定投资活动的盈亏平衡点。根据这个平衡点，使投资者能掌握企业或项目的盈亏界限、了解企业或项目风险的大小。

1. 线性盈亏平衡分析

线性盈亏平衡分析是指收入、成本、利润等均和产量呈线性关系的盈亏平衡分析。线性盈亏平衡分析要求把成本分为固定成本和变动成本两种。这种方法需满足如下四个条件：一是产量等于销售量；二是产量变化，单位变动成本不变，总成本是产量的线性函数；三是产量变化，销售单价不变，销售收入是销售量的函数；四是生产单一产品或生产的多种产品可以换算为单一产品。

（1）固定成本和变动成本。固定成本是指在一定产量范围内不随产量变化而变化的成本，变动成本是指在一定产量范围内随产量变化而变化的成本。固定成本和变动成本必须结合具体分析的问题来划分。其基本划分方法为费用分解法，即按投资项目实际的成本项目构成来分别确定哪些成本项目属于固定成本、哪些属于变动成本。汇总后得出总固定成本和总变动成本。例如，对于深远海养殖项目，固定资产折旧费、建筑工程费、海域使用权费用等属于固定成本，种苗投入、饵料费用、油料费、人工费等属于变动成本。由于实践的复杂性，采用这种方法有时很难把各成本项目严格地划分成固定成本或变动成本，要凭评估者所掌握的知识和经验，把各成本项目准确地划分成固定成本或变动成本。此外，在历史资料和统计数据较为充实的情况下，还可采用回归分析法进行估算。

（2）线性盈亏平衡图。对于线性盈亏平衡分析，产量、固定成本、变动成本、销售收入、利润之间的关系如图7-1所示。

图7-1中的纵轴表示收入或成本，横轴表示产量或销量。销售收入与总可变成本为

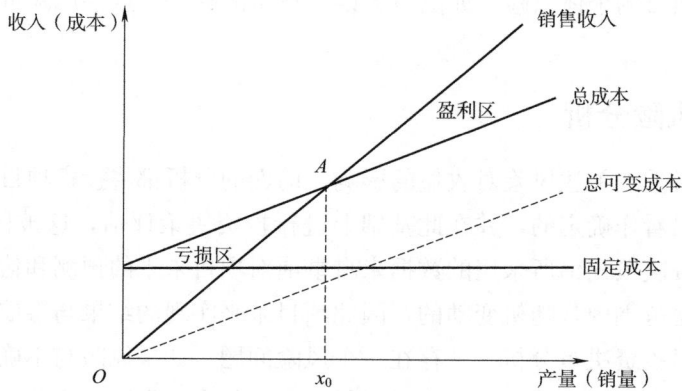

图 7-1　线性盈亏平衡

产量的正比例函数，固定成本与产量无关，为常数，总成本为固定成本与变动成本之和。销售收入与总成本两条直线的交叉点即盈亏平衡点，即图 7-1 的点 A。平衡点 A 处的总成本和总收入相等，如果产量超过平衡点的产量，项目有盈利，而低于此点，则项目亏损。盈亏平衡点越低，达到平衡点的产量和成本也就越少，只要生产少量的产品就能达到项目的收支平衡。所以，平衡点越低，项目盈利的机会就越大，亏损的风险就越小。

（3）盈亏平衡指标。以下引入数学符号以便于进一步分析。记 $F(x)$ 为销售收入，$C(x)$ 为生产总成本，其中 C_F 为固定生产成本，$E(x)$ 为利润，v 为单位产品的变动成本，p 为产品单价，x 为产量或销量。则有：

$$F(x)=px;\ C(x)=C_F+vx \qquad (7-8)$$

$$E(x)=F(x)-C(x)=px-C_F-vx \qquad (7-9)$$

通常用不同形式的盈亏平衡指标分析项目风险水平：

①用实际产销量 X_0 表示的盈亏平衡点 A。令 $E(x)=0$ 可得：

$$X_0=\frac{C_F}{p-v} \qquad (7-10)$$

②用销售额 F_0 表示的盈亏平衡点 A。将式（7-10）两边同时乘以单价 p，则得到另一个盈亏平衡公式：

$$F_0=\frac{pC_F}{p-v}=\frac{C_F}{1-\dfrac{v}{p}} \qquad (7-11)$$

式中：$1-\dfrac{v}{p}$ 为单位产品的利润贡献率。在企业经营过程中，制订销售计划、产品定价或调价时应用此公式解决问题往往更为方便。

③以生产能力利用率 BEP 表示的盈亏平衡点 A：

$$BEP=\frac{x_0}{x_c}\times100\% \qquad (7-12)$$

式中：x_c 为设计产能。

④经营安全率 f：

$$f = 1 - BEP = \frac{x_c - x_0}{x_c} \qquad (7-13)$$

经营安全率是反映企业经营状况的重要指标，此指标值越大，说明离盈亏平衡点越远，越安全。一般情况下，可以依据经营安全率指标判断项目方案的经营安全状况，如表7-1所示。

表7-1　经营风险状况参考系数

经营状况	安全	比较安全	不太好	提出预警	危机
经营安全率	≥30%	25%～30%	15%～25%	10%～15%	≤10%

要提高项目投资方案的安全状态、增强方案抵御风险的能力，可以在成本和价格水平一定的情况下，扩大生产规模，提高生产能力。或者在生产能力确定的情况下，采取措施降低成本或提高价格。

2. 非线性盈亏平衡分析

产量与成本或支出呈线性关系一般是与现实相近。但事实上，实践中收入与成本往往是产量的非线性函数。当企业并非市场价格的接受者，而是面临向下倾斜的需求曲线时，其产出量的大小能够引起市场供求的显著变化，此时市场价格随产量的变化而变化，因此，销售收入与产出量呈非线性关系。与之类似，变动成本在不同的生产规模下也可能发生变化。如原材料价格可能与采购数量有关，一些辅助性生产费用随产量变化而呈梯形分布，这些成本通常被称为半变动成本，此时，总成本与产量间的关系也可能是非线性的。因此，在此类情况下，就不能用线性分析方法计算盈亏平衡点，而是必须借助数学中的极值原理求解项目的非线性盈亏平衡问题（图7-2）。

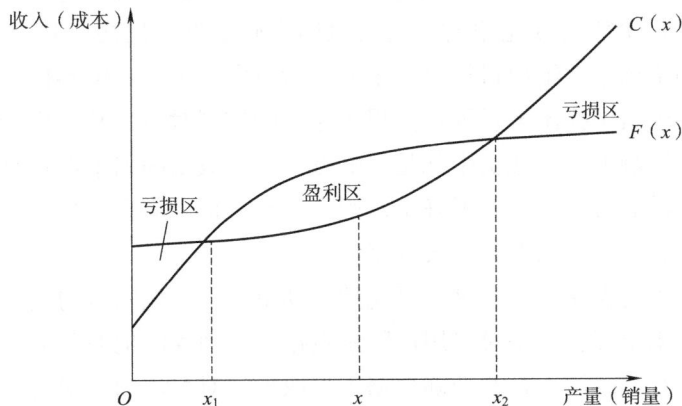

图7-2　非线性盈亏平衡

假设总销售收入曲线 $F(x)$ 和生产总成本曲线 $C(x)$ 如图7-2所示。图中的 x_1、x_2 为平衡点的产量，如果实际的产量小于 x_1 或大于 x_2，企业就会出现亏损，只有产量在两者之间时才能盈利。它的具体求法就是令两条曲线的函数式相等，从中解出盈亏平衡点

x_1、x_2，由此确定盈利区的具体范围。在该范围内，可以求出企业利润最大时的产量。根据利润定义有：

$$E(x) = F(x) - C(x) \qquad (7-14)$$

令一阶导数为 0 求利润 $E(x)$ 极大值：

$$\frac{dE(x)}{dx} = 0 = \frac{dF(x)}{dx} - \frac{dC(x)}{dx} \qquad (7-15)$$

可得：

$$\frac{dF(x)}{dx} = \frac{dC(x)}{dx} \qquad (7-16)$$

由此可求得利润极值时的产量。但有时成本函数或收益函数较为复杂，盈利区和亏损区不易被直接看出，求出的产量是否对应利润最大化还无法确定，必须通过二次微分加以判定，若利润函数 $E(x)$ 二阶导小于 0，则有：

$$\frac{d^2 E(x)}{d^2 x} = \frac{d^2 F(x)}{d^2 x} - \frac{d^2 C(x)}{d^2 x} < 0 \qquad (7-17)$$

则求得的产量就是利润最大时的产量。反之，则为亏损最大时的产量。

（二）敏感性分析

敏感性分析是经济决策中常用的一种不确定性分析方法，敏感性就是指项目经济效果指标对其影响因素变动的敏感程度大小。敏感性通过测定一个或多个不确定因素变化所导致的决策评估指标的变化度，来了解各种因素的变化对实现预期目标的影响程度，由此在外部条件发生变化时，对投资方案的承受能力作出判断。对经济效果指标影响大的敏感性因素，在实际工作中应进行严格控制和把握，而对于敏感性较小的影响因素，稍加控制即可。

1. 敏感性分析的步骤与方法

敏感性是指经济效果评价值对不确定性因素变化的敏感程度。通常，当某一因素的变化率小于经济效果评价值的变化率时，就说该因素较敏感，反之，就说明该因素较不敏感。敏感性因素的不确定性给项目投资带来的风险更大。因此，敏感性分析的核心问题就是从众多不确定性因素中找出敏感因素并提出相应的控制对策。其分析步骤如下：

第一步，确定影响因素。现实中凡是影响方案经济效果的因素都具有一定程度的不确定性。但不可能也没有必要对全部不确定性因素进行分析，应根据投资项目的特点选择变化可能性大且对项目经济效果影响较大的因素。

选择敏感性因素时需注意：一是在可能的变动范围内，该因素的变动将会比较强烈地影响方案的经济效果指标。二是对采用该因素数据的准确性的把握不大。或者该因素易变动不易把握，或者是刻画该因素的准确数据不易取得。对海洋渔业项目来说，敏感性的因素通常有：投资额，包括固定资产投资额和流动资产占用资金；经营成本与产品价格；项目建设与投产期等。

第二步，确定分析指标。敏感性分析中的经济指标一般要和财务评估中的经济指标一致。常用的经济指标有利润总额、利润率、利税率、净现值、内部收益率和投资回收期等。

第三步，计算各种不确定因素在可能的变动范围内发生不同幅度变动所导致的项目经济效果指标的变动，建立一一对应的关系，并用图或表的形式表示出来。

第四步，确定敏感因素，对方案的风险承受能力作出判断。

确定敏感因素的方法有两种：相对测定法和绝对测定法。相对测定法就是设定要分析的因素均从确定性经济分析中所采用的数值开始变动，且各因素变动的幅度相同，比较在同一变动幅度下各因素的变动对经济效果指标的影响，据此判断方案的经济效果对各因素变动的敏感程度。

绝对测定法就是设定各因素均朝着对方案不利的方向变动，并取其有可能出现的对方案最不利的数值，据此计算方案的经济效果，看其是否达到使方案无法被接受的程度。如果某个因素可能出现的最不利数值能使方案变得不可接受，则表明该因素是方案的最敏感因素，方案能否被接受的判断依据是各经济效果指标能否达到临界值。

2. 单因素敏感性分析

单因素敏感性分析是在假设其他因素不变的情况下，分析某单一不确定因素变化对投资项目经济效果指标的影响程度。以下通过示例说明。

例 7 - 1： 有一海水养殖投资项目，其投资现金流量如表 7 - 2 所示。基准折现率为 10%，项目寿命期为 10 年，不考虑所得税。所采用的数据是根据预测的未来最可能出现情况所做的估算。未来经济环境可能会发生变动，投资额、经营成本和产品价格均有可能在 -20% ~ 20% 的范围内变动。分别就这 3 个不确定因素进行敏感性分析。

表 7 - 2　海水养殖投资项目现金流量

类别	金额（万元）
投资额	50
经营成本	25
销售收入	40
年净收益	15
残值	5

解： 利用前述净现值计算公式计算得出该项目净现值 44.1 万元。考虑投资额、销售收入和经营成本 3 个因素在 -20% ~ 20% 范围内变动对净现值的影响，仍根据净现值公式，使用表 7 - 2 中的数据，对 3 个因素分别取不同的值，可以计算出各不确定因素在不同变动幅度下的净现值，结果如表 7 - 3、图 7 - 3 所示。

表 7 - 3　敏感性分析表

变动率（%）	投资额（万元）	销售收入（万元）	经营成本（万元）
-20	54.10	-5.06	74.82
-15	51.60	7.23	67.14
-10	49.10	19.52	59.46
-5	46.60	31.81	51.78

（续）

变动率（%）	投资额（万元）	销售收入（万元）	经营成本（万元）
0	44.10	44.10	44.10
5	41.60	56.39	36.42
10	39.10	68.67	28.73
15	36.60	80.96	21.05
20	34.10	93.25	13.37

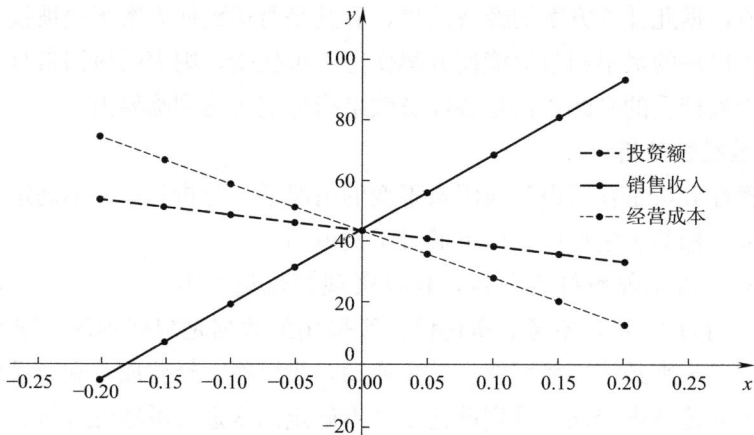

图 7-3　敏感性分析（单位：万元）

由表 7-3、图 7-3 可以看出，在相同变动率的情况下，销售收入变动对方案净现值的影响最大，经营成本变动对方案净现值的影响较小，投资额变动的影响最小。因此可认为销售收入和经营成本对于本项目投资方案来说是敏感性因素。如果销售收入低于预期值 18% 或经营成本高于预期值 29% 的可能性较大，则意味着项目净现值小于 0 的可能性较大，这项投资有较大的风险。如果实施这个投资项目方案，应严格控制好经营成本这个因素。

3. 多因素敏感性分析

在进行单因素敏感性分析时，假定一次只有一个因素变动，而保持其他因素不变。事实上，各因素的变动是相互关联的，一个因素的变化往往会引起其他因素不同程度的变化。单因素敏感性分析忽视了各因素之间的关联性，从而会影响敏感性分析结论的可靠性，但它可以作为多因素敏感性分析的基础和前提。

多因素敏感性分析同时考虑多种因素发生变化对项目经济效果指标产生的影响，它更接近实际情况。在分析中，假设这些同时变动的不确定性因素是相互独立、互不影响的。

仍依据例 7-1 进行分析。同时考虑投资额和经营成本的变动，设这两个因素变动百分比分别为 x 和 y，分析其对投资方案净现值的影响：

$$NPV = -50(1+x) + \sum_{t=1}^{10} (40 - 25(1+y))_t (1+10\%)^{-t} - 5(1+10\%)^{-10}$$

化简整理得：

$$NPV = 40.2 - 50x - 153.5y$$

令 $NPV=0$，则有：

$$y = -0.326x + 0.262$$

这是一个直线方程，如图 7-4 所示，为 $NPV=0$ 时的临界线。在临界线上 $NPV=0$；在临界线下方区域 $NPV>0$；在临界线上方区域 $NPV<0$。若投资额与经营成本同时变动，则只要变动范围处于直线下方区域，方案均可接受。

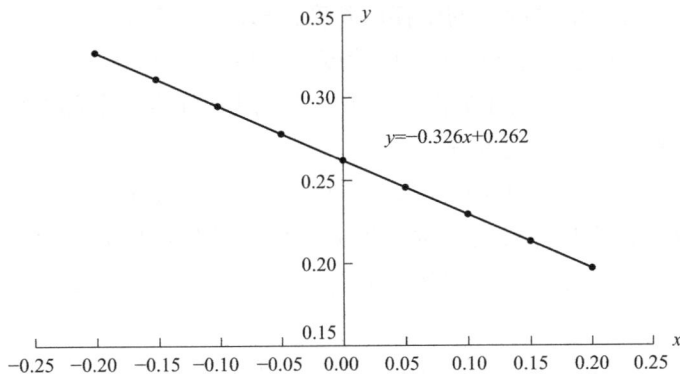

图 7-4 两因素敏感性分析

（三）概率分析

敏感性分析可以分析不确定因素变动对项目经济效益的影响，这有助于决策者了解项目风险情况并寻求对策。但敏感性分析只能说明哪些因素对经济效果指标的影响大，而不能说明影响因素发生的可能性，即经济效果指标超过或低于预期指标的概率，解决这个问题需采用概率分析法。概率分析法是使用概率来研究预测不确定性因素对项目经济效果影响的定量分析方法，其特点是在进行方案比较和评估时，不仅对方案的数学期望和方差进行计算和分析，也计算方案失败的风险程度。由此可厘清各变量变化对方案经济效果影响的大小，或对建设项目预期收益的把握程度。概率分析一般结合情景分析进行。

1. 投资风险测度

为了描述投资方案的风险，进而对各种投资方案进行比较，引进风险度、生存风险度、风险效应值等有关概念。各计算式如下：

$$风险度(FD) = \sigma / \mu$$

式中：σ 和 μ 分别为收益率的标准差与期望值。风险度即统计学中的变异系数，即以标准差计的收益变异程度占预期收益的比例，反映了投资收益的相对风险大小，便于项目间横向比较。

$$生存风险度(SD) = 决策可能发生的最大损失 / 致命损失$$

式中：致命损失为投资主体无法承担的临界损失值（一般为损失全部投资额）。生存风险度（SD）表示投资方案对投资者产生致命危害的程度。

$$风险效应值(RE)＝投资失败的费用期望/投资成功的概率$$

风险效应值（RE）是投资主体为承担的单位风险所支付的预期费用。在评估投资收益时应考虑风险效应值，以对项目安全性进行综合研判。

例 7－2：企业投资某水产加工项目：成功机会为 40％，获利 200 万元；失败机会为 60％，损失 50 万元。试计算自有资金为 500 万元和 50 万元两种情况下的生存风险度和风险效应值。

解：　　　收益期望值＝0.4×200－0.6×50＝50（万元）

自有资金为 500 万元的情况下的生存风险度：$SD＝50/500＝0.1$

自有资金为 50 万元的情况下的生存风险度：$SD＝50/50＝1$

自有资金为 50 万元时，预期收益率为 100％，但有可能将全部投资损失掉，一旦失败则为致命损失，故不采用该投资方式。

$$风险效应值＝0.6×50/0.4＝75（万元）$$

风险效应值越大表示对将来收益越无把握，投资风险就越大。此例中风险效应值为 75 万元，小于 500 万元，表明其对于较大的自有资金而言风险较小。

2. 决策树法

决策树是直观运用概率进行分析的一种图解方法。它主要是对各方案的状态、概率收益进行比较，为决策者选择最优方案提供依据。决策树方法特别适用于多阶段的分析。

图 7－5 是一个决策树示例。最左侧的方块表示决策节点，从方块右侧引出若干枝线，用来代表各待选方案，称其为方案枝。方案枝的长短没有意义，可在其旁边注明方案及方案的投资支出。其右侧的圆圈表示状态节点，节点后引出的若干枝线代表将来的不同状态（如销售情况好、中、差）。根据情景分析，不同状态出现的概率已知，可注明各自的概率 P，这些枝线被称为状态枝或概率枝。状态枝后面的数值 R 代表不同方案在不同状态下可获得的收益值。如果是多阶段（或多级）决策，决策树可在此基础上进一步逐级展开。

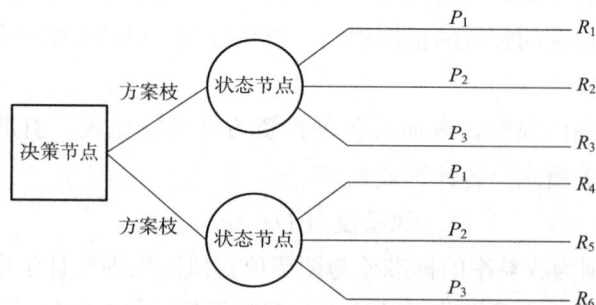

图 7-5　决策树

以下通过示例来说明如何运用决策树进行方案比较。

例7-3：某海水养殖项目有两个备选方案。方案 A 需投资 500 万元，方案 B 需投资 300 万元，使用年限均为 10 年。据估计，在此 10 年间产品销路好的可能性为 70%，销路差的可能性为 30%。由于采用的设备及其他条件不同，故 A、B 两方案的年收益也不同，其数据如表 7-4 所示。设折现率＝10%，试对两方案进行比较。

表 7-4　项目方案在不同状态下的收益

环境状态	概率（%）	方案 A 收益（万元）	方案 B 收益（万元）
销路好	70	150	100
销路差	30	−50	10

解：根据已有数据，画出如图 7-6 所示的决策树。

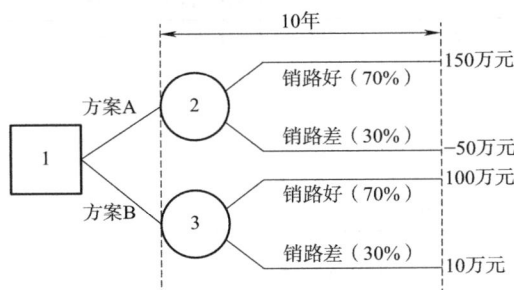

图 7-6　项目决策树

从左至右给各节点编上序号，并计算各节点的期望值：

节点 2 的期望现值为

$150×(P/A，10\%，10)×0.7-50×(P/A，10\%，10)×0.3=552.6$（万元）

节点 3 的期望现值为

$100×(P/A，10\%，10)×0.7+10×(P/A，10\%，10)×0.3=448.2$（万元）

上两式中 $(P/A，10\%，10)$ 表示等额年金求现值算子 $\dfrac{(1+i)^n-1}{i\ (1+i)^n}$，其中折现率 i 为 10%，年限 i 为 10 年，其值为 6.14。

方案 A 的净现值收益：552.6−500=52.6（万元）。

方案 B 的净现值收益：448.2−300=148.2（万元）。

因此，根据预期净现值大小，应选择方案 B。

四、渔业风险应对

（一）风险决策

风险决策是决策主体在通过风险分析已了解各种风险的可能性及风险成本、风险收益大小的基础上，决定冒风险的程度，选定认为对自己有利方案的工作。影响风险决策的因素包括方案本身的吸引力、决策者的冒险精神和性格、决策者的经验和必要的知识等。

风险决策通常面临的情况是损益及其发生可能性的大小可估计，即决策者虽然无法确定将来的真实状态，但可获取各种可能出现状态及各种状态出现的概率。可采取如下决策准则：①优势原则。该原则认为哪个方案的综合前景占优，就应该选择哪个方案。②最大可能原则。该原则认为如果一种状态发生的概率明显大于其他状态，那么就可以在这种状态下进行决策，然后选取这一种状态下结果最优的方案（即选择收益最大方案或费用最小方案）。③期望值原则。也称贝叶斯准则，该原则根据备选方案损益值的期望值大小来进行决策。④满意原则。对于比较复杂的风险问题，往往难以找到最佳方案，可以满意为原则。

例7-4：某海洋渔业企业关于改进经营的备选方案有4个，各方案的预计收益及其概率如表7-5所示。试分析应如何做出选择。

表7-5 各方案在不同状态下的净现值 单位：万元

备选方案	畅销（0.1）	稍好（0.2）	较差（0.5）	滞销（0.2）
老产品降价（A）	160	140	120	100
提高老产品质量（B）	200	190	180	160
积极推销老产品（C）	240	220	100	100
试制新产品（D）	260	240	170	140

解：根据不同决策原则，应做如下决策：

根据优势原则应选择D方案。在畅销和稍好的状态下C和D两个方案有优势，在较差和滞销两种状态下B和D两个方案有优势。综合来看4种状态下都有优势的是D方案。

根据最大可能原则应选择B方案。销售状态较差的概率明显大于其他状态的概率，在这个状态下，B方案的结果优于其他方案。

根据期望值原则应选择D方案。此例中，4个方案净现值的期望值分别为

方案A：$NPV=160\times0.1+140\times0.2+120\times0.5+100\times0.2=124$（万元）

方案B：$NPV=200\times0.1+190\times0.2+180\times0.5+160\times0.2=180$（万元）

方案C：$NPV=240\times0.1+220\times0.2+100\times0.5+100\times0.2=138$（万元）

方案D：$NPV=260\times0.1+240\times0.2+170\times0.5+140\times0.2=187$（万元）

根据满意原则可选择B方案。本例中，如果决策者认为无论出现什么市场结果，只要净现值达到160万元即满意，则可选择B方案。

（二）应对措施

海洋渔业企业在生产运营过程中会面临多种风险，这些风险可能来源于自然环境、市场变化、政策调整、技术进步等多个方面。由于海上作业比例大，相较于其他行业，海洋渔业面临的自然环境更为恶劣。为有效应对各类风险，海洋渔业企业需采取针对性措施，以下对常见的风险及应对措施进行介绍。

自然风险主要有气象变化、自然灾害（如台风、海啸）、海洋污染等。应对措施包括：建立风险预警系统，及时获取气象和海洋环境信息；使用抗风浪能力强的船只和养殖设

备；实施生态养殖，减少对自然环境的依赖和影响。

生产安全风险主要包括生产经营过程中发生的人员伤病、设备毁损、养殖产品疫病逃逸等。应对措施包括对渔民进行安全培训，包括急救知识、海上求生、船舶操作安全等培训。定期进行船舶和装备的维护，降低机械故障和事故的风险。制定详细的应急响应计划，包括海上搜救、医疗救援等，以快速有效地应对海上紧急情况。关注渔民的健康状况和福利，提供必要的医疗保障和心理支持。

市场风险主要包括市场需求变化、价格波动、竞争加剧等。应对措施包括：进行市场研究，预测市场趋势，适时调整生产计划；建立多元化产品线，减少对单一市场的依赖；建立稳定的销售渠道和客户关系。

政策风险主要包括政府政策调整、相关法规变化、贸易壁垒等。应对措施包括：及时跟踪政策动态，有针对性地调整经营策略；合规经营，确保符合相关法律法规；通过行业协会等渠道参与政策制定和民主协商。

技术风险主要包括生产技术落后于行业水平、产品创新不足、装备老化等。应对措施包括：注重研发投资，跟踪技术前沿，及时引进和开发新技术；定期更新改造和维护设备；吸纳人才，培训员工，提高技术水平和创新能力。

供应链风险主要包括原材料供应不稳定、物流中断、供应商风险等。应对措施包括：多元化供应商，减少对单一供应商的依赖；建立应急物资储备体系，应对供应中断；与供应商建立长期合作关系，提高供应链稳定性。

环境与社会责任风险包括造成环境污染、不履行社会责任、公众形象受损等。应对措施包括：实施环境友好的生产方式，减少污染；积极参与社区服务和公益活动，履行社会责任；加强与公众的沟通，提升企业形象。

海洋渔业企业应定期进行风险评估，识别潜在的风险因素，并制定相应的风险管理措施。应建立健全包括风险评估、预警和应急响应机制的风险管理体系。通过这些措施的实施，可以有效降低海洋渔业生产中的各类风险，保护渔民的生命安全，保障企业的稳定发展和可持续发展。

第四节　渔业技术创新管理

一、渔业技术创新的类型

海洋渔业技术创新是指科研人员将海洋渔业创新理论知识带入发明创造的过程中，并将新技术、新工艺、新发明、新产品等应用到海洋渔业经济活动中，以提高海洋渔业生产效率和产品质量，推动海洋渔业领域新产品的开发、新设备的应用和新服务的提供过程。基于基础创新对象，技术创新通常可以分为以下几种类型，每种类型都有其特点和应用领域。

（一）产品创新

产品创新是指开发具有新颖性或显著改进的产品，这些产品与现有产品相比，具有更好的性能、更高的质量或更低的成本。产品创新可以是全新的发明，也可以是对现有产品特性的改进。在海洋渔业中，产品创新可能涉及开发新的水产品种类，如通过选择性育种或基因编辑技术培育出的具有特定特性（如更快的生长速度、更高的营养价值）的新品种鱼类或贝类等。此外，还包括开发新的水产品加工品，比如新型海洋功能食品或生物制品。例如，中国海洋大学选育的扇贝新品种"蓬莱红3号""蓬莱红4号""海益丰11"等具有高产、抗逆、耐温上限高等优良性状，增产增收效果明显。

（二）工艺创新

工艺创新是生产过程或方法的创新，以提高生产效率、降低成本、减少资源消耗或改善产品质量，包括自动化技术、精益生产技术或新的制造工艺等。海洋渔业中的工艺创新指的是对捕捞、养殖、加工等生产流程的技术改进，如采用自动化养殖系统提高养殖效率，改进捕捞工具以减少对非目标鱼种的捕捞，或者使用新型加工技术提高水产品的保存期限和质量。挪威的三文鱼深海养殖技术是工艺创新的典型案例。通过使用大型深海网箱和自动化投喂系统，挪威的养殖者能够在开放海域中高效养殖鱼类，减少了对沿海生态系统的影响。这种工艺的创新还提高了养殖规模和养殖效率，同时降低了饲料成本和人工干预，对环境保护和资源可持续利用具有重要意义。

（三）服务创新

服务创新涉及创造新的服务或对现有服务进行重大改进，以满足客户需求和提高客户满意度。服务创新包括服务内容、交付方式或客户体验的创新。服务创新在海洋渔业中可能涉及提供新的增值服务，如为渔民提供的天气预测服务、疾病预防服务或市场信息服务，以及为消费者提供的个性化的海洋食品营养建议服务。海洋渔业保险服务是服务创新的一个实例。这种服务一方面通过利用先进的气象和海洋监测技术，为渔民提供精准的天气预报和海况信息。另一方面在发生自然灾害时弥补灾害造成的损失，由此帮助渔民规避自然灾害风险，减少损失，保障了渔业生产的稳定性和可预测性。

（四）商业模式创新

商业模式创新是指对企业创造价值和交付价值的方式进行创新，包括创造新的收入来源、价值提供方式或分销渠道等。海洋渔业的商业模式创新包括开发新的销售渠道，如提供在线交易或直接到消费者的配送服务；通过建立品牌和认证体系来提高产品的市场价值，如生态标签或地理标志产品；运用新的生产经营方式等，如供应链的垂直整合模式、新型循环水养殖系统、海洋牧场生产模式等。山东烟台"耕海1号"海洋牧场综合平台是海水养殖商业模式创新的典型代表，它是集智慧渔业、海洋科研、休闲旅游、科普教育等功能于一体的大型综合性深远海养殖平台，除能提供高品质养殖鱼类产品外，还可提供海洋科普教育、体验式旅游等服务，提高资源利用效率，为不同利益相关者提供服务。

（五）组织管理创新

组织管理创新涉及对企业组织结构、管理方式或企业文化的创新，以提高组织的灵活性、响应速度和创新能力。组织创新可能包括采用新的组织模型、管理流程或决策机制。组织创新在海洋渔业中可能涉及改进企业管理结构，如采用更加灵活的组织形式来快速响应市场变化，或者建立产学研合作的跨学科团队来促进技术和管理创新。如在深远海养殖领域，一些渔业合作社通过引入现代企业管理理念，如明晰的权责关系、规范的财务管理、透明的决策流程和有效的激励机制，提高了组织决策效率和市场响应速度，提升了规模效益。组织创新使合作社能更好地适应技术变化，增强了成员的凝聚力和参与度，提升了竞争力。

二、渔业技术创新的动力

驱动海洋渔业技术创新的因素复杂而多元，既有内部因素也有外部因素。这些因素相互作用，共同推动海洋渔业技术不断创新发展，以适应不断变化的市场需求、资源状况和政策环境，持续提升企业经济效益。

（一）需求端驱动因素

一是消费升级。随着经济的发展和居民收入的提高，消费者对高品质水产品的需求日益增长。这促使海洋渔业企业通过技术创新，比如开发富含 ω-3 的鱼类、有机认证的养殖产品等来满足市场对高品质水产品的需求。二是市场多样化。消费者对水产品种类和加工品的需求日益多样化，这要求海洋渔业不断创新品种改良和产品加工技术，如开发新型水产加工食品、即食产品等，以满足快节奏生活方式下的消费需求。三是粮食安全受关注。粮食安全问题日益受到公众关注，消费者对水产品的安全和可追溯性有着更高的要求。这推动了海洋渔业采用先进的检测、追溯和保障技术，如区块链技术在粮食安全追溯中的应用。四是全球市场一体化。全球化背景下海洋渔业需要不断创新以满足不同区域市场的需求。

（二）供给端驱动因素

一是资源可持续性。海洋渔业资源日益枯竭，技术创新成为实现资源可持续利用的关键，如绿色生态养殖技术、海洋牧场建设技术、循环水养殖技术等。二是提升竞争优势。为降低成本、提高生产效率、提升产品差异化，从而提升企业竞争优势，海洋渔业在育种、养殖、捕捞技术等方面不断创新，自动化、智能化技术被广泛应用，如使用无人船监测养殖区域等。三是技术进步。信息技术、生物技术等领域的发展为海洋渔业提供了新的技术手段和解决方案。如基因编辑技术在育种中的应用、物联网技术在养殖环境监控中的应用，都是技术进步推动创新的实例。四是风险管理。面对自然灾害和市场风险，海洋渔业需要通过技术创新提高自身的抗风险能力。环境监测技术、抗风浪网箱等技术创新有助于企业更好地预测和管理风险，减少不确定性带来的影响。

（三）环境驱动因素

一是政府法规和标准制定。政府在海洋环境保护、渔业资源保护、水产品质量安全等方面的法规和标准制定，推动了海洋渔业在相关领域的技术创新，促使企业采用更清洁、更安全的技术和生产方法。二是财政和税收支持。在"海洋强国""蓝色粮仓"国家战略和规划指引下，政府提供财政补贴、税收减免、研发投入等财税支持，鼓励海洋渔业企业和研究机构增加研发投入。这些激励政策降低了企业研发的风险和成本，提高了企业技术创新的积极性。三是社会环境保护意识提升。全社会对生态环境保护的重视，推动海洋渔业采用更加环保的技术和生产方式，促使企业在生产过程中减少对环境的影响，如采用清洁能源和减少污染物排放、采用环境友好的生态饵料等。四是应对全球性挑战。面对气候变化、海洋污染等全球性问题，国际社会对海洋渔业的可持续发展提出了更高要求，这要求海洋渔业采用更加环保和可持续的生产方式。

三、渔业技术创新体系

（一）技术创新体系的含义

技术创新体系是指涵盖创新活动全过程的系统，它包括创新主体、创新资源、创新环境和创新机制等多个方面。具体来说，创新主体是指在创新过程中起主导作用的个人或组织，如科研人员、企业、高校和研究机构等，这是构成技术创新体系的基础；创新资源包括资金、人才、信息、技术等，是创新活动所需的各种投入；创新环境是指有利于创新活动进行的社会、经济、政策和文化环境等；创新机制则涉及创新过程中的组织管理、激励约束、风险分担和成果转化等方面。海洋渔业技术创新体系是专门针对海洋渔业领域的技术创新体系，它专注于海洋生物资源的开发、利用和保护，以及相关产业的技术进步。

（二）技术创新体系的职能

海洋渔业技术创新体系的职能是通过系统化的技术创新活动，推动海洋渔业产业升级转型与产业竞争力提高，同时保障海洋生态环境健康和可持续发展。海洋渔业技术创新体系的职能涉及研发创新、政策支持、信息保障等多方面。

1. 研发新品种和新技术

通过基础研究和应用研究，开发适应市场需求和环境友好型的海洋生物新品种，以及与之配套的养殖加工技术，包括新品种的选育、健康养殖技术、疾病防控、养殖环境的优化等。创新捕捞技术，如选择性捕捞技术、生态友好型捕捞工具，以提高捕捞效率，减少对海洋生态的破坏。加工与流通技术的革新，包括提升水产品的加工技术，以延长产品保质期、提高附加值，优化仓储物流配送技术，确保产品新鲜度。此外，还包括通过技术推广和成果转化服务，使新技术、新品种得到广泛应用，提升整个行业的技术水平和生产效率。

2. 提供信息和人才保障

信息化建设与管理，利用信息技术提高海洋渔业的管理水平和管理效率，如通过大数据、物联网、人工智能等技术实现生产过程的智能化、精准化。市场分析与开发服务，收集分析渔业市场供求信息，研究市场需求变化，开发适合市场的新产品，提供市场信息服务，帮助企业和渔民把握市场动态。人才培养与教育，通过企业研发机构与高等院校等的合作研究，培养海洋渔业领域的专业创新人才，提升从业人员的科技素养和创新能力。

3. 资源环境评估与风险管理

探索海洋生物资源可持续开发，通过技术创新实现海洋生物资源的高效利用，同时保护生态环境，确保资源的长期可持续利用。开展资源环境调查与评估，开展各类海洋生物资源的调查、监测和评估，为资源的合理开发和保护提供科学依据。开展环境保护与生态修复研究，包括研究和推广生态友好型的渔业生产方式，减少渔业活动对海洋生态环境的负面影响，参与海洋生态修复工作等。实施风险管理应对自然灾害，包括评估和应对海洋渔业发展中的各种风险（自然灾害、市场风险、生物安全风险等），增强海洋渔业的抗风险能力。

4. 政策咨询与国际交流合作

为政府提供政策与法规制定方面的决策支持，包括参与制定促进海洋渔业科技发展的政策、法规和标准，为政府有关科研投入、税收优惠、知识产权保护等的规划、决策提供专家建议。开展政策研究，为海洋渔业企业技术创新提供决策参考和战略咨询，支持引导海洋渔业产业健康可持续发展等。开展国际科技创新的合作与交流。加强与国际先进研发主体的交流合作，引进国外先进技术和管理经验，同时对外展示国内渔业科技成果，提升国际影响力。与国外有关机构合作解决全球性海洋渔业问题，如全球渔业资源评估、气候变化对海洋渔业的影响等。

（三）技术创新体系的构成

从创新主体视角来看，海洋技术创新体系主要包含政府及其职能部门、企业、中介机构和科研机构等多类主体。政府及其职能部门的职责是强化政策引导，从宏观上支持海洋渔业的科技创新，整合统筹海洋渔业企业、中介机构以及科研机构的研发工作和优势资源，推进涉渔科技研发中心的建设。同时，通过财政资金的支持、重大科技基础设施和高素质人才投入来推动涉海科技创新发展。涉渔企业、科研机构及中介机构依据国家海洋渔业技术创新体系建设政策指引，充分利用自身优势和资源开展海洋渔业科技创新活动，不断提高自身创新能力，形成科技知识流动、人才培养和科技资源共享的协同创新机制。我国海洋渔业技术创新体系由多个不同类型和职能的组织构成，主要包括以下几类：

国家科研机构：海洋渔业技术创新体系的核心，负责开展基础研究和应用研究，推动新品种选育、疾病防控、养殖技术革新等。这些机构通常拥有先进的实验室和研究设施，聚集了高水平的科研人才，通过承担国家重点研发计划引领行业发展。如中国水产科学研究院作为国家级渔业科研机构，承担国家重大科技项目，如"海洋农业与淡水渔业科技创新"重点专项，致力于新品种选育、疾病防控、生态养殖等技术研究，推动科技成果转化为实际生产力。

地方渔业管理与研究机构：负责本地区海洋渔业资源的管理和研究，推动地方海洋渔业的技术创新和可持续发展。它们通常与地方政府、企业和科研机构合作，开展资源调查、环境监测、养殖试验等工作，为地方渔业发展提供科技支撑。如海南省海洋与渔业科学院专注于南海渔业资源的研究与开发，推广热带鱼类、对虾等特色养殖技术，促进地方渔业产业升级和可持续发展。

高等院校：在海洋渔业技术创新体系中扮演着人才培养和科学研究的角色。它们通过设置相关专业和课程，培养渔业科技人才，同时开展前沿科学研究，推动学科交叉融合，加强与产业界的合作，加速科技成果的转化应用。如中国海洋大学作为海洋科学领域的重点高校，设有海洋生命、水产养殖等专业，开展海洋生物资源利用、海洋生态保护等前沿科学研究，培养海洋渔业领域的高层次人才，促进学科交叉与技术融合。

企业：技术创新体系中的实施主体，包括国有企业和民营企业。它们通过自主研发或与科研机构合作推动新技术的产业化应用。企业在种苗繁育、健康养殖、精深加工等方面不断创新，提升产品竞争力，满足市场需求。如青岛国信发展（集团）有限责任公司与科研机构合作，建设运营十万吨级养殖工船"国信1号"，在深远海养殖领域取得突破，拓展了养殖空间，推动了海洋渔业向深远海发展。

政府管理部门：各级政府管理部门负责制定渔业科技政策、规划和标准，为渔业技术创新提供政策支持和方向引导。通过法律法规、财政补贴、税收优惠等手段，激励企业和科研机构加大研发投入。如农业农村部渔业渔政管理局作为国家渔业管理的主管部门，负责制定渔业法规、政策，监管渔业活动，推动渔业资源养护、环境保护，促进了渔业经济的可持续发展。

技术推广与服务机构：主要负责将科研成果转化为实际生产力，是我国渔业科技成果转化的主力军。它们通过组织培训、现场指导、信息服务等方式，将新技术、新模式推广至广大养殖户，提高全行业的技术水平和生产效率。如作为技术推广的重要机构，全国水产技术推广总站组织水产健康养殖、生态工程等技术的培训与指导，推广循环水养殖系统、节能减排技术和优质高产良种应用，提高养殖效率，促进渔业可持续发展。

国际合作组织：在海洋渔业技术创新体系中发挥着桥梁和纽带作用。通过参与"21世纪海上丝绸之路"倡议等，与共建国家开展渔业科技合作，共享技术成果，推动国际渔业资源的共同开发和保护。如亚太水产养殖中心网（NACA）作为区域性国际组织，致力于促进亚太地区水产养殖技术交流与合作，提高区域渔业管理与技术水平，推动区域渔业经济的共同发展。

四、渔业新质生产力培育

（一）渔业新质生产力内涵

新质生产力是创新起主导作用，摆脱传统经济增长方式、生产力发展路径，具有高科技、高效能、高质量特征，符合新发展理念的先进生产力质态。它由技术革命性突破、生产要素创新性配置、产业深度转型升级催生，以劳动者、劳动资料、劳动对象及其优化组合的跃升为基本内涵，以全要素生产率大幅提升为核心标志，特点是创新，关键在质优，本质是先进生产力。新质生产力理论是对马克思主义生产力理论的创新发展和重要拓展。

海洋渔业新质生产力是海洋渔业领域的先进生产力质态。基于自动化、信息化、大数据、人工智能、云计算、基因技术、生态科技等在海洋渔业领域的创新应用，推动高素质人才队伍集聚、龙头骨干企业培育和现代产业生态圈打造，形成海洋牧场、深远海养殖、风渔融合、渔光互补、渔旅融合、蓝色种业、极地渔业等新型业态，将海洋渔业由要素驱动的低效率发展形态转型升级为高效高质发展形态。渔业新质生产力与绿色可持续发展理念相吻合，既是渔业行业本身发展的需要，也是提高产业竞争力和国际竞争力的主要支撑。《"十四五"全国渔业发展规划》提出的一系列发展目标，主要依靠发展渔业新质生产力来推动达成，包括：渔业科技进步贡献率达到 67%；国家水产养殖种质资源保护利用体系初步建立，培育一批水产新品种，核心种源自给率达到 80%；水产养殖机械化率达到 50% 以上；智慧渔业稳步发展，新材料渔船占比进一步提升等。

（二）渔业新质生产力建设成就

渔业新质生产力并不简单等同于提质增效，判断是不是新质生产力，一看是不是创新，二看能不能提高质量和效益，三看是不是先进。通过渔业科技创新使得海洋渔业生产效率大幅提升或转型升级才是渔业新质生产力。以下简要介绍我国近年来海洋渔业新质生产力建设的代表性成就。

1. 海洋牧场加速建设

兼具经济效益和生态效益的海洋牧场加快建设，截至 2022 年年底，国家级海洋牧场示范区数量达到 169 个，总建设面积 26.5 万 hm^2。烟台市在海洋牧场建设方面走在前列，2022 年 6 月《烟台市海洋牧场"百箱计划"项目三年行动方案》正式印发实施，计划以苗种研发、装备制造、大数据平台建设、品牌培育、金融服务等为主要支撑，到 2024 年末建成省级以上海洋牧场总数达到 50 处，其中国家级海洋牧场 20 处，投产深远海大型智能养殖设施 50 个，鱼类海珍品产量突破 5 万 t，产业链总产值达到 100 亿元，打造世界一流的海洋牧场示范之城。

2. 深远海养殖装备亮点纷呈

在各级政府的大力支持和装备制造、养殖企业和科研机构的积极参与下，各类新型技术装备以及配套养殖模式不断涌现。2018 年 7 月，我国自主设计的第一个桁架类深远海网箱"深蓝 1 号"交付使用，开启了我国大型桁架类深远海网箱装备的先河。经过多年的发展，各地相继开发了全潜式（如"深蓝 1 号"）、半潜式（如"德海 1 号""海峡 1 号"）、浮式（如"振渔 1 号""嵊海 1 号"）、座底式（如"长鲸 1 号""经海 1-8 号"）等多种类型的桁架类深远海网箱。2021 年福建省针对深远海养殖网衣清洗难的问题，开发了"定海湾"系列自动旋转养殖网箱，该网箱为六边形，由浮体结构、养殖框架、旋转机构三部分构成。广东省"德海 1 号"是全球第一艘由板架结构浮体与桁架结构养殖区域混合构成的万吨级智能化养殖网箱。青岛国信集团建设的"国信 1 号"养殖工船是全球首艘 10 万 t 级深远海智慧养殖工船，养殖水体达 8 万 m^3，设计（大黄鱼）产能为 3 700t/年，大黄鱼平均月增重是传统模式的 1.8～2.8 倍。

3. 三次产业融合发展

三次产业融合发展是各地深远海养殖平台（渔场）发展的重点方向。山东省烟台市的"耕海 1 号"海洋牧场综合体平台将渔业养殖、海上旅游、科技研发等功能相结合，构建了装备休闲型深远海养殖发展的新模式。福建省建造的全国首台半潜式渔旅融合深海养殖装备，养殖水体达 6.2 万 m^3，搭载海景客房、海上餐厅、智能会议室等功能舱室，配备海水淡化、污水处理设备及光伏电板，融合了智慧渔业、深海养殖、休闲旅游、产学研基地四个功能。海南省首座深远海智能养殖旅游平台"普盛海洋牧场 1 号"除具有现代化渔业生产功能外，还配备了海水淡化装置、光伏供电装置、休闲餐厅等，集养殖渔场、观光旅游等功能于一体。2023 年 8 月"明渔 1 号"风渔一体化智能装备在广东省阳江市建成，在全球首次实现了风机导管架基础与养殖网箱的深度融合，集海上风力发电和深远海养殖于一体，每年发电量可超 4 500 万 kW·h，养鱼量超 15 万尾，年渔获量可达 75t。

4. 极地渔业跨越式发展

南北两极海洋生物种类和生物量均十分可观。南极磷虾是极地渔业主要渔种，南大洋的蕴藏量为 4 亿～6 亿 t。极地的恶劣气候和脆弱环境给极地渔业资源利用及其管理带来了严峻的挑战，因此极地渔业资源开发一直维持在较小规模。2009 年农业部将南极磷虾列为"国家经济战略资源"，拉开了南极磷虾资源开发的序幕。在政府的大力支持下，我国南极磷虾产业发展迅速。2011 年我国南极磷虾作业渔船达到 5 艘，产量增加为 1.6 万 t，在南极春、夏、秋 3 个季节开展生产，探捕站点从 93 个扩大到 107 个。2020 年南极磷虾捕捞量达 11.8 万 t，实现了数量级突破，从产量上看已居世界第二位。2022 年，我国首艘自主研制建造的南极磷虾专业捕捞加工船"深蓝"号获批入渔，该船是我国目前建造的最大的远洋渔业捕捞加工一体船，配有先进的捕捞设备、连续泵吸捕捞系统，以及冻虾、虾粉等智能化船载加工生产线，可实现连续加工处理能力和自动包装运输作业。该船达到国际同类先进水平，大大提升了我国在南极磷虾科考、捕捞、加工等领域的技术水平。

（三）渔业新质生产力培育路径

海洋渔业新质生产力的培育需要政府、企业和社会各界的共同努力。通过科技创新、智能化生产、生态养殖、资源管理、市场导向、政策支持、信息化建设等多方面的措施，共同推动海洋渔业新质生产力的发展。这些政策措施的实施，可以为海洋渔业的发展创造良好的外部环境，激发渔业企业的创新活力。

1. 完善科技创新生态系统

科技创新是推动海洋渔业新质生产力发展的关键因素，这需要政府、科研机构、高校和企业共同努力，构建并完善海洋渔业创新生态系统。应增加对海洋渔业科技研发的投入，建立新型科技创新平台，促进不同领域专家交流与合作，加速科研成果转化，通过税收优惠、资金支持等政策激励企业进行研发创新。当前重点研发方向包括海洋生物技术、海洋遥感技术、智能捕捞和养殖技术等。

2. 加速智能化自动化装备应用

智能化和自动化是提高海洋渔业生产效率的重要途径。通过引入先进的捕捞船只、养殖设备和加工机械，可以实现捕捞、养殖和加工过程的自动化，减少人力需求，降低劳动强度。如自动化捕捞设备可以提高捕捞效率和安全性，智能养殖系统可以实时监测水质、温度等环境因素，自动调节养殖条件。利用物联网技术，可以实现对渔业生产过程的实时监控，提高管理效率和决策质量。

3. 推广生态养殖模式

生态养殖模式是实现海洋渔业可持续发展的重要方式。这种模式强调在养殖过程中保护生态环境，减少对环境的负面影响。一些具体措施包括：采用循环水养殖系统，减少水资源消耗和污染；推广多营养层次综合养殖模式，如在鱼类养殖中加入贝类和藻类，实现资源的循环利用；采用低环境影响的饲料，减少饲料对水质的污染；实施生态修复措施，如在养殖区域种植海藻，吸收水中的氮、磷等营养物质，改善水质。通过这些措施，不仅可以提高养殖效率，还可以保护海洋生态环境，实现渔业生产的可持续发展。

4. 市场导向的产品开发

市场导向的产品开发是提高海洋渔业竞争力的关键。随着社会的发展，消费需求不断升级，激励海洋渔业高质量发展。重点措施包括：深入了解消费者需求和市场趋势，厘清竞争态势，开发符合市场需求的产品；持续开发新品种、新口味和新包装的产品，提高产品的吸引力；建立、维护和提升品牌形象，提高产品的市场认知度和忠诚度，提升经济效益；确保产品质量和安全，满足消费者对健康和安全的需求；利用社交媒体等现代手段，拓宽渠道、提高市场覆盖率。

5. 强化资源管理与保护

海洋渔业资源管理与保护是确保渔业可持续发展的基础。这需要政府制定和执行严格的海洋资源保护法规，主要包括：针对重点品种建立配额制度，通过科学评估确定可捕捞量分配给渔民或渔业公司，以避免过度捕捞；强化捕捞季节和区域限制，禁止在繁殖季节和敏感区域捕捞。完善保护区制度，在关键生态区域设立海洋保护区，禁止或限制捕捞活动；建立常态化海洋渔业资源监测系统，定期评估资源状况，为管理决策提供科学依据；还需要加强公众教育，提高公众对海洋保护的意识，鼓励渔民采用环保的捕捞方法。

6. 信息化建设

信息化建设是提升海洋渔业经营管理效率和竞争力的重要手段。一些重点的措施包括：完善数据采集系统，广泛利用现代信息技术，如物联网、卫星遥感等，收集渔业资源环境和生产经营数据；建立渔业信息网络服务平台，提供市场、天气、资源等信息，利用大数据分析技术为渔业管理提供决策支持；发展渔业电子商务和网络销售，拓宽销售渠道，提高销售效率。通过信息化建设，可以提高渔业管理的透明度和效率，增强渔业企业的市场竞争力。

7. 政策支持与激励

政府的政策支持对于培育海洋渔业新质生产力至关重要。主要政策措施包括：为海洋渔业科研、技术改造、环保设施等提供财政补贴；对海洋渔业企业创新研发给予税收减免，降低其经营成本；提供低息贷款等金融支持，支持渔业企业扩大生产和技术创新；提供政策性海洋渔业保险，助力投资规模扩张；建立公共渔业信息服务平台，为渔民提供市场、天气、灾害、资源等信息。

第八章 海洋水产品加工与流通

第一节　海洋水产品加工

海洋水产品是由海洋渔业生产的水产动植物及其加工产品的总称，具有丰富的营养价值与多样的种类。但大多数海洋水产品易腐烂变质，或因季节性特征明显、上市集中而造成市场供需失衡，因此亟须对海洋水产品进行加工和综合利用，这既是延长海洋水产品的保质期、降低海洋水产品的损耗与浪费的重要途径，也是提高海洋水产品附加值、实现海洋水产品行业增值增效的重要途径。

一、海洋水产品加工的含义

（一）概念

海洋水产品加工是指对以海水养殖、海洋捕捞、远洋渔业为来源的鱼类、甲壳类、贝类、藻类、头足类等海水产品进行保鲜、冷藏、冻结、腌制、熏制、干制、罐装等物理、化学或生物等多种方式处理，制成冷冻品、腌制品、干制品、罐头制品等各类食品以及饲料鱼粉、鱼油、鱼肝油等非食品类产品的过程。

（二）地位

海洋水产品加工在海洋渔业经济中占据举足轻重的地位。以我国为例，2023 年我国海水加工产品占水产加工品总量的比例为 77.89%，远远超过淡水加工产品的份额。

从水产品行业产业链（图 8-1）来看，海洋水产品加工是介于海水产品生产与海水产品流通之间的重要环节；从产业角度来看，海洋水产品加工业向上承接海水养殖业、海洋捕捞业以及远洋渔业，向下连接水产物流业，是实现第一产业与第三产业高效发展的重要关联产业；从统计角度来看，如果以 *AP* 表示水产品总量（Total Amount of Aquatic Products）、以 *MAP* 表示海水产品产量（Production Amount of Marine Aquatic Products）、以 *FAP* 表示淡水产品产量（Production Amount of Freshwater Aquatic Products）、以 *PAP* 表示初级水产品产量（Production Amount of Primary Aquatic Products）、以 *APP* 表示用于加工的水产品产量（Production Amount of Aquatic Products for Processing）、以 *TAPAP* 表示水产加工品总量（Total Amount of Processed Aquatic Products）、以 *PMAP* 表示海水加工产品产量（Production Amount of Processed Marine Aquatic Products）、以 *PFAP* 表示淡水加工产品产量（Production Amount of Processed Freshwater Aquatic Products）、以 *TMVAP* 表示水产品市场

总量（Total Marketing Volume of Aquatic Products），则水产品行业生产、加工与流通三大领域之间的主要数量关系变化如式（8-1）～式（8-4）所示：

$$AP=MAP+FAP \qquad (8-1)$$

$$AP=PAP+APP \qquad (8-2)$$

$$TAPAP=PMAP+PFAP \qquad (8-3)$$

$$TMVAP=PAP+TAPAP \qquad (8-4)$$

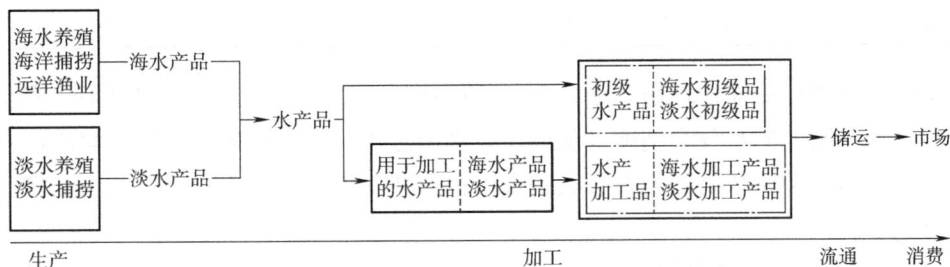

图 8-1 水产品行业产业链主要环节

以我国为例：2023 年我国海水产品产量为 3 585.317 2 万 t、淡水产品产量为 3 530.854 4 万 t，因此，2023 年我国水产品总量根据式（8-1）计算为 7 116.171 6 万 t。2023 年我国海水加工产品产量为 1 713.119 3 万 t、淡水加工产品产量为 486.345 2 万 t，因此，2023 年我国水产加工品总量根据式（8-3）计算为 2 199.464 5 万 t。

（三）分类

根据对水产原材料加工程度的不同，可将海水产品加工划分为初级加工与精深加工。初级加工是指对海水产品原料进行例如去鳞、去鳍、宰杀、去鳃、分级、分选等简单处理和基础操作，制品仍保留原始水产品色、香、味、形等感官特征，如冷冻品以及传统的干腌制品等，附加值较低；精深加工是指利用较为复杂的技术与工艺设备，在初级加工的基础之上对海水产品进行低值产品的综合利用、向合成水产食品及保健美容水产食品等方向发展，如制成鱼糜制品、罐头、鱼粉、鱼油、助剂和添加剂等，从而提高海水产品的附加值，加强对水产资源的充分利用。

二、海洋水产加工品分类与特点

根据加工方法与工艺的不同，可将海洋水产加工品分为水产冷冻品、鱼糜制品及干腌制品、藻类加工品、罐制品、水产饲料（鱼粉）、鱼油制品、其他海洋水产加工品七大类。

（一）海水冷冻品

海水冷冻品是指通过低温冷冻技术对海水产品进行冷冻加工而得到的产品，主要包含冷冻品与冷冻加工品。常见的冷冻海水产品品种有冷冻鱼类、冷冻虾类、冷冻贝类、冷冻头足类、冷冻蟹类，具体类别如表 8-1 所示。

表 8-1　常见海水冷冻品类别

大类	小类
冷冻鱼类	带鱼、黄花鱼、金枪鱼、大黄鱼、小黄鱼、黄姑鱼、白姑鱼、鲳、鲅、鲐、鲈、蓝圆鲹、石斑鱼、鳓、海鳗、河鲀、比目鱼、鲆、沙丁鱼、马面鲀等
冷冻虾类	对虾、鹰爪虾、龙虾等
冷冻贝类	扇贝柱、赤贝肉、贻贝肉、杂色蛤肉、蛏肉、文蛤肉、海螺肉、牡蛎肉等
冷冻头足类	鱿鱼、墨鱼、章鱼等
冷冻蟹类	梭子蟹、蟹肉、蟹膏等

海水产品在进行冷冻处理前，通常会经过严格的清洗和处理，以确保其卫生安全。在冷冻过程中，细胞内的水分会结冰，从而防止细菌滋生，达到保鲜的目的。解冻后，这些冷冻水产品的质地和风味仍然能在较大程度上被保持。因此，冷冻水产品是人们餐桌上常见的食材之一。

（二）鱼糜制品及干腌制品

1. 鱼糜制品

鱼糜制品是指将鱼（虾、蟹、贝等）的肉绞碎后加上配料研磨、擂溃使其成为稠而富有黏性的鱼肉浆，做至一定的形状后，再进行水煮、油炸、烘焙、烘干等加热或干燥处理使之凝固，形成富有弹性而风味独特的胶状食品，主要包括鱼丸、鱼糕、鱼卷、鱼香肠、鱼面、虾饼、仿虾肉、仿蟹肉、仿扇贝柱、竹轮等。

鱼糜制品具备高蛋白、低脂肪、营养丰富、食用方便等优点，因符合现代人健康养生的生活需求而深受广大消费者喜爱，鱼糜制品在水产加工品中占有较大的份额。

2. 干腌制品

干腌制品是指以海洋水产品为原料，经脱水或食盐腌渍、烘干等一系列工序制作而成的产品，主要包括干制品与腌制品，具体类别如表 8-2 所示。

表 8-2　干腌制品主要类别

大类	小类
干制品	鱼类：大黄鱼干（黄鱼鲞）、鳗鱼干、海蜒、调味马面鱼干、烤鱼片、烤鳗、调味烤鳗、鱼松等
	虾类：虾米虾皮、对虾干等
	贝类：干贝、鲍鱼干、贻贝干（淡菜）、蛤干、海螺干、牡蛎干、蛏干等
	其他：梅花参、海参、乌参、茄参、鱼翅、鱼皮、鱼唇、明骨、鱼肚、鱿鱼干、墨鱼干、章鱼干等
腌制品	鱼类：鲅、鳓、黄鱼、鲳、鲐、鲑、带鱼、糟鱼、醉鱼等
	其他：咸泥螺、醉泥螺、醉蟹、盐渍海蜇皮、盐渍海蜇头等

干腌制品通过干燥减少水分，抑制微生物繁殖，不仅可以延长水产品的保存期限，还能在一定程度上防止水产品腐败变质，为水产品的保存与运输提供了便利条件。

（三）藻类加工品

藻类加工品是指以发菜、紫菜、海带、海白菜、裙带菜等海藻类为原料，添加或不添加辅料，经相应工艺加工而成的食品，主要包括淡干海带、盐干海带、熟干海带、调味熟干海带、紫菜、裙带菜、石花菜、江蓠、麒麟菜、马尾藻等。藻类富含钙、铁、钠、镁、磷、碘等营养物质，随着人们对健康饮食的重视，藻类加工品在食品市场上的需求将越来越大。

（四）罐制品

罐制品又称罐头食品，以马口铁、玻璃罐、铝合金、软包装等为罐藏容器，将海洋水产品分选、修整、装罐、密封、加热、杀菌、冷却之后制作而成。罐制品以鱼罐头为主，具体类别如表8-3所示。罐制品经久保存并能保持一定的色、味，具有较高的营养价值，从而可以为深加工储备原料。

表8-3 罐制品主要类别

大类	小类
鱼罐头	清蒸鱼罐头、油浸鱼罐头、鲜炸鱼罐头、茄汁鱼罐头、五香鱼罐头等
贝壳类	杂色蛤罐头、贻贝罐头、扇贝罐头、海螺罐头、蟹肉罐头等

（五）水产饲料（鱼粉）

鱼粉是以一种或多种鱼类为原材料，经去油、脱水、粉碎等一系列加工工序后而制成的高蛋白质水产饲料，富含氨基酸、脂肪酸、微量元素、B族维生素等，具有良好的适口性、易被消化吸收等优点，一直是水产饲料生产中的核心原料。

我国国家市场监督管理总局、国家标准化管理委员会于2021年10月11日批准发布的《饲料原料 鱼粉》（GB/T 19164—2021）将鱼粉分成红鱼粉、白鱼粉、鱼排粉3种，具体如表8-4所示。

表8-4 我国水产饲料（鱼粉）类别

类别	说明
红鱼粉	以全鱼（白鱼粉原料鱼除外）为原料，经蒸煮、压榨、干燥、粉碎而制成
白鱼粉	以鳕鱼、鲽鱼等白色肉质鱼类的全鱼或其加工鱼工产品后剩余的部分（包括鱼骨、内脏、鱼头、鱼尾、鱼皮、鱼鳔等）为原料，经蒸煮、压榨、干燥、粉碎而制成
鱼排粉	以白鱼粉原料鱼以外的鱼体加工鱼产品后剩余的部分（包括鱼骨、内脏、鱼头、鱼尾、鱼皮、鱼鳔等）为原料，经蒸煮、压榨、干燥、粉碎而制成

当前，全球鱼粉主要生产国为秘鲁、智利、日本、丹麦、美国、挪威等；我国鱼粉产量不高，但我国是世界上产量最大的水产养殖国，对鱼粉的需求量较大，国内鱼粉资源供不应求，因此多年来我国一直是鱼粉净进口国。

目前，降低水产饲料中鱼粉的含量，寻求各种植物（大豆、小麦、棉籽、玉米等）蛋白源或动物蛋白源（黑水虻、黄粉虫等）以及菌体蛋白（乙醇梭菌、酵母培养物等）作为鱼粉替代源从而加工生产低鱼粉饲料已成为业界研究热点。

（六）鱼油制品

鱼油制品是指从鲭、鲱、金枪鱼、比目鱼、鲑等海洋鱼类体内提取油脂，并经过精炼、提纯、添加抗氧化剂等一系列加工处理而制成的产品，形式多样，如粗鱼油、精鱼油、鱼肝油、深海鱼油、软胶囊、口服液、丸剂等。

鱼油制品富含EPA（二十碳五烯酸）、DHA（二十二碳六烯酸又称"脑黄金"）与多种$\omega-3$系多不饱和脂肪酸，在维持心脑血管健康、抗炎、抗氧化等方面具有显著益处，从而被广泛应用于保健品、医药、化妆品、食品等多个领域，备受消费者青睐。

（七）其他海洋水产加工品

其他海洋水产加工品有助剂和添加剂类、海水珍珠类、水产动物内脏制品类、水产调味品类、海藻凝胶食品类，具体如表8-5所示。

表8-5 其他海洋水产加工品主要类别

大类	小类
助剂和添加剂	印染用褐藻酸钠、纺织浆纱用褐藻酸钠、食用褐藻酸钠、藻酸丙二酯、褐藻酸、铸造用藻胶、琼胶、卡拉胶、甲壳素、鱼胶等
海水珍珠	海水珍珠、海水珍珠层粉
水产动物内脏制品	鲜海胆黄、海胆酱、盐渍海胆黄、鲟鳇鱼籽、鲑鱼籽、盐渍鲱鱼籽、虾籽、乌鱼蛋等
水产调味品	鱼露、蚝油、虾油、虾酱、虾味汤料、海藻汤料等
海藻凝胶食品	海藻蜇皮、海藻果珠、海藻胶果冻粉、海藻果冻、海藻凉粉、海藻鱼籽等

三、海洋水产品加工方法与工艺

海洋水产品加工是一个涉及多种处理方法和工艺的行业，加工方法涵盖从简单的冷冻、干制到复杂的罐装、腌制和熏制等多种形式。

（一）冷冻

冷冻是指将水产品在低温条件下加工、保藏的方法，具体包括冷却、冷藏与冻结、冻藏两种类型。

1. 冷却、冷藏

冷却、冷藏是指将水产品的温度降低到接近液汁的冰点、但不冻结的加工工艺。例如，鱼类液汁的平均冰点可采用$-1℃$，鱼体经过冷却温度降低，附着在鱼体上的微生物活动受到限制，从而保持鱼体的鲜度。

2. 冻结、冻藏

冻结、冻藏的工艺流程一般为首先分选海洋水产品，然后去除内脏，再洗净、沥干后进行冻结、镀冰衣、包装，最后进行冻藏。其中，镀冰衣是指为减少海洋水产品在冻藏过程中的干缩损失，在镀冰用水中添加海藻酸钠、甲基纤维素、聚丙烯酸钠等增稠剂，冰衣层的重量一般为水产品自重的2%～3%。

（二）干制

干制是指通过天然干燥和人工干燥去除水分从而有效保存水产品。天然干燥主要指日干和风干，即晒干和阴干；人工干燥主要有热风干燥、冷冻干燥、远红外干燥等。

（三）罐装

罐装是将水产品分选、修整后装入马口铁、玻璃罐、铝合金、软包装等容器，进行排气、密封、杀菌等工艺操作。

（四）腌制

腌制历史悠久，可分成盐腌制、糟腌制与发酵腌制3种。

1. 盐腌制

盐腌制主要以食盐与腌制剂对水产品进行腌制，可采用干腌法、湿腌法以及混合腌制法。干腌法是利用干盐以及水产品体内渗出的水分所形成的食盐溶液进行腌制。湿腌法是预先将食盐配制成溶液，然后将水产品浸置于其中。

2. 糟腌制

糟腌制是指在盐腌制的基础之上，使用酒酿、酒糟以及酒类对水产品进行腌制。

3. 发酵腌制

发酵腌制是指在盐渍过程自然发酵熟成时或盐渍时直接添加各种促进发酵与增加风味的辅助材料进行加工，多为别具风味的传统名产品。

（五）熏制

熏制是利用熏材不完全燃烧而产生的熏烟与水产食品的接触，赋予水产食品独特的香味。熏制的工艺流程一般为首先处理海洋水产品原料，然后经过盐渍、脱盐、沥水（风干），再进行熏制。熏制主要设备有熏室和熏烟发生器，根据熏室温度的不同，又可将熏制分为冷熏法、温熏法、热熏法（调味熏制）、液熏法与电熏法等。

四、我国水产品加工业发展状况及趋势

（一）发展状况

我国水产品加工业历史悠久，《周记》中已有对干制、制酱等传统加工方法的记载，但与其他国家相比，现代化加工业起步较晚，自改革开放以来，尤其是在党中央于1985年颁布并实施1号与5号文件之后，我国现代水产品加工业才兴起并蓬勃发展。

近年来，我国水产品加工业在基础条件、生产效益、产品结构、区域特色等方面取得长足发展，使得我国已成为全球重要的水产品加工国家之一。

1. 基础条件

从统计学的角度来看，反映水产品加工基础条件发展的主要经济指标有企业数量、加工能力、水产冷库数量、冻结能力、冷藏能力以及制冰能力等。

随着全球贸易环境背景的改善，在国内相关政策的大力支持下，我国水产品加工业基础条件建设成效显著：2007年水产品加工企业已有9 796家（表8-6）；年加工能力首次突破2 000万t，高达2 124.04万t，同比增长18.04%；水产冷库增至6 857座，同比增长4.66%；冻结能力、冷藏能力、制冰能力均呈提升趋势，分别增至30.16万t/d、297.99万t/次以及17.16万t/d。

表 8-6　2006—2023 年我国水产品加工业基础条件发展情况

年份	企业数量（家）	规模以上企业（家）	加工能力（万 t/年）	水产冷库			
				数量（座）	冻结能力（万 t/d）	冷藏能力（万 t/次）	制冰能力（万 t/d）
2006	9 549	*	1 799.42	6 552	29.70	283.28	15.22
2007	9 796	*	2 124.04	6 857	30.16	297.99	17.16
2008	9 971	2 428	2 197.48	7 439	43.08	335.68	23.22
2009	9 635	2 558	2 209.17	7 538	49.97	360.36	21.27
2010	9 762	2 599	2 388.45	7 970	49.10	408.19	24.68
2015	9 892	2 753	2 810.33	8 654	91.92	500.66	25.28
2020	9 136	2 513	2 853.43	8 188	88.21	464.38	21.49
2021	9 202	2 497	2 893.58	8 454	85.34	474.63	20.15
2022	9 331	2 592	2 970.41	8 675	83.68	489.65	22.35
2023	9 433	2 726	3 015.82	9 143	98.77	499.65	21.50

资料来源：根据《中国渔业统计年鉴》（2007—2024 年）整理获得。

注：表中"＊"表示统计数据不详。

2008 年美国次贷危机爆发及其导致的全球部分国家经济衰退，抑制了外部需求的持续扩张，给我国"出口导向型"水产品加工企业发展带来一定程度的负面影响，部分企业在产业升级中积极优化调整，因此，水产品加工企业数量在 2008 年增至顶峰（9 971 家）之后逐步波动调整减少至 2023 年的 9 433 家，但规模以上企业数量反而逆向发展，由 2008 年的 2 428 家增至 2023 年的 2 726 家；年加工能力在 2023 年首次突破 3 000 万 t，同 2008 年相比涨幅高达 37.24%；水产冷库等配套设施也由 2008 年的 7 439 座迅速扩建至 2023 年的 9 143 座，涨幅高达 22.91%；冻结能力发展最快，2023 年已提升至每日 98.77 万 t，比 2008 年涨了 1.29 倍左右；冷藏能力也有所发展，同 2008 年相比涨幅为 48.85%；制冰能力在 2008 年—2023 年波动起伏，基本在每日 23.00 万 t/d 水平上下调整。

2. 生产效益

从统计的角度来看，反映水产品加工生产效益发展的经济指标主要有水产加工品产量、水产品加工产值、水产品加工率、水产品加工转化率、水产品加工能力利用率等。其中，水产加工品产量反映了一定时期内水产品加工行业的生产规模；水产品加工产值反映了一定时期内水产品加工行业的经济效益；水产品加工率反映了一定时期内水产品加工业的繁荣程度；水产品加工转化率反映了一定时期内水产品加工业的发达水平；水产品加工能力利用率则反映了一定时期内水产品加工业生产资源的利用程度。

$$水产品加工率 = \frac{用于加工的水产品产量}{水产品产量} \times 100\% \qquad (8-5)$$

$$水产品加工转化率 = \frac{水产加工品产量}{用于加工的水产品产量} \times 100\% \qquad (8-6)$$

$$水产品加工能力利用率＝\frac{水产加工品产量}{水产品年加工能力}×100\% \qquad (8-7)$$

近年来，在日益强大的水产品加工业基础条件的有力支撑下，我国水产品加工业生产效益呈现迅猛发展态势：水产加工品产量由 2006 年的 1 332.48 万 t 持续增长至 2023 年的 2 199.47 万 t（表 8-7），年均增长 3.83%；水产品加工产值也由 2006 年的 1 543.43 亿元持续增长并于 2023 年首次突破 5 000 亿元，达到 5 020.54 亿元，与 2006 年相比翻了两番，年均增幅高达 13.25%；而水产品加工能力利用率基本在 62.00%～75.00% 波动，最近 5 年来仍有 28% 左右的产能尚未被充分利用，说明我国水产品加工生产效益还有较大的发展潜力与提升空间。

表 8-7 2006—2023 年我国水产品加工业生产效益发展情况

年份	水产品产量（万 t）		用于加工的水产品产量（万 t）		水产加工品产量（万 t）		水产品加工率（%）		水产品加工转化率（%）		水产品加工能力利用率（%）	水产品加工产值（亿元）
	海水	淡水	海水	淡水	海水	淡水	海水	淡水	海水	淡水		
2006	2 509.62	2 073.97	1 404.00	230.79	1 215.25	117.23	55.94	11.13	6.56	50.80	74.05	1 543.43
2007	2 550.89	2 196.63	1 401.39	275.47	1 182.16	155.69	54.94	12.54	84.36	56.52	62.99	1 801.13
2008	2 598.28	2 297.32	1 314.08	323.34	1 166.95	200.81	50.57	14.07	88.80	62.10	62.24	1 971.37
2009	2 681.56	2 434.84	1 428.55	393.64	1 249.40	227.93	53.27	16.17	87.46	57.90	66.87	2 026.60
2010	2 797.53	2 575.47	1 351.02	427.33	1 350.97	282.28	48.29	16.59	99.99	66.06	68.38	2 358.60
2015	3 409.61	3 290.04	1 712.46	561.87	1 718.41	373.90	50.37	17.08	100.35	66.55	74.45	3 880.58
2020	3 314.38	3 234.64	1 952.98	524.18	1 679.27	411.51	58.92	16.21	85.99	78.51	73.27	4 354.19
2021	3 387.24	3 303.05	1 951.10	571.57	1 708.53	416.23	57.60	17.30	87.58	72.82	73.44	4 496.22
2022	3 459.53	3 406.35	1 976.32	579.81	1 709.15	438.64	57.13	17.02	86.48	75.65	72.30	4 784.61
2023	3 585.32	3 530.85	1 982.69	641.02	1 713.12	486.35	55.30	18.15	86.40	75.87	72.93	5 020.54

资料来源：根据《中国渔业统计年鉴》（2007—2024 年）整理获得。

同时，自 2015 年以来，虽然我国海水产品产量与淡水产品产量相差不大，但从水产品加工率与水产品加工转化率两个指标来看（表 8-7），尽管淡水产品加工率与海水产品加工率分别由 2006 年的 55.94% 与 11.13% 相应上升至 2023 年的 55.30% 与 18.15%、淡水产品加工转化率由 2006 年的 50.80% 较大幅度增长至 75.87%，而海水产品加工转化率较小幅度波动至 2023 年的 86.40%，表明淡水产品加工业与海水产品加工业发展程度与技术水平都在不断提高；但是横向比较来看，18.15%＞11.13%、86.40%＞75.87%，所以目前我国海水产品加工业发展一直比淡水产品加工业更加繁荣、海水产品加工业的技术水平也比淡水产品加工业的技术水平更加先进。

因此，我国海水产品加工业仍然在水产品加工业中占据举足轻重的地位。

3. 产品结构

近年来，我国水产品行业已经形成了水产冷冻品、鱼糜制品及干腌制品、藻类加工品、罐制品、水产饲料（鱼粉）、鱼油制品及其他等较为齐全的产品门类，如表 8-8 所示。目前水产冷冻品冷冻加工品产量占比最大，高达 70.63%；鱼糜制品及干腌制品次之，占比为 12.90%；其他、藻类加工品、水产饲料（鱼粉）、罐制品占比依次减小，分别为 5.95%、4.95%、3.70%、1.63%；鱼油占比最低，仅为 0.24%。

表 8-8　2006—2023 年我国水产品加工结构变动情况

年份	水产加工品总量（万 t）	初加工					精深加工		
		冷冻品（万 t）	冷冻加工品（万 t）	鱼糜制品及干腌制品（万 t）	藻类加工品（万 t）	罐制品（万 t）	水产饲料（鱼粉）	鱼油制品（万 t）	其他（万 t）
2006	1 332.48	491.08	250.53	230.77	66.54	22.37	171.61	3.50	84.47
2007	1 337.85	416.39	288.32	192.60	66.25	18.28	188.12	3.64	62.38
2008	1 367.76	426.24	424.72	193.50	81.70	22.02	148.00	9.23	62.36
2009	1 477.33	489.68	451.44	223.53	90.46	22.08	136.46	2.47	61.20
2010	1 633.25	553.00	451.89	242.70	94.59	24.31	149.29	3.88	113.59
2015	2 092.31	679.06	697.43	309.24	98.20	41.31	71.12	7.31	108.29
2020	2 090.78	760.09	715.83	265.09	104.81	32.09	70.76	5.32	111.60
2021	2 125.04	797.92	721.60	276.51	102.37	33.04	65.90	6.78	119.22
2022	2 147.50	802.58	729.43	281.92	100.08	34.20	72.3	6.17	12 100
2023	2 199.47	819.96	733.57	283.55	108.83	35.88	81.33	5.40	130.94

资料来源：根据《中国渔业统计年鉴》（2007—2024 年）整理获得。

根据对水产原材料加工程度的不同，一般认为水产冷冻品包括冷冻品与冷冻加工品属于初级加工，而鱼糜制品及干腌制品、罐制品、水产饲料（鱼粉）、鱼油制品及其他则属于精深加工。近年来，我国水产品加工行业结构中初级加工占比小幅振荡，由 2006 年的 55.66% 上升至 2023 年的 70.63%；而精深加工占比则相应由 2006 年的 44.34% 下降至 2023 年的 29.37%。同时，在精深加工领域，鱼糜制品及干腌制品的市场份额最大，鱼油制品的市场份额最小，说明我国在鱼糜制品及干腌制品精深加工方面具有一定的比较优势。

因此，我国水产品加工行业目前还是以附加值较低、加工技术水平较低的初级加工为主，以高附加值、高技术含量为特征的精深加工占比仍然较低，我国在水产品加工业结构优化升级方面任重而道远。

4. 区域特色

山东省是我国目前海水产品加工生产规模最大的地区（表 8-9），2023 年产量高达 637.70 万 t，占全国总产量的 37.22%；而且山东省 2023 年水产品加工产值也名列榜首，高达 1 161.36 亿元，说明山东省是我国水产品加工行业发展最繁荣的地区，对我国水产品加工业的发展作出了巨大贡献。

表 8-9　2023 年我国水产品加工主要区域与特色产品

区域	基础条件		生产效益			产品结构（万 t）						
	加工企业数量（规模以上企业）	加工能力（万 t/年）	水产加工品产量（万 t）		水产品加工产值（亿元）	冷冻品	鱼糜及干腌制品	藻类加工品	罐制品	水产饲料（鱼粉）	鱼油	其他
			海水	淡水								
全国	9 433 (2 726)	3 015.82	1 713.12	486.35	5 020.54	1 553.53	283.55	108.83	35.88	81.33	5.40	130.94
山东	1 637 (500)	812.92	637.70	10.94	1 161.36	496.20	58.99	43.94	12.74	25.24	3.57	7.96
福建	1 214 (451)	558.22	387.61	17.28	1 039.95	268.00	64.11	34.17	4.15	2.07	1.37	31.01
辽宁	844 (291)	277.05	215.35	1.83	291.75	155.51	15.30	24.04	1.72	6.75	0.33	13.52
浙江	1 752 (276)	212.01	172.90	6.33	473.14	137.28	17.17	3.14	3.80	16.07	0.10	1.68
广东	995 (167)	244.67	108.55	45.00	260.25	107.92	20.51	0.65	5.60	8.28	0.01	10.60
江苏	1 093 (322)	227.17	66.33	72.19	368.94	62.88	14.40	2.27	1.99	0.16	0	56.82
海南	34 (15)	45.59	22.15	21.15	49.31	33.77	0.67	0.00	0.00	8.75	0.00	0.12
广西	183 (63)	107.28	13.53	67.29	122.80	67.68	7.58	0.07	0.07	0.00	0.00	5.50
河北	235 (36)	33.12	9.15	1.22	29.06	7.53	0.35	0.00	0.83	1.63	0.00	0.04
天津	2 (2)	2.58	1.10	0.80	0.00	0.27	1.45	0.00	0.07	0.00	0.00	0.10

资料来源：根据《2024 中国渔业统计年鉴》整理获得。

福建、辽宁、浙江以及广东四大省份的海水产品加工生产规模次之，在我国海水加工产品总产量中分别占据 22.63％、12.57％、10.09％以及 6.34％的份额。

而江苏、海南、广西、河北、天津五大省份的海水产品加工生产规模偏小，因此，目前我国海水产品加工生产规模最大的五个省份分别是山东、福建、辽宁、浙江以及广东。

海洋水产品加工是海洋捕捞、海水养殖以及远洋渔业的延续与深化，海洋水产品加工细分行业的发展受到海洋渔业资源供给的限制与影响。

因此，辽宁是我国水产品加工行业比较发达但发展重心严重偏向海水产品加工的地区，2023 年海水产品加工产量与淡水产品加工产量之比为 117.68：1。

江苏是目前我国水产加工业比较发达而且海水产品加工行业与淡水产品加工行业发展比较均衡的地区，2023 年海水产品加工产量与淡水产品加工产量之比为 0.92：1，几乎持平，说明江苏省海洋渔业资源与淡水渔业资源都比较丰富。

2023 年浙江水产品加工企业有 1 752 家，虽然比江苏多 659 家，但浙江规模以上企业只有 276 家，比江苏少 46 家，因此浙江年加工能力比江苏低 15.16 万 t，说明浙江水产品加工以中小型企业为主，规模经济效应影响力较小。

从加工水产品结构（表 8-9）来看，作为全国水产品加工行业最发达的地区，山东

2023年在冷冻品、藻类加工品、罐制品、水产饲料（鱼粉）、鱼油五大品种方面具有相当大的加工优势；而福建则在鱼糜制品及干腌制品、藻类加工品以及其他三大方面具有一定的优势。

（二）趋势

1. 加工业生产规模将持续扩大

随着国民生活水平的提高以及对健康饮食重视程度的提升，水产品作为重要的食品来源，因低脂且富含人体所需的蛋白质以及各种微量元素、符合现代人健康养生的饮食需求而深受广大消费者的喜爱。

同时，我国是世界上的水产品生产大国，2006年至今，海水产品产量与淡水产品产量一直持续稳健增长，年均增幅分别高达2.53%和4.14%，不断增长的水产品资源供给为水产品加工业规模进一步扩大提供了丰富的物质基础。

此外，我国还是世界上水产品加工大国，自2015年以来尤其是2020—2023年我国水产品加工能力利用率基本维持在73%左右（表8-7），说明仍有27%左右的水产品加工产能尚未被充分利用，从生产要素供给的角度来看，我国水产品加工业未来还有相当大的发展潜力与提升空间。

因此，在日益增长的市场消费需求与水产资源供给以及加工产能富余的多重有力支撑下，我国水产品加工业生产规模会持续扩大。

2. 精深加工占比将进一步提高

目前我国水产品以初级加工为主，2020—2023年冷冻品以及冷冻加工品的初级加工占水产加工品总量的71%以上（表8-8）。

但是，从水产品精深加工生产要素条件来看，近年来我国水产品加工技术尤其是海洋水产品加工技术水平不断提升，已经从传统的初级加工方式升级到生物加工、营养功能加工、高品质控制加工等更加先进的分子加工水平；海洋水产品加工装备也不断优化，特别是在鱼糜产品加工模块化工序、捕捞加工船自主化设计、生物性功能产品研发、副产物高值化利用等方面。

同时，从水产品精深加工消费需求来看，中国渔业协会2004年7月8日发布的《2024—2025年中国水产行业现状及消费趋势洞察报告》显示：我国水产品精深加工品类中即食零食类是消费者最常选购的品类，在深加工水产品消费选择占比中占据首位，高达75.3%。水产品即食零食购买与携带方便、口感良好、营养丰富，满足了消费者快节奏生活中的食用需求，因此在市场上拥有一定的优势空间。

因此，在生产要素条件有力支撑以及市场消费需求引导激励下，我国水产品加工企业已开始向精细化、高附加值水产加工品尤其是海洋水产加工品生产转型，向低值产品的综合利用、优质产品的精深加工、保健美容水产食品加工以及合成水产食品加工等精深加工方向发展，水产品尤其是海洋水产品精深加工占比的提高将是我国水产业未来的发展趋势之一。

3. 水产品预制菜加工将成为行业新兴增长点

水产品预制菜属于水产品加工业与食品工业范畴，是指将水产品经过预先处理、分割、调味等加工步骤，使其具有一定形态和风味，并可在短时间内完成烹饪或直接食用的水产半成品或水产成品食品。

如表 8-10 所示，在国家相关产业政策以及产业基础设施的引导下，我国水产品预制菜加工市场规模已由 2019 年的 648 亿元快速增长至 2023 年的 1 237 亿元，年均增幅高达22.73%，预测 2026 年有望达到 2 576 亿元。

我国水产品预制菜加工增长势头强劲，发展前景广阔，为今后我国水产品加工业发展提供了新增长点，因此未来必将成为我国水产品加工行业的重要组成部分。

表 8-10　2019—2026 年我国水产品预制菜加工市场发展（预测）

年份	水产品预制菜加工市场规模（亿元）	冷库容量（万 t）	冷链物流市场规模（亿元）
2019	648	6 053	3 780
2020	733	7 080	4 850
2021	856	8 250	5 699
2022	1047	9 726	6 371
2023	1 237	*	7 231
2024	1 595	*	*
2025	2 089	*	*
2026	2 576	*	*

数据来源：艾媒数据中心（data. iimedia. cn）。

注：表中"＊"表示统计数据不详。

五、我国海洋水产品加工产业发展策略

（一）国家相关政策支持

产业的长足发展离不开国家政策的"保驾护航"。近年来，我国相当重视海洋水产品加工产业的发展，制定并出台了一系列政策与措施（表 8-11）。

表 8-11　与我国海洋水产品加工产业发展相关的国家政策法规

颁布时间	发布单位	政策法规名称
2013-07-05	农业部	《关于贯彻落实〈国务院关于促进海洋渔业持续健康发展的若干意见〉的实施意见》
2017-02-20	农业部	《全国渔业发展第十三个五年规划》
2024-09-16	国务院办公厅	《关于践行大食物观构建多元化食物供给体系的意见》

1. 《关于贯彻落实〈国务院关于促进海洋渔业持续健康发展的若干意见〉的实施意见》

2013 年，农业部发布《关于贯彻落实〈国务院关于促进海洋渔业持续健康发展的若干意见〉的实施意见》，在第八条实施意见中重点强调国家将大力支持"促进加工企业技

术升级改造，全面提升水产品加工工艺、装备现代化和质量安全水平。"并明确指出"积极发展海上冷藏加工"为我国海洋水产品加工业的一个重要方向。

2.《全国渔业发展第十三个五年规划》

2017年2月20日，农业部发布《全国渔业发展第十三个五年规划》，其中明确指出"积极发展水产品精深加工，加大低值水产品和加工副产物的高值化开发和综合利用，鼓励加工业向海洋生物制药、功能食品和海洋化工等领域延伸"。为我国海洋水产品加工业长远发展指明了方向与重点领域。

3.《关于践行大食物观构建多元化食物供给体系的意见》

2024年9月16日，国务院办公厅在《关于践行大食物观构建多元化食物供给体系的意见》中指出我国将"引导食品加工企业在果树、畜禽和水产品等主产区布局加工产能"，同时，"健全农产品标准化体系，制修订产品加工标准，提升食物质量安全水平"。

从以上三大典型政策来看，我国一直支持并鼓励海洋水产品加工业技术升级改造、向精深加工方向发展，而且今后将重点开拓水产食品加工领域。

（二）市场消费趋势变化

随着科技在海洋水产品加工行业的应用与推广，我国海洋水产加工品市场消费将呈现品质升级化、品种多样化与营养健康化等三大趋势变化。

1. 品质升级化

生物技术、纳米技术与微波技术的不断创新有力保障了水产品加工过程中的绿色化生产与处理，增强了海洋水产加工品的品质安全与营养质量，从而满足了市场与消费者对高端海洋水产加工品与特色海洋水产加工品的需求。

2. 品种多样化

功能性食品技术、生鲜保鲜技术以及预制菜制作技术的升级提升，有助于实现海洋水产品加工过程的多样化开发与创新，满足不同市场与消费者的个性化需求和偏好。

3. 营养健康化

随着人们健康意识的增强与粮食安全问题的日益突出，市场对海洋水产加工品的健康性和安全性的关注也越来越高，因此，以无公害、无污染、无添加、有机等为主要特征的海洋水产加工品将成为今后市场消费健康化的主要趋势。

（三）产业发展主要策略

我国海洋水产品加工行业在国家相关政策的支持下，需要紧跟市场消费需求与趋势，不断提升产品质量和生产效率，推动海洋水产品加工行业的高质量发展。

1. 创新加工新技术、新工艺

加大海洋水产品加工科技、装备与人才培养资金投入，提高海洋水产加工业产品技术含量，实现海洋水产品加工过程的机械自动化与智能化水平不断提升、海洋水产品冷链物流体系智能化水平不断提升，走深加工、品牌化之路，增强海洋水产加工品创新能力与国际竞争力。

2. 推进以消费引导加工机制

以市场消费需求为导向，推动海洋水产加工朝健康食品化方向发展，提高海洋水产品加工结构市场需求匹配度，开发更加安全、卫生、味美的水产方便食品、水产休闲食品，为居民提供更多的优质蛋白质；同时还可利用海洋水产原料中的生物活性物质，开发可增进健康、预防疾病的水产营养和保健等功能性食品。

3. 构建全产业链质量可追溯体系

重视海洋水产加工业对原料及品质的需求，构建集养殖、加工、流通于一体的现代化水产全产业链的质量可追溯技术体系，从而协调建设渔业生产、加工、流通全产业链，确保海洋水产加工品的健康性与安全性。

第二节 海洋水产品流通

海洋水产品的养殖与捕捞等生产活动都离不开海洋水域，而海洋水域资源丰富的地区一般比较偏远，远离繁华的消费中心区域，所以重视并加强海洋水产品流通业的建设与发展对于推动海洋渔业高质量发展具有重要的现实意义。

一、海洋水产品流通内涵

（一）概念

海洋水产品流通是指海洋水产品从生产领域向消费领域流动的过程中实现其价值增值的过程，这个过程伴随着商流、物流、资金流和信息流，是连接海洋水产品生产与海洋水产品消费的重要纽带。"加工活，则流通活，流通活，则生产兴"，海洋水产品加工流通是实现海洋渔业高质量发展的关键环节，对保障海洋水产品常年优质安全供应发挥了重要作用。

（二）主体

根据参与市场流通的顺序，海洋水产品流通主体可分为生产者、中间商与消费者（图8-2）。

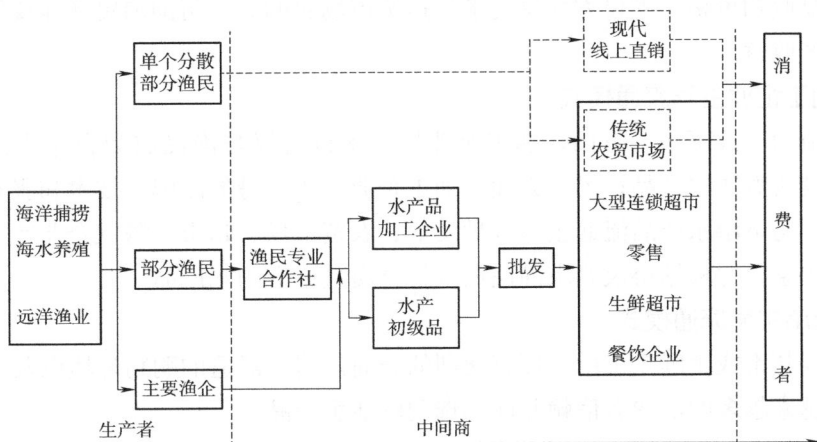

图8-2 海洋水产品流通主体产业链

渔民和渔企作为水产初级品生产者，在参与并完成海洋捕捞、海水养殖、远洋渔业等生产活动后，将采捕而来的海洋水产品通过渔民专业合作社、加工企业、批发商、传统农贸市场、大型连锁超市、生鲜超市、餐饮企业中一个或数个中间商流通主体的通力合作，甚至不经过任何中间商流通主体而只是依托互联网的支撑流向消费者。

二、海洋水产品流通模式

海洋水产品流通模式是指为促成海洋水产品及其所有权的转移，市场流通主体之间形成的特定交易和运作方式。

从具体流通主体在水产品市场交易过程中发挥的主导地位以及显著影响等角度来看，海洋水产品流通模式主要可分成批发商主导流通模式、合作社主导流通模式、加工企业主导流通模式、超市主导流通模式以及渔民直销流通模式5种模式。

（一）批发商主导流通模式

这种流通模式以批发市场（包括产地批发市场和销地批发市场）为核心，渔民或渔企把水产品运输至批发市场之后，由批发商负责转卖至农贸市场、超市、餐饮企业等零售商并最终销售给消费者。批发商将上游流通主体（渔民和合作社等）和下游流通主体（农贸市场、超市、餐饮企业等）有机连接，通过签订协议等方式缔结稳定的合作关系。

（二）合作社主导流通模式

在海洋水产品养殖与捕捞的生产过程中，部分渔民分布零散偏远，信息交流不畅，分析市场需求变化趋势能力较差，同时在向市场销售水产品的环节议价能力弱，因此，亟须组成团队成立合作社，获得规模化经济效益。

在这种流通模式下，合作社作为渔民与海洋水产品加工企业、批发商、超市、农贸市场、餐饮企业等市场收购方之间的沟通桥梁：一方面，把市场拟定收购的水产品品种、规格、质量、数量甚至提前将未来生产季节的采购计划以及生产资料、技术指导等充分传达给渔民，帮助渔民有效对接市场需求、调整生产计划、抓好产品质量；另一方面，把渔民对海洋水产品收购价格与支付方式等要求传达给市场收购方，帮助渔民增强议价能力，保护渔民的生产收益。

（三）加工企业主导流通模式

在这种流通模式下：一方面，加工企业通过签订协议与渔民成为合作伙伴，负责收集、加工和销售海洋水产品；另一方面，加工企业发挥自身的品牌、技术和服务等优势积极开拓市场，与下游水产品流通主体（批发商、农贸市场、超市、餐饮企业等零售商）形成长期合作关系，并根据协议要求渔民供应符合质量标准的水产品。

（四）超市主导流通模式

大型连锁超市或生鲜超市由于拥有便利的交通设施、舒适的购物环境以及严格的质检标准而受到越来越多的消费者信赖并前来选购鲜活水产品。

超市既可通过批发市场，也可直接与渔民、合作社或加工企业等建立合作关系，从而获得供给平稳且价格实惠的水产品货源。

与其他流通模式相比，超市作为位于零售市场的流通主体，可以直接了解消费者的需求、偏好、购买力，并通过制定水产品的零售价格来影响水产品的市场行情变化。

（五）渔民直销流通模式

在这种流通模式下，生产者渔民在不经过任何中间流通环节的情况下，与消费者直接交易水产品。根据是否有互联网信息技术服务依托，可进一步将渔民直销流通模式分成传统单段二元式以及现代单段二元式两种类型。

在传统单段二元式条件下，渔民在传统的农贸市场上直接向消费者零售海洋水产品。水产品市场流通呈现量小、就近、不稳定等特征，难以影响水产品市场的供求关系。

而在现代单段二元式条件下，渔民充分利用现代发达强大的网络平台与信息服务技术，直接联系对接消费者，将水产品交由专门的冷链物流配送中心负责或外包给第三方物流企业，直销、宅配送至消费者。

三、海洋水产品流通效率

（一）概念

流通效率主要是用于反映在海洋水产品流通过程中各种产出和投入的直接或间接比较，是海洋水产品流通领域每个环节和整体效率的总称。

提高流通效率，不仅关系到生产者、经营者的利益，而且能满足消费者获得新鲜、安全、营养、健康食品的需要，具有重要的现实意义。

（二）衡量指标

1. 流通利润

流通利润是指海洋水产品在流通过程中，如包装、装卸、储存、加工、运输等各个活动中所支出的人力、财力和物力的费用总和与总收益之比。

适度的流通成本投入会有利于改善流通条件，提高流通速度、减少损耗、增强水产品的鲜活度，刺激消费需求，提升经营者利润。

2. 流通质量

流通质量是指海洋水产品能满足消费者需求程度的品质属性。优质、安全、卫生的无公害水产品是消费者的首选目标，是确保消费者食用安全和健康消费的基本要素。

3. 流通速度

流通速度是指一定时期内，经过流通系统所实现的水产品流通的数量，反映的是要完成一定的海洋水产品价值实现所需的时间。

海洋水产品易变质、难储存和存在季节性特点，同时具有产区集中和消费区分散的特点，因此在其他影响因素同等的条件下，流通速度越快，流通效率越高。

4. 流通损耗

流通损耗是指海洋水产品中的有效物质在开始流通之前的数量与经过流通之后到达消费者手中的数量之间的差值。在其他影响因素同等的条件下，流通损耗越小，流通效率越高。

（三）不同流通模式下的流通效率

海洋水产品易腐、易烂、易损、难以保鲜保活，从而对流通渠道的长短、流通环节的数量、组织化程度的高低等条件要求苛刻。

在渔民直销流通模式下，海洋水产品直接被从渔民运送至消费者，同其他流通模式相比，流通环节最少、流通渠道最短，因此流通效率较高。

在超市主导流通模式中，大型连锁超市资金实力雄厚，全程冷链物流，统一调配规划，有效避免了迂回运输，确保了流通质量安全，因此流通效率也比较高。

在批发商、合作社以及加工企业主导的流通模式中，流通环节比较多，流通渠道比较长，运输中转次数比较多，运输仓储费用比较高，因此流通速度比较慢、流通损耗比较大，流通效率比较低。

四、典型国家的海洋水产品流通模式

为了促进渔业生产发展，保护生产者和消费者的利益，世界上越来越多的国家采用以多渠道、少环节为主要特征的海洋水产品流通模式，缩短流通周期，降低流通损耗，提高流通效率。

（一）美国

美国海洋水产品产销流通以市场调节为主，渔民和渔业公司获得渔获后在渔港直接自由交售给私人加工厂、公司或大企业所属的加工厂，再由加工厂加工成罐头或冷冻鱼块后，或自行销售，或卖给超市销售。

美国海洋水产品消费品种与结构多年来变化不大，而且鲜活水产品销售占比很小，因此，美国海洋水产品供销流通模式比较单一。

（二）日本

日本海洋水产品流通也主要实行市场调节，在产地和集散地建立灵活而有秩序的水产品批发交易市场；并充分利用发达的运输与通信技术优势，形成高度灵活机动、既能迅速集中批发又能迅速分散零售的水产品流通体系。

除水产品大公司以外，渔民一般不直接参与销售产品，而是通过委托部分或全部销给渔业协会，由渔业协会在批发市场销售。

而参与市场交易的大批发商，包括水产品大公司和渔业协会等则须由日本农林水产大臣批准。另外，参加第一次批发的中间商也须由知事批准。第一次批发将采用拍卖的方式，而中间商则从大批发商处购进鱼货卖给零售商或市场消费者。

（三）中国

自新中国成立至今，中国水产品供销流通模式经历了数次重大改革。

1956年以前，中国水产品供销也是以市场调节为主，实行产销直接见面、自由购销。但在国家接管水产品交易市场之后，中国建立了国营水产运销企业以及渔业供销社，将之前的拍卖形式改为在公定价格范围内的议价形式，并规定第一次鱼货交易必须在市场进行。

从 1956 年到 20 世纪 60 年代末，中国对部分水产品实行派购，由商业和供销合作社统一收购；同时规定 21 种水产品为二类产品，并由国家统一收购。这种两个市场、两种价格，国家与集体两条供销主渠道并行的水产品流通模式逐步发展成为高度集中、独家经营的水产供销流通体制，国家对除渔民自食以外的水产品全部实行统一收购、全国调拨，水产品供销流通由国家经营。

1978 年以后，国家针对水产品统得过多、鱼价偏低等突出情况制定并实施了一系列政策措施：调整收购价、减少派购品种、降低派购比例，实行多渠道经营。1983 年水产品派购品种由 20 世纪 70 年代初的 21 种减为 8 种，同时派购比例降为 50%。1984 年更进一步将派购的 8 种海洋水产品逐步放开。1985 年，中国水产品流通全部实行市场调节，水产品供销实行国家、集体、个体等多渠道经营。

近年来，通过自主创新、技术引进与消化吸收，中国水产品流通产业快速发展。目前，已形成了以批发市场为主体、电商等新型物流模式快速发展的水产品流通体系，在保障粮食安全、健康中国等国家重大战略的实施中发挥了重要作用。

第三节 海洋水产品储运

大多数海洋水产品，尤其是海洋中上层鱼类等具有含脂量高、蛋白质丰富、捕捞季节性强等特征，采捕后难以保活保鲜而易腐败变质，对储存与运输的要求高于一般鲜活农产品，因此，储运环节在保障水产品安全流通的过程中发挥着重要作用。

一、海洋水产品储运流程

（一）停食暂养

停食暂养又称蓄养，是指人们将捕获于天然水域或人工养殖的海洋水产生物转移至人工条件下进行停饵，通过排泄以减少其新陈代谢产物在体内的储藏，从而降低整个流通过程中机体对水中氧气的消耗，降低或避免应激反应。这是鲜活鱼类运输前的必备环节，直接影响其运输时间的长短。

（二）装载

装载是指选用合适的起鱼以及装箱方式，这有利于提高储运存活率。起鱼时操作要轻、要快；根据鱼类的特性，装箱时选择适宜的鱼水比；为了减少运输过程中车辆转弯、颠簸导致的鱼体挤压、振动及相互摩擦，可将载鱼舱分隔成几个小舱。

（三）运输配送

运输配送是指使用运输工具将海洋水产品从供应点送至市场或消费者手中的活动，主要由汽车运输；跨地区配送还可以采用铁路运输或船舶运输。

（四）卸载

卸载是指将海洋水产品从运输工具上卸下来的活动过程。卸货装置必须由易清洁消毒的材料制成并保持干净，以避免造成海洋水产品的污染；同时，卸货操作应迅速有序，并立即将海洋水产品放置到保护介质中以为其提供必要的储藏温度条件。

（五）待售暂养

目前海洋水产品在待售期间暂养的主要方式有室内暂养与室外暂养。

室内暂养包括蓄水池暂养、暂养箱暂养等；室外暂养包括活水舱暂养、活鱼笼暂养以及网箱暂养等。

在暂养过程中，需要对海洋水产品的生存环境勤检查、勤清理、勤观察，确保暂养水体清洁、暂养温度与暂养密度适宜。

二、海洋水产品储运技术

微生物的生长繁殖是导致海洋鲜活水产品腐败变质的主要因素，因此在储运过程中需要对海洋鲜活水产品采取一定的防腐保鲜措施，以抑制微生物的生长繁殖。

（一）低温保鲜

低温保鲜可分为冷藏和冻藏两种方式。

冷藏保鲜是指将新鲜的鱼保存在其冰点以上但接近冰点的温度，通常为$-1 \sim 7℃$。在此温度下可最大限度地保持鱼的新鲜度，但由于部分微生物仍可以生长繁殖，因此冷藏只能作短期保存。

冻藏保鲜是指采用更低的温度（$-20 \sim -18℃$）使水产品组织内的水分绝大部分冻结，生成的冰晶使微生物细胞受到破坏，使其活力丧失且不能繁殖，与此同时，酶的活性也受到抑制而延缓鱼体内的生化反应。但冻藏会引起海洋水产品蛋白质变性，从而可能影响海洋水产品的商品价值。

（二）气调保鲜

气调保鲜是在低温冷藏的基础上发展起来的，通过改变储藏环境中正常的空气组成，降低含氧量、增加二氧化碳含量，以减弱鲜活食品的呼吸强度，并抑制微生物的繁殖和食品的化学成分变化，从而延长海洋水产品的保鲜期。

（三）防腐剂保鲜

防腐剂保鲜是在海洋水产品中加入对人体无害的防腐物质，从而提高海洋水产品的储藏性能。防腐剂可以分为天然防腐剂、化学防腐剂及生物防腐剂。化学防腐剂因具有保鲜效果好、成本低等特点而被广泛应用。但随着人们对粮食安全意识的增强，天然防腐剂如茶多酚等因无毒、安全、天然等优点而受到越来越多的关注。

（四）栅栏技术保鲜

栅栏技术保鲜是指科学合理地组合运用不同的栅栏因子〔存在于食品中的起控制作用的影响因子，如水分活度（Aw）、pH、防腐剂等〕，从不同的侧面抑制引起食品腐败的微生物，形成对微生物的多靶攻击，从而改善食品质量，保证食品的卫生安全性。

栅栏技术作为一个防腐保鲜的新理念，在海洋水产品防腐保鲜中得到越来越多的关注。

三、我国海洋水产品储运发展现状

（一）行业规模小幅增长

2007—2023 年，我国水产品储运行业发展虽然偶尔有小幅回落，但总体上保持螺旋式增长趋势，对我国渔业经济发展作出了积极贡献（表 8-12）。

表 8-12 2007—2023 年我国水产品流通及储运发展情况

年份	水产流通			水产（仓储）运输			渔业经济总产值（亿元）
	产值（亿元）	年增长（%）	贡献（%）	产值（亿元）	年增长率（%）	贡献（%）	
2007	1 832.56	13.86	19.21	126.52	12.17	1.33	9 539.13
2008	1 862.09	1.61	17.91	124.76	−1.39	1.12	10 397.50
2009	2 291.84	23.08	20.02	165.95	33.02	1.45	11 445.13
2010	2 517.14	9.83	19.47	154.11	−7.13	1.19	12 929.48
2015	4 628.02	9.19	21.02	302.79	13.03	1.38	22 019.94
2021	6 751.59	2.94	22.74	530.91	12.70	1.79	29 689.73
2022	7 247.44	7.34	23.47	544.91	2.64	1.77	30 873.14
2023	7 724.93	6.59	23.65	567.10	4.07	1.74	32 669.96

数据来源：根据历年《中国渔业统计年鉴》（2007—2023 年）相关数据整理。

但横向比较来看，我国水产品储运行业的产值规模确实比较小，2023 年只有水产品流通规模的 7.34%，对我国渔业经济发展的贡献度仅为 1.74%。其原因主要在于，对水产品储运需求量大的水产品为鲜活品，而我国鲜活水产品以养殖基地为核心，并向周边主要水产品批发市场流通；同时大多数鲜活水产品以省内流通为主，只有少部分水产鲜活品会跨省流通，因此对水产品储运的需求依赖度不高。但是，从另一个角度来看，今后我国水产品储运行业技术水平的不断升级会相应促进储运能力的提升，从而进一步推动鲜活水产品的省际流通。

（二）关键技术有所突破

我国 2018—2020 年陆续启动并部署"十三五"国家重点研发计划项目"蓝色粮仓科技创新"重点专项以来，逐步在水产品流通与储运技术方面取得了突破性成果。

1. 保活方面

通过电晕休眠和低温休眠技术可有效减少鲜活鱼虾在保活流通过程中的应激反应，从而提高长途运输的成活率。例如：石斑鱼电麻醉 72h 存活率达 100%；南美白对虾（我国目前主要海水养殖虾类）通过低温诱导休眠可实现无水冷链运输 10h 成活率超过 90%。这为提高我国海洋水产品跨区域流通效率、减少海洋水产品流通损耗提供了有力技术支撑。

2. 保鲜方面

对冰鲜大黄鱼专项研发了流态冰耦合臭氧保鲜技术，实现大黄鱼冷藏货架期达 21d，比传统碎冰保鲜延长 9d。同时，通过海藻糖和茶多酚复配冰衣、冰衣结合真空包装和多频超声波辅助浸渍冷冻技术，已实现大黄鱼冻藏 300d 仍能保持一级鲜度，提升了冻藏海洋水产品的流通质量。

3. 冷链流通方面

建立木糖-赖氨酸体系作为时间-温度指示器，构建基于物联网技术的低能耗多源信息采集传输技术，从而获取海洋水产品流通过程中的时间与温度信息，对海洋水产品冷链物流进行实时品质监测和跟踪追溯。

4. 船载保鲜方面

船载保鲜技术突破主要表现在两个方面：①分隔优化传统海捕船渔获物超低温冷冻舱的结构，从而有效解决冷冻室内热分布不均匀的问题，提高冷冻室内渔获物的换热效率，从源头上确保海洋水产品原料的新鲜度。②成功研制适于船载冷冻舱的跨临界二氧化碳制冷装备以及海洋捕捞加工船船载液氮速冻装备，实现海洋水产品快速冻结保鲜和无氨氟蒸发冷舱储运，最大限度从源头上保持了海洋水产品的鲜度品质，为我国海洋水产品陆海联动保鲜保活与冷链物流储运提供了技术保障。

第四节　水产品质量安全追溯体系建设

水产品质量安全问题不仅关系到人民群众对健康食物的需求，更关系到沿海地区渔业经济的长足发展。国务院办公厅于 2024 年 9 月在《关于践行大食物观构建多元化食物供给体系的意见》中明确强调"推进农产品质量安全追溯体系建设，深化农产品质量安全网格化和全链条管理"。水产品隶属于农产品范畴，这充分表明我国高度重视农产品（包括水产品）的质量安全追溯体系建设。

一、水产品质量安全追溯体系内涵

（一）可追溯性

国际食品法典委员会（Codex Alimentarius Commission，CAC）与国际标准化组织（ISO）把可追溯性的概念定义为通过登记的识别码，对商品或行为的历史和使用或位置予以追踪的能力。欧盟将食品行业中的可追溯性定义为在食品、饲料、食品生产的动物、食品或饲料中可能会使用的物质，在全部生产、加工和销售过程中发现并追寻其痕迹的可能性。

我国《农产品追溯编码导则》（NY/T 1431—2007）认为可追溯性是指从供应链终端（产品使用者）到始端（产品生产者或原料供应商），对该产品或产品的成分进行识别，并对产品进行历史、产地等追踪的能力。

（二）水产品质量安全追溯体系

水产品质量安全追溯体系包括围绕水产品追溯所颁发的法律法规、政策、标准以及根据相应规范标准所构建的追溯系统。在这个体系管理与保障作用的范围内，水产品"从池塘到餐桌"所经历的每一个环节，包括育苗、养殖、收获、加工、运输、检测、销售等过程中所涉及的可能对水产品质量安全产生影响的信息和操作都会被记录并储存，所记录的追溯信息在最终追溯系统中都可以被迅速查询，使参与水产品生产的所有主体、监管部门以及消费者都能方便快捷了解到水产品的相关信息，从而达到保障水产品质量安全的目的。

（三）水产品质量安全追溯体系产业链分布

从产业链的角度来看，水产品质量安全追溯体系是通过记录水产品在生产、运输、加工、流通及消费等过程中的详细信息，并将这些信息通过各种途径公开、公示，接受社会各界监督，使产业链上所有主体都能了解水产品的全部信息，有效保障水产品的质量安全（图8-3）。

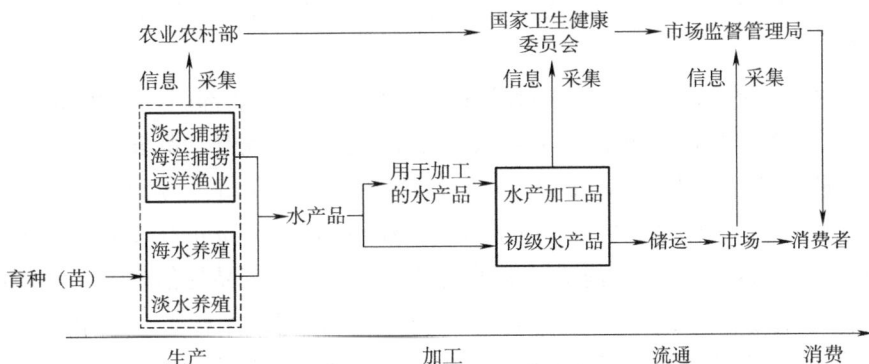

图8-3 水产品质量安全追溯体系产业链

2007年，农业部公布了《农业部动物标识及疫病可追溯体系建设工作机构主要职责及组成人员》，明确了建立该系统的工作机制，并在此基础上建立了一个由办公室、技术支撑、执法监督、信息公开、政策法规、计划财务等部门共同负责的工作机制。这是我国首次设立可追溯工作组织并在全国范围内建立可追溯制度，是我国可追溯体系建设的一个重大里程碑。

截至2024年，我国已形成了一个由多个部门（农业、商务、卫生、海关）共同监督的分级监督体系（图8-3）。在该体系中，水产品生产环节（包括捕捞与养殖环节）中有关质量安全的关键信息等将被采集、记录，并由我国农业农村部监督管理；水产品加工、流通环节有关质量安全的关键信息等将被采集、记录，并由相应职能部门（如国家卫生健康委员会、市场监督管理局）监督管理，并最终以一定的方式或路径向消费者公开全部或部分信息。

二、水产品质量安全追溯体系发展现状

（一）国外发展现状

水产品追溯体系在保障水产品质量安全、确定水产品安全事件责任方面具有重要意

义，因此，世界上主要发达国家如美国、日本、欧盟国家等水产品进出口大国在建设水产品质量安全追溯体系方面起步较早，目前已经建立了较为完备的水产品追溯体系以及与其相配套的法律法规和技术标准体系。

1. 美国

美国主要由美国食品药品监督管理局（FDA）与渔业局（NMFS）负责制定水产品质量安全监管及追溯相关法律。FDA 于 1995 年 12 月颁布《水产和水产品加工和进口的安全与卫生程序》，根据危害分析的临界控制点（HACCP）原理对美国当地市场的水产品以及所有水产品进出口企业和加工销售人员进行管理。

2. 日本

日本制定《食品安全基本法》，该法规定了政府、地方团体、水产品养殖与流通相关企业、水产品消费者各自的职责，树立了"从养殖到餐桌"的全程追溯思想。

3. 欧盟

欧盟食品安全管理局是欧盟负责食品安全监管职能的主要部门，早在 2000 年 1 月就颁布了《食品安全白皮书》，提出"从农田到餐桌"全过程控制食品安全框架，并在此基础之上颁布 EC2065/2001 [*Laying down detailed rules for the application of Council Regulation（EC）No104/2000 as regards informing consumers about fishery and aquaculture products*]，要求向消费者提供关于渔产品和水产品的信息，并对渔产品和水产品标记进行了特别规定：鲜活和冷冻食品必须正确标记或贴标签才能出售给最终消费者；标记或标签须体现品种的商业名称、生产方法、捕捞地区等。

（二）我国发展现状

1. 国家层面政策法规建设

我国水产品质量追溯体系的建设及研究起步相对较晚，但自 2003 年农业部颁布实施《水产养殖质量安全管理规定》以来，国务院办公厅、海关总署等国家层面职能部门相继发布了相关政策法规（表 8 - 13），建立起一套行之有效的可溯源政策法规体系。

表 8 - 13 2015—2023 年我国水产品可追溯管理主要政策法规

颁布时间	发布单位	政策法规名称
2015 - 12 - 30	国务院办公厅	《国务院办公厅关于加快推进重要产品追溯体系建设的意见》（国办发〔2015〕95 号）
2016 - 06 - 21	农业部	《关于加快推进农产品质量安全追溯体系建设的意见》（农质发〔2016〕8 号）
2017 - 07 - 12	农业部	《农业部办公厅关于做好 2017 年水产品质量安全可追溯试点建设工作的通知》（农办渔〔2017〕50 号）
2018 - 08 - 30	农业农村部	《农业农村部办公厅关于做好 2018 年水产品质量安全可追溯试点和养殖经营主体动态数据库建设试点工作的通知》（农办渔〔2018〕60 号）
2021 - 04 - 12	海关总署	《中华人民共和国进出口食品安全管理办法》
2021 - 09 - 03	农业农村部	《农产品质量安全信息化追溯管理办法（试行）》
2023 - 08 - 29	农业农村部	《农业农村部关于加强输欧和输日水产品合法性认证管理的通知》（农渔发〔2023〕20 号）

2. 部分地区追溯体系建设

在国家相关政策法规的支持下，山东、江苏、上海、浙江、福建等部分海水产大省份已逐步开展水产品可追溯试点建设（表 8-14）。尽管这些追溯体系的运营平台和方式、监管部门以及被监管的主要信息等存在差异，但是它们运营的机制基本相似，即按照水产品产业链的正方向查询（从水产品生产、加工向流通与消费等环节的顺序）进行查询，起点是生产端（Producer），终点为消费端（Consumer），这种追溯体系只能被称为"追踪"，而非"追溯"。

表 8-14 近年来我国部分地区水产品质量安全追溯体系建设措施

发布时间	发布地区	具体措施
2018 年	山东	水产品质量管理与信息服务系统上线运行，对水产品进行全过程追溯，"双随机"监管
2019 年	福建	水产品质量安全"一品一码"全程追溯系统上线运行，系统涵盖养殖、初级加工、渔业捕捞、海上收购、产品赋码销售、部门监管、药残快速检测、实验室检验、监督执法、价格跟踪、政策宣传等环节
2022 年	上海	颁布《上海市水产品质量安全监督管理办法》，水产品生产者应当按照规定向信息追溯平台上传相关信息，实施水产品质量安全信息共享、动态监管。消费者、水产品生产经营者等可以通过上海市食品安全信息追溯平台查询水产品追溯信息
2023 年、2024 年	浙江	2023 年浙江省人民代表大会及其常务委员会发布《浙江省食品安全数字化追溯规定》，2024 年浙江省市场监督管理局（知识产权局）发布《浙江省食品安全数字化追溯管理重点品种目录及主体目录》（2024 版），明确相关食品（包括水产品）生产经营主体实施食品安全数字化追溯的义务和方式以及违反相关规定的法律责任等
2024 年	江苏	开发江苏省农产品质量追溯平台，实现农产品从生产到进入批发市场、零售市场或生产加工企业前的可追溯管理，通过与市、县级平台对接，获取主体内部农产品生产过程追溯信息，实现追溯管理到"田头"；通过与食药、商务等部门探索建立入市索取追溯凭证制度和系统对接模式，实现追溯管理到"餐桌"

三、关于进一步建设水产品质量安全追溯体系的思考

（一）设计方面可进一步重视消费者选择权

目前我国水产品追溯体系设计已经能够确保水产品生产、流通、销售等全链条信息透明，能够及时准确地向国家、地方各级主管部门以及消费者提供水产品真实可靠的质量安全信息。

但是不难发现，在现有的水产品质量安全追溯体系下，消费者只能被动接受平台体系中能够开放的信息，而并不能主动去查询自己更加关注的水产品质量方面的信息。因此，建议今后在进一步完善水产品质量安全追溯体系设计方面进一步关注消费者的选择权与知情权，提供更加灵活多样的查询渠道路径，从而满足消费者高度关注水产品质量的意愿与需求。

（二）应用方面可进一步加大宣传力度

目前，虽然国家以及地方主管部门在水产品批发市场、大型连锁超市、生鲜超市等水产品集中消费场地张贴宣传国家以及地方有关水产品质量安全追溯体系的建设措施，但总

体来说，消费者对水产品质量安全追溯体系的认知程度不高，部分消费者既不了解也不会使用追溯码。因此，可进一步加大对水产品质量安全追溯体系应用的宣传力度，既能让消费者充分认识到所采购的水产品质量安全，激励并扩大消费需求；也能督促水产品生产、加工企业更加关注并确保水产品在生产、加工以及流通环节的质量安全，从而使水产品质量安全追溯体系更好地发挥应有的价值与作用。

复习思考题

1. 简述水产品加工的分类、特点以及发展趋势。
2. 分析我国水产品加工产业发展现状及其发展趋势。
3. 分析水产品流通主要模式及其效率特征。
4. 简述水产品储运过程中的主要保鲜保活技术。
5. 思考未来水产品质量安全追溯体系设计发展方向。

第九章 海洋渔业金融

生产要发展，资金应先行。发展渔业经济离不开渔业金融的支持，渔业金融在渔业生产的各个环节都有体现，它不仅关系到动物性粮食安全保障，还与渔业可持续发展、海洋生态环境保护、渔业风险控制等密不可分。本章第一节从渔业金融的概念、分类、特征、功能与作用四个方面概述了渔业金融的相关内容，让读者从整体上对渔业金融形成初步理解。本章第二节与第三节主要介绍渔业金融的实践方式，重点讲述渔业信贷与渔业保险的相关内容。其中：第二节介绍渔业信贷的概念、特征、分类及我国渔业信贷存在的问题与发展趋势。第三节介绍渔业保险的概念、特征、分类、常见的渔业保险产品及我国渔业保险存在的问题与发展趋势。第四节主要讲述股权融资、债券融资、信托融资、抵押融资等其他渔业融资方式。

第一节 渔业金融概述

一、渔业金融的概念

金融是指货币及货币资金的融通，有狭义和广义之分。狭义金融单指有价证券及衍生交易物的资本市场融资。广义金融包括货币供需、货币流转、银行与非银行金融机构、短期资金拆借市场、资本市场和保险系统的融资。具体包括银行及非银行金融机构的借贷，企业通过发行债券、股票实现的融资，投资人通过购买债券、股票实现的投资，通过租赁、信托、保险等途径进行的资金集中与分配等形式。

本书从广义角度理解渔业金融的概念，具体定义：由政府或者金融机构参与的，围绕水产捕捞业、水产养殖业、水产品加工业等渔业生产环节的资金融通问题开展的一系列金融活动的总和，使渔业经济实现可持续发展的创新性、开放性的金融体系。渔业金融主要通过提供信贷融资、保险、抵押融资、股权融资、债券融资及信托融资等金融服务助推智慧渔业发展，实现渔业经济高质量发展。

二、渔业金融的分类

（一）按照融资方式划分

按照融资方式将渔业金融划分为直接融资和间接融资。直接融资是指资金供给者与资金需求者之间直接协商进行的资金融通活动，或者在金融市场上由资金供给者购买资金需求者发行的有价证券进行资金融通的活动。间接融资是指资金供给者通过存款等形式将闲置的资金提供给银行或者其他金融机构，再由银行或者其他金融机构向资金需求者提供资金融通的活动。其中，直接融资主要包括股权融资、债券融资、抵押融资等方式，间接融资以银行贷款为主。银行贷款的优点在于程序比较简单、融资成本相对节约、灵活性强，只要企业效益良好，融资就比较容易；缺点是一般要提供抵押或者担保，且融资数额有限，还款付息压力大，财务风险较高。与间接融资类似，直接融资往往也是通过金融中介完成的，但是金融中介在直接融资和间接融资中所起的作用不同。例如，投资者通过证券公司开立账户，购买股票，证券公司只是起到一种媒介作用，帮助投资者和企业完成股票交易，如果公司运营出现困难，股票变得一文不值，证券公司是不负责的，因此，股票是投资者和企业之间的合约。如果储户把钱存在银行，银行找了一家企业放贷，那么，无论企业运营状况如何，都与储户无关，储户只是跟银行有合约，企业也是和银行有贷款合约，因此，储户和企业之间的联系是间接。

（二）按照融资性质划分

按照融资的性质可将渔业金融划分为政策性渔业金融、商业性渔业金融和合作性渔业金融。政策性渔业金融是指存在政府干预、不以盈利为目的的资金融通行为，政府通过多种方式为渔业经济提供资金支持，例如贴息、渔业补贴、转移支付等。商业性渔业金融是指以市场化为基础的金融资源配置行为，民间融资一般也属于商业性金融。合作性渔业金融是指由个人集资联合组成合作金融机构，为合作组织成员提供手续简便、利率较低的资金支持行为。

（三）按照金融工具的功能划分

按照金融工具的功能可将渔业金融划分为渔业补贴、渔业信贷、渔业保险等。根据FAO《渔业补贴的识别、评估和报告指南》的界定，渔业补贴是政府干预或不干预的行为，世界各国一般都会根据自己国家的具体情况给予本国渔业不同形式的补贴。渔业贷款是指渔业经济部门通过银行等金融机构获得信贷资金。渔业保险是针对渔业经济部门开展的一系列保险活动。

三、渔业金融的特征

各种投资主体投入渔业领域的货币资金均可归类为渔业金融。渔业生产活动相对于其他行业而言，不仅受到一般经济规律的影响，而且在很大程度上受到自然环境条件、生物生长规律等的约束。因此，与其他行业金融活动相比，渔业金融具有其自身的特殊性。

（一）季节性突出

渔业生产活动受到自然季节和生物生长规律的影响，这决定了渔业金融活动具有很强的季节性。例如，从事捕捞业的渔民要遵循休渔期制度，养殖业中水产品的生长繁殖也具有一定的自然生长规律，从而决定了渔业金融活动呈现明显的季节性特征。在设计渔业产品时，政府和金融机构应充分考虑渔业资金需求的季节性因素，保证充足地供应资金。

（二）风险较大

渔业面临较高的自然风险、市场风险和政治风险，由此导致的渔业金融风险较高。例如，从事养殖业和捕捞业的群体主要是"小而散"的小规模主体，容易受到台风、异常水文、恶劣天气等自然灾害的影响，面临的自然风险较高。水产品大多以鲜活的方式进入市场，其易腐烂的特性导致水产品的价格波动较大、渔民收成不稳定，因此，渔业金融活动的市场风险较高。此外，渔业生产的专业性较强、生产方式多元化，这导致金融机构在提供金融服务时需要付出较高的成本。海域使用权、生物资产、生产资料等资产估值比较困难，这使得渔业生产主体很难以资产抵押的形式获得贷款，渔业保险的设计、定损也存在较大的困难，这进一步加大了渔业金融的风险。

（三）资金投入较分散

渔业资金需求者既有渔业生产企业，又有大量"小而散"的渔户，这些渔户遍布沿海及江河湖畔，在地域上十分分散，导致渔业资金的投入具有一定的分散性。渔业是资源密集型产业，我国渔业的产业化程度低，渔业企业规模小、数量多，大部分渔业企业分布在渔业资源较丰富的地区，分布地域较广，一定程度上决定了渔业资金投入较分散。因此，渔业金融在融资方式上应实现多元化，不断创新渔业金融产品，适应渔业生产主体的不同需要。

（四）融资行为政策性较强

农业本身就是弱质产业，而渔业又属于大农业中的弱质产业，因此，金融机构开展渔业金融业务的积极性不高，渔业生产主体难以从商业性金融机构获取信贷，导致渔业金融活动尤其需要政策上的引导与扶持。当前，我国农村商业银行、政策性银行和国有商业银行等金融机构为渔业提供信贷服务。例如：政府采取给予中长期资金、利率优惠等方式支持农业发展银行发展渔业信贷服务；对于其他金融机构所从事的符合政策目标的渔业信贷活动，给予偿付保证、利息补贴或再融资等措施，以体现政策上的倾斜。

（五）从业人员的专业性很强

渔业融资行为的政策性特点决定了渔业金融具有确定的领域和对象，因此，渔业金融需要专业的技术人才。渔业金融需要从业人员既懂得金融知识，又熟悉渔业相关技术，只有具备这两方面知识的人才才能更好地做好渔业金融工作。

四、渔业金融的功能与作用

（一）渔业金融的功能

1. 融通资金

融通资金功能是渔业金融最基本的功能，主要表现在以下三个方面：一是资金供求双方的融资。资金供给方通过金融机构存款、直接购买金融产品等方式为资金需求方提供资金来源，实现资金余缺的调剂。二是金融机构间的融资。这类融资主要以交换票据、同业拆借等方式实现渔业生产经营主体的融资。三是地域间的资金转移。金融市场上的融资活动无国籍、地区之分，这必然有利于国家和地区间的渔业经济合作与往来。

2. 资源配置

渔业金融的资源配置功能是指渔业金融市场使资金流向最具有发展潜力、能够为投资者带来最大利益的渔业部门和渔业企业，从而实现经济资源的合理有效分配。渔业经济活动对资金要求较高，海洋环境保护也存在较大的资金缺口，渔业金融发挥资源配置功能，借助渔业信贷、渔业保险、债券、股票、抵押、信托等金融产品，实现资金在盈余部门和短缺部门之间的流动，撬动以资金为主的金融资源流向渔业领域，从而实现资源配置。

3. 风险管理

渔业金融的风险管理功能是指渔业金融市场具有分散和转嫁风险的作用。针对渔业类项目的高风险特点，渔业金融市场为投资者提供多元化的金融产品，投资者通过选择多种金融产品、利用各种证券组合等方式分散风险，提高渔业投资的安全性和盈利性。此外，渔业金融市场上提供的多种交易方式使投资者可以利用期货交易、期权交易、掉期互换交易等方式最大限度地降低和规避风险。

4. 市场定价（价格发现功能）

渔业金融的市场定价功能是指渔业金融资产的内在价值需要通过金融市场中交易双方的相互确认来确定具体的市场价格。当资金按照金融资产的价格或者收益率的指引在不同部门之间流动时，价格信号的真实与否决定了资源配置是否有效。因此，市场定价功能有助于渔业资金融通、资源配置功能的实现。海洋生态环境的外部性内生化缺乏渠道，渔业金融可以发挥市场定价功能，通过碳汇渔业交易等制度的安排增加海洋生态保护项目的收益，为生态环境商品合理定价，实现生态产品的价值。

（二）渔业金融的作用

渔业金融主要为渔业领域提供金融产品和服务，在支持渔业可持续发展、海洋环境保护、降低渔业相关风险方面发挥了重要作用。

1. 推动金融资源向渔业倾斜

加大对渔业的金融支持是推动金融资源向渔业领域倾斜的重要体现。推进渔业信贷、渔业保险、债券融资、抵押融资、股权融资等方面的产品和服务创新，调剂渔业资金余缺，引导资金流向渔业，提高渔业资金的使用效率，既能更好地满足渔业多样化融资的现实需求，也是深入推进金融供给侧结构性改革的内在要求。

2. 优化渔业产业结构

金融市场根据不同的期限收益、风险偏好和流动性要求选择满意的投资工具，实现资金效益的最大化。渔业金融为渔业生产、加工、销售等环节提供充足的资金，促进渔业产业结构升级。金融机构基于国家对渔业企业、渔业产品的相关政策，通过设计不同的融资产品、融资金额、利率等手段进行区别对待，大力发展智慧渔业，实现渔业产业结构的调整。例如，在"双碳"背景下，通过设计绿色金融产品，助推渔业绿色化转型。

3. 反映渔业经济运行状况

银行和金融市场被称为反映国民经济状况的经济"晴雨表"。渔业金融市场具有反映渔业信息动向、传播渔业经济信息的作用。渔业生产经营主体的资金运作和生产经营状况随时可以从银行存贷款账户、证券价格等方面反映出来。

4. 促进渔业可持续发展

在现有的渔业金融服务中，专门针对绿色渔业生产的优惠贷款、渔业风险管理的金融产品逐渐出现。例如，《绿色产业指导目录》《绿色债券支持项目目录（2021 年版）》存在绿色渔业类别，其他农业项目也涉及渔业内容，资金主要是侧重于支持相对工业化的生产方式。因此，创新渔业金融对于推动渔业可持续发展具有很大发展空间，特别是推动小规模渔业生产主体向可持续发展方式转型。

第二节　渔业信贷

一、渔业信贷的概念

渔业是一个广义的概念，既包括渔业的生产环节，也包括为渔业生产服务的产前、产后行业和有关部门（如渔业生产要素服务部门、水产品流通加工和销售部门、渔业科技服务部门等）。因此，渔业信贷是指银行或其他金融机构通过低息、微息、无息或贴息等方式借贷给渔业生产经营主体的资金总和。其中，金融机构既包括正式的金融组织（商业性金融机构、政策性金融机构、合作性金融机构以及外资金融机构等），也包括非正式的民间金融组织和个体信贷资金供给者。渔业信贷资金包括商业性农业贷款、政策性信贷以及民间借贷。渔业信贷资金提供的对象是渔业生产经营主体，既包括渔户，也包括各类渔业生产企业（李秉龙等，2008）。

渔业信贷是国家和信贷组织对渔业支持的重要形式，反映了国家金融信贷组织和渔业生产者之间在资金融通上的互助合作关系，也是国家管理、调节渔业生产的重要经济杠杆。在社会主义国家，渔业信贷资金的主要来源是国家每年从有关收入中拨交银行或信用组织的有关基金、各企事业单位存入银行或信用组织的闲置资金以及渔民个人储蓄等。信贷的发放主要由金融部门负责，按用途主要分为生产费用贷款、生产设备贷款和其他贷款。在许多发达资本主义国家，国家银行、私人银行和信贷组织乃至国外基金组织的基金或资金都是渔业信贷的来源。基层渔业组织的中、小渔业生产者的信贷，可以直接由渔业协会、渔会这样的产、供、销经济组织提供，或由这些组织承保向专门的信贷组织借贷。对于渔业生产分散而又缺乏组织的渔民信贷，则主要视借款人的需求而定。

银行贷款是渔业企业的重要资金来源。其特点是企业有偿使用，到期必须还本付息。银行贷款按贷款期限可分为短期贷款、中期贷款、长期贷款，按贷款担保类型可分为抵押贷款和信用贷款，按贷款内容可分为基本建设贷款、流动资金贷款、大修理贷款、技术改造贷款等。目前，国家对渔业的重视和对中小型企业的扶持力度加大，除了国有企业外，其他一些合作、合营、集体企业也能得到银行贷款来发展渔业经济，养殖户和捕捞船东也能获得银行贷款的支持。经济发达地区的金融业比较发达，捕捞船东能获得较大数额的信贷（甚至超过渔船本身的价值）。

二、渔业信贷的特征

渔业信贷的特征主要体现在以下几个方面：

（一）政策性较强

渔业信贷的发展在很大程度上依赖政策引导。政府和金融机构通过制定和实施低息、微息、无息或贴息渔业贷款，以及针对渔业生产特定需求的信贷产品，为渔业提供信贷支持，促进渔业经济的发展。

（二）供需矛盾较大

渔业信贷的风险性和复杂性导致信贷对渔业的支持力度有限，渔业信贷的供需矛盾依然较大。尽管渔业中小企业和个体渔民在生产费用、生产设备等方面的资金需求较大，但金融机构囿于渔业生产的高风险性、信息不对称等问题，在有限的信贷中，信贷侧重支持规模较大的主体，在贷款周期、增信、金额等方面与渔业产业需求相差甚远，这导致渔业信贷的供给无法满足实际需求，限制了渔业生产的发展。

（三）与可持续理念关联不足

在现有的渔业信贷业务中，可持续发展理念并未贯彻实施，专门针对渔业绿色生产的优惠贷款非常有限，且信贷资金主要支持相对工业化的生产方式，小规模主体向可持续生产方式转型时难以获取信贷资金支持。同时，金融机构在提供信贷服务时，往往更关注短期的经济效益而忽视了渔业生产的可持续性和生态环境保护，这也导致一些高污染、高能耗的渔业生产方式得不到有效的信贷约束，不利于渔业的可持续发展。

（四）信贷风险性较高

渔业生产面临较高的自然风险、市场风险和政策风险，这些风险也被传导到渔业信贷领域。例如：自然灾害可能导致渔业生产受损，进而影响借款人的还款能力；水产品价格波动大，可能导致借款人无法按时还款；政策变动也可能对渔业生产造成影响，增加信贷风险。

三、渔业信贷资金的分类

渔业信贷资金按照资金的供给主体和来源不同，分为五种类型：

（一）商业性渔业信贷资金

商业性渔业信贷资金是指由商业性渔业信贷机构提供的渔业信贷资金。商业性渔业信贷机构是依法注册成立的以盈利为目的的金融中介组织。这种金融中介组织不仅吸收存款而且提供贷款，贷款的利率高于存款的利率，以赚取贷款与存款之间的利差。盈利是这类金融组织的主要目标。其提供贷款的资金来源主要是吸收的存款和自由资本。商业性的渔业信贷资金的利率一般会较高，而且常常被应用于盈利性较强的渔业项目。例如，中国农业银行等商业性银行提供的渔业信贷资金大部分属于商业性的渔业信贷资金。

（二）合作性渔业信贷资金

合作性渔业信贷资金是由渔业合作信贷组织提供的渔业信贷资金。合作性渔业信贷组织一般是由渔业信贷的需求者按照合作制原则组建的信贷组织。一些有渔业信贷需求的渔业经营者共同出资组成信贷资本金，一般只在合作组织内部提供信贷服务，相互融通资金，有盈利性与服务性双重目标的一种合作金融组织。合作性渔业信贷资金的优点在于通过渔业合作性信贷组织使得渔业资金的需求者之间相互融通，提高渔业资金的使用效率，并且降低了渔业信贷的交易成本。目前，农村信用社和曾经出现的农村合作基金会所提供的渔业信贷资金大致具有这种合作性质。

（三）政策性渔业信贷资金

政策性渔业信贷资金是指由政府指定的农业政策性信贷机构提供的渔业信贷资金。渔业是农业的重要组成部分，因此，渔业政策性信贷资金主要来自农业政策性信贷机构。农业政策性信贷机构是由政府出资成立并经营，专门为农业提供政策性信贷的金融机构。农业政策性信贷机构一般不直接吸收存款，其信贷资金来自政府提供的信贷资本金及其公积金，提供的农业贷款一般按照优惠的利率提供给农业信贷的需求者，并且不以盈利为主要经营目标。渔业信贷的特殊性（低收益、高风险、高交易成本等）使得在完全的市场条件下会出现渔业信贷私人供给的低效率。因此，通过农业政策性信贷为渔业发展提供资金是纠正农业信贷市场失灵、调整和引导渔业发展的一种政策工具。

（四）民间渔业信贷资金

民间渔业信贷资金是指由民间个人渔业信贷供给者利用其自有资金提供的渔业信贷资金。民间的渔业借款情况比较复杂，但大致上可以分为两种，一种是在亲朋邻里间进行的"友情借贷"，一般不收取利息，借贷的范围仅仅限于相互了解、相互信任的亲戚、朋友或邻里，借款的用途可以是用于渔业生产投资，也可以是用于突发性大额消费项目，这种贷款人的动机主要是出于人情，获得的收益也主要是人情。另外一种是以盈利为目的由个人发放的贷款，民间贷款者将其自有资金贷给他人使用，获取利息收益。这里的民间渔业信贷实际上是一种风险投资，并且获取资金的风险报酬的利率一般高于正规金融机构。

（五）国外渔业信贷资金

国外的渔业信贷资金通常是通过委托国内的金融机构以长期农业贷款的形式进行投资的，如世界银行的农业贷款等。因此，国外的农业资金也是渔业信贷资金的一个组成部分。

除上述五种信贷资金外，渔户资金也是渔业资金的重要组成部分，是渔业私人投资的主体。渔业生产经营所需的大量资金主要依赖渔户的个体投资。渔户资金是指渔户渔业生产所得或其他收入中可以用于渔业投资的现金、银行存款的资金。渔户可以用于渔业生产的资金规模直接影响渔业的整体投资水平，进而影响渔业的产出水平。渔户资金的投资方向决定了渔业生产结构的调整方向和渔业发展的长期趋势。政府的财政资金和政策性信贷资金对渔户资金是一种引导、促进、补充的作用，而不是对渔户资金的代替。

渔户资金主要来源于渔业生产经营所得、非渔业生产经营所得、劳务所得、财产性收入、转移性收入等。渔户资金在渔业上的投资范围主要是渔业的私人投资领域，具体包括渔业生产费用支出，农产品存储、销售费用支出，月生产工具、机械设备购买支出，渔业设施建造支出等与渔业生产经营相关的各种费用支出以及长期投资支出。

四、我国渔业信贷存在的问题与发展趋势

（一）我国渔业信贷存在的问题

当前，我国渔业信贷在支持渔业发展过程中存在多方面的问题，主要可以归纳为以下几点：

1. 放贷金融机构减少

随着渔业信贷风险的增加，许多金融机构开始减少或停止对渔业项目的放贷，目前主要由我国农村商业银行、邮政储蓄银行等地方性金融机构提供渔业信贷产品和服务，商业银行逐渐退出渔业信贷市场，渔业信贷发展速度及规模远低于其他行业信贷发展速度及规模。

2. 不良贷款率持续增高

渔业是"高投入、高风险、高收益"的行业，其资金需求量比较大。尽管渔业信贷回报可能会比较高，但受自然因素、市场波动较大等因素影响，渔业生产经营主体的贷款违约风险较高，整体来看，渔业信贷的不良贷款率高于金融机构平均不良贷款率。

3. 贷款方式比较单一

现有的渔业信贷方式相对单一，缺乏针对渔业行业特点的贷款产品和服务创新，难以满足渔业生产多样化的资金需求。

4. 风险管理成本较高

渔业生产具有专业性强、地域差异大等特点，金融机构在获取渔业生产信息和评估信贷风险方面难度较大，信息不对称与道德风险问题比较突出，导致金融机构的风险管理成本较高。

5. 政策支持力度不足

在休渔期、渔民转产转业等限渔政策以及渔业法律法规的指导下，金融机构的渔业信贷支持力度和投向选择随国家宏观环境以及渔业发展规划的变化而变化。然而，现有国家政策对渔业的支持力度不够，导致金融机构对渔业信贷的支持逐渐减弱。

（二）发展趋势

尽管政府出台了一系列支持渔业发展的政策措施，但渔业信贷方面的支持措施还不够完善，政策引导效应有待进一步提升。针对上述问题，我国渔业信贷的发展趋势可能包括以下几个方面：

1. 加强政策引导与支持

根据渔业信贷的特征和渔业的产业特性，确定渔业信贷的支持方向和重点领域，完善渔业信贷激励机制。同时，政府部门应健全符合渔业信贷的法律体系，减少责权不清导致的交易费用。对服务渔业的专项信贷情况进行统计、检测和评估，并把评估结果作为金融机构获得财税支持的参考依据。继续加大对渔业信贷的政策支持力度，通过财政补贴、税收优惠、风险补偿等工具和手段，降低金融机构的渔业信贷业务成本，发挥差别准备金、

再贴现、再贷款的导向作用，提高金融机构对渔业信贷的积极性。

2. 创新信贷产品和服务

金融机构结合渔业生产特点，围绕新型渔业经营主体，探索基于渔村物权的信贷产品创新，为水产品定价、交易、抵押担保及渔业全产业链提供金融服务，拓宽渔业融资渠道。例如，开发渔户小额信贷和以农机具、专利权、排放权、项目收益权、用能权等为抵押的信贷产品。探索投贷联动支持渔业的路径，创新"信贷＋保险"的贷款模式和相关产品，拓宽信贷投资业务，以更好地满足渔业生产的资金需求。

3. 完善风险管理机制

金融机构要建立渔业信贷风险评估和控制机制，在渔业比较集中的地区加强基础网点建设，利用人工智能、区块链、大数据等数字技术，探索风险检测、识别、处置方式，系统评估渔业信贷的经济效益，提高渔业信贷审批效率和风险管理水平。依托新型渔业经营主体，建立健全"基地＋新型渔业经营主体＋渔户"的利益共享机制，降低渔户道德风险的发生概率，促进信贷资源向渔业产业发展倾斜。加强与政府部门、行业协会等机构的合作，降低渔业信贷风险，共同推动渔业信贷市场的健康发展。

4. 推进渔业信贷信息化与数字化建设

政府部门要加强与金融机构的沟通与协作，推动渔业信贷信息数据库建设，实现金融机构与渔业经营主体之间的信息互通，提高渔业融资效率。发挥数字化技术的规模效益和普惠性，收集并整合有效的市场数据和个人信用数据，精准匹配渔业信贷产品和渔业需求主体，实现渔业信贷的信息化与数字化建设。依托大数据、云计算等先进的技术手段，提高金融机构的信息获取能力和处理能力，降低信息不对称带来的风险成本，提高渔业信贷决策的科学性和准确性。

5. 大力发展绿色渔业信贷

在渔业可持续发展背景下，绿色渔业信贷将成为未来发展的重要方向。金融机构应坚持绿色发展理念，将绿色金融纳入战略发展目标，建立融合互促、结构完整、权责清晰的绿色金融治理架构，深化认识绿色发展、生态环境治理和社会责任理念。金融机构应加大对绿色渔业项目的信贷支持力度，制定渔业绿色项目的投向和用途，将绿色信贷纳入重点工作并分解细化到相关指标，促进渔业生产方式向更加环保、可持续的方向转变。

第三节　渔业保险

一、渔业保险的概念

我国农业分为广义农业和狭义农业。同样，农业保险也分为广义农业保险和狭义农业保险（刘京生，2000）。广义农业保险是指对从事广义农业生产的劳动力及其家属的人身及物质财产遭受自然灾害或意外事故所造成的损失提供保险（庹国柱等，2002）。狭义农业保险是指农作物种植业保险与养殖业保险，仅指为农业生产者在从事种植业和养殖业生产和初加工过程中，遭受自然灾害、意外事故等造成的损失提供保险。

渔业保险是广义农业保险的组成部分，是指在渔业生产过程中，对渔业生产者在水产养殖、捕捞、加工、储藏、运输等生产经营过程中，由于遭受自然灾害或意外事故所造成的经济损失提供经济补偿的一种保障活动。渔业保险通常由渔业经营者按契约规定向保险人缴纳一定保险费，保险人按契约规定对投保人进行损失补偿的互助合作事业，是渔业生产资料和渔民生命财产安全以及企业、个人所得收入的重要保障。

世界各国的渔业保险项目不尽一致，一般内容有：①人身保险，承保渔工、渔民疾病、伤残、死亡或意外事故的经济补偿。②生产资料保险，承保渔船、渔具和各种生产资料的损失补偿。③生活资料和非生产性财产的保险，主要指对房屋、生活用车、各种卫生福利等方面的保险。渔业保险事业的发展主要取决于国家经济政策、保险费收入、渔业的发展状况、保险者的经济状况以及经济管理水平。为了维护渔业经济秩序和防止意外损失，一些国家实行强制保险，规定渔业生产者必须对其人身、财产、生产资料进行投保后方能生产。

二、渔业保险的特征

渔业的产业特性决定了渔业生产与经营环境具有更大的自然风险与市场风险，是典型的高投入、高风险行业（孙颖士等，2009）。因此，与其他产险业务相比，渔业保险有其自身的特殊性。

（一）保险费率难以精确定价

海洋渔业灾害损失年际差异很大，纯费率要以长期平均损失率为基础，需要调研得到最近5～10年的养殖标的的平均损失率，但我国有关海洋渔业的原始记录和统计资料极不完整，长时间准确可靠的水生动植物收获量和损失量难以搜集，造成海洋渔业保险费率难以精确厘定。此外，我国渔业保险定价以政府定价为主，定价考虑政策性农业保险的普惠性特征，费率定价较低（6%～7%），且未考虑不同品种水产品生产的特点及面临的风险程度差异，导致我国渔业保险产品设计和费率定价面临较大挑战。

（二）保险责任难以合理确定

海洋渔民作业范围广，流动性大，面临的是变化无常的水上气候，经常遇到多种风险同时或相继发生的情况，这导致海洋渔业的风险单位与保险单位不一致，而不同风险的风险单位一般不重合，导致海洋渔业的保险责任不易合理确定。我国海洋渔业仍以散户为主，生产技术、管理水平参差不齐，很多渔户没有建立规范的养殖日志或生产档案，保险公司难以对渔户进行有效控制和监督。此外，受保险公司查勘技术条件限制，投保人通过虚构或虚增保险标的、财务造假等骗取保险赔款的事件时有发生。以捕捞业为例，捕捞业尤其是海上捕捞作业为国际公认的最危险行业之一，尽管捕捞渔船具有机动车辆流动性特点，但海水的流动性导致发生海损事故的现场痕迹难以保留，这进一步增加了确认保险责任的难度。

（三）道德风险难以及时防范

由于第三方监督不足，导致幼苗采购、成品销售、生产成本等与渔业生产相关的第三方数据仍然难以及时、充分地被获取，通过第三方数据监督缓解道德风险的力度不足。以养殖业为例，养殖业的标的是活的水生生物，它们的生长好坏很大程度上取决于管理照料的精心与否。对于渔船保险而言，渔船完全掌握在船东手中，尤其是在作业期间，保险人没有任何措施能够了解渔船的有关信息，难以防止船东诈保、骗赔情况的发生。因此，海洋渔业灾害损失中的道德危险因素难以分辨、防范，增加了经营难度。

（四）定损理赔难以准确核定

海洋渔业保险标的主要是水生动植物、渔船、渔民等，此类保险标的的作业区域主要在水面上，占可保渔船数量绝大部分的海洋捕捞渔船更是如此。保险事故发生后，海水流动、事故发生地远离大陆、事故现场难以保留等因素导致保险人不易勘查现场，难以准确地定损理赔。对于有生命的水生动植物而言，标的价格随水生动植物的生长不断变化，在部分流失或死亡的情况下，难以准确核定损失程度。

三、渔业保险的分类

（一）按照承保组织划分

按照承保组织可将渔业保险划分为政府主导型、商业经营型和政府支持型3种。

政府主导型渔业保险是指由政府承办渔业保险业务，且不经过市场化运作，难以实现资源的优化配置。此类保险通常设立政策性渔业保险公司，且具有以下缺点：一是政府要投入大量资金设立机构，承担日常运作、管理成本和所有经营风险；二是国有制企业的治理结构不健全，缺乏必要的激励约束机制，经营失败的概率较高；三是政策性公司带有一定的官办色彩，容易产生官僚、腐败等问题，进而导致效率低下。

商业经营型保险由商业保险公司主导。我国商业性渔业保险始于1982年，是由中国人保公司开办的水产养殖保险。渔业属于高投入、高风险的行业，特别是海洋捕捞属于危险性极高的生产活动，因此，渔民的作业、生活条件被保险业界定为高危险性承保范围，渔民人身意外伤害保险在商业保险公司中被列在职业风险类别的最高级别。因此，渔业的保险费率非常高，保险公司的自身效益极差，保险公司往往望而却步。

政府支持型保险是将政府主导型保险和商业经营型保险进行综合的产物，目前我国渔业保险均采用此方式。政府为渔户和保险公司提供全方位的后台支持，将前台的运作交给市场。具体来说，政府对渔户的支持措施包括保费的补贴，渔业、气象等相关部门的防灾技术支持等，以提高渔户的保费承受能力和抗风险能力。对保险公司的扶持措施包括税收优惠、运作费用补贴、再保险支持、有限的以险养险政策等，以保证保险公司的可持续经营和偿付能力。

（二）按照不同的保险政策划分

按照不同的保险政策可将渔业保险划分为自愿保险和强制保险。自愿保险是指在平等互利和自愿原则下，根据保险人和被保险人订立的保险合同构成保险关系，是否参加保险、保险对象、保险金额、保险期限均由投保人自行决定。强制保险是由政府颁布法令构成被保险人与保险人双方的保险关系，在法令规定范围内，无论被保险人是否愿意均须执行。

（三）按照不同的保险主体划分

按照不同的保险主体可将渔业保险划分为团体保险和个人保险。团体保险是由组织或集体向保险公司投保，为其财产或全体职工提供企业财产、家庭财产、人身保险等方面保障的保险形式。个人保险是由个人或家庭直接向保险公司投保的保险形式。

（四）按照保险期限长短划分

按照保险期限长短可将渔业保险划分为普通保险和长期保险。普通保险是指保险期限为一年或一年以内的保险。长期保险是指保险期限在一年以上的保险。

（五）按照保险业务的不同承办方式划分

按照保险业务的不同承办方式可将渔业保险划分为原保险和再保险。原保险是指投保人与保险人直接签订保险合同而成立保险关系的一种保险。在保险关系中，保险需求者将风险转嫁给保险人，当保险标的遭受保险责任范围内的损失时，保险人直接对被保险人负损失赔偿责任。再保险是指保险人将其承包的保险业务部分或全部转移给其他保险人的一种保险。

（六）按照保险标的划分

按照保险标的可将渔业保险划分为财产险和人身险。财产险是指以财产及其相关利益为保险标的，因保险事故的发生导致财产的损失，以金钱或实物进行补偿的一种保险。人身险是指以人的生命或身体为保险标的，在被保险人的生命或身体发生保险事故或保险期满时，依照保险合同的规定，由保险人向被保险人或受益人给付保险金的一种保险。

四、常见的渔业保险产品

渔业保险根据风险的不同可以分为多种类型，常见的保险产品主要包括：

（一）渔船保险

渔船保险主要包括沿海内河渔业船舶保险、远洋渔业船舶保险等。保险标的是渔业船舶的船体及检验证书上载明的机器、设备和仪器。渔船保险分为以下两类：①普通损害保险。保险责任为赔偿渔船因沉没、搁浅、火灾等事故给渔船的船体、设备等造成的损害（全损、部分损失），以及对渔船采取救助措施所需的救助费用。②满期储金保险。是指同时带有船舶损失补偿和储蓄性质的保险业务，保险人一方面对保险期间的船舶损失承担赔偿责任，另一方面在保险期满时对被保险人承担给付责任。

案例1：山东海洋与渔业厅为13万艘渔船投保

山东省是海洋渔业大省，拥有各类渔船13万余艘，渔业的产量、产值等主要指标多年来均居全国首位，渔业已成为山东省农村经济的优势产业。因此，建立和完善渔业风险保障机制，对降低渔民灾害损失、减轻政府减灾抗灾压力、保持渔区社会和谐稳定、促进渔业经济持续稳定发展都具有重要意义。

经过山东省渔业互保协会的积极推动，目前渔业互保协会承保的渔民一年在 12 万人左右；其中，捕捞渔民占 80%，渔船承包在 7 000 多艘；44 129.85W 以上的渔船的参保比例也占了 80% 左右。

（二）渔具保险

以养殖设施或定置网等渔具为保障对象，补偿其使用过程中因损坏等而带来的损失。覆盖渔民的渔具损失，包括渔网、渔具设备等。

（三）渔业人身保险

渔业人身保险为渔民提供意外伤害保险和死亡保险，保障渔民及其家庭的生活。其中，意外伤害保险是指渔船的船员（包括船主）在渔船上因意外事故死亡或下落不明时，或是因为意外出现后遗症时支付一定金额保险金的保险。但是如果船员因为战争导致人身意外身故或伤残，并且没有投保战争等特约保险，则不予赔付。

（四）渔业收益保险

渔业收益保险保障渔业企业在经营过程中的利润损失，包括疫病、污染等原因导致渔业收益下降的情况。其中，渔业养殖保险以部分鱼类、贝类养殖业为保障对象，补偿因养殖水产动植物死亡、流失等（产量减少）造成的损失。渔获保险是以渔船渔业、定置渔业以及一部分贝藻类捕捞为对象，补偿因捕捞数量减少而造成的收入损失。

案例 2：山东省莱阳市南美白对虾养殖收益保险

南美白对虾养殖保险具有普惠性，莱阳市自然资源和规划局、太平财产保险有限公司经过多次调研、座谈分析南美白对虾养殖成本、过往损失、渔户实际风险需求等情况，确定了莱阳市南美白对虾养殖保险方案，该保险的保险责任几乎涵盖了所有虾类养殖过程中容易产生的疾病，并且包含部分自然灾害保障，保障全面、责任宽泛。山东省莱阳市当地所有的大棚、工厂化养殖企业（户）都可以进行投保，财政为每位投保的养殖企业（户）提供 50% 的保费补贴。2022 年 5 月 28 日，莱阳市自然资源和规划局联合莱阳市财政局、太平财产保险有限公司在穴坊镇吕家滩村举行首单政策性南美白对虾保险项目理赔仪式，保险公司将首笔赔款 157 975.2 元支付给受损养殖户，帮助养殖户恢复生产，解决养殖户的后顾之忧，为养殖户的养殖成本进行兜底服务。自 2022 年 5 月 28 日首笔保单落地后，截至目前，太平财产保险有限公司共为莱阳市南美白对虾养殖户提供风险保障 488 万元，提高了养殖户的养殖积极性，助推了莱阳市海水养殖经济的发展。

（五）基于气象和海洋预报的保险

利用现代科技手段，结合气象和海洋预报数据，提供包括台风、海啸等灾害预警的保险产品。

案例 3：海参气象指数保险

海参养殖业是一个高度依赖自然环境的产业，其生产过程易受到自然环境变化的影响。环境（如水温、盐度、水质等）的微小变化都可能对海参的生长和繁殖产生不利影响。气候变化和气象灾害是海参养殖面临的重大风险。例如，长期干旱或雨季过长易造成池塘盐度降低、水中溶解氧急速减少，海参易产生应激反应，免疫力下降，易引起病害发生，影响海参的生长和产量，给海参养殖户造成不可估量的损失。

海参气象指数保险可通过气象指数分析评估气象条件对海参养殖的影响，为养殖户提供更加精准、有效的风险管理工具。它通过以气象数据和科技手段的双重赋能为依托，提供精准、高效的风险保障，以气象数据为理赔依据，颠覆了传统保险以损失结果为理赔依据的赔付方式。当气象条件达到合同约定的不利标准时，如在暴雨（6月1日至9月30日）责任期间内，日降水量≥50mm，视为发生保险责任，中华财险将及时进行赔偿，养殖户能够迅速获得经济补偿，迅速弥补海参损失及防灾投入的成本。此外，该项目不仅与当地政府防灾减灾相关部门建立有效协作机制，为养殖户提供"保防救赔"的一体化服务，还能充分发挥保险增信作用，联合银行打造综合金融服务模式，有效破除海参产业抵押物不足的痛点，为海参生产者提供信贷资金，支持渔业产业高质量发展。

2024年5月16日，中华财险锦州中心支公司和辽宁锦州市农业农村局、锦州市海洋与渔业局共同签署了"保险服务农业农村与海洋渔业战略合作协议"。根据协议，三方将在海洋渔业领域开展合作，在协议签署当天，由中华财险锦州中心支公司承保的首个政府支持的"海参气象指数保险"成功落地锦州市凌海市，为当地海参龙头企业的66.67hm²海参提供了300万元的风险保障。

（六）渔船货物运输保险

在渔船发生事故或渔船捕捞品因自然灾害或意外事故而出现损失时，由保险人承担保险责任的保险。

（七）渔船船主责任保险

渔船船主责任保险是指当渔船在航行中因为意外事故造成第三方出现财产损失、人身伤害或费用损失时，保险人承担损失补偿责任的保险。船主责任保险还有一些附加保险，包括渔具损失补偿特约险、海外油污损害赔偿特约险、船员遣返费用特约险、战乱特约险、渔船船员工资特约险。

五、我国渔业保险存在的问题与发展趋势

（一）渔业保险存在的问题

受极端天气增多影响，海上安全事故频发，在渔业风险保障机制缺失的情况下，个别渔民因灾导致生计难以为继的情况时有发生，这已经成为影响渔区社会稳定的重要因素。因而建立渔业风险保障机制是极其必要的，渔业生产经营主体对保险的需求也更加迫切。现实中，我国渔业保险存在以下问题：

1. 保障水平较低，与渔业的贡献不匹配

相较于种植业、畜禽养殖业，渔业属于资本密集型产业，设施造价高且数量多，生产投入大。渔业作业环境受外界自然条件影响更大，更为复杂，面临的风险类型更为多样。

渔户承担的保费和财政保费补贴所需要的金额相对较高，各地渔业保险大面积推广力度不足，保障程度较低，多数渔业生产经营者的生产风险缺乏有效的保险保障，海洋渔业保险的供给和需求同其在生产领域的重要地位相比十分不足。渔业保险试点承保的养殖面积尚不足全国水产养殖可保面积的 0.5%，大部分水产养殖风险得不到保障。

2. 覆盖范围小，缺乏系统性政策体系

2008 年我国开展渔业保险试点，由于地方政府缺乏充分的财政补贴，各地区开展渔业保险业务的积极性不高，渔业保险发展不平衡，覆盖范围较小，无法满足我国渔业发展的需求。其中，水产养殖保险业务以水产资源丰富的江苏、湖北、安徽、上海、湖南和大连等省份为主，总体处于小范围试点。例如，湖北实施了小龙虾保险试点，江苏开展了螃蟹保险试点，福建主要针对海水养殖产品开展保费补贴。即使部分省份开展了渔业保险产品试点，甚至给予了地方性财政支持，将其列入农业特色产业保险目录，但这些试点险种集中于区域性特色水产品，过于分散且并未被纳入中央财政保费补贴直接支持范围。由于渔业具有涵盖品种广、养殖主体差异大等特征，系统性的渔业保险政策体系尚未形成，也未明确重点支持险种与领域。因此，渔业保险覆盖深度、密度远未达到农业保险高质量发展的阶段性要求，难以为渔业发展提供关键风险保障。

3. 政策目标冲突，渔业保险发展定位不清晰

第一，渔业政策目标与财政政策目标存在不一致性。我国渔业部门以发展三文鱼、鲍和海参等高经济价值险种为目标，鱼类、虾类、贝类、蟹类以及海藻等国内外市场需求量较大的水产品品种得到的财政支持较少，渔业保险的发展应同时考虑经济价值和营养安全，实现高价值险种和高贡献品种的均衡发展，以确保渔业的可持续发展和国家食品供应安全。第二，渔业保险补贴政策不一，缺乏系统性体系。目前，我国试点地区的渔业保险保费补贴方式存在较大差异，以发展区域性特色险种为主，且支持方式不清晰。例如，渔船保险和渔民保险，仅海南提供了保费补贴，个别省份将部分险种纳入地方特色农业保险，补贴比例为 70%～80%；2013 年、2016 年和 2017 年，安徽、浙江、河北及福建通过开展金融支农服务创新试点项目支持渔业保险，累计安排资金 2 260 万元，用于相关险种的保费补贴。

4. 信息不对称程度高，道德风险问题突出

相较于其他产业，渔业生产技术及条件复杂，数据采集较为困难。渔业生产的标准化程度低，导致渔业保险查勘定损难度大、运营成本高，保险公司积极性不足，存在信息不对称的问题。此外，现阶段生产过程中科技运用不充分，缺少快速、准确确定水产品养殖数量的科学方式，由此造成了承保风险的不确定性。特别是水产养殖业生产中养殖位置、养殖数量等信息不对称问题突出，加之保险人的技术防范手段不足，导致水产养殖保险道德风险高。以水产养殖业为例，我国水产养殖尚未形成明确养殖管理标准，且当前从事水产养殖的客户以小养殖户为主，养殖过程中鱼苗的投放、药品投放、成鱼收货和售卖尚未形成严格管理链条，造成承保过程中无法进行标准化有效监控。2017—2021 年中国人保水产养殖保险业务简单赔付率分别为 76.05%、97.91%、81.20%、81.36%、66.92%，

5 年平均赔付率为 80.69％，加上承保和查勘定损等工作量，保险运营成本较高，业务亏损严重。

5. 巨灾风险高，资金压力大

我国渔业保险投保的多数是风险较高的养殖户和捕捞渔户，渔业面临的自然灾害、疫病疾病等风险难以在空间上进行有效分散。且与传统种植业、畜牧业和林业相比，渔业与其所依赖的水域环境之间有更强的空间和灾害关联性，洪涝、台风、疾病等风险因子有可能在更广阔的空间范围引起更多的伴生灾害，从而造成大规模损失，形成巨灾事件。在这种情况下，单一灾害损失几乎无法准确计量，且保险赔付有可能超过保费收入，给保险公司带来巨大的财务风险。同时，我国渔业保险的公益性、政策性特征与保险公司的盈利性目标不一致，而国家政策对于渔业保险的扶持力度小，一旦发生保险事故，会使得保险公司面临较大的经营压力。

(二) 我国渔业保险发展趋势

实施政策性渔业保险制度，健全和完善渔业风险保障制度，对防范风险、降低渔业灾害损失、促进渔业持续稳定发展、保持渔区社会稳定都具有重要意义。

1. 分类推进，以点带面，完善渔业保险政策体系

渔业保险政策体系的建设应分类推进，探索创新，以政策协同推进渔业保险高质量发展。一是立足渔业产业链，在大空间、小范围内试点开展政策性渔业保险，优先选择发展成熟、规模较大、分布较广的重点品种在部分地区开展保费补贴试点工作，形成政策协调效应，由点到面逐步覆盖。二是根据试点情况，将重点险种纳入中央和省级财政补贴范围，重点开展捕捞渔业、部分重点水产养殖险种，探索建立渔业保险特有的补贴方式及运营模式。三是鼓励保险公司探索创新型渔业保险产品，建立完善的政策性渔业保险体系。根据不同水域、不同客户的风险需求、保费承担能力设计和优化专属保险方案，探索搭配不同的保险产品。对目前开发难度较大或附加值较高的险种可创新产品模式，如"基本险＋附加险＋商业险"，或试点"保险＋期货"、指数保险等产品，满足不同渔户多元化、多层次风险保障需求。

2. 因地制宜，重点突出，优化保费补贴方案，提高渔业保险保障水平

将渔业保险纳入中央财政补贴体系对稳定渔业生产至关重要。基于渔业风险特点和渔民保费承受能力，建议将渔业保险纳入中央政策性险种，给予中央财政保费补贴，且补贴水平应高于种植业、畜牧业。优先考虑将影响粮食安全的普惠性险种纳入中央财政补贴体系，针对区域特色险种，鼓励纳入特色产品补贴体系，加大对渔业保险产品的补贴力度，降低渔户的保费成本。

各地区水产资源条件、基础设施差异较大，有必要因地制宜，重点区域先行先试，逐步完善政策性渔业保险。短期来看，部分已开展渔业保险试点的水产养殖大省，如安徽、湖北等，选择将重点品种先行纳入中央财政保费补贴支持范围，有助于在短期内实现政策性保险的初步覆盖，以逐步推动政策性渔业保险的发展。长期来看，在总结试点成效的基础上，逐步扩大中央财政保费补贴范围，并统筹考虑捕捞渔业和养殖渔业的特点、渔民承受能力和财政补贴资金等因素，科学制定保费补贴方案，逐步提高政策性渔业保险的普及度，提高渔业保险的保障水平。

3. 以标准化为依托，推进信息化建设，实现渔业保险高质量发展

第一，以标准化池塘为依托，先行推进渔业保险试点。目前，各保险机构已积累了较为成熟的渔业保险业务经验，其中，水产养殖保险在局部地区也取得了一定的试点经验，捕捞渔业保险也基本具备全面铺开的条件。我国启动渔业保险保费补贴时机已基本成熟，建议在全国范围内开展捕捞渔业保险（渔船保险和渔民保险），选取标准化池塘或网箱养殖的大宗水产品作为水产养殖保险试点，着力做精做大样板险种，逐步在全国推进。第二，加快推进水产养殖信息化与数字化建设。数字化、信息化建设是提升保险设计和服务能力的重要基础设施。推进水产养殖发展的信息化、数字化，能够及时、准确掌握养殖饵料、幼苗、人力等方面的投入信息，以及价格、销售量等产出信息，形成历史数据。通过对不同类型的数据要素进行分析，优化保险方案，进一步强化气象数据、生产数据等基础数据积累，探索渔业保险核定标的数量和科学验标定损的有效手段，提高渔业保险业务的精细化、专业化管理水平。加强政府部门对渔业保险业务的监管，为风险区划、产品设计、定损赔付提供数据支持，降低保险公司的查勘定损成本。推动建立水产技术推广机构等单位的专家组成渔业保险查勘定损理赔专家队伍，提高现场查勘定损的准确性与时效性。

4. 政府和市场协同参与，推进再保险机制，建立渔业巨灾风险分散机制

完善的巨灾风险分散机制是渔业健康稳定发展的重要保障。第一，综合运用政府和市场化手段，在落实好现行农业保险大灾风险准备金制度和再保险保障的基础上，积极推动相关政府部门建立由各级财政共同支持的渔业保险巨灾风险保障机制，促进各级财政部门、渔业生产经营者、保险公司、再保险公司等利益共同体的共同参与，增强渔业保险体系运行的稳定性和可持续性。第二，完善再保险机制。在再保险制度框架下建立财政单独预算的渔业巨灾风险保障基金。当保险机构赔付率超过一定限度时，赔偿责任超出部分由省一级渔业灾害风险基金承担，中央一级基金作为兜底，形成风险分散的闭环，为渔业生产经营主体和保险机构提供全面立体、商业可持续的风险保障，实现对渔业生产经营主体的准时、足量赔付。第三，形成多层次、全方位的大灾风险分散体系，有效提升各地渔业巨灾风险应对和防范水平，推动我国渔业高质量、可持续发展。

第四节　其他渔业融资方式

渔业生产经营主体在选择融资方式时应根据自身的发展阶段、资金需求、风险承受能力以及市场环境等因素进行综合考虑。通过灵活运用股权投资、债券、信托以及抵押等多种融资方式，渔业生产经营主体可以更有效地筹集资金、降低融资成本、提升市场竞争力。

一、股权融资

（一）股权投资的概念与特征

股权投资是指投资者通过购买渔业企业或项目的股权，成为其股东，从而参与企业的经营管理和利润分配。这种方式可以为企业带来长期稳定的资金支持，同时投资者也能分享企业的成长收益。对于渔业企业来说，股权融资不仅能带来急需的资金，还能吸引具有行业资源和管理经验的投资者，促进企业的战略转型和升级。

股权融资的特征：①筹集资金。通过发行股票，企业可以在股票市场上把社会闲置的资金筹集起来，以利于企业扩大再生产，从而更易吸引社会各个层次的投资者，为其开拓更为广阔的资金来源。②制度创新。股权融资必然触及企业的产权关系，促进和实现企业法人治理结构和经营机制的转化，促使企业规模化和重组，实现产权约束的变化。③资源配置。股权融资可以提高资产流动性，引导资金流动实现资源的合理配置，优化产业结构。④优化财务指标。企业不能无本经营，必须具有足够的资本金，股权融资融得的是公司的资本金，不需要偿还，从而可以优化企业的财务指标。

股权融资的优势：①获取长期稳定的资金支持。股权融资为企业提供的是长期稳定的资金来源，有助于企业实现长期发展规划。②引入优势资源与管理经验。投资者往往能带来市场、技术、管理等优势资源与管理经验，这有助于提升企业的综合竞争力。③优化资本结构。通过股权融资，企业可以调整和优化资本结构，降低财务风险。

股权融资面临的挑战：①股权稀释。随着新股东的加入，原有股东的股权比例会相应降低。②控制权问题。若股权结构发生重大变化，可能影响企业的控制权。

（二）应用实例

渔业企业通过发行股票或引入战略投资者等方式进行股权融资。例如，一些具有发展潜力的渔业养殖、捕捞或加工企业，可以通过上市或私募股权融资的方式吸引资金、扩大生产规模、提升市场竞争力。

案例 4：深圳市创新投资集团有限公司对四川润兆渔业有限公司的投资

四川润兆渔业有限公司（简称"润兆渔业"），主营业务为鲟养殖及鲟制品的加工、出口和销售，各类资质齐全。公司因拓展市场需要、扩大鱼子酱生产加工能力，新增鱼子酱产线加工、销售等项目计划，资金需求为 6 000 万元左右。2015 年预计融资 3 000 万元，主要用于新建 30t 级鱼子酱加工中心，补充后备鲟梯队及建设鱼子酱营销团队。

润兆渔业 2015 年估值 12 000 万元。深圳市创新投资集团有限公司（简称"深创投"）为财务投资人投资 3 000 万元，占润兆渔业股权比例的 20%，投资期限 3 年。公司承诺 2016 年、2017 年两年净利润 6 000 万元人民币，按照公司承诺平均利润 3 000 万元测算，融资前 PE（私募股权投资）：4 倍，投资后 PE：5 倍。润兆渔业承诺 2018 年在国内证券市场挂牌上市，深创投的退出方式为 IPO（首次公开募股）上市退出或者大股东回购。

深创投选择润兆渔业作为投资对象，主要基于行业研究和价值分析，符合其向海洋渔业延伸业务的战略布局。在这个案例中，深创投不仅提供了资金，还参与了风险管理与控制，帮助润兆渔业优化了养殖技术与经营策略，这种综合支持显著提升了润兆渔业的市场竞争力和持续发展能力。

二、债券融资

（一）债券融资的概念与特征

债券是政府、金融机构、公司企业为筹集资金依照法定程序向特定或者非特定投资者发行的，约定在一定期限内向债权人还本付息的有价证券。不仅反映了投资者与筹资者之间的债权债务关系，而且具有金融工具和集资手段的功能。渔业企业可以通过发行债券来筹集资金，用于扩大生产、技术改造或偿还债务等。

债权作为一种有价证券，具有以下特征：

（1）收益性。债权投资是一种直接投资，投资者本人直接承担了投资风险，同时也减少了投资过程的中间环节，所以，债权投资的收益一般要高于银行存款。

（2）安全性。债权的安全性主要表现在以下两个方面：一是债券利息实现确定，即使是浮动利率债券一般也有一个预定的最低利率界限，以保证投资者在市场利率波动时免受损失；二是投资的本金在债券到期后可以收回。

（3）流动性。债券的流动性是指债券在偿还期限到来之前，可以在证券市场上自由流动和转让。由于债券具有这一性质，保证了投资者持有债券与持有现款或将钱存入银行几乎没有什么区别。

（4）债券是一种有约定的有价证券。债券代表了债权债务关系，要有确定的还本付息日。当债券到期时，债务人就要偿还本金。

债券融资的优势：①融资成本相对较低。相较于股权融资，债券融资的利息支出通常可以在税前扣除，降低企业实际融资成本。②灵活性强。企业可以根据自身需求设计债券的期限、利率等条款，满足不同的融资需求。

债券融资面临的挑战：①还款压力。债券到期需要还本付息，给企业带来一定的还款压力。②市场风险。市场利率的波动可能影响债券的发行和流通。

（二）应用实例

近年来，随着蓝色债券和蓝色复育债券等创新金融工具的出现，渔业企业有了更多元的融资渠道。蓝色债券主要为收益来源相对稳定的海洋项目募集资金，而蓝色复育债券则针对休渔期间渔民收益受损的问题，通过引入社会资本来帮助渔民渡过难关。例如，某渔业企业可以发行蓝色债券来支持其海洋风电项目或海水淡化项目，也可以考虑发行蓝色复育债券来应对休渔期间的资金压力。

案例 5：海洋牧场生态建设工程项目

海洋牧场生态建设工程项目旨在通过人工鱼礁、增殖放流、生态养殖等措施，为海洋生物营造良好的生长、繁殖、栖息场所，进而增殖养护渔业资源，改善海域生态环境，实现渔业资源的可持续利用。该项目通过申请地方政府专项债券来筹集资金。具体而言，项目总投资 39 530.47 万元，其中申请地方政府专项债券 32 000 万元，占总投资的80.95%，地方财政配套资金 7 530.47 万元，占总投资的 19.05%。这种融资方式有效缓解了项目资金压力，推动了项目的顺利实施。

该项目主要包括以下内容：①项目规模。项目用海规模 4 800hm²，包括人工鱼礁用海 100.67hm² 和开放式养殖用海 4 699.33hm²。在项目规划位置投放人工鱼礁，形成人工鱼礁区，投礁总规模为 18 万空 m³。②增殖放流。在项目区域投放菲律宾蛤仔、文蛤、牡蛎、大竹蛏等苗种进行底播增殖，按轮捕轮播的增殖模式每年投放苗种，并进行收捕。③研发中心建设。租赁建筑改造为海洋牧场研发中心，包括多个实验室和大数据监测及应急预警中心。④设备设施。新建海上智能平台监测网，设置科考监测调查船、作业船、看护船及相关配套设备设施。

项目收益与还款来源：①预期收益。项目通过底播增殖产品（如菲律宾蛤仔）、野生采捕螺类、蟹类以及技术服务等方式产生收入。预计债券存续期内，这些收入将达到千万元以上，为还本付息提供充足、稳定的现金流。②还款保障。基于财政部对地方政府发行专项债券的要求，项目产生的收入所对应的现金流将作为还本付息的资金来源，确保项目收益与融资自求平衡。

三、信托融资

（一）信托融资的概念与特征

信托是指委托人基于对受托人的信任，将其财产权委托给受托人，由受托人按委托人的意愿以自己的名义为受益人的利益或特定目的进行管理或处分的行为。信托融资在渔业领域的应用相对较少，但作为一种灵活的融资方式，它可以根据渔业企业的具体需求设计个性化的融资方案。

信托融资的特征：

（1）融资速度较快：信托融资的操作相对简单，期限设计和资金运用方式灵活，从设计到审批（或备案）以及发行所需的时间较短，可快速筹集资金。

（2）融资者负担小：信托融资对融资者没有限制，信托公司愿意投资给融资者即可。

（3）融资成本较低：融资成本是指融资者要为筹措的资金付出融资过程中的组织管理费用、融资后的资金占用费用以及融资时支付的其他费用。信托融资成本较低。

（4）风险小，投资回报率高：相对于股票、债券、房地产投资而言，信托投资风险小、回报率较高且较稳定。

信托融资的优势：①资金灵活。信托计划可以根据渔业企业的实际需求进行定制化设计，满足多样化的融资需求。②专业管理。信托公司通常具有专业的资产管理能力，能够为企业资金提供高效的管理和运作方案。

信托融资面临的挑战：①费用较高。信托融资涉及多个环节和中介机构，可能增加企业的融资成本。②透明度问题。信托计划的透明度相对较低，投资者可能难以全面了解项目的具体情况。

（二）应用案例

需要大额、长期资金支持且风险承受能力较强的渔业企业，可以考虑通过信托融资的方式筹集资金。信托公司可以根据渔业企业的实际情况设计合适的信托产品，并通过其专业的投资管理能力为渔业企业带来稳定的投资回报。

案例 6：辽信 1 号-大岠渔业信托贷款集合资金信托计划

辽信 1 号-大岠渔业信托贷款集合资金信托计划由某信托公司推出，旨在通过信托资金支持大连大岠生态渔业有限公司的海参苗底播和海底改造项目，提升公司的生产能力和市场竞争力。信托资金被直接用于大连大岠生态渔业有限公司的海参苗底播和海底改造，各受益人能够分享公司因项目成功而带来的经济收益，实现了资金的增值和保值。尽管渔业生产存在较高的风险，但信托公司通常会通过严格的项目评估和风险控制措施来降低投资风险，确保受益人的利益。

四、抵押融资

（一）抵押融资的概念与特征

抵押融资是指抵押人和债权人以书面形式订立约定，不转移抵押财产的占有权，将该财产作为债权的担保。渔业企业可以通过对其船舶、养殖场、捕捞设备等资产进行抵押来筹集资金。这种方式相对简单直接，且能够充分利用企业的现有资产。

抵押融资具有过程复杂、成本高、抵押物具有被没收的风险等特征。

抵押融资的优势：①融资门槛相对较低。相较于其他融资方式，抵押融资的门槛相对较低，更容易获得金融机构的认可。②融资成本相对可控。抵押贷款的利率和费用通常较为明确，企业可以提前规划融资成本。

抵押融资面临的挑战：①抵押物风险。若企业无法按时偿还贷款，抵押物可能被金融机构处置，给企业带来损失。②评估与登记烦琐。抵押物的评估和登记流程可能较为烦琐，增加了企业的融资成本和时间成本。

（二）应用实例

在渔业领域，抵押融资的应用已经相对成熟。例如，一些养殖型企业通过将其养殖池塘中的生物活体资产作为抵押来获得贷款支持，这种融资方式不仅解决了企业的资金需求问题，而且促进了渔业资产的流动和利用效率的提升。

案例 7：邮政储蓄银行的"渔船抵押贷款"

三亚崖州中心渔港是海南省规模最大、全国一流的综合性现代化渔港。为解决渔民资金需求大、融资难等问题，打通渔民出海的资金堵点，邮政储蓄银行三亚市分行提供最高授信额度 500 万元的渔船抵押贷款产品，服务广大渔民，助力三亚渔业发展。

渔民×××自有一艘渔船，因全款买下后，经营资金紧张，主动联系邮政储蓄银行三亚市分行，表示需要 100 万元贷款资金。邮政储蓄银行三亚市分行闻讯，第一时间联系客户，并告知客户渔船抵押贷款的最高授信额度可达 500 万元。经过双方高效沟通，渔民×××积极地配合提供贷款所需资料和贷前调查，享受到适合自己的额度贷款支持。

多年来，邮政储蓄银行三亚市分行一直积极为渔业企业和渔民定制渔业综合金融服务，累计发放渔船抵押贷款超 1 亿元，支持渔民驶向更广阔的深海，助力三亚崖州中心渔港"走向深蓝"。

案例 8：浙江在全国率先探索渔业生物活体资产抵押贷款

由于渔业生物活体资产抵押难度较大，渔业养殖企业大多通过信用贷款、设施抵押贷款解决资金需求难题。为此，中国人民银行浙江省分行、浙江省农业农村厅联合制定全国首个《畜牧业、渔业资产抵押贷款操作指引（暂行）》，推动金融机构创新服务乡村产业振兴，创新性地提出可通过养殖日志及投饲率、历史养殖水平和区域产量、结合当地市场价格和同等品牌售价等因素综合评估，解决养殖水产品资产的贷款额度问题。

杭州千岛湖鲟龙科技股份有限公司是全球鱼子酱行业的龙头企业，2022 年企业鱼子酱出口量占我国出口量的 68%，占全球市场份额的 1/3。鲟养殖周期较长，从苗种养殖到可加工成鱼子酱通常需要 7～15 年。2023 年，根据企业养殖鲟的成本报表、评估报告，中国工商银行淳安县支行与杭州千岛湖鲟龙科技股份有限公司签署渔业生物活体资产抵押贷款合同，首期鲟活体抵押贷款额度 1 000 万元，期限 3 年，利率为 3.5%，这是浙江在全国率先探索、签下的渔业生物活体资产抵押贷款第一单。截至 2023 年 10 月末，企业的消耗性生物资产（鲟）账面价值达到 6.803 8 亿元，占企业总资产的 53.36%。如果该模式实现覆盖推广，未来，养殖池塘里的鲟预计可为企业增加 2.5 亿～3.0 亿元的贷款额度。

案例 9："海域使用权抵押融资"助力海洋牧场建设

山东威海地区海岸线长近 1 000 千米，占全国的 1/18，海域面积 1 万多 km^2，－15m 等深线以内浅海、滩涂面积达 20 多万 hm^2，非常适宜鱼类、虾类、贝类、藻类等动植物生长繁殖，是全国重点渔区和海珍品的生产区。

威海长青国家级海洋牧场是国家级海洋牧场示范区，拥有雄厚的养殖能力和先进的养殖技术，解决了国内浅海筏式养殖发展空间紧缺的难题，同时实现了鲍全人工育苗及养殖产业化，逐步奠定了公司在全省乃至全国养殖行业的领先地位。随着企业的发展壮大，企业自有资金不能满足企业日常周转所需，亟须银行提供资金支持，但企业仅有 4 万余亩海域使用权，没有土地、房产等传统抵押物，在向银行融资的过程中面临一定困难。中国银行山东分行立足行业特点，创新提出在海域使用权上做文章，积极同威海市政府合作，率先推出了"海域使用权抵押融资"业务，中国银行山东分行把公司所拥有的海域使用权作为抵押物，把海域使用这一"死资产"变成了"活资产"，拓宽了企业的融资途径。威海长青国家级海洋牧场作为山东省第一家获得海域使用权抵押融资支持的养殖企业，拿现有的海域使用权做抵押，很快就拿到了中国银行山东分行授信支持，补上了资金链缺口，生产规模的扩大顺理成章。目前，中国银行山东分行已连续做海域使用权抵押授信项目 8户，授信金额合计 7 200 万元。

近年来，依托山东区位优势和涉海企业众多的特点，中国银行山东分行积极支持海洋强省建设，坚持市场导向，提供多元化金融服务，相继推出了海域使用权抵押融资、船舶抵押融资等多款产品，海洋经济相关客户融资余额达 60 多亿元。

第十章 海洋渔业管理制度

随着人类对海洋自然资源利用程度的不断加深，一些重要的渔业资源正面临枯竭的危险，假如继续无休止地索取渔业资源，那么这些珍贵的水生生物资源将很快达到生态系统的极限，从而影响整个食物链的稳定性和可持续性。因此，要想确保渔业生物资源继续为人类社会提供营养丰富的优质蛋白、促进渔业经济繁荣和提升社会福祉，就必须建立完善的渔业管理制度。这意味着需要制定严格的渔业法律、行业法规以及管理政策，通过可持续海水捕捞、养殖策略的实施促进并提高海洋渔业的效率和可持续性。海洋渔业法律、法规与政策体系的管理制度是海洋渔业经济形态发展到一定阶段的时代产物，需要顺应海洋渔业经济发展需求不断调整更新，与时俱进的海洋渔业管理制度不仅能够规范市场秩序、明确政府与市场的边界，更有助于传统弱质性产业的高质量发展、促进传统技术创新和产业升级，维护并推动现代海洋渔业健康、有序、高效发展。本章概述了海洋渔业管理制度的基本内涵，从海洋渔业法律、法规与政策三方面阐述了管理制度的特征、表现形式与区别联系，梳理了海洋渔业现行主要的管理制度，进一步探讨了海洋渔业管理制度的发展成效及发展趋势。

第一节　海洋渔业管理制度概述

海洋渔业管理制度是国家在海洋渔业领域制定的有关法律、法规、政策的具体化，是依法确立的规范海洋渔业发展和人们行动的各类管理制度的统称，旨在管理和保护海洋渔业资源、调整规范各类海洋渔业经济生产活动、协调处理海洋渔业有关社团、企事业单位与个体间的相互关系。

一、海洋渔业法律概述

（一）海洋渔业法律的概念

渔业法律是指拥有立法权的国家机关依照立法程序制定或认可对渔业领域由国家强制力保障实施的规范性文件。1986年，全国人民代表大会常务委员会颁布的《渔业法》是当前渔业领域唯一一部规定有关渔业社会关系或行为准则的法律，也是海洋渔业领域的现有法律文件。《渔业法》分别于 2000 年、2004 年、2009 年以及 2013 年经过 4 次修订。

在国际领域，渔业法律是以国际条约的形式由有关国家通过谈判、协商等方式共同参与制定，确定国家及其他国际法主体间所缔结的渔业领域相互权利与义务关系的双边、多边国际渔业协定、条约、公约等国际书面协定的总称。

本书讨论的渔业法律侧重狭义上的解释范畴，即法律效力仅低于宪法，其他有关渔业的行政法规和地方性法规效力低于渔业法律且归属于渔业法规层面。

（二）海洋渔业法律的特点

考虑到不同国家经济发展的快慢及经济体制的差异，渔业法律的侧重领域和立法目的也有差异，从国家立法角度来看，海洋渔业发展中的强制性规范指导表现有 6 个方面的特点：

1. 保护和合理利用海洋渔业资源

《2024 年世界渔业和水产养殖状况》数据显示，全球海洋捕捞种群的可持续限度延续下降趋势，FAO 对 2021 年全球海洋渔业资源进行评估发现，在生物可持续限度内捕捞鱼类种群的比例已下降至 62.3%，并呈现每年下降 0.5%～1.0% 的趋势。渔业的法律旨在加强渔业资源的保护、增殖、开发和合理利用，通过发展人工养殖、保障渔业生产者的合法权益促进渔业生产的发展，以适应国家发展建设和人民生活的需要。立法要求渔业活动必须遵循生态规律，减少对水生生态环境的破坏，保护生物多样性，维护生态平衡。在促进海域、渔业及相关生物资源协调开发和管理的过程中，渔业法律以不损害海洋生态系统可持续性为前提，以公正、公平的方式实现经济和社会福祉的最大化。

2. 协调海洋渔业资源的分配

海洋渔业资源是一种典型的纯公共物品，其非竞争性与非排他性的物品属性意味着海洋渔业资源并不属于任何单一个体或组织所有，而是全人类的共同财产。渔业法律通过制定规则、标准和合作机制来管理和保护海洋渔业资源，其中包括制定区域渔业管理组织规则、分享渔业数据、协调捕捞活动及资源分配等，利用海洋渔业资源总可捕捞量确定重要江河、湖泊的捕捞限额总量，进一步确保捕捞量低于渔业资源增长量，以公平、公正的原则向社会公开渔业资源分配办法和分配结果，共同管理和保护海洋渔业资源，体现了海洋渔业法律在协调渔业资源分配方面的精细化和规范化。

3. 维持海洋渔业开发利用的生产秩序

明确的法律条文规范了海洋渔业生产、捕捞、养殖、加工、销售等各个环节的行为，确保渔业活动在法律框架内进行，防止无序竞争和非法捕捞。基于海洋渔业资源共有性特点，不同的渔业生产活动、渔民作业方式、渔业组织团体活动容易在同一水域内产生矛盾和冲突，而以法律为引领的各类规范管理制度有利于减少海洋渔业生产秩序上的矛盾和冲突，通过设定合理的捕捞限额、禁渔期、禁渔区等制度，在保护渔业资源不受过度开发的同时维护了正常健康的生产秩序。

4. 促进海洋渔业经济活动的稳定发展

根据本国国情对渔业生产经营活动采取鼓励、干预、调节、限制及禁止等措施，通过渔业立法促进本国渔业生产活动的有序、稳定与可持续发展。例如，我国《渔业法》对渔业生产实行"以养殖为主，养殖、捕捞、加工并举的方针，因地制宜，各有侧重"的方针，各级人民政府应当把渔业生产纳入国民经济发展计划，加强对水域的统一规划和综合利用。美国《渔业保护和管理法》确立了促进本国商业渔业和游钓渔业的发展方向，同时以法律规范文件鼓励渔民对尚未充分开发利用的渔业领域开展渔业生产活动。

5. 维护海洋渔业有关主体权益

渔业法律代表了一国在海洋渔业领域的国家意志，从国家渔业权益层面来看，渔业立法明确了一国管辖水域内外国渔船与外国捕鱼活动应受到明令禁止的规定，尤其是在专属海洋经济区或渔业区，对外国捕鱼等生产活动建有一系列严格的批准许可制度与管理措施，同时附加一套明细化的说明条件。各国之间以国际法形式调整并协调国家之间在渔业方面的各种活动和关系，涉及海洋生物资源的开发利用和养护等方面的权利、责任、义务与管辖的性质和范围。例如，《联合国海洋法公约》构建了包括海洋生物资源养护与海域开发管理制度在内的框架性的现代海洋法律秩序协议体系，是国际社会开发与利用海洋、保护与管理海洋的基本文件。从渔业生产者权益层面来看，渔业法律明确了本国渔民的权利和义务，对侵犯渔业生产者合法权益的生产活动或行为依法予以制裁，这为渔业生产者提供了法律支持和权益保障。

6. 保障海洋渔业产品质量安全

渔业法律规定了海域生态环境保护的管理办法，进一步保障渔业质量安全。《2024年世界渔业和水产养殖状况》数据显示，全球渔业产品占比呈上升趋势，而确保渔业优质蛋白质量的发展需求日益重要。2022年，全球渔业产品养殖产量达2.232亿t，约4720亿美元的产值再创历史新高，在全球范围内所提供的水生动物食品达到人均20.7kg；并且，水生动物食品占全球人口消费的动物蛋白质的比例越来越高，占比为15%，而在亚洲和非洲部分国家所占比例超过50%。这意味着渔业立法保护不仅关系到海域生态环境的和谐稳定，更与与人类生存发展相关的食品等基本需求息息相关，并且通过监管控制的规章制度保障了渔业产品质量安全、保护了人类身体健康。

二、海洋渔业法规概述

（一）海洋渔业法规的概念

渔业法规是指国家在渔业经济领域为调整渔业各类活动以及国家、集体、个人之间，地区和部门之间，以及人与自然之间关系而制定的规范性文件，旨在促进渔业资源的合理配置和充分利用。海洋渔业法规是围绕海洋渔业经济领域制定的规范性文件。

（二）我国渔业法规体系

渔业法规体系是一国在渔业经济领域管辖范围内制定或参与的包含法律规范、规则、原则等在内的规范性文件或协议条文所构成的管理制度体系。从广义范围上来看，我国渔业法规体系包括法律、行政法规、地方性法规、行政规章、与渔业有关的其他法律、我国批准加入的国际条约六部分（闫玉科等，2023）。

1. 法律

法律由全国人民代表大会常务委员会制定和修改。《渔业法》是我国海洋渔业领域的法律。

2. 行政法规

行政法规由国务院根据宪法和法律制定，效力仅次于法律，高于地方性法规和部门规章。目前我国海洋渔业领域的行政法规主要有《中华人民共和国渔业法实施细则》《中华人民共和国渔港水域交通安全管理条例》《渔业资源增殖保护费征收使用办法》《中华人民共和国渔业船舶检验条例》《水产资源繁殖保护条例》等。

3. 地方性法规

海洋渔业地方性法规由地方人民代表大会及其常务委员会制定，是以渔业管理为基本内容的规范性文件，如《辽宁省海洋渔业安全管理条例》《山东省规范海洋渔业船舶捕捞规定》《浙江省渔港渔业船舶管理条例（2020年修正）》等。

4. 行政规章

行政规章是指由国务院各部门、委员会、中国人民银行、审计署和具有行政管理职能的直属机构，根据法律和国务院行政法规、决定、命令制定的规章。海洋渔业行政规章则是国务院所属部、委、办制定的以渔业管理为主要内容的规范性文件。例如，农业农村部印发的《远洋渔业管理规定（2020年）》，地方政府规章如《辽宁省海洋渔业生产安全管理暂行办法（1997年修订）》《深圳市渔业港区管理规定（2024年修正）》等。

5. 与渔业有关的其他法律

除《渔业法》外，涉及渔业管理的法律主要包括对渔业生产环境、渔业生产要素等方面的法律规范，如《中华人民共和国海洋环境保护法（2023年修订）》《中华人民共和国水污染防治法（2017年修订）》《中华人民共和国土地管理法（2019年修订）》《中华人民共和国野生动物保护法（2022年修订）》等。

6. 我国批准加入的国际条约

主要涉及海洋渔业资源的保护、利用、开发与合作，对海上遇难救助、自然灾害避险、公海领域制度等问题通过签订加入国际公约、多边渔业协定、双边协定等方式积极融入全球政治、经贸、文化、卫生、科技等多个领域，体现了我国积极参与全球治理体系改革和建设的态度，以及深化与世界各国及国际组织的全方位合作的努力。例如，中国参加的现行国际公约与多边渔业协定及我国与别国或地区签订的渔业双边协定包括《国际捕鲸管制公约》《联合国海洋法公约》《中白令海峡蟹资源养护与管理公约》《中越北部湾渔业合作协定》《中华人民共和国政府和也门共和国政府渔业合作协定》等。

三、海洋渔业政策概述

（一）海洋渔业政策的概念

渔业政策是为实现渔业可持续发展目标而制定的具有激励和约束效力的系列措施或行动准则。海洋渔业政策是对海洋捕捞、海水养殖、水产品加工等方面制定的一系列海洋渔业发展路线、方针、政策等，主要包括海洋生态环境保护、海洋渔业开发与管理、海洋渔业安全保障、海洋渔业国家合作等方面的政策。

（二）海洋渔业政策的目标与特征

海洋渔业政策的目标是实现海洋渔业发展的理想状态。根据《联合国海洋法公约》（1982年）以及《负责任渔业行为守则》（1995年）规定，渔业政策旨在对渔业资源实行有效管理，促进海洋渔业生物资源的养护和可持续利用，主要有以下4个目标：①生物目标。保护海洋渔业生物资源，确保目标海洋生物资源保持在可持续发展水平之上。②生态目标。减少或降低海洋渔业相关经济活动对海洋生态环境的负外部性影响。③经济目标。降低海洋渔业有关经济活动生产成本，提高渔业生产有关利益主体收益。④社会目标。为海洋渔业从业人员提供就业机会，提高渔民生活水平。

随着国际社会对海洋渔业资源养护、开发利用和控制管理要求的日益增强，国家海洋渔业政策更加注重对管辖范围内海洋渔业资源的可持续利用、公海生物资源与利用空间的开发利用、渔业经济系统与生态环境系统的稳定协调。海洋渔业政策表现出以下特征：

1. 对海洋渔业生境敏感性高

海洋渔业政策的首要目标是海洋渔业资源的养护和可持续利用，相关政策要根据海洋渔业资源状况、环境变化等制定。自伏季休渔政策实施以来，每年政策会根据地理区位、季节特征等情况进行调整。例如，2024年5月1日12时至2024年9月16日12时，浙江省进入海洋伏季休渔期，作业渔船暂停捕捞活动。2024年5月1日12时至9月1日12时，山东省规定除以单一作业类型为钓具外的所有作业类型渔船及为捕捞渔船配套服务的捕捞辅助船进入休渔期，小型张网渔船（通常指长度在12m以下、从事张网作业的渔船）的休渔期则为5月1日12时至8月20日12时。

2. 涉及多学科领域

鉴于海洋渔业资源的流动性特征，海洋渔业政策的制定不仅涉及地理学、水产学、海洋学、环境学等学科，而且涉及国际海洋法、国际关系等知识体系。

3. 目标更具体

地方政策制定者根据本地实际情况，结合相关部门规定，借鉴其他地区有效措施，提出符合本地发展的特色鲜明的渔业政策。

四、海洋渔业法律、法规及政策的关系

海洋渔业法律、法规代表了国家权力机关和国家行政机关在海洋渔业公共问题上通过民主政治程序制定并认可的规范性行为准则，其为海洋渔业政策提供了基本框架与规范，确保海洋渔业政策制定和实施在法治的轨道上进行。海洋渔业政策可以是海洋渔业法律、法规在实践推行中的一种补充性文件，为法律法规的实施提供了具体的指导和支持，可以分为法律法规形式的政策和非法律法规形式的政策两种。一方面，政策是核心内容，是法律和法规建立和修订的基础。非法律法规形式的海洋渔业政策是未来海洋渔业有关立法规范的支撑和基础，法律法规形式的政策是相对稳定的规范性条文。另一方面，法律、法规

为政策的落地提供强有力的保障，法律法规的强制、约束、导向、预见、调节和保障作用有利于政策实施与落地。三者之间联系紧密、相辅相成，但也存在各自的特点与作用。

1. 意志属性不同

渔业法律、法规由国家权力机关（其中行政法规由国家行政机关）依照法定程序制定实施，体现的是国家和广大人民的意志；渔业政策是由党的领导机关依据有关规定程序制定的，体现的是全党意志的集中，不具有国家意志属性。

2. 规范形式不同

渔业法律、法规具有高度明确性、公开性，以法律、行政法规、地方性法规为主要表现形式，以规则为主，不局限于原则性规定。渔业政策以原则性规定为主，表现为通知、规定、意见、纲领、决议、决定、纪要等主要形式，部分政策不完全公开，不规定具体规则。

3. 实施方式不同

渔业法律、法规具有强制性、惩罚性，不遵守、不执行或不当执行存在违法嫌疑，要负法律责任或制裁处罚。渔业政策的约束效力次于法律，依靠宣传教育、警示劝导，政策贯彻执行与否、效果差异较难进行判断。

4. 稳定程度不同

渔业法律、法规一经制定将成为社会规范，具有相对稳定性，其条文的立、改、废必须遵守严格的法定程序。由于受到程序和内容的制约，对现实问题的解决容易出现滞后性。渔业政策具有灵活性，随形势变化做出调整和修订，在各种有效配套措施辅助下有利于及时灵活地达成政策目标。

第二节 现行海洋渔业管理制度

一、海洋渔业法律

（一）国内主要的渔业法律

《渔业法》是我国立法机关制定并颁布的唯一一部渔业领域的法律，其法律效力仅次于宪法。国家或地区立法机关制定并颁布的渔业领域的法律规范形成了我国的渔业法律制度体系。

目前，针对海洋捕捞业与海水养殖业的相关法律比较少，导致我国海洋渔业生产活动缺少立法指导。20 世纪 50 年代初，国家渔业主管部门颁布了一系列有关渔业法规：1955 年国务院颁布《中华人民共和国国务院关于渤海、黄海及东海机轮拖网渔业禁渔区的命令》。1957 年水产部颁布《中华人民共和国水产部对渔轮侵入禁渔区的处理指示》。20 世纪 80 年代后期，我国渔业正式进入"以法治渔，以法兴渔"的时代。1982 年，《中华人民共和国海洋环境保护法》正式颁布，对海洋生态环境保护起到了积极的推动作用。1986 年，全国人民代表大会常务委员会审议通过了《渔业法》，该法涉及渔业资源养护、水域环境管理保护、渔业船舶管理、水产育苗养护、水产品质量安全、水产品市场监管执法、渔政监管、远洋渔业管理等多个方面，标志着我国第一部规范指导渔业生产经营活动的基本法正式确立。

为适应新形势下海洋渔业发展需要，我国先后于 2000 年、2004 年、2009 年和 2013 年 4 次修订《中华人民共和国渔业法》（图 10-1）。目前，我国海洋渔业法律制度规范形成了以《中华人民共和国渔业法》为核心，以多种海洋渔业法规文件为支撑的法律法规体系。《中华人民共和国渔业法》出台后，不仅对海洋渔业资源的开发利用、增殖养护及生产发展模式做出了规范指导，同时加强了海洋渔业资源的保护、增殖、开发与合理利用。此外，涉及渔业的相关法律主要包括《中华人民共和国固体废物污染环境防治法》《中华人民共和国农产品质量安全法》《中华人民共和国野生动物保护法》《中华人民共和国水污染防治法》《中华人民共和国海洋环境保护法》《中华人民共和国水法》《中华人民共和国海域使用管理法》《中华人民共和国领海及毗连区法》《中华人民共和国农业法》《中华人民共和国动物防疫法》《中华人民共和国土地管理法》和《中华人民共和国进出境动植物检疫法》等。

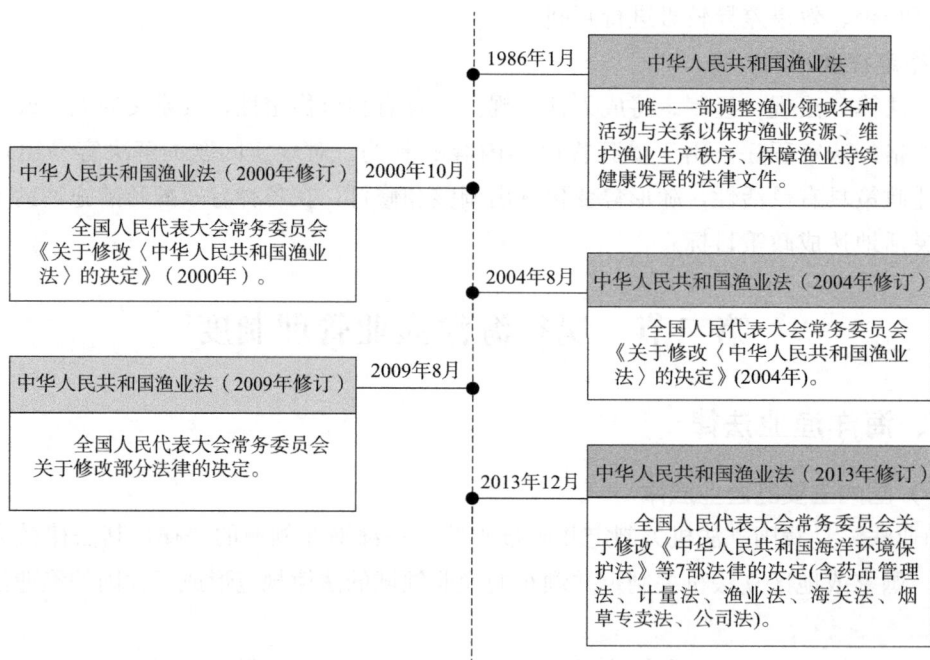

图 10-1　《中华人民共和国渔业法》的变迁

（二）国际主要的渔业法律

现行的国际海洋渔业治理体系主要是《联合国海洋法公约》，同时包括 FAO 发布的相关渔业管理制度及其他国际公约。《联合国海洋法公约》《负责任渔业行为守则》以及双边合作协议、多边或区域性的合作协定和公约、全球性的合作协议和公约等制度体系，共同构建了全球渔业治理体系。我国积极参与全球渔业治理，深化远洋渔业对外交流，开展互利共赢合作，早在 1980 年就加入了《国际捕鲸管制公约》，建立了多、双边政府间渔业合作机制，积极支持区域渔业管理组织，参与研究制定养护管理措施、渔业资源调查评估与科学研究等活动。

《联合国海洋法公约》是国际渔业法律制度的基础，旨在规范海洋资源的开发和利用，是国际上最完整的一部国际法律，对内水、领海、群岛水域、毗连区、专属经济区、大陆架等重要概念做出界定，得到各国的认同和遵守。1995 年，《执行 1982 年〈联合国海洋法公约〉有养护和管理跨界鱼类种群和高度洄游鱼类种群的规定的协定》（以下简称《执行协定》）成为《联合国海洋法公约》的重要组成部分，该协定于 2001 年 12 月 11 日生效，进一步明确了跨界鱼类种群和高度洄游鱼类种群的养护和管理措施，标志着传统公海捕鱼自由的结束，公海渔业进入了全面管理时代。《联合国海洋法公约》提升了沿海国家对渔业的管理效力，提高了渔业资源的可持续利用能力。

1995 年，联合国跨界鱼类种群和高度洄游鱼类种群养护与管理会议通过的《联合国鱼类种群协定》《补贴与反补贴措施协议》（SMC 协议）、《负责任渔业行为守则》《促进公海渔船遵守国际养护与管理措施协定》《中白令海峡鳕资源养护与管理公约》《北太平洋公海渔业资源养护与管理公约》《南太平洋公海渔业资源养护与管理公约》等构成了国际远洋渔业相关的法律制度体系。

二、海洋渔业法规

（一）海洋渔业资源增殖与养护

《渔业法》在渔业资源保护、禁止过度捕捞以及确保渔业资源可持续利用方面进行了一系列规定（王传良等，2019）。

1. 禁渔与伏季休渔

自 1995 年开始，根据渔业资源休养生息自然规律和开发利用状况，全国每年夏季在黄海、东海、南海海域实施 2～3 个月的休渔制度，保护渔业资源产卵、繁殖或幼体发育的场所或时间，维护渔业资源的再生能力。该制度主要由禁渔区和禁渔期制度、伏季休渔制度、保护区制度三方面组成，禁渔区的禁渔时间一般是全年或半年以上，休渔区的休渔时间一般是半年以下，保护区的保护时间一般是若干个月或若干天。

2024 年渤海、黄海、东海及北纬 12°以北的南海（含北部湾）海域的休渔制度通告显示，除钓具外的所有作业类型，以及为捕捞渔船配套服务的捕捞辅助船在以下 4 个主要时间、场所实施休渔制度管理：①北纬 35°以北的渤海和黄海海域为 5 月 1 日 12 时至 9 月 1 日 12 时。②北纬 35°至北纬 26°30″的黄海和东海海域为 5 月 1 日 12 时至 9 月 16 日 12 时。③北纬 26°30″至北纬 12°的东海和南海海域为 5 月 1 日 12 时至 8 月 16 日 12 时。④北纬 35°至北纬 26°30″的黄海和东海海域桁杆拖虾、笼壶类、刺网和灯光围（敷）网 4 种作业类型渔船可申请开展虾蟹类、中上层鱼类等资源专项捕捞许可，由相关省份渔业主管部门核报农业农村部批准后执行。

2. 渔业资源保护区制度

《渔业法》第二十九条规定"国家保护水产种质资源及其生存环境，并在具有较高经济价值和遗传育种价值的水产种质资源的主要生长繁育区域建立水产种质资源保护区。未经国务院渔业行政主管部门批准，任何单位或者个人不得在水产种质资源保护区内从事捕捞活动"。渔业资源保护区重点对渔业资源产卵场、索饵育肥场、越冬场、洄游通道等主要栖息场所及特有水域生态类型进行直接有效的管理。1981 年农牧渔业部颁布的《关于东、黄、渤海主要渔场、渔汛生产安排的暂行规定》在吕泗渔场设立了大黄鱼和小黄鱼的产卵场保护区，我国在东海和黄海设立大黄鱼和带鱼两个幼鱼保护区，除国家设立的保护区外，各省（自治区、直辖市）根据当地渔业资源状况设立其他保护区。

3. 渔具管理和可捕标准、渔获物幼鱼比例检查制度

《渔业法》第三十条规定"禁止使用小于最小网目尺寸的网具进行捕捞。捕捞的渔获物中幼鱼不得超过规定的比例。"《水产资源繁殖保护条例》规定按不同捕捞对象，分别规定最小网目（箔眼）尺寸来确定捕捞对象的可捕标准、幼鱼比例、渔具最小网目尺寸，进一步保护了捕捞对象幼体，防止生长型过度捕捞。可捕标准以捕捞对象首次性成熟的体长、体重、年龄等生物特征属性确定，并以此划分幼鱼与成鱼。最小网目尺寸主要考虑进入网具内的主要捕捞对象的幼鱼可以逃脱的情形标准。

4. 渔业水域生态环境保护

《渔业法》第四十七条规定"造成渔业水域生态环境破坏或者渔业污染事故的，依照《中华人民共和国海洋环境保护法》和《中华人民共和国水污染防治法》的规定追究法律责任"。渔业行政主管部门对渔业水域生态环境保护依法制定了有关活动管理的规定，包括禁止毁坏海岸防护林、红树林、珊瑚礁，对水下爆破、勘探、施工作业的监督管理，对入海排污口、含热废水排放、海洋倾废区的设置及划定等。

（二）海洋渔业捕捞管理

我国对海洋捕捞业的管理主要涉及捕捞许可证制度以及通过设定捕捞配额、捕捞季节、捕捞工具和方法等对船网工具的控制制度。

1. 许可证制度

根据《渔业法》的规定，从事内水、近海捕捞业，必须向渔业行政主管部门申请领取捕捞许可证。海洋大型拖网、围网作业的捕捞许可证由国务院渔业行政主管部门批准发放。其他作业的捕捞许可证由县级以上地方人民政府渔业行政主管部门批准发放，但是，批准发放海洋作业的捕捞许可证不得超过国家下达的船网工具控制指标。捕捞许可证制度通过限制生产渔船作业方式、种类、捕捞机动渔船数量和功率来控制目标鱼类的捕捞强度，从而保护渔业资源。我国渔业捕捞许可证分为海洋捕捞许可证（包括近、外海捕捞许可证）、内陆水域捕捞许可证、专项（特许）捕捞许可证 3 种。2003 年颁布的《行政许可法》以及《渔业捕捞许可证管理办法》（2004 年修订）完整地规范了渔业捕捞许可证制度的有关内容。

根据捕捞作业场所的不同，可将我国捕捞许可证分为海洋渔业捕捞许可证、公海渔业捕捞许可证、内陆渔业捕捞许可证、专项（特许）渔业捕捞许可证、休闲渔业捕捞许可证、临时渔业捕捞许可证、外国渔船捕捞许可证、捕捞辅助船许可证 8 种类型（黄荣华等，2020）。目前，我国捕捞许可的内容主要涉及作业类型、作业场所、作业时限、渔具数量和规格、捕捞品种等。捕捞许可证持有者必须根据其所允许的内容进行生产作业，否则将会承担相应的法律责任。

2. 渔船检验

《渔业法》制定了渔船检验规定办法，具体规定是"制造、更新改造、购置、进口的从事捕捞作业的船舶必须经渔业船舶检验部门检验合格后，方可下水作业。"《渔业船舶监督检验管理规定》从检验对象、内容及管理处罚方面做出规定，《钢质海洋渔船建造规范》《渔业船舶法定检验规则》《渔业船舶法定检验规则（内河、玻璃钢、海洋木质及小型钢质渔业船舶法定检验技术规则)》《海洋渔业船舶法定检验规程》等进一步完善了相关技术性法规。2003 年颁布的《渔业船舶检验条例》标志着我国渔船检验工作逐步走上法制化轨道。

3. 渔船登记管理

《渔业船舶登记办法》（1996 年颁布、2019 年修订）对渔船登记管理做出有关规定，渔业渔政管理局及地方各级渔业行政主管部门负责办理渔业船舶登记及其监督管理工作，登记内容主要包括所有权登记、国籍登记、抵押权登记、光船租赁登记等。此外，《渔业船舶登记办法》还规定了各种登记的法律效力、登记的条件、程序，变更登记和注销登记的条件、程序，登记证书的有效期限等内容。

（三）海洋渔业养殖管理

当前，我国渔业生产实行以养殖为主的方针，形成了较为完善的海水养殖管理法规体系。

1. 养殖证

《渔业法》第十一条规定，国家对水域利用进行统一规划，确定可以用于养殖业的水域和滩涂。单位和个人使用国家规划确定用于养殖业的全民所有的水域、滩涂的，使用者应当向县级以上地方人民政府渔业行政主管部门提出申请，由本级人民政府核发养殖证，许可其使用该水域、滩涂从事养殖生产。海水养殖证是使用海域或滩涂的许可证，确保经许可的水产养殖单位和个人享有的权利和应尽的义务。

养殖证的核定内容主要包括养殖水域、滩涂的地理位置和平面界定图，养殖水域、滩涂的面积，范围和方位坐标，养殖类型和方式，同时注明养殖证的适用期限、证件编号等内容。一般而言，浅海和滩涂的最高适用期限是 15 年，深海是 30 年，湖泊、水库、河沟是 10 年，临时养殖区域是 2 年。适用期限满后如需继续使用应在有效期满前 60d 向原发证机关申请续期手续。

根据 2010 年颁发的《水域滩涂养殖发证登记办法》将水域滩涂养殖证划分为两类：①国家所有水域滩涂的养殖使用证。使用全民所有的水域、滩涂进行养殖的，由养殖生产者申请，经县级以上人民政府渔业行政主管部门调查审定，批准核发《中华人民共和国水域滩涂养殖使用证》。该办法第二条规定，使用我国内水、领海进行 3 个月以上的养殖的，需要申请海域使用证。遭受自然灾害或意外事故，经核实经济损失达正常收益的 60% 以上时，可以申请减免海域使用金。②集体所有或者国家所有由集体使用水域滩涂的养殖使用证。使用集体所有的水域、滩涂从事养殖生产的，承包方应向县级以上渔业行政主管部门提出申请，经调查审定，确认水域滩涂承包经营权，颁发《中华人民共和国水域滩涂养殖使用证》。

2. 水产苗种

水产苗种是商品养殖（栽培）生产的优良苗和种，一般包括用于水产繁育、增养殖（栽培）生产和科研试验的水产动植物的亲本、雌体、幼体、受精卵、孢子及其遗传育种材料。《渔业法》对水产苗种的品种选育、培育、推广，水产苗种的生产、进出口及检疫进行了规定。《水产种苗管理办法》（2005 年修订）是目前我国实施水产苗种管理的重要法律依据。此外，《国家级水产原、良种场验收办法（试行）》《水产原、良种审定办法》《水产原、良种场生产管理规范》等对水产原、良种的生产管理、审定进行了具体规定。2001 年发布的《农业转基因生物安全管理条例》从转基因苗种研究领域对相关苗种试验、生产、加工、经营、进出口等活动做出相关规定，通过部际联席会议制度、分级管理评价制度、安全评价制度、标识制度等进行制度化管理。

3. 渔用饲料

《渔业法》第十九条"从事养殖生产不得使用含有毒有害物质的饵料、饲料"对我国渔用饲料安全问题做出规定。此外，《饲料和饲料添加剂管理条例》（2017 年修订）、《国务院办公厅转发农业部关于促进饲料业持续健康发展若干意见的通知》《一九八四年—二〇〇〇年全国饲料工业发展纲要（试行草案）》等法规制度对饲料、饲料添加剂的质量管理，对饲料产业生产能力及标准体系方面做了规定。因此，渔用饲料的行业法规主要是在符合《饲料和饲料添加剂管理条例》《无公害食品渔用饲料安全限量》（NY 5072—2002）等标准要求下，限制直接投喂冰鲜（冻）水产养殖病害饵料，防止残饵污染水质，禁止使用无产品质量标准、无质量检验合格证、无生产许可证和无产品批准文号的饲料、饲料添加剂，禁止使用变质和过期饲料。

1995 年，FAO 制定的《负责任渔业行为守则》对各国选择和使用饵料、饵料添加剂、肥料等方面做出了规范要求。FAO 为支持《负责任渔业行为守则》有关水产养殖的条款，于 2001 年专门制定了《渔用饲料良好操作规范》（GAFMP）。目前，发达国家已较为广泛地运用良好操作规范（GMP）来指导卫生、高效的饲料生产。

4. 渔用药物管理

《渔业法》第二十条"从事养殖生产应当保护水域生态环境，科学确定养殖密度，合理投饵、施肥、使用药物，不得造成水域的环境污染"对渔用药物管理做了规定。通过使用渔用药物以预防、诊断、控制和治疗水产动植物病、虫害，增强水产养殖品种的抗病害、抗风险能力，改善养殖水体环境，促进水产品种、水产动植物机体的健康生长。

国内现行有关渔用药物的管理归属在兽药管理范畴，主要法律法规是《中华人民共和国药品管理法》（2019 年修订）、《兽药管理条例》（2020 年修订）、《兽药管理条例实施细则》（1998 年修订）。尽管没有专门针对渔用药物管理的法律法规，但围绕兽药管理已制定了一系列规章，包括《兽药生产许可证、兽药经营许可证、兽药制剂许可证管理办法》《进口兽药管理办法》《兽药药政药检管理办法》《兽用麻醉药品的供应、使用管理办法》《动物性食品中兽药最高残留限量》等。此外，《中华人民共和国药典》《兽药典》以及农业农村部、国内贸易部和化工部等行业主管部门对渔用药物进行了规则、准则和标准的制定，包括《渔药推荐目录及使用方法》《水产动物药物残留检测取样暂行办法》等。

国际上，我国坚持遵守《实施动植物卫生检疫措施的协定》（SPS 协定）。有关水产动物疫病和粮食安全控制的标准必须符合国际兽医局（OIE）制定的《国际动物卫生法典》和《OIE 诊断试验和疫苗标准手册》以及国际食品法典委员会（CAC）制定的食品添加剂、兽药、农药残留污染物的限量标准和准则。此外，"危害分析与关键控制点"（HACCP）现已成为通行全球的食品质量控制体系，被广泛应用于水产食品；"良好操作规范"（GMP）的有关原理也在国际上被用于兽药管理。

（四）海洋渔业安全管理

渔业、渔船、渔港、渔民安全管理是渔业安全的四大要素。渔业安全管理法律法规制度是为保障渔业生产安全、保护渔业资源、维护渔民权益以及防止渔业事故发生而制定的一系列法律、法规和规章的总称。其目的是通过规范渔业活动，确保渔业资源的可持续利用，促进渔业经济健康发展。根据《渔业法》等法律、行政法规的规定，2003 年颁布的《水产养殖质量安全管理规定》是水产养殖质量安全监督管理的重要法规依据。渔业安全管理法规制度的实施有效地保护了渔业资源和生态环境，提高了渔民的生活质量和安全意识。

渔业标准方面，我国渔业标准的建设开始于 20 世纪 90 年代。按照《中华人民共和国标准化法》的规定，我国渔业标准体系包括国家标准、行业标准、地方标准和企业标准。早在 2014 年年底我国国家和渔业行业标准已达到 930 项，其中国家标准 169 项、行业标准 761 项；行业标准中渔船行业标准 153 项，除渔船外的行业标准 570 项。截至 2017 年，全国拥有国家级标准化示范区 52 个、农业标准实施示范县（场）529 个、省级渔业标准化示范区 863 个，建设了标准化信息服务平台，开展了标准咨询服务和培训交流，促进了标准化生产。

（五）国际海洋渔业相关法规

众多的国际海洋渔业法规制度在内容、特征和规定范围上各有特色，共同构成了国际海洋渔业管理和养护的法律框架。

1. 渔业社区配额制度（Community Quota System，CQ）

渔业社区配额制度是指社区作为一个主体分得相应的配额，社区管理委员会或其他相应的组织对社区内的配额进行分配。渔业社区配额制度具有社区主体单元整体性、社会资本利用高效性、权力下放积极性三方面的特征。这不仅有助于政府部门权力下放、降低管理成本，更增强了渔民参与管理的积极性和责任感。目前，该制度主要适用于荷兰、新西兰、菲律宾、英国、加拿大等国的渔业管理实践。

2. 总可捕量制度（Total Allowable Catch，TAC）

总可捕量制度是在特定水域对特定的渔业资源种类设定允许捕捞的年度（或渔期）渔获量最大值的渔业管理制度。总可捕量制度具有总量控制、科学分配、动态调整等特征。该制度根据渔业资源的评估结果，科学合理地分配捕捞配额，并且根据渔业资源的实际状况对总可捕量进行动态调整。目前，该制度被广泛应用于渔业管理，是现代渔业管理的主要制度之一。

3. 个体配额制度（Individual quota，IQ）

个体配额制度是政府渔业行政主管部门将总可捕量以配额的形式分配给特定的个体渔民或渔业企业，允许其在规定的时间内捕捞不超过其配额的渔业资源。集中表现出个体责任、灵活性、市场激励的特征。该制度有助于形成渔业资源的市场价格机制，激励渔民提高捕捞效率和资源利用效率。加拿大、丹麦、荷兰、挪威、新西兰等国家实施较早，且已发展得较为成熟。

4. 个体可转让配额制度（Individual transferable quota，ITQ）

个体可转让配额制度是在个体配额制度的基础上，允许配额持有人在市场上自由买卖其配额。该制度具有市场配置、经济激励、高效管理等特征，通过市场机制来优化渔业资源的配置和使用，提高了渔业管理的效率和效果。

三、海洋渔业政策

（一）渔业资源和生态环境保护

《国务院关于促进海洋渔业持续健康发展的若干意见》对海洋渔业资源和生态环境保护、海洋渔业生产结构和布局、海洋渔业设施和装备水平、海洋渔业组织化程度和管理水平做出规划指导，标志着我国渔业管理体制机制的创新和完善，此外，《农业部公告第947号——国家级水产种质资源保护区（第一批）》《农业部渔业局关于开展水产种质资源保护区规划编制工作的通知》《农业部办公厅关于调整吕泗渔场小黄鱼银鲳鱼和东海带鱼两个国家级水产种质资源保护区面积范围和功能分区的通知》等政策高度重视资源保护过程中生态、经济与社会综合效益的提升。近年来，《农业农村部关于做好"十四五"水生生物增殖放流工作的指导意见》《农业农村部办公厅关于进一步做好水生生物增殖放流工作的通知》等进一步对养护水生生物资源，保护生物多样性，不断提高水生生物增殖放流的科学性、规范性等方面做出要求指导。

（二）海洋渔业生产经营

自 1986 年颁布的《渔业法》确立"养殖为主，养殖、捕捞、加工并举，因地制宜，各有侧重"的渔业政策以来，2006 年农业部印发的《水产养殖业增长方式转变行动实施方案》旨在解决水产养殖业资源利用不合理、养殖病害、良种化等问题，提出水产养殖应向资源节约、环境友好的健康养殖方向发展。2019 年，农业农村部、生态环境部、自然资源部等联合发布《关于加快推进水产养殖业绿色发展的若干意见》，进一步明确绿色发展理念应深入贯彻养殖全过程的健康养殖制度。《2024 年水产绿色健康养殖技术推广"五大行动"实施方案》鼓励采用生态友好型养殖模式，减少环境负担。

《渔业法》首次明确了"批准发放海洋作业的捕捞许可证不得超过国家下达的船网工具控制指标"，《关于近海捕捞机动渔船控制指标的意见》《关于印发"八五"期间控制海洋捕捞强度增长指标的意见的通知》《关于2003—2010年海洋捕捞渔船控制制度实施意见的通知》等政策进一步落实了对近海捕捞机动渔船的有效控制。1999—2000年全国开始实施海洋捕捞零增长与海洋捕捞负增长政策，海洋捕捞渔船的增长势头得到了初步遏制。2017年印发的《关于进一步加强国内渔船管控实施海洋渔业资源总量管理的通知》明确了"十三五"期间全国海洋捕捞渔船压减指标（表10-1），缓解渔业资源压力。此外，远洋渔业逐渐成为重点发展产业之一。《农业部关于进一步加快渔业发展》《关于促进远洋渔业持续健康发展的意见》《远洋渔业管理规定（2020年修订）》《关于印发远洋渔业"监管提升年"行动方案的通知》等政策有计划地推进了大产业化、可持续化的远洋渔业发展战略，全国海洋渔业政策指导向深远海、新渔业探捕，多业态、高科技应用，强基础、高质量管理等方向转变。

表 10 - 1　2015—2020 年全国海洋捕捞渔船压减指标

省份	渔船压减任务合计		大中型捕捞渔船		小型捕捞渔船	
	船数（艘）	功率数（kW）	船数（艘）	功率数（kW）	船数（艘）	功率数（kW）
辽宁	2 473	105 610	907	88 860	1 566	16 750
天津	60	5 377	45	5 096	15	281
河北	665	41 758	422	38 550	243	3 208
山东	2 782	178 278	1 379	163 621	1 403	14 657
江苏	845	73 846	630	70 740	215	3 106
上海	50	6 801	48	6 762	2	39
浙江	2 580	430 337	1 717	417 810	863	12 527
福建	3 291	226 082	1 040	198 801	2 251	27 281
广东	4 782	245 250	1 463	207 634	3 319	37 616
广西	1 160	85 560	385	80 370	775	5 190
海南	1 312	101 101	268	72 585	1 044	28 516
合计	20 000	1 500 000	8 304	1 350 829	11 696	149 171

注：大中型捕捞渔船不包括专业远洋渔船。

（三）海洋渔业权益维护

进入21世纪以来，渔业补贴政策由建设渔业基础性设施逐渐向渔民生活保障、渔业风险防护、渔具更新改造等多样化权益维护政策拓展。随着《中日渔业协定》《中韩渔业协定》以及《中越北部湾渔业协定》等的签订及生效，2001年开始实施的渔业转产转业补贴政策以及2003年印发的《海洋渔业捕捞渔民转产转业专项资金使用管理规定》等政策的实施，大批渔民退出海洋捕捞业，渔业相关部门对退捕的海洋渔船报废补助做出新规定，包括申请报废补助的条件、流程、标准等（表 10‑2）。2007 年印发的《关于报送 2007 年度海洋捕捞渔民转产转业项目的通知》将原渔民减船补助分档标准统一调整为持正式捕捞许可证的渔船，每千瓦补助 1 000 元（以许可证贴附的主机功率凭证为准）；持临时捕捞许可证的渔船，每千瓦补助 500 元（以许可证记载的主机功率为准），其中原来确定的拆船工作补助经费不变；专项资金主要用于减船和转产转业两个方面，其中转产转业项目主要分为转产渔民培训和海洋牧场示范项目。

表 10‑2　2003 年海洋捕捞渔民减船补助标准（万元）

渔船规格	每船补助单价		拆解工作经费补助
	持正式捕捞许可证	持临时捕捞许可证	
10～20kW	1.5	0.75	0.05
>20～40kW	2	1	0.08
>40～60kW	2.5	1.25	0.08
>60～80kW	3	1.5	0.08
>80～100kW	5	2.5	0.08
>100～150kW	6	3	0.1
>150～200kW	8	4	0.1
>200～300kW	10	5	0.1
>300～500kW	15	7.5	0.1

我国现行渔业补贴政策主要有渔业成品油价格补贴、渔民转产转业补贴、渔业保险补贴 3 种。①渔业成品油价格补贴是渔船柴油补贴，是目前补贴政策中占比最大、金额最高的种类。2010 年实施的《渔业成品油价格补助专项资金管理办法》明确了渔民或渔企在生产中因利用机动渔船作业而获得补贴的标准、额度，主要参考系数是渔船种类、作业类型、平均作业时间等。②渔民转产转业补贴则是多重复杂环境条件下对减船和转产转业方面施行的补贴政策。③渔业保险补贴政策是对海上作业风险所造成的经济损失实行的一种风险保障政策，其中，渔业互保协会发挥了极其关键且重要的作用，通过保护全国范围内的渔业互助保险项目，建立渔业风险保障体系，既强有力保障了渔民生产安全防护，更提供了风险分担的保障机制。

（四）海洋渔业国际合作

我国高度重视渔业对外合作，坚持创新、协调、绿色、开放、共享的发展理念，积极推进渔业对外合作，促进合作共赢。积极研究加入 FAO《关于预防、制止和消除非法、不报告和不管制捕捞的港口国措施协定》（2016 年生效），开展国际海事组织国际渔船安全公约《2012 年开普敦协定》等涉渔公约研究。

加强多边渔业合作。我国积极参与了多项国际渔业治理的谈判和磋商，包括国际海事组织渔船安全及非法、不报告和不受管制捕捞部长级会议，国家管辖范围外海洋生物多样性协定，世界贸易组织渔业补贴谈判，预防中北冰洋不管制公海渔业协定等，旨在构建一个公正、合理且可持续的全球渔业管理体系。目前，我国已加入管辖范围基本覆盖全球重要公约水域的 8 大区域渔业管理组织，参与超过 30 个涉及渔业的国际组织活动，共同推进全球水产养殖业的可持续发展，并为全球粮食安全作出贡献。

促进双边渔业合作。我国与美国、欧盟、挪威、加拿大、澳大利亚、新西兰等重要渔业国家（地区）建立高级别对话机制，与印度尼西亚、巴拿马、秘鲁、厄瓜多尔等国家（地区）就双边合作、打击非法捕鱼、区域保护与治理等方面沟通交流，并与亚洲、非洲、南美洲、大洋洲的 40 多个国家（地区）在互利互惠前提下开展渔业合作，鼓励支持合作企业在相关国家投资兴业，积极促进当地就业和经济发展。2021 年 12 月和 2023 年 5 月，两次举办中国-太平洋岛国渔业合作发展论坛，进一步支持岛国渔业及相关产业的发展。

第三节　海洋渔业管理制度成效

一、海洋渔业管理制度发展阶段

我国渔业管理制度主要分为以下 3 个阶段：新中国成立初期恢复与发展的制度管理阶段、经济改革后的加强管理阶段、党的十八大以来的转型调控阶段（骆乐，2011 年）。

新中国成立初期是恢复与发展的制度管理阶段。新中国成立后，百废待兴。1949年，全国水产品总产量仅为 52.4 万 t，渔业发展及生产力落后。该阶段我国渔业产业发展的主要任务是组织恢复和发展渔业生产，依靠行政手段进行渔业管理。1950 年，首届全国渔业会议在北京召开，坚持"先恢复，后发展"的指导原则，制定了"以恢复为主"的渔业生产方针，到"一五"末期，水产品总产量达到 346.89 万 t，超额完成"一五"计划制定的目标。集体经济时期，国家渔业部门着手调整以海洋捕捞为主的原有政策，其间的全国渔业工作会议逐步确立了"以养为主，积极发展捕捞的方针"，并在 1977 年针对全国渔业资源过度开发利用的问题，确定了"充分利用和保护资源，合理安排近海作业，积极开辟外海渔场，大力发展海淡水养殖"的生产方针。改革开放以前，渔业管理制度主要通过限制捕捞时间、捕捞范围等手段，实施以渔业资源开发保护为主的发展政策。

经济改革后的加强管理阶段。改革开放以后，我国渔业管理制度重点加强渔业资源的保护、增殖和合理开发利用，促进渔业生产发展。1979 年，《水产资源繁殖保护条例》的颁布标志着我国渔业管理法律体系步入了重视养殖的新发展阶段，此后《渔业法》（1986年修订）明确了"养殖为主，养殖、捕捞、加工并举，因地制宜，各有侧重"的产业政策。《中华人民共和国海洋环境保护法》（1999 年修订）更以鼓励发展生态渔业建设、推广多种生态养殖渔业生产方式为我国渔业管理提供了法律依据。产业发展有关的法规政策高度重视对水产种质资源的保护和对良种选育的扶持力度，同时逐步建立健全渔业事故救助和赔偿机制，保障了渔民生命财产的安全。经过该阶段渔业法律法规的制定、修订与政策调整，基本形成了以《渔业法》为基础、以相关涉渔管理制度为补充、多法源多层次的渔业管理制度体系。

党的十八大以来的转型调控阶段。随着生态文明建设的深入推进和法治建设的不断完善，渔业管理制度逐渐向渔业生态管理方向转变。该阶段我国渔业法律制度呈现以下特点：一是立法层次较高，构建了以《渔业法》为核心的法律体系。我国在渔业领域加强了立法工作，不仅对原有的法律法规进行了修订，还制定了一系列新的法律法规，为渔业可持续发展提供了坚实的法律制度保障。二是内容更加全面和细致，涵盖了渔业发展的各个方面。渔业法律制度所涉内容逐渐涵盖渔业资源保护与利用、渔业权属与管理制度、水生生物疫病防控与粮食安全、海洋生态环境保护及国际交流与合作等，所涉领域逐渐增大，内容更加细致全面。三是执法力度不断加大，对违法行为的处罚更加严格。我国各级渔业行政主管部门加大了执法力度，严厉打击非法捕捞、越界捕捞等违法行为，维护了渔业的正常生产秩序。同时，加强了对渔业水域环境的监测和保护，确保渔业资源的可持续利用。四是注重与其他相关法律的衔接和协调，形成了较为完善的法律体系。我国司法机关在审理渔业案件时注重保护渔民的合法权益，维护渔业的正常生产秩序。同时，加强了对渔业违法行为的惩处力度，为渔业的可持续发展提供了有力的司法保障。

总的来说，我国渔业政策制度经历了从无到有、从简单到复杂的过程。从最初的行政管理手段到形成完善的法律体系，体现了我国对渔业经济的重视。在今后的工作中，应继续加强渔业法律制度的建设和完善，以适应新的发展形势和需求。同时，还应加强执法力度，确保法律法规的有效执行。

二、海洋渔业管理制度重点领域

海洋渔业产业转型升级。当前，我国海洋渔业发展形成了产供销、渔工商一体化发展模式，传统渔业向现代化渔业转变。目前，通过对生产要素的优化配置和渔业产业的重新组合，形成了供给交换的商品鱼产业链，将渔业的产前、产中、产后、生产、加工、运销有机结合，形成了渔业自我积累、自我发展的良好机制。近年来，以近海养殖为代表的海洋渔业形成了从育种育苗开始培育的全产业链。从资本引入、产学研一体化、海洋牧场的培育、养殖技术装备更新，以及近海到深海的延伸、冷链建设、海产品加工和深加工等这一全产业链条发展起来，每个环节都充满了艺术与技术的创造性。目前，全国已完全自主研制成功了世界上最大的深海全潜式养殖网箱"深蓝1号""深蓝2号""深蓝3号"，实现了智能养殖、本体发电、抗风浪、自持力强等功能，一只网箱年产鱼量超过1 500t。2022年9月我国下水的全球首艘10万t级的智慧渔业大型养殖工船"国信1号"，起捕交付首批65t海鱼产品，成功实现了智能化远深海游弋养殖生产方式。

渔业对外合作开拓新领域。随着全球渔业发展的新动向发生转变，我国充分发挥技术、种质、资金和人力资源方面的优势，大力推动苗种繁育、水产品加工、饲料生产和物流等产业的发展，在拓展与东南亚、拉丁美洲、非洲等地的水产养殖合作中促进了渔业产品及设备的出口，拓宽了合作广度和深度。在由我国主办的一系列国际性渔业会议中，尤其是在海事公约研讨、国际水产品可持续发展大会、国际渔业科技与创新大会等活动中赢得了国内外合作伙伴的广泛赞誉。

渔业科技和援外取得新成效。通过参与国际渔业科技交流与合作项目，我国在创新养殖复合系统、水环境生态修复、养殖容量测算模型等多个关键技术领域实现了从无到有的突破，养殖结构与品种种类也积极引进了包括淡水石首鱼、加州鲈北方亚种以及紫黑翼蚌等在内的优质种质资源。我国在大力推动渔业向绿色和可持续化发展转型升级的同时，已为超过 50 个发展中国家和地区的数千名水产技术人员及管理人才提供了专业培训，指导包括缅甸、菲律宾、巴基斯坦、蒙古国在内的发展中国家进行渔业生产运作规划管理、养殖及加工技术培训，积极地参与并促进了当地渔业发展，也为我国的外交战略提供了国际合作与服务。

渔业养护落实有效。捕捞强度控制上，《关于进一步加强国内渔船管控 实施海洋渔业资源总量管理的通知》明确了压减海洋捕捞渔船，减少国内海洋捕捞总产量的目标。目前，全国已累计拆解渔船超过 2 万艘，国内海洋捕捞产量约 1 000 万 t，海洋捕捞产量控制和减船目标已经提前完成。资源保护管理上，现行的伏季休渔制度被媒体称为史上最长休渔期和最严格的伏休制度，我国内陆七大重点流域禁渔期制度和主要江河湖海休禁渔制度实现了全覆盖。增殖放流及海洋牧场建设上，有力地促进了水域生态环境修复和渔业资源的可持续利用。累计创建国家级海洋牧场示范区 110 个，引领带动全国海洋牧场建设持续健康发展。

渔政执法监管有了新成效。"中国渔政亮剑"系列专项执法行动持续开展，严厉打击了涉渔违法捕捞行为，维护了守法渔民的合法权益和我国管辖海域的渔业生产秩序，取得显著成效。农业农村部实施的"亮剑 2023"专项执法行动，不断加大对各类渔业违法违规行为的打击与处罚力度，成功清理并取缔了 1.8 万艘非法涉渔"三无"船只、83.7 万余件违规捕捞网具，并收缴了电鱼设备 5 021 台（套）；此外，还组织了 6 084 次集中销毁活动，执法成效不断凸显。近年来，农业农村部高度重视渔业安全生产监督，开展渔业安全生产专项整治 3 年行动，组织渔业安全应急演练和安全技能大比武，开展渔业无线电专项整治和安全生产交叉大检查，创建示范"平安渔业示范县""全国文明渔港"。

三、海洋渔业管理制度时效性评估

（一）法律层面的时效性评估

我国《渔业法》虽几经修正，但最后一次修正距今也已有 11 年，滞后于时代发展（董传举等，2022 年）。《渔业法》虽涵盖了捕捞许可、渔业资源管理等方面，但其条款依然以传统捕捞方式为主，缺乏对现代海洋经济新兴领域（如深海养殖、海洋能源等）的具体规定。以智能渔业为例，自动化渔船与先进监控技术正在全球范围内兴起，但《渔业法》未针对这些新技术的应用提供法律保障和规范，使得科技发展与法律框架脱节。法律设定没有涉及海洋生态保护理念。既有的海洋管理制度按照环境要素进行规制，缺乏海陆统筹思想，不能有效保障海洋生态系统的整体健康安全。此外，现行《渔业法》所保护的对象仅局限于经济鱼种资源，没有充分考虑生态系统内物种间的关联性，主要经济鱼种未真正落实总可捕量捕捞制度，奥林匹克式竞争性捕捞问题十分突出。制度价值未能体现生态优先的价值理念。当前我国零星分散且缺乏统筹的渔业法律制度未能确立生态优先理念，制度重心依旧在于资源的经济价值保护，价值理念上的偏差是当前渔业管理制度无法真正实现资源可持续利用的主要诱因（白洋等，2020）。

（二）法规层面的时效性评估

我国渔船标准普遍存在有效期过长、标准内容与当前技术发展水平不匹配的情况，渔船技术法规难以满足国家渔业发展需求。例如，与玻璃钢渔船相关的 13 项水产行业专门标准的平均标龄均达 10 年以上。以农业部渔业船舶检验局颁布的《玻璃钢纤维塑料海洋渔船建造规范（2008 年）》（以下简称《08 规范》）为例，其中引用的国家标准共约 50 项，大多涉及材料工艺，产品质量检验、检测等。其中最新的《纤维增强塑料术语》（GB/T 3961—2009）为 2009 年制订实施，标龄老化严重。所引用的船舶行业标准《船用玻璃纤维增强塑料制品手糊成型工艺》（CB180—1998）是将近 30 年的技术内容。真空导入、喷射成型等成型工艺，建材行业标准等部分存在标准已作废的问题（赵红萍等，2013；魏广东，2009）。《08 规范》尚未颁布过滚动更新的相关修改通报、勘误表等。远洋捕捞渔船技术标准和技术法规的更新也难以满足国际渔业发展的需要。此外，技术法规体系系统性差，结构与层次逻辑关系不够清晰，适用性较差且内容分类不细致，难以适应我国渔船差异化显著的特征。我国渔船相关技术标准、国际公约及基础数据研究投入不足，难以有效支撑技术法规的制、修订。专业、高素质技术人才匮乏（肖扬，2015），长期缺乏基础性研究，导致产品和技术即使符合技术规则，其适用性和安全性偏低。现有技术法规体系没有适时修订和删除安全性低、危险性高的产品和技术，严重阻碍了我国渔业技术法规体系的演进。

（三）政策层面的时效性评估

我国在海洋产业可持续发展方面制定和实施了包括捕捞许可、"双控"管理、增殖放流等在内的多项政策，随着政策覆盖范围的扩大，其落到基层或是在某些地区、群体中的执行效果可能存在政策局限性。捕捞许可制度通过发放许可证的方式控制了渔业从业人员的数量（陈青，2022），但现行捕捞许可制度的不允许买卖、出租或以其他形式转让，一定程度上限制了渔业资源的合理流动和优化配置，可能造成海洋渔业资源的浪费（董文静等，2017）。而另一方面，捕捞限额的政策制度未明确管理措施与手段，在不同区域的捕捞量控制及渔船减少数上缺乏精准性，零增长控制计划也存在没有涉及不同海域的具体渔业品种和海域渔业资源整体特征等问题（杨琴，2018）。增殖放流、休渔管理制度自实施以来取得了良好效果，不仅增加了渔业资源数量与种类，还保护了渔业资源多样性与水域生态环境，如何优化提升政策落地效果预期，扫除政策广覆盖下的"盲点"，这需要在合理规划、科学管理、控制成本、覆盖规模等方面权衡好全面性与精准性，解决政策落实的"最后一公里"问题。

第四节 海洋渔业管理制度发展趋势

一、海洋渔业管理方式生态化

随着人们对优质蛋白质需求的增长以及自然资源的日益稀缺，渔业经济管理不仅关系到渔业从业者的生计，还影响着许多国家和地区经济的繁荣与稳定。为促进渔业健康发展，各国政府和国际组织通过制定和执行严格的规范标准推进海洋渔业的生态化转型，确保海洋渔业经济可持续发展。

（一）优化近海绿色养殖布局

渔业管理方式生态化发展的核心在于推动绿色、生态和可持续的渔业生产方式。农业农村部、生态环境部每年度联合发布《中国渔业生态环境状况公报》，公布我国渔业水域水质等生态环境监测情况。2023 年，我国渔业水域生态环境状况稳中趋好，海洋重要渔业水域（不含国家级水产种质资源保护区）无机氮和活性磷酸盐的超标面积比例较2022 年分别下降了 13.4％和 16.6％。我国推出一系列优化养殖用海管理的政策措施，科学确定养殖用海规模与布局、分类管控新增养殖用海、稳妥处置现有养殖用海等。通过优化养殖用海管理，鼓励发展多层次综合养殖，充分利用海水立体空间，进一步提升海域资源利用效率，有效促进海水养殖提档升级和高质量发展。未来，通过技术创新和管理制度的优化，在严格控制新增围海养殖规模且不占用海洋生态保护红线的前提下，我国渔业将更加注重生态环境的保护和资源的可持续利用，以绿色健康的水产养殖为未来发展的主流方向，实现渔业生产与生态环境的和谐共生。

（二）推进现代化海洋牧场建设

我国实施的《国家级海洋牧场示范区建设规划（2017—2025 年）》明确了海洋牧场建设的目标、任务、布局和保障措施，为海洋牧场的发展提供了政策指导和支持，定下了推动海洋渔业向绿色、协调、可持续方向发展的时代基调。当前，我国已实施了覆盖渤海、黄海、东海与南海四大海域的 110 个国家级海洋牧场示范区建设，在养护水生生物资源、修复水域生态环境、拓展渔业发展空间等方面发挥了重要作用。伴随着技术创新与智能化应用的推广普及，人工智能、大数据、物联网等技术将实现对养殖环境的精准监测和控制，并且将通过基因编辑技术培育的优良新品种大大提高养殖效率和产品质量，海洋牧场建设将不断提质升级，生态效益和经济效益也将同步提升。

（三）加快深远海养殖发展

我国相继出台了相关政策鼓励支持向深远海养殖发展，农业农村部等八部委联合印发的《关于加快推进深远海养殖发展的意见》为深远海养殖发展提供了有针对性的政策指导和支持，为水产养殖业提供了良好的政策环境。当前，我国鼓励发展养殖水体在 1 万 m³以上的深远海养殖渔场，围绕装备制造、养殖生产、加工流通和品牌培育等重点环节，提高产业综合效益。深远海养殖具有资源丰富、环境优良、产品品质高等优势，是未来水产养殖的重要发展方向。技术创新与装备的升级将推进深远海养殖技术不断完善，持续推动养殖技术和装备的自主研发与创新，成为提高深远海养殖安全性和经济性的关键支撑。此外，产业链延伸与融合发展也将促进深远海养殖与加工、流通、旅游等相关产业的融合发展，提高产业综合效益。

二、海洋渔业制度明细化

海洋渔业制度的不断调整和发展是应对资源衰退、促进可持续发展的必然要求。随着海洋渔业资源的日益紧张，海洋渔业制度将更加注重精细化管理，坚持生态发展，疏"近"用"远"，制度层面上充分做好近海"减法"、中远海"加法"。

（一）海洋渔业资源评估与动态调整监管制度

在科学评估海洋渔业资源的同时做好动态调整有利于更准确地了解渔业资源的现状、分布和变化趋势，从而制定更加科学合理的渔业政策和管理措施。具体表现：①捕捞限额与配额管理的精细化。根据不同海域、不同季节和不同种类的资源状况，设定不同的捕捞限额和配额，以实现资源的可持续利用。②捕捞方式与技术的优化。随着科技的进步，捕捞方式和技术也不断优化。智能化捕捞技术和装备的应用实现了捕捞过程的精确控制和实时监测，减少了对资源的浪费和破坏。同时，新型捕捞技术和装备的应用为捕捞业转型升级提供了有力支撑。

（二）海洋渔业科技化与智能化创新制度环境

随着科技的不断发展，未来海洋渔业监管制度将更加注重科技化、智能化监管手段的应用。政府将加大对渔业科技创新的投入和支持力度，利用现代信息技术、人工智能等技术手段，提高监管效率和准确性，鼓励科研机构和企业开展渔业新品种培育、渔业装备研发、渔业信息技术应用等方面的研究。通过建立海洋渔业大数据平台、智能监控系统等，实现对渔船捕捞活动的实时监测和预警，及时发现和处理违规行为。

（三）海洋渔业法制系统化与合作交流国际化

海洋渔业是全球性的产业，需要各国政府和国际组织之间的紧密合作与交流，在共同应对海洋渔业资源衰退、环境污染等全球性挑战背景下，海洋渔业制度将更加注重国际合作与交流。例如，通过签订双边或多边渔业合作协议、加强信息共享和技术交流等方式，共同推动海洋渔业的可持续发展。积极参与国际渔业法律规则的制定和修订工作，推动国际渔业法律规则的完善和发展。

三、海洋渔业管理技术新质化

随着信息技术的发展，智慧渔港、智慧渔业指挥调度（预警）中心等系统将逐步普及，实现渔业管理的全方位、动态化、智能化。例如，福建省漳州市打造的智慧渔业指挥调度（预警）中心，充分利用全球船舶自动识别系统（AIS）、大数据、云计算等技术，建立多源传感器形成的物联网数据底座，实现渔业管理的数字化、可视化；深远海养殖装备将更加先进，搭载更多的信息化、智能化设备，实现无人值守、精准养殖。

（一）传统与现代海洋渔业管理技术的接力升级

加快近岸传统渔排升级改造，推广应用绿色环保新材料、新装备，重点发展抗风浪能力强的新型桁架类网箱、新型重力式深水网箱，探索建设大型养殖工船，支持具备条件的县（市、区）发展海洋渔业以及渔业装备制造业。建立和推广陆海接力精准高效养殖模式，广泛开展健康养殖和生态养殖示范创建，做好海洋牧场发展重点区域海洋生态环境监测评估，统筹实施资源养护和生态修复，探索现代化海洋牧场生态养殖与红树林共生发展模式，促进海洋渔业绿色生态可持续发展。

（二）现代生物技术和信息技术的多场景应用

加强新一代信息技术与相关服务的深度融合，推进现代深蓝养殖，持续加强海洋生态系统保护修复，不断提升亲海空间品质。推动近岸海水养殖向离岸深水区拓展，优化水产养殖空间布局，缓解近岸海水压力。加强深远海养殖技术创新研发，不断提高水产养殖绿色化、信息化、智能化水平，促进渔业转型升级。应用无人机巡检、遥感探测、智能网箱等自动化和数字化技术，提高渔业生产效率，降低生产成本。例如，湛江已投入使用的深远海养殖装备（如"海威1号""海威2号"等）不同程度地搭载了信息化设备，实现了传统养殖业的智能化升级。

（三）水产种质资源的技术保护与利用

通过建立和完善水产种质资源库，采用现代生物技术对优异种质进行保护、研究和利用。开发适应不同海域环境的高产、高效、抗病和优质的新品种，提高海水养殖的产量和质量。此外，运用现代科技手段在特定海域进行生态养殖，涵盖生态养殖、环境修复、资源保护、旅游观光等多种功能，充分实现海洋渔业资源的可持续利用。加大海洋渔业资源养护力度，发挥海洋牧场示范区的综合效益和示范带动作用；加快培育海洋生物医药、海洋高端装备等新兴产业，推动海洋产业结构向中高端攀升。

世界上的渔业资源分布广泛，在占地球表面积约 71％的海洋中，人类捕鱼作业覆盖的面积已超过了 55％的海洋面积，是全世界耕地面积的 4 倍。但是世界渔业资源分布不均，加之海洋渔业资源跨区域分布和流动性强，渔业国际合作成为必然。本章主要介绍渔业国际合作的概念、分类、背景、意义，渔业国际合作面临的挑战和发展趋势，尤其是"21 世纪海上丝绸之路"建设对我国开展渔业国际合作的重要意义。通过本章的学习，使读者了解大国博弈背景下渔业国际合作面临的新形势、新问题，引导读者积极探索通过"21 世纪海上丝绸之路"建设拓宽我国与其他国家在外交和经济领域合作的策略和路径。

第一节　渔业国际合作概述

一、渔业国际合作的概念与分类

国际合作作为国家间互动的重要形式，涉及不同国际主体在共同或部分重叠利益的基础上、在特定议题上进行的政策协调行为。这种定义明确了合作与和谐、冲突与争议的区别。渔业是国际化程度较高的资源型产业，其国际交流与合作的范畴极为广泛，不仅包括水产养殖、资源保护、远洋捕捞、国际贸易、渔业治理和科技合作等专业领域，还涉及政治外交、农业农村工作、海洋权益和可持续发展等多个层面。

因此，渔业国际合作指的是国家之间、国家与国际组织之间为了共同开发和利用渔业资源、保护渔业环境、促进渔业经济发展，就渔业生产、科学研究、教育以及经济等方面共同协作、调整关系的总称。这种合作大多以协定（协议）或合同等形成法律文件，由行为主体共同执行，有的还成立专门的机构负责有关合作内容的实施。根据不同的分类标准，可将渔业国际合作分为不同的类型。按照参加合作的成员数量可将渔业国际合作分为双边和多边两种*；按合作的地域范围可将渔业国际合作分为区域性和全球性两大类**。

---

* 双边渔业合作是指两个国家之间的渔业合作与竞争关系，如中韩渔业关系；多边渔业合作是指 3 个及 3 个以上国家之间的渔业合作与竞争关系，如联合国海洋法公约。

** 区域性渔业关系是指特定区域内国家之间的渔业合作与竞争关系，如北大西洋渔业组织；全球性渔业关系是指全球范围内的渔业合作与竞争关系，如世界贸易组织渔业谈判。

二、渔业国际合作的背景与意义

随着全球渔业资源的减少和各国渔业利益的冲突，国际渔业关系逐渐形成。纵观历史，国际渔业关系经历了从无序竞争到有序合作的发展过程，各国通过签订协议、建立组织等方式共同管理渔业资源。在实际合作中，国际渔业关系具有复杂性、多元性和动态性等特点，涉及政治、经济、科技、环保等多个领域。国际渔业关系对各国渔业政策、渔业产业发展以及全球渔业资源的可持续利用具有重要影响。

（一）渔业国际合作的背景

1. 经济全球化

经济全球化始于20世纪70年代末80年代初，以信息技术为代表的新的科技革命推动了生产力的迅速发展，信息技术革命的成果不断被应用于经济领域，企业生产的组织成本和市场交易成本大大降低，全球范围内配置生产要素的效率随之大幅度提高。特别是20世纪90年代以来，迅猛发展的互联网技术更是将世界各地的经济活动空前广泛和深刻地联系在一起。信息技术在全球范围内的广泛传播和应用为经济全球化提供了物质技术条件，配合资本和商品的自由流动，促进了全球大市场的诞生，各国之间的经济联系越来越紧密，推动了贸易全球化、生产全球化和金融全球化的发展。归根结底，经济全球化是现代社会化大生产在国际范围内的扩展和延伸。随着经济全球化的深入，国际合作成为促进世界经济发展的重要手段。渔业国际合作作为国际合作的重要内容，在经济全球化趋势下应运而生。

在当前全球政治经济格局的剧烈变动中，尽管风险与挑战日益增多，但多极化的世界格局和经济全球化的基本趋势并未发生根本性转变。这些趋势具有其固有的逻辑和内在动力，无论是从全球力量对比的演变、国际关系的发展趋势、经济发展的规律来看，还是从各国的共同意愿来看，多极化和全球化都是不可逆转的时代潮流。在当前的国际政治经济格局中，各国仍将经济增长作为优先发展目标，致力于推动经济的繁荣发展。在此过程中，各国积极倡导建立一个开放型的世界经济体系，以确保全球产业链和供应链的稳定，并努力将发展议程重新置于国际议程的核心位置。当前，维护世界和平与发展的进步力量正在加速壮大，积极因素变得更加显著和有力。国际社会中越来越多的成员坚定地选择基于合作、共赢、平等和尊重的国际关系发展路径。

2. 全球海洋渔业资源情况

（1）海洋渔业资源的分布情况。全球海洋渔业资源分布广泛，主要集中在太平洋、大西洋和印度洋等广阔的海洋区域。其中：作为全球最大的海洋，太平洋拥有丰富的渔业资源，包括金枪鱼、鳕、鲑等多种高价值鱼类以及丰富的甲壳类和贝类资源；大西洋同样拥有丰富的渔业资源，尤其是北海、巴伦支海、地中海等地的渔业资源，以鳕、鲱、鲭等为主要捕捞对象；印度洋的渔业资源也相当丰富，特别是其周边国家和地区，如印度、印度尼西亚、斯里兰卡等地，依托丰富的热带和亚热带鱼类资源，发展起庞大的渔业产业。尽管北冰洋的渔业资源较少，但鳕、鲱和鲭等也较为常见。

（2）海洋渔业资源的特点。全球海洋渔业资源种类繁多，数量巨大，但分布不均，部分渔业资源面临枯竭风险。海洋渔业资源的特点具体体现在以下几个方面：

①多样性。全球渔业资源种类繁多，包含从低价值的底层鱼类到高价值的金枪鱼、龙虾等多种生物。

②区域性。渔业资源的分布具有明显的区域性特征，不同海域的生物种类和数量差异显著。

③脆弱性。由于过度捕捞、环境污染和气候变化等因素的影响，全球渔业资源面临严峻的挑战，部分物种已处于濒危状态。

海洋渔业资源为人类提供了丰富的蛋白质来源，对全球经济和社会发展具有重要意义，但渔业资源的开发和利用受到地理、气候、技术等多种因素的影响，因此渔业资源的保护和可持续利用是全球渔业合作的重要议题。

（3）海洋渔业资源开发现状。根据 2024 年《世界渔业和水产养殖状况》，2022 年全球渔业和水产养殖产量为 22 320 万 t，比 2020 年增长了 940.7 万 t，年增幅超过 2 个百分点。全球水产养殖产量达到了 13 090 万 t，其中水生动物产量为 9 440 万 t，有史以来首次超过水生动物总产量的半数，这标志着水产养殖业在动物蛋白产量上首次超越了捕捞渔业，成为水生动物蛋白的主要供应源。2022 年全球捕捞渔业的总产量为 9 230 万 t（内陆捕捞 1 130 万 t，海洋捕捞 8 100 万 t）。综合来看，尽管水产养殖业的规模和影响力不断扩大，海洋捕捞渔业在全球水生动物蛋白产量中仍占据重要地位。

2021 年，在生物可持续水平范围内捕捞的海洋种群比例降至 62.3%，比 2019 年下降 2.3%。按产量水平加权计算后，2021 年 FAO 监测种群上岸量中估计有 76.9% 来自生物可持续种群。这表明，有效的渔业管理可积极推动种群恢复、增加捕捞产量。

（4）全球渔业资源变化趋势及原因。得益于技术进步和管理改进，全球水产养殖产量大幅增长，渔业资源供应量持续增加，亚洲地区的水产养殖业显著增长。具体原因如下：

①技术创新。基因工程、疫苗开发和饲料优化等新技术显著提升了生产效率和产品质量。

②保存和分销技术的进步。冷链和运输技术水平的提升使得水生动物产品更容易保鲜并广泛分销。

③消费者偏好的变化。人们对健康食品需求的增加推动了对水生动物产品的消费。

④收入增长。全球收入水平的提升使得更多消费者能够购买和消费水生动物产品。

⑤政策支持。各国政府和国际组织的政策支持促进了水产养殖和可持续渔业的发展。

尽管技术进步和政策调整让全球海洋渔业资源呈现一些积极的发展趋势，但是全球海洋渔业资源的开发和利用也正面临一系列挑战，包括过度捕捞、气候变化和生态系统退化等。为了确保海洋渔业资源的长期可持续性，需要全球范围内的合作和努力，包括加强渔业管理、推广可持续捕捞和养殖实践以及应对气候变化等。

3. 海洋渔业在全球经济中的地位

海洋渔业在全球经济中占据重要的地位，它不仅是全球食品供应链的重要组成部分，为全球数十亿人提供食物和生计保障，而且对经济增长、就业和社会稳定作出了重要贡献。

①海洋渔业资源在全球粮食安全和营养中发挥着越来越重要的作用。在水生动物总产量中，89%被用于人类直接消费。2021年，全球水生动物食品的表观消费量为1.625亿t，人均消费量达到20.6kg，这个数字的增幅几乎是1961年以来全球人口增速的两倍。此外，水产食品可以提供优质蛋白质，在全球动物蛋白和蛋白质总量中的占比分别为15%和6%，同时水产食品还是关键营养物质（包括ω-3脂肪酸、矿物质和维生素等）的优质来源。2021年，在32亿人的人均蛋白供给中，源自水产动物食品的蛋白占所有动物来源蛋白质的比例至少为20%。

②海洋渔业资源是沿海国家经济发展的重要支柱，对促进就业、增加收入具有重要意义。渔业和水产养殖业对全球经济的贡献显著，据统计，2022年捕捞渔业和水产养殖产品初次销售总值达4 720亿美元，其中3 130亿美元来自水产养殖产品。渔业和水产养殖业还为全球提供了大量的就业机会。2022年渔业和水产养殖初级部门就业人数大约为6 180万人，其中约24%是女性。渔业和水产养殖业通过各种形式支持了约6亿人的生活和生计。

③海洋渔业资源是海洋生态系统的重要组成部分，对维护生态平衡具有重要作用。一是海洋渔业资源的多样性是生物多样性的重要组成部分。保护海洋渔业资源不但有助于保护物种多样性，而且还能提供诸如碳固定、氧气生产和营养物质循环等关键生态服务功能，这对于维持海洋生态系统的健康和稳定至关重要。例如，珊瑚礁生态系统中的鱼类多样性不仅丰富了海洋生物种类，还为珊瑚礁的健康提供了必要的生态功能，如控制藻类生长和促进珊瑚礁的恢复。二是海洋渔业资源在海洋食物链中扮演着关键角色。它们是许多大型海洋生物的食物来源，如鲸、海豹和大型鱼类。维持渔业资源的可持续开发有助于保持食物链的平衡，避免过度捕捞导致生态失衡。此外，海洋渔业资源的健康状况还可以作为环境变化的指示器。例如，某些鱼类和无脊椎动物对水质变化非常敏感，它们的数量和分布可以反映海洋环境的健康状况等。

海洋渔业资源的可持续开发和管理对全球生态环境的保护和维持具有不可替代的作用，是实现人类可持续发展的重要途径。海洋渔业资源的可持续利用需要全球合作和有效的国际治理。通过国际合作，可以共享信息、技术和最佳实践，共同应对海洋资源管理的挑战，如非法捕捞、海洋污染和气候变化等。

（二）渔业国际合作的意义

渔业国际合作的意义是多方面的，它不仅对全球海洋资源的可持续利用至关重要，而且对促进全球经济发展、保障粮食安全、保护海洋生态环境以及推动科技进步和文化交流具有重要作用。

（1）有利于促进资源共享，实现可持续利用。通过国际合作，各国可以共同制定和遵守渔业资源管理措施，如配额制度、休渔期和禁渔区等，共同保护海洋生物多样性和渔业资源，实现可持续发展。

（2）能够促进经济和贸易发展。渔业国际合作有助于开放市场，促进水产品的国际贸易，增加渔业产品的多样性和供应量，提高渔业产品的质量和安全性，从而推动全球经济的发展。

（3）保障粮食安全和营养供给。渔业是全球食品供应链的重要组成部分，国际合作有助于提高渔业产品的质量和安全性，确保全球消费者获得健康和有营养的海产品。

（4）能够促进海洋生态保护。国际合作对于保护海洋生态系统、共同打击非法捕捞和过度捕捞、维护海洋渔业秩序、减少海洋污染等具有重要意义。

（5）推动科技进步和创新。渔业国际合作可以促进科技交流和技术创新，提高渔业资源评估、监测和管理体系的科学性和有效性。

（6）促进文化交流和外交关系。渔业合作项目往往伴随着文化交流和人员往来，有助于增进各国人民之间的相互理解和友谊，服务外交关系。

（7）共同应对全球性挑战。近年来，气候变化、海洋酸化等全球性挑战给海洋渔业带来了巨大挑战，渔业国际合作是寻找解决方案的关键。通过各方共同努力，可以更好地预测和适应这些变化对渔业资源的影响。

三、渔业国际合作面临的挑战与发展趋势

（一）渔业国际合作面临的挑战

当前，环境污染、资源衰退、气候变化等全球性问题突出，各国渔业政策和利益诉求差异明显，加之渔业管理等方面存在各种问题，渔业国际合作面临许多挑战。

第一，渔业资源衰退形势严峻。全球渔业资源普遍面临过度捕捞、生态环境恶化等问题，导致渔业资源衰退严重，而有限的渔业资源会造成各国之间的资源争夺与竞争，给渔业合作带来巨大压力。

第二，渔业管理难度加大。不同国家和地区之间的渔业资源分配存在差异，而且捕捞作业方式的复杂化趋势使得渔业管理难度不断加大，导致各国协作、配合困难。

第三，各方利益诉求差异明显。各国在渔业合作中的利益诉求存在差异，如一些国家注重渔业资源保护和可持续利用，通过限制捕捞量、加强渔业管理、推广渔业科技等措施促进渔业健康发展。而另一些国家多以渔业为重要经济来源，更多地关注渔业产量和经济效益。

第四，非法捕捞问题严重。非法捕捞行为对渔业资源造成了极大的破坏，也影响了正常的渔业合作秩序和渔业资源的可持续利用。

第五，环境污染问题突出。海洋污染、生态环境恶化对全球渔业资源造成严重影响，需要各国共同应对。各国渔业管理政策不同，需要加强合作和协调，确保海洋渔业资源的可持续利用。

第六，气候变化影响显著。全球气候变化导致水域的温度、盐度等环境因素发生改变，从而影响鱼类生长繁殖和渔业生产的稳定性。

（二）世界渔业国际合作的发展趋势

未来，世界渔业资源的开发与保护将面临合作与竞争并存的局面。各国仍将通过建立国际组织、签订协议、开展联合研究和联合执法等形式加强合作，共同应对渔业资源保护和可持续发展的挑战。

第一，区域性合作将加强。区域性渔业组织如北太平洋渔业委员会、南极海洋生物资源养护委员会等仍将发挥重要作用。

第二，科技与创新的驱动作用越来越明显。科技进步和技术创新将成为推动渔业生产效率提高、促进渔业可持续发展的重要手段。

第三，更加关注生态保护。国际社会越来越关注渔业资源的可持续利用和生态环境保护，共同推动绿色渔业发展。

第四，共同应对气候变化。气候变化对渔业生产产生的影响是全球性的，需要国际社会的共同努力和积极配合，才能有效应对其产生的消极影响。

第二节 渔业国际合作的平台与内容

一、渔业国际合作的组织与平台

国际渔业组织（IFO）在渔业国际合作中发挥着重要作用。国际渔业组织是指由两个或两个以上的国家或民间团体基于渔业发展与合作目的，以一定协议的形式而建立的机构。按地区可分为全球性国际渔业组织和区域性国际渔业组织。按组成性质可分为政府间国际渔业组织和非政府间国际渔业组织。各国际渔业组织的任务根据其签订的协议或章程确定，总体上是在其管辖水域范围内讨论或研究渔业资源状况、拟定有关调查方案、审定有关渔业资源的保护措施、交流渔获量统计资料和出版刊物等。20世纪90年代以来，为加强渔业管理，国际渔业组织在实施监管措施以及开展执法的国际合作事项中发挥着越来越重要的作用。

目前，国际渔业组织有将近60个。主要的国际渔业组织有联合国粮食及农业组织渔业委员会、国际捕鲸委员会（IWC）等全球性的国际渔业组织，亚太渔业委员会（APFIC）以及分别以太平洋、印度洋、大西洋等区域为中心的区域性渔业管理组织。以下为国际渔业组织的典型代表。

（一）联合国粮食及农业组织渔业委员会

渔业委员会是联合国粮食及农业组织理事会的一个附属机构，由联合国粮食及农业组织大会于1965年设立。它是联合国粮食及农业组织成员开会审查和审议与渔业和水产养殖有关问题和挑战的全球性政府间论坛。渔业委员会设立了3个辅助委员会，就与水产养殖及捕捞和渔业产品国际贸易有关的事项进行特设协商，分别是渔业委员会水产养殖小组委员会、渔业委员会鱼类贸易小组委员会和渔业委员会渔业管理小组委员会。

联合国粮食及农业组织在渔业领域的工作重点包括：制定渔业政策和标准、提供渔业技术援助和政策咨询、搜集和发布渔业统计数据、促进渔业贸易、保护渔业资源等。渔业委员会促进制定和通过了若干有约束力的协定和无约束力的文书，这些文件重塑了该部门在资源可持续性和生物多样性保护方面的工作方式。例如，2024年渔业委员会第三十六届会议聚焦《世界渔业和水产养殖状况》及《负责任渔业行为守则》的执行进展，通过了水产养殖、水产品贸易和渔业管理分委会的决议，讨论了渔业与水产养殖在保障粮食安全、营养、生物多样性、应对气候变化方面的重要性。

（二）国际捕鲸委员会

国际捕鲸委员会是根据《国际管制捕鲸公约》成立于 1946 年的政府间组织，主要宗旨是保护鲸资源，确保鲸资源的可持续利用，该公约 1948 年开始生效。国际捕鲸委员会成员需认可《国际管制捕鲸公约》，并向委员会委派代表，接受委员会专家和顾问的指导。1986 年，国际捕鲸委员会通过了《全球禁止捕鲸公约》，全面禁止了商业捕鲸活动。国际捕鲸委员会现有 61 个会员，中国是会员之一。国际捕鲸委员会在渔业领域的工作重点包括制定捕鲸法规、监督捕鲸活动、收集和发布捕鲸数据、开展捕鲸科学研究等。

（三）区域渔业管理组织

区域渔业管理组织是由在某一区域或高度洄游物种中拥有捕捞利益的国家组成的国际组织。目前世界上有 17 个区域渔业管理组织，管辖范围覆盖了世界上大约 91% 的海洋。如太平洋区域的中西太平洋渔业委员会（WCPFC）、美洲间热带金枪鱼委员会（IATTC）、北太平洋渔业委员会（NPFC）、亚太渔业委员会（APFIC）、南太平洋区域性渔业管理组织（SPRFMO），印度洋区域的南印度洋渔业协定、印度洋金枪鱼委员会（IOTC），大西洋金枪鱼养护国际委员会（ICCAT）、西北大西洋渔业组织（NAFO），南极海洋生物资源养护委员会（CCAMLR），地中海和黑海区域的地中海渔业总委员会（GFCM）等。这些区域渔业管理组织在渔业领域的工作重点一般包括制定渔业政策和标准、提供渔业技术援助、收集和发布渔业数据、保护渔业资源、促进渔业贸易、开展渔业科学研究等。

二、渔业国际合作的重点领域

（一）渔业资源管理与环境保护

1. 渔业资源评估与管理合作

各国和国际组织利用先进的科学技术共同开展渔业资源联合调查与评估，调查与评估内容包括资源总量、资源分布、资源结构、资源变动趋势等，建立渔业资源数据库，为渔业管理和决策提供科学依据。

2. 渔业资源养护与修复合作

各国和国际组织共同开展渔业资源养护和增殖活动，通过渔业资源增殖放流、人工鱼礁建设等措施恢复渔业生态系统的健康和稳定，提高渔业资源的数量和质量；通过建立渔业资源保护区、珊瑚礁修复等措施，改善渔业资源的生存环境，促进渔业资源的恢复和养护，实现渔业资源的可持续利用，确保渔业生产的长期稳定。

3. 渔业环境保护合作

各国和国际组织共同开展渔业环境保护工作，包括渔业水域污染防治、渔业资源生境保护、渔业生物多样性保护等，维护渔业环境的健康和稳定，保护渔业资源和渔业环境。

4. 加强渔业联合执法合作

打击非法捕捞、越境捕捞、破坏海洋生态等违法行为，维护海洋渔业秩序，保护海洋生物多样性，维护海洋生态系统平衡。

（二）渔业科技合作

1. 渔业科技研发

各国和国际组织共同开展渔业科技研发工作，包括渔业资源调查、渔业资源养护、渔业环境监测、渔具渔法研究、渔业管理、渔业产品加工技术等方面，涵盖渔业生物学、渔业工程、渔业经济、渔业环境等领域，提高渔业生产效益，保护渔业生态环境。

2. 渔业技术推广

各国和国际组织共同开展渔业技术推广，通过培训、示范、技术咨询等方式，向渔民和渔业企业推广渔业养殖技术、渔业捕捞技术、渔业加工技术等，提高渔业生产水平。

3. 渔业人才培养

通过联合开展渔业技术合作培训工作，强化渔业人才培养，切实提高渔业从业人员的技术水平，包括渔业院校教育、渔业职业培训、渔业科普宣传等方式，培养高素质的渔业人才，使渔业发展提质增效。

4. 渔业信息交流与共享

各国和国际组织通过建立渔业科技合作平台、建立渔业信息网络平台、出版渔业刊物、举办渔业会议等方式，开展渔业信息交流与共享，促进渔业科技人员的交流与合作，推动渔业科技成果的转化与应用。

（三）渔业经济合作

1. 渔业贸易合作

一是各国和国际组织通过签订渔业贸易协定降低渔产品的关税和非关税壁垒，促进渔产品贸易的发展。二是建立渔产品贸易规则，制定渔产品贸易标准，保障渔产品质量和安全，促进渔产品贸易的公平、公正。

2. 渔业市场拓展

一是研究国际渔业市场动态，寻找新的渔业市场，开拓新的渔业贸易渠道，提高渔产品的市场份额。二是鼓励渔业企业跨国投资，开展渔业生产、加工、贸易等方面的合作，促进渔业产业的发展。

3. 渔业投资合作

一是各国和国际组织通过吸引外国投资支持渔业基础设施建设、渔业企业发展等，促进渔业经济发展。二是建立渔业投资保护制度，保障投资者的合法权益，促进渔业投资的稳定和增长。三是开展渔业投资合作谈判，创造有利于渔业投资的政策环境，促进渔业投资合作的顺利进行。

4. 渔业金融合作

各国和国际组织通过提供渔业贷款、保险、投资融资、风险管理等金融服务，如与世界自然基金会（WWF）等国际组织合作，促进渔业国际合作，保障和促进渔业产业健康发展。

（四）渔业灾害预防与减灾

1. 渔业灾害预警

建立健全渔业灾害预警系统，及时发布渔业灾害预警信息，帮助渔民提前做好应对准备，降低渔业灾害造成的损失。

2. 渔业灾害防御

加强渔业灾害防御设施建设，包括建设防洪堤坝、避风港、渔船避难所等，提高渔民应对渔业灾害的能力。

3. 渔业灾害救助

建立健全渔业灾害救助体系，及时为渔民提供救助，帮助渔民渡过难关、恢复生产生活。

（五）渔业社会合作

1. 渔业民间交流与合作

各国和国际组织通过举办渔民交流活动搭建渔业民间合作平台。一是促进渔业企业、渔业协会、渔民组织等渔业民间组织的交流与合作，推动渔业民间合作项目的实施，促进渔业资源的养护和管理，推动渔业贸易的自由化和便利化，促进渔业投资与合作的发展。二是开展渔业民间合作培训，提高渔业民间组织的合作能力，促进渔业民间合作的顺利进行。

2. 渔业文化交流与合作

一是各国和国际组织通过提供资金援助、技术援助等方式，支持渔业社区发展，改善渔民的生活条件。二是各国和国际组织通过举办渔业文化交流活动，促进渔业文化交流与合作，增进各国人民之间的了解和友谊。

3. 渔业社会交流与合作

提供平台促进渔业社会层面的分享与合作。如：开展国际渔业展览会，展示各国渔业产品和技术，推进渔业文化交流与渔业技术交流，分享渔业技术和管理经验；开展渔业教育和培训等渔业教育合作项目；开展渔业旅游合作，推广渔业旅游，促进文化交流。

第三节　中国渔业国际合作实践

一、中国渔业国际合作现状

中国渔业国际合作以创新、协调、绿色、开放、共享的发展理念为指导，旨在提质增收、减量增效、实现绿色发展和渔民富裕。通过服务渔业转型升级、"走出去"战略和国家外交大局，积极推进对外合作。

第一，周边合作方面，稳妥开展渔业会谈，强化涉外渔船管理，处理渔业纠纷，维护渔业利益和海洋权益。如中国与韩国、菲律宾、澜湄五国、马来西亚、文莱、俄罗斯等的边境水域渔业合作等都取得显著进展。

第二，双边合作方面，配合"一带一路"倡议，加强与美国、欧洲国家、挪威等国的渔业合作，并与多个国家和地区通过签订渔业合作备忘录、蓝色伙伴关系和组织召开渔业合作论坛等形式开展双边渔业合作，成效显著。

第三，多边渔业合作方面，积极参与国际渔业治理规则的制定，如参加联合国国家管辖海域外海洋生物多样性协定、世界贸易组织等谈判磋商，提升国际话语权。截至2020年年底，中国加入了10个国际或区域渔业管理组织，参与了30多个涉渔国际组织活动，覆盖全球重要公约水域。

第四，远洋渔业方面，《"十三五"全国远洋渔业发展规划》全面调整远洋渔业发展思路，实现规模控制、管理规范、转型升级和国际合作多轨并转，力争规范有序发展、促进渔业国际合作。截至2022年，远洋渔业企业和渔船数量分别为177家和2 551艘，年产量达到232.8万t，作业区域遍及全球多个海域。

第五，对外合作方面，顺应世界渔业发展趋势、努力开拓新领域。通过与东南亚、拉丁美洲和非洲等地区的合作，发挥中国技术、人才、资金等优势，带动相关产业发展；积极主办涉渔主题国际会议，树立渔业大国形象。

第六，渔业科技和援外方面，积极开展对外科技交流，引进关键技术和优良种质，优化中国水产品结构、推动水产养殖的绿色转型；为50多个国家培训了2 000多名技术人员和管理人员，支持了缅甸、菲律宾等国的渔业发展，服务国家外交大局。这些努力共同推动了中国在国际渔业领域的地位和影响力的提高。

二、中国渔业国际合作困境

尽管中国渔业国际合作取得了一系列进展，但受科技、政策、管理、人才等因素制约，仍存在一些问题。

第一，合作方式单一、合作层次不高。目前，中国海洋渔业对外合作以一般贸易为主，合作区域主要集中在东南亚国家联盟和南太平洋国家和地区，与欧美等发达国家的主管部门、相关企业和科研机构的经贸交流和技术合作有待提升。此外，应继续深化国际合作与对话等双边渔业合作机制，共同应对渔业资源管理和保护的挑战。

第二，国际渔业治理参与度有待提升。虽然中国积极参与多边渔业组织和区域渔业管理组织，但在国际渔业治理规则的制定和实施中，仍需提高参与度和影响力，以更好地维护国家利益和全球渔业资源的可持续利用。

第三，对外向型渔业的扶持力度有待加强。远洋渔业是外向型渔业的典型代表。发展现代远洋渔业需要先进的捕捞设备、渔业资源探测能力以及对渔业资源的科学管理和养护，因此远洋渔业是高投入、高风险、高回报的"三高"产业，目前国家对远洋渔业发展的扶持政策主要是柴油补贴，对远洋渔业基地建设等的补贴尚未落实，影响了中国渔业在国际市场上的竞争力和可持续发展能力。

第四，海洋渔业外向型专业人才较为缺乏。对外合作，人才先行。发展渔业国际合作，需要准确把握和充分理解国际通行贸易规则、国外相关政策、市场行情变化、国外先进技术，才能搭建好合作的桥梁。当前渔业外向型专业人才缺乏是制约中国渔业"走出去"的重要因素。

三、中国渔业国际合作的内容与实践

（一）资源养护与管理

中国在远洋渔业领域的发展策略充分体现了中国对国际海洋治理和渔业资源可持续利用的承诺：利用专业的科学调查船，积极开展渔业资源的调查评估与科学研究；以科学数据为基础，为渔业资源的合理开发与保护提供决策支持；在区域渔业管理组织中，积极参与养护管理措施的制定；对于尚未建立区域渔业管理组织的公海区域，采取了开创性的自主休渔措施。自 2020 年 7 月 1 日起，中国在西南大西洋公海相关海域首次实施为期 3 个月的自主休渔，这一措施不仅体现了中国负责任捕捞的国际形象，还为全球渔业资源的科学养护和可持续利用作出了积极贡献。目前，中国已将所有尚无区域性渔业管理组织的公海海域纳入自主休渔范围，进一步强化了远洋渔业监管，促进了全球渔业资源的科学养护和可持续利用。此外，中国采取了比区域渔业管理组织更为严格的管控措施：自 2024 年起，所有中国远洋渔船必须每天报送电子渔捞日志、实行远洋鱿钓渔船总量控制，在国际上首次实施公海转载观察员自主监管等系列行动，证明了中国正在依托远洋渔业引领渔业国际合作与交流，为公海渔业治理贡献中国智慧和中国方案。

在渔业双边合作中，中国也在积极践行养护责任。自 2015 年起，中国与周边老挝、韩国、越南等国均联合开展了多次渔政联合执法及增殖放流活动，达成了卓有成效的合作，不仅有效养护了黄海和北部湾海域的水生生物资源、维持了水域生态平衡，而且在推动渔业可持续发展、促进渔民致富增收等方面都作出了积极贡献，符合双方渔民的共同利益和期盼。此外，截至 2024 年，中俄渔业合作混合委员会已成功举办 32 次会议，中俄双方在渔业资源养护、冷水鱼养殖、营养与饲料、病害防治等多个领域建立了长期稳定的合作机制。这些合作不仅加深了中俄两国在渔业领域的交往，而且为中俄新时代全面战略协作伙伴关系的持续健康稳定发展作出了积极贡献，同时也为两国人民带来了实实在在的利益。

（二）渔业科技合作

近年来，中国渔业坚持科技支撑转型升级，高质量发展让渔业新业态层出不穷。目前，中国渔业科技进步贡献率已超过 60%，中国名副其实地肩负着渔业大国的责任和担当，在渔业科技研发、渔业技术推广、渔业人才培养和渔业信息交流等领域贡献了中国智慧。

当前，中国涌现出一批科技驱动型智慧渔业企业，为中外渔业合作的发展注入了新质生产力。优鱼（广州）技术有限公司依托智慧渔业管理平台、物联网养殖设施设备以及现代化养殖模式等渔业科技创新成果和发展经验，让中国设施养鱼智慧走向世界。早在 2019 年，优鱼（广州）技术有限公司就率先与马来西亚 GST 海产集团展开合作，对其旗下的北海渔场进行了数字化改造，使用 U 鱼智慧渔业管理平台对养殖、生产、加工、销售等环节进行全程记录和管理。目前，优鱼（广州）技术有限公司已在新加坡、印度尼西亚、越南、巴基斯坦等地铺开智慧渔业解决方案，为推进中国与东南亚国家渔业科技交流合作作出了更大贡献。

长期以来，中国政府秉承"授人以渔"的帮扶理念，以派出技术员和来华培训交流等多种方式持续与非洲有关国家开展渔业科技合作。截至目前，仅淡水渔业研究中心就已经为 56 个非洲国家培训了超过 3 180 名高级渔业技术人才和管理人才，并先后派出 40 多位专家赴 10 多个非洲国家担任渔业和水产养殖方面的专家顾问，为当地水产养殖技术水平的提升和产业发展作出了积极贡献。

此外，中国还以双边和多边合作等多种方式与诸多国家开展渔业科技研发合作等项目。如中国科学院海洋研究所与俄罗斯渔业与海洋研究所建立长期合作关系，通过开展渔业科技和水产养殖技术创新联合研讨会等，就开发海洋鱼类、棘皮动物、虾类和双壳贝类的繁殖育种和养殖技术等方面的研究以科研项目申请、专家互访交流、青年学者培养、双边会议举办等形式开展合作。中国还通过举办南海周边国家渔业可持续发展国际学术交流会等形式与南海周边国家在渔业产业、资源养护和科技交流等方面开展交流与合作，共谋渔业可持续发展。

（三）渔业经济合作

中国政府始终秉承互惠共赢的合作理念，通过贸易投资、银行金融等多种方式与他国开展渔业经济合作。

对外投资促合作。在投资方面，中国与非洲多个国家展开了深入合作，不仅为当地创造了大量就业机会，还提升了非洲国家的渔业加工能力和产品附加值。例如，在加纳，中国企业帮助该国建立了完整的渔业产业链，从捕捞到加工再到出口，极大地提高了该国渔业的国际竞争力。中水集团远洋股份有限公司驻几内亚比绍代表处是中国远洋渔业第一个海外生产基地，自 1985 年成立以来，不仅服务于中国远洋渔业，更对几内亚比绍经济发展发挥了重要作用，极大地带动了当地手工渔业的发展，推动了当地水产品出口创汇，增加了当地市场鱼货供应，提高了几内亚比绍人民福祉。

双多边经贸促发展。首先，中国积极开展与周边国家的渔业经贸合作，其中与东盟国家的合作颇具代表性。双方签署了《自由贸易协定》，降低了水产品的关税壁垒，促进了双边渔业产品贸易的增长。例如，中国从越南进口虾类和鱼类产品，而越南则从中国引进渔业设备和技术。这种双向贸易不仅推动了两国渔业经济的发展，还促进了区域经济的一体化。其次，金融合作也是中国与其他国家渔业经济合作的重要组成部分。中国的金融机构与南太平洋地区的岛屿国家合作，通过提供低息贷款和金融技术支持，帮助这些国家改善渔业基础设施。例如，斐济在中国的金融支持下，升级了其渔港设施和冷链系统，提高了渔产品的出口能力。这种金融合作不仅助力了当地经济的发展，还深化了中斐之间的经济联系。此外，中国还积极参与多边渔业经济合作机制。作为亚太经济合作组织和联合国粮食及农业组织的成员，中国在多个国际会议和论坛中倡导可持续渔业管理和资源共享，通过多边平台推动全球渔业经济的协调发展。

（四）渔业防灾减灾合作

气候变化、洪涝灾害以及极端天气等对全球渔业资源分布和渔业生产形成了巨大威胁。为保护渔业资源，中国与有关国家积极采取联合行动应对灾害，联合行动涵盖了信息共享、技术开发、教育培训和政策协调等多个领域。

第一，中国与邻国在渔业资源管理和防灾减灾方面进行了深入合作。如与东南亚国家合作，通过建立区域渔业管理组织和签署合作协议共享气象和海洋环境信息。这种信息共享机制提高了各国对极端天气和自然灾害的预警能力，使得渔民能够更好地应对可能发生的灾害。

第二，中国积极参与联合国粮食及农业组织、区域渔业管理组织等国际渔业组织的活动。这些平台不仅促进了中国与其他国家在渔业资源管理方面的合作，还推动了各国在应对气候变化对渔业影响方面的联合研究。通过参与这些组织，中国不仅分享了自己的成功经验，还吸收了其他国家的先进做法，从而提高了自身的防灾减灾能力。

第三，中国与多个国家通过共同开发先进的渔业科技（如遥感技术和海洋观测技术等）提高了对海洋气候变化的监测能力，为渔业防灾减灾提供了技术支持。此外，中国还与其他国家合作开展了多项海洋生态修复项目，旨在增强海洋生态系统的恢复能力，以应对气候变化带来的长远影响。

第四，中国与一些沿海国家在政策制定和立法方面进行合作。通过签订双边或多边协议，各国就渔业资源的可持续管理、防灾减灾的措施等达成共识。这些协议和共识为各国在渔业领域的合作提供了法律框架，确保了防灾减灾措施的有效实施。

（五）渔业社会合作与文化交流

近年来，中国与国际社会在渔业社会合作方面开展了多层次、多形式的互动。

第一，渔业民间合作。中国与多个国家的渔业协会、渔民组织建立了合作关系，促进了经验和技术的交流。通过互访和座谈会，双方分享可持续渔业管理的实践经验，推动民间层面的互信与合作。以中日渔业协会为例，两国渔业协会定期组织渔业交流活动，分享可持续渔业管理的经验。通过互访和座谈会，中日渔民在捕捞技术、资源管理等方面达成了多项共识，推动了民间合作。这种直接的民间互动加深了两国渔民的理解和信任，为进一步的合作奠定了基础。

第二，渔业教育与培训合作。中国与许多国家的大学和科研机构合作，开展渔业管理和技术培训项目。通过奖学金和交换项目培养国际渔业领域的专业人才。如上海海洋大学自 2021 年开始承担了亚洲合作资金项目"澜湄国家稻渔种养技术合作及人才培养"，在柬埔寨和老挝开展了系列化的稻渔种养的技术合作和人才培养工作，并通过设置本科生、研究生赴华培养项目，促进了澜湄国家种养技术的发展，保障了当地居民的粮食安全与营养水平。

第三，渔业文化交流。中国与其他国家通过文化节、展览和研讨会等形式展示各自的渔业文化和传统。这样的活动不仅增加了相互了解，也促进了渔业文化的保护与传承。如中韩两国举办的海洋文化节，双方通过展览、表演和美食品鉴等形式，展示各自丰富的渔业文化遗产，不仅增进了两国人民的文化认同感，还促进了渔业文化的保护与传承。

通过这些广泛的社会合作，中国与国际社会在渔业领域建立了深厚的伙伴关系，不仅促进了渔业技术和管理水平的提升，还加深了文化理解和人文交流，为全球渔业的可持续发展提供了坚实的基础。

四、推动渔业国际合作的路径选择

（一）建立健全合作机制，加强政策协调和支持力度

一是制定统一的渔业政策和法规，确保各国在渔业资源保护和管理方面的政策协调性，避免政策冲突和贸易壁垒，促进渔业资源的合理利用和可持续发展。二是建立国际渔业合作组织，加强各国之间的沟通与合作。三是加大对渔业国际合作的支持力度，提供资金、技术和人才支持，推动渔业国际合作的深入发展。

（二）加强科技创新和人才培养，提升产业竞争力和可持续发展能力

一是加强科技创新，推动渔业技术和装备的研发和应用，提高生产效率和资源利用效率。二是加强人才培养，培养高素质的渔业管理人才和技术人才，提高产业竞争力。三是加强国际合作，共享资源和市场，提升可持续发展能力。四是加强环境保护和资源管理，实现渔业的可持续发展。

（三）深化产业链合作和贸易便利化，促进互利共赢和共同发展

一是加强产业链合作，建立全球渔业产业链，实现资源共享、优势互补与贸易便利化。二是简化通关手续，降低关税壁垒，促进渔业产品贸易，促进互利共赢。三是加强国际合作，共同应对渔业资源保护和可持续发展挑战。四是推动全球渔业产业升级，提高渔业产品质量和效益，实现共同繁荣和发展。

（四）加强信息共享和政策交流，推动全球渔业治理体系改革和完善

一是建立全球渔业信息共享平台，促进各国渔业信息的交流与合作。二是加强政策交流，借鉴其他国家在渔业治理方面的成功经验和做法。三是推动全球渔业治理体系改革，完善相关法律法规和政策措施。四是加强国际合作，共同应对全球性渔业问题（如非法捕捞、过度捕捞等）。

第四节 "21世纪海上丝绸之路"与渔业国际合作

一、"21世纪海上丝绸之路"建设的合作重点

"21世纪海上丝绸之路"有三大重点方向：一是从中国沿海港口过南海，经马六甲海峡到印度洋，延伸至欧洲衔接中巴、孟中印缅经济走廊，共同建设中国—印度洋—非洲—地中海蓝色经济通道；二是从中国沿海港口过南海，向南太平洋延伸，共建中国—大洋洲—南太平洋蓝色经济通道；三是积极推动共建经北冰洋连接欧洲的蓝色经济通道。"21世纪海上丝绸之路"通过三大蓝色经济通道，全面推进与共建国家的多领域合作。以下是合作的五个关键领域：

（一）绿色发展合作

中国政府以绿色发展理念引领海上合作，重视海洋生态保护与修复、濒危物种的保护、环境污染防治以及应对气候变化等领域的国际合作。并通过提供技术和资金支持与共建国家共同应对挑战、推动绿色发展。

（二）海洋经济合作

面对全球经济挑战，中国致力于与共建国家整合资源和经济要素，推动海洋产业、港口建设、资源开发利用、涉海金融和北极开发等领域的合作，以促进就业和减贫，使"21世纪海上丝绸之路"建设的成果惠及更广泛的民众。

（三）海洋安全合作

中国秉持"共同、综合、合作、可持续"的安全观，与各国在海洋公共服务、航行安全、联合搜救、防灾减灾和执法等方面加强合作。通过共建共享计划，完善服务体系，提升产品质量，共同维护海上安全。

（四）智慧创新合作

中国倡导以科技创新驱动智慧海洋发展，将以建设海洋科技合作园、联合研究中心和信息共享平台为抓手，与共建国家共同推动海洋科技合作。

（五）治理机制合作

中国始终秉承以战略对话和友好磋商为合作基础的理念，与"21世纪海上丝绸之路"共建国家构建开放包容、互利共赢、和平发展、创新和可持续的蓝色伙伴关系。通过建立海洋高层对话和蓝色经济合作机制，鼓励多方参与海上合作和全球海洋治理，共同规划海洋合作的未来。

二、"21世纪海上丝绸之路"推动渔业国际合作的进展成效

"21世纪海上丝绸之路"倡议提出时间虽不长，但在秉承共商、共享、共建原则，坚持开放合作、和谐包容、市场运作、互利共赢的理念指导下，在推动渔业国际合作方面已取得很大成效。

（一）国际渔业合作之路不断深化

第一，以生态保护为抓手，深化渔业绿色发展之路。如首届中国-东盟国家蓝色经济论坛重点关注海岸带生态系统的修复与保护和蓝碳合作问题，并签署重要合作协议：与斯里兰卡科研机构开展珊瑚礁生态系统联合研究及生态保护技术应用；与马来西亚签订备忘录，进行水产病害防控技术研究；与柬埔寨开展关于稻渔综合种养推广与应用方面的合作等，开展中国-东盟渔业资源保护与开发研究。

第二，以经济发展为中心，扩大渔业繁荣之路。海上丝绸之路带动了共建国家经济的发展，推动渔业经济持续向好。如中国与共建国家深入开展蓝色经济合作，东盟已成为中国第一大水产品贸易伙伴，2022年，双边贸易总额迈上100亿美元新台阶，达到100.1亿美元，超过中国水产品贸易总额的1/5。

第三，以安全维护为手段，加强渔业安全保障之路。由中国国家海洋环境预报中心研

发运行的"海上丝绸之路海洋环境预报保障系统"促进了中国与共建国家的信息共享与技术合作，提升了区域海洋环境应对能力，推动了国际渔业安全水平的整体提升；系统支持的海洋生态监测功能帮助识别海洋环境变化，促进渔业资源的可持续管理，避免过度捕捞和海洋生态破坏；通过实时监测和预警，系统保障了渔船的航行安全，提高了作业安全性；系统的快速响应能力有助于在发生海洋灾害时进行有效的应急处置，减少损失。总之，该系统为"21世纪海上丝绸之路"共建国家的渔业安全和可持续发展提供了重要支持。

第四，以科技创新为突破，提升渔业智慧创新之路。十多年来，"一带一路"渔业科技交流持续开展。中国水产科学院作为中国渔业科学研究的权威机构，持续致力于构建渔业科学的创新前沿、核心技术的发源地以及成果转化的应用基地。如其召集主办的首届中国"一带一路"国际淡水渔业产业创新研讨会，重点关注渔业科技创新、水产科技发展等重要议题。中国水产科学院还通过渔业投资、人才培训、外派专家等形式，帮助相关国家进行渔业生产、开展水产养殖等渔业科技交流，以多层次、多形式的人才培养方式带动共建国家的渔业发展。

（二）共建"21世纪海上丝绸之路"推动渔业国际合作典型案例

依托"21世纪海上丝绸之路"建设，中国渔业国际合作取得了前所未有的成就，亮点颇多，如成功举办了第四届全球水产养殖大会、首届中国-太平洋岛国渔业合作发展论坛等，持续夯实与周边国家渔业关系，积极拓展双多边渔业合作，初步建成支撑保障体系，中国在国际渔业舞台上的影响力显著提升。

案例1：福建省远洋渔业对"21世纪海上丝绸之路"倡议的深层实践

多年来，福建省远洋渔业综合实力保持全国领先地位。2023年，远洋渔业规模进一步增长，技术升级显著；远洋渔船数量超600艘，年产超60万t，65%以上自捕鱼产品回流国内；产值过亿的远洋渔业企业达15家，竞争力明显增强；建立了国家级远洋渔业综合基地，全产业链发展取得了重要进展，初步建立了布局合理、装备优良、管理规范、生产安全的现代化远洋渔业产业体系。

福州马尾港作为福建省远洋渔业的一部分，近年来取得的成效也十分显著。马尾港是中国最大的远洋渔获集散地，年集散交易远洋渔获超过50万t，占全国远洋渔获运回量的35%。据统计，2023年1月至7月，马尾海关监管进口水产品34.9万t，货值约36.1亿元，同比分别增长约53.5%、130.4%，连续3年实现逆势增长。

近年来，福建省远洋渔业企业和远洋经济开发区综合发展，不仅提升了全国远洋渔业的发展质量，而且践行了"海洋命运共同体"理念，落实了"一带一路"倡议，并在推进"21世纪海上丝绸之路"核心区建设中发挥了重要作用，为福建省建设海洋强省奠定了坚实的基础。

目前，福建省在海外有9个远洋渔业综合性基地。以福建省远洋企业宏东渔业股份有限公司为例，其在毛里塔尼亚建成了中国在海外投资规模最大的远洋渔业基地。该基地产品销路广泛，在亚洲、欧洲和非洲等地市场销售业绩持续向好。基地的发展对当地产生了积极影响。通过产业链的延伸，促进了相关配套企业在当地的投资。这种投资的带动效应对当地的政治稳定、经济发展、就业增加、税收增长以及渔业进步都产生了正面影响。值得一提的是，该基地为当地创造了近 2 000 个就业岗位，显著提升了当地居民的就业率和生活水平。这种"渔业资源＋船队＋基地"互惠合作的渔业模式被业内称为"宏东经验"，已在圭亚那、苏里南等国展开探索，这是福建省对"一带一路"倡议的深层实践，实现了福建省乃至全国与"21 世纪海上丝绸之路"共建国家的共赢，也践行着保护全球海洋资源的大国责任。

案例 2："海丝"助力中非渔业合作全面开花

中国是世界上最大的水产品生产国，也是世界上最大的水产品出口国。

近年来，中国与非洲近 20 国进行渔业合作，相关产品年产约 30 万 t，极大地推动了非洲蓝色经济的发展。预计到 2030 年，非洲蓝色经济可达 4 050 亿美元。"21 世纪海上丝绸之路"的提出为非洲发展蓝色经济提供了更多机遇，中国许多部门都参与其中。如中国海洋发展基金会通过其发布的公共产品"海丝"共建国家海岸带可持续发展能力指数评价报告，从技术、管理层面全面助力非洲国家海岸带的合理开发与生态保护。

乌干达水产研究与发展中心是中国-联合国粮食及农业组织-乌干达（三期）南南合作项目水产示范基地，这里的渔场排灌系统采用中国技术建设而成。

2022 年 11 月，陈太华等 9 名中国农业专家抵达乌干达，执行为期 3 年的农业技术合作任务。当地渔户主要养殖胡子鲇、罗非鱼和镜鲤，由于不了解生物特性，也未打通销售渠道，最初的技术合作积极性不高。中国专家团队因地制宜，设立面积 1 215m² 的稻田养鱼示范池，投放胡子鲇 670 尾，结合池塘养鱼的投喂方式等实用技术，既降低了水稻虫害防治成本，又增加了水产品收入，逐渐受到当地认可。

2023 年，中国港湾工程有限责任公司启动了坦桑尼亚首个现代化渔港基卢瓦渔港的建设，该项目是坦桑尼亚五年计划的标志性工程，预计将成为推动当地经济增长的新动力。坦桑尼亚畜牧和渔业部部长阿卜杜拉·哈米斯·乌莱加表示，中国不仅在渔港建设方面给予大力支持，还在农业和渔业技术方面提供宝贵帮助。通过引进先进的技术和设备，非洲国家农业和渔业产量显著提高，民众收入也显著提升。

2024 年，由中企开发的尼日利亚莱基港迎来史上最大货轮，尼日利亚港口拥抱大型集装箱货轮的梦想变为现实。

此外，中国政府还通过举办培训班等多种方式与共建国家开展渔业合作。"海上丝绸之路国家渔业活动监管与执法研修班"为期 14d，有 26 名来自坦桑尼亚、南非、塞拉利昂等 8 个国家的渔业监管执法官员参加。研修班围绕中国渔业管理经验、信息化渔业监管等主题，安排了系列专题讲座和研讨交流等内容，并组织学员赴北京、连云港等地开展实践教学。"海上丝绸之路国家陆基水产养殖技术培训班"为期 21d，来自尼日利亚、坦桑尼亚、塞拉利昂等 7 个国家的 25 名技术官员参加培训。培训班主要展示了中国在陆基水产养殖技术领域的先进技术和成功经验，安排了系列专题讲座、专业实习和研讨交流等内容，并组织学员赴广西多地开展实践教学。

三、"21世纪海上丝绸之路"推动渔业国际合作的发展思路

"21世纪海上丝绸之路"倡议的提出，为中国渔业转型升级、服务"走出去"战略提供了新机遇，为中国政府进一步扩大对外开放提供了新支点。为推动中国海洋与渔业在更广范围、更深层次上参与国际合作，借助"21世纪海上丝绸之路"建设，确定渔业国际合作的重点与方向如下。

（一）科学规划与共建国家渔业合作布局，差异化开展渔业合作

一是根据国内渔业主产区和出口重点渔区位置，将"21世纪海上丝绸之路"共建国划分为中国海域临界区域和非临界区域。根据区划，推动福建、广东等与其拥有共同海域的东盟、南亚等临界区域国家，充分发挥地缘优势，形成互补发展格局，深化海洋伙伴关系，促进区域经济和安全融合。二是依托"21世纪海上丝绸之路"倡议，提升重点港口建设，差别化定位港口功能，助推渔港经济区建设，提升中国渔业产业在全球产业链上的分工与地位。

（二）探索与共建国家渔业产业优势互补方案，优化渔业产业结构

一是调整养殖与捕捞比例，优化渔业产业结构。养殖方面，确保养殖业提质增效，扶持绿色养殖和深远海养殖。捕捞方面，加强近海渔船管理，优化渔业补贴政策，促进远洋渔业发展。二是发挥共建国家比较优势，延伸渔业产业链。技术与装备方面，利用中国渔业主产区技术优势，向越南、菲律宾等捕捞大国提供技术支持。劳动力与成本方面，利用东南亚国家的低成本优势，结合中国的技术集约化养殖，推进水产养殖合作。上游育种研发方面，加强与共建国家育种技术的交流，提升品种质量。下游冷链物流和加工方面，强化与共建国家产业链下游的冷链仓储和物流合作，提升产品附加值，促进上下游环节的协同发展。

（三）提升与共建国家渔业贸易互补路径，调整水产品进出口结构

一是市场导向调整。出口方面，提升水产品品质，增加市场需求，在保持现有市场份额的基础上，拓展中东欧、中亚和西亚等国际出口市场。进口方面，根据进口品种需求，调整国内渔业生产结构，增强中国水产品国际竞争力。二是拓展新自贸区建设。利用"21世纪海上丝绸之路"建设机遇，依托东盟自贸区，深入挖掘西亚和南亚新自贸区建设的可能。通过调整进出口结构，实现渔业产业链和生产要素的优势互补，带动相关产业投资，实现"21世纪海上丝绸之路"共建国家水产品的"贸易互通"。

（四）加强与共建国家渔业合作政策研究，完善渔业合作政策保障

一是加大渔业涉外投资政策研究力度。深入分析共建国家政策，引导企业有序参与境外合作，推动政策互通。二是构建对外合作保障体系，为渔业"走出去"保驾护航。政策引导方面，针对渔船升级、深海养殖及海外基地建设等关键领域，提供财政支持，推动产业升级和国际合作。风险保障方面，在高风险国家实施渔业合作风险保障机制，确保人员

和资产安全。金融机构协同方面，增强多边融资机构和国内金融机构对海洋渔业项目的投资，以金融服务助推渔业国际化，实现资金互通。

未来，应以"21世纪海上丝绸之路"建设为契机，准确把握新形势新挑战，在世界百年未有之大变局加速演进、大国博弈日趋激烈的背景下，站稳政治立场，坚持道路自信，打造高水平团队，建强支撑保障体系，高质量推进渔业国际合作，为加快建设渔业强国作出新的更大贡献。

REFERENCES 参考文献

安皓，王天虹，王刚，2017. 我国深远海养殖浅析 [J]. 海洋开发与管理. 34 (S2)：138-141.

安家瑗，1991. 小孤山发现的骨鱼镖：兼论与新石器时代骨鱼镖的关系 [J]. 人类学学报，10 (1)：12-18.

白斌，2015. 明清以来浙江海洋渔业发展与政策变迁研究 [M]. 北京：海洋出版社.

白辉哲，2020. 考虑渔具影响的拖网渔船阻力与耐波性预报 [D]. 大连：大连理工大学.

白洋，胡锋，吴庭刚，2020. 中国海洋渔业管理制度的创新研究：基于美国渔业管理经验的借鉴 [J]. 科技管理研究，40 (16)：46-52.

包特力根白乙，郑吉辉，2011. 渔业可持续发展研究之管见 [J]. 大连海事大学学报（社会科学版），10 (4)：10-13.

曹威威，孙才志，2024. 海南省海洋渔业生态：经济系统脆弱性及其影响因素分析 [J]. 宁波大学学报（理工版），37 (4)：48-55.

柴寿升，龙春凤，2019. 消费者行为视角下我国海洋休闲渔业发展路径研究 [J]. 山东大学学报（哲学社会科学版）(1)：136-144.

陈晨，2023. 加快深远海养殖发展建设"蓝色粮仓" [N]. 光明日报，2023-08-03 (10).

陈东景，2019. 基于能值相图的海洋渔业生态经济系统可持续发展评价：以山东省为例 [J]. 生态经济，35 (4)：65-70.

陈静娜，赵珍，刘洁，2017. 渔业经济概论 [M]. 北京：海洋出版社.

陈龙，贾复，1996. 远洋拖网渔船的演变发展过程 [J]. 现代渔业信息，11 (3)：1-6.

陈琦，胡求光，沈伟腾，等，2021. 减船转产背景下沿海渔户生计脆弱性变化及其影响因素：基于浙江省舟山市转产渔户的调查 [J]. 地理科学，41 (8)：1487-1495.

陈青，2022. 我国渔业资源管理政策研究 [J]. 海洋开发与管理，39 (9)：65-72.

陈新军，2020. 渔业资源经济学 [M]. 3 版. 北京：中国农业出版社.

陈亿强，2017. 农村一二三产业融合发展模式初探 [J]. 现代农业装备 (4)：72-73.

陈雨生，房瑞景，乔娟，2012. 中国海水养殖业发展研究 [J]. 农业经济问题，33 (6)：72-77，112.

陈岳，2000. 国际政治学概论 [M]. 北京：中国人民大学出版社：158-171.

程烨，2016. 中国海洋捕捞渔民收入结构区域差异研究 [D]. 上海：上海海洋大学.

辞海编辑委员会，2019. 辞海·地理分册 [M]. 上海：上海人民出版社.

董传举，2020. 当代中国渔业法律与法规的正式渊源 [J]. 中国水产 (10)：64-66.

董传举，贾颖颖，2022. 我国渔业行政执法问题与对策研究 [J]. 中国渔业经济，40 (2)：21-30.

董文静，王昌森，韩立民，2017. 中国海洋渔业资源利用状况与管理制度研究 [J]. 世界农业 (1)：217-224.

方海，阮雯，纪炜炜，等，2019. 世界古代渔业史源和发展概述［J］. 渔业信息与战略，34（3）：180-187.

冯瑞玉，郭禹，李金明，等，2023. 基于 EnhanceFish 模型的鱼类增殖放流策略研究：以中山市南朗水域黄鳍棘鲷增殖放流为例［J］. 渔业科学进展，44（5）：1-10.

高鸿业，2021. 西方经济学［M］. 8 版. 北京：中国人民大学出版社.

高乐华，高强，2012. 海洋生态经济系统界定与构成研究［J］. 生态经济（2）：62-66.

高明，高健，2008. 中国海洋渔业管理制度优化研究［J］. 太平洋学报，16（2）：81-85.

高杨淑涵，陈璇，2024. 中国海洋捕捞业碳排放效率与经济高质量发展的耦合协调关系［J］. 上海海洋大学学报，33（6）：1451-1462.

顾虹，2018. 海洋捕捞渔船动力装置节能技术探讨［J］. 农业开发与装备，24（1）：124-125，129.

管清友，2015. 中国"一带一路"将改变世界经济版图［J］. 中国产经（1），68-81.

管筱牧，尹德伟，2017. 基于生命周期理论的国际海洋捕捞业发展比较研究［J］. 中国渔业经济，35（2）：24-30.

郭文路，黄硕琳，2001. 总可捕量制度不同实施方式的比较分析［J］. 海洋湖沼通报（4）：61-69.

韩嘉麟，安姜涛，2024. 浙江省海洋渔业资源可持续发展利用思路［J］. 农村经济与科技，35（5）：46-49.

韩立民，2018. 我国海洋事业发展中的"蓝色粮仓"战略研究［M］. 北京：经济科学出版社.

韩立民，周海霞，2011. 基于 AHP 的水产品流通效率研究［J］. 中国渔业经济，29（3）：68-73.

韩杨，2018. 1949 年以来中国海洋渔业资源治理与政策调整［J］. 中国农村经济（9）：14-28.

韩杨，2024. 耕海牧渔：建设"蓝色粮仓"的重点难点与战略举措［J］. 发展研究，41（6）：21-29.

韩英夫，2021. 渔业权的物权结构及其规范意涵［J］. 北方法学（1）：46-54.

洪银兴，曲福田，2023. 可持续发展经济学［M］. 北京：商务印书馆.

胡求光，2009. 结构因素、需求变动与中国水产品出口贸易研究［M］. 北京：经济科学出版社.

胡求光，2017. 国家海洋战略与浙江蓝色牧场发展路径研究［M］. 北京：海洋出版社.

胡求光，2024. "一带一路"农产品贸易网络格局演化及影响机制研究［J］. 农业技术经济（8）：38-54.

胡求光，魏昕伊，马劲韬，2023. 水产品追溯体系的产业链协同机制研究［M］. 北京：九州出版社.

胡求光，朱安心，2017. 产业链协同对水产品追溯体系运行的影响：基于中国 209 家水产企业的调查［J］. 中国农村经济（12）：49-65.

胡笑波，骆乐，2001. 渔业经济学［M］. 北京：中国农业出版社.

黄纯艳，2017. 变革与衍生：宋代海上丝路的新格局［J］. 南国学术（澳门），1：49-61.

黄洪亮，冯超，李灵智，等，2022. 当代海洋捕捞的发展现状和展望［J］. 中国水产科学，29（6）：938-949.

黄荣华，裴兆斌，2020. 完善渔业行政许可法律体系与督查机制研究［J］. 沈阳农业大学学报（社会科学版），22（3）：348-353.

黄硕琳，邵化斌，2018. 全球海洋渔业治理的发展趋势与特点［J］. 太平洋学报，26（4）：65-78.

黄贤金，2010. 资源经济学［M］. 南京：南京大学出版社.

黄幸婷，胡汉辉，2012. 产业发展规划的范式研究［J］. 科学学与科学技术管理，33（9）：66-73.

姬广磊，施坤涛，王丽，2024. 威海市水生生物资源养护现状及发展对策 ［J］. 水产养殖，45（8）：
　　61-63.

姜启军，赵文武，2018. 我国水产养殖不同品种要素投入产出分析 ［J］. 中国渔业经济，36（6）：
　　90-96.

金仁耀，翟璐，刘征，2021. 浙江省水产品加工产业发展现状与对策建议 ［J］. 浙江农业科学，
　　62（11）：2159-2164.

孔祥智，马九杰，朱信凯，2023. 农业经济学 ［M］. 北京：中国人民大学出版社.

蓝虹，杜彦霖，2024. 自愿碳交易市场：产权量化标准与生态价值实现路径 ［J］. 改革（4）：77-92.

雷仲敏，2013. 技术经济分析评价 ［M］. 2版. 北京：中国标准出版社.

李·安德森，2012. 渔业经济学 ［M］. 孙琛，张海青，等译. 上海：上海财经大学出版社.

李秉龙，薛兴利，2008. 农业经济学 ［M］. 北京：中国农业大学出版社.

李晨，徐小琳，刘大海，2019. 我国水产品流通模式及其流通效率 ［J］. 海洋开发与管理，36（4）：
　　39-44.

李大海，2007. 经济学视角下的中国海水养殖发展研究 ［D］. 青岛：中国海洋大学.

李大海，韩立民，2019. 陆海统筹构建粮食安全保障新体系研究 ［J］. 社会科学辑刊，41（6）：
　　109-117.

李大海，孙文慧，于会娟，等，2023. 我国深远海养殖业的现状特点和发展建议 ［J］. 中国渔业经济，
　　41（5）：39-49.

李非凡，袁新华，张亚楠，等，2016. 养殖户参与渔业专业合作社的意愿及影响因素：基于广西壮族自
　　治区96户养殖户的调查分析 ［J］. 中国渔业经济，34（2）：49-55.

李健，李吉涛，2023. 海水虾蟹环境适应与池塘生态工程化养殖 ［J］. 水产学报，47（11）：84-96.

李美云，2005. 国外产业融合研究新进展 ［J］. 外国经济与管理（12）：12-20，27.

李鹏程，2020. 海洋生物资源高值利用研究进展 ［J］. 海洋与湖沼（4）：750-756.

李森，2019. 基于生态效率评价视角的海水养殖效率测度及提升策略研究 ［D］. 上海：上海海洋大学.

李勋祥，2024. 海水养殖"潮起"，何以六次均在青岛？［N］. 青岛日报，2024-06-24（3）.

李彦平，王城佳，刘大海，等，2023. 海域要素投入对海水养殖业发展影响的实证分析 ［J］. 海洋环境
　　科学，42（1）：72-79.

李宜良，于保华，2006. 美国海域使用管理及对我国的启示 ［J］. 海洋开发与管理（7）：14-17.

李玉尚，2012. 被遗忘的海疆：中国海洋环境史研究 ［N］. 中国社会科学报，2012-12-05.

厉无畏，2003. 中国产业发展前沿问题 ［M］. 上海：上海人民出版社.

联合国粮食及农业组织，2024.《2024年世界渔业和水产养殖状况》报告 ［J］. 世界农业（7）：145.

刘汉东，1991. 魏晋南北朝林业、渔业考查 ［J］. 中国社会经济史研究（3）：9-14.

刘慧，唐启升，2011. 国际海洋生物碳汇研究进展 ［J］. 中国水产科学，18（3）：695-702.

刘京生，2000. 中国农业保险制度论纲 ［M］. 北京：中国社会科学出版社.

刘景景，龙文军，2015. 新型渔业经营主体特征和现实约束 ［J］. 农林经济管理学报，14（6）：
　　600-605.

刘思华，1997. 可持续发展经济学 ［M］. 武汉：湖北人民出版社.

刘英杰，刘永新，方辉，等，2015. 我国水产种质资源的研究现状与展望 ［J］. 水产学杂志，28（5）：
　　48-55，60.

刘子飞，孙慧武，蒋宏斌，等，2017. 我国水产加工业发展现状、问题与对策 [J]. 中国水产，60 (12)：36-39.

刘子飞，孙慧武，岳冬冬，等，2018. 中国新时代近海捕捞渔业资源养护政策研究 [J]. 中国农业科技导报，20 (12)：1-8.

娄成武，王晓梅，同春芬，2015. 基于治理理论的海水养殖多元主体治理模式初探 [J]. 中国海洋大学学报（社会科学版）(3)：1-5.

卢昆，2011. 现代渔业框架下我国海洋捕捞产业政策支持重点研究 [J]. 社会科学家，26 (2)：50-54.

卢云云，2019. 关于海水养殖业转型升级的探究 [J]. 现代农业研究 (1)：56-57.

陆广微，2023. 吴地记新雕 [M]. 扬州：广陵书社.

罗濬，1983. 宝庆四明志 [M]. 台北：成文出版社.

罗余方，2018. 南海渔民关于台风的地方性知识：以广东湛江硇洲岛的渔民为例 [J]. 民俗研究，34 (1)：146-152.

骆乐，1999. 渔业股份合作制探析 [J]. 中国渔业经济研究 (1)：17-18.

骆乐，2011. 渔业经济学 [M]. 3 版. 北京：中国农业出版社.

吕煜昕，池海波，2022. 我国水产品可追溯政策的基本特征与演化历程研究 [J]. 中国商论，31 (21)：87-90.

马传栋，2015. 可持续发展经济学 [M]. 北京：中国社会科学出版社.

马剑，2009. 温家宝会见美国总统奥巴马 [N]. 人民日报，2009-11-19 (1).

马健，2002. 产业融合理论研究评述 [J]. 经济学动态 (5)：78-81.

马阔建，黄六一，刘长东，等，2021. 改革开放四十年国内海洋捕捞业变化分析 [J]. 中国渔业经济，39 (3)：1-10.

马林娜，于会国，慕永通，2006. 海洋渔业资源配置效率与我的可选路径 [J]. 资源经济 (4)：34-38.

麦康森，徐皓，薛长湖，等，2016. 开拓我国深远海养殖新空间的战略研究 [J]. 中国工程科学，18 (3)：90-95.

梅洁，2019. 我国黄东海区海洋捕捞现状·问题与对策研究 [J]. 安徽农业科学，47 (8)：241-243.

聂小林，李淑慧，熊晓辉，2019. 水产品质量安全可追溯体系建设探析 [J]. 现代食品，23 (38)：119-122.

农业部渔业渔政管理局国际合作与周边处，2016. 渔业国际交流与合作稳步推进渔业"走出去" [J]. 中国水产 (2)：11-12.

农业农村部渔业渔政管理局，2021. 走出去战略积极推进渔业对外合作 [N]. 中国渔业报，2021-01-18 (1).

农业农村部渔业渔政管理局，2024. 中国渔业统计年鉴 2024 [M]. 北京：中国农业出版社.

欧阳宗书，1998. 海上人家：海洋渔业经济与渔民社会 [M]. 南昌：江西高校出版社.

平瑛，2024. 渔业经济学 [M]. 北京：中国农业出版社.

平瑛，刘丹丹，2019. 中国渔业生产经营组织化探索 70 年 [J]. 中国农村经济 (11)：16-31.

秦曼，2013. 海洋渔业产权动态演进中的产权效率与路径选择 [J]. 农业经济与管理 (2)：92-96.

清光照夫，岩崎寿男，1996. 水产经济学 [M]. 王强华，李艺民，等译. 北京：海洋出版社.

曲石，1986. 从考古发现看我国古代捕鱼的起源与发展 [J]. 农业考古，6 (2)：220-225.

权伟，应苗苗，康华靖，等，2014. 中国近海海藻养殖及碳汇强度估算 [J]. 水产学报，38（4）：509-514.

申伟，2011. 可持续发展视角下的海洋捕捞法律制度研究 [D]. 青岛：中国海洋大学.

沈伟腾，胡求光，2017. 蓝色牧场空间布局影响因素及其合理度评价：以浙江省为例 [J]. 农业经济问题，38（8）：86-93，112.

沈雪达，2006. 我国渔业经济基本管理制度演变的研究 [J]. 渔业经济研究（1）：25-28.

盛楚雯，朱佳，于滨铜，等，2021. 中国渔业产业化：发展模式、增效机制与国际经验借鉴 [J]. 经济问题（6）：47-54.

施鼎钧，1999. 辉煌的中国渔业史 [J]. 北京水产，18（6）：44-45.

水产辞典编辑委员会，2007. 水产辞典 [M]. 上海：上海辞书出版社.

宋泓，2016. 一超多强国际格局下的大国合作与纷争 [J]. 当代亚太（4），4-24，152.

宋力男，2014. 海洋捕捞渔民权益保障问题研究 [D]. 上海：上海海洋大学.

孙昌岳，2024. 世界经济多极化全球化总趋势未变 [N]. 经济日报，2024-05-06（4）.

孙鸿烈，2000. 中国资源科学百科全书 [M]. 北京：中国大百科全书出版社.

孙吉亭，2003. 中国海洋渔业可持续发展研究 [D]. 青岛：中国海洋大学.

孙康，王雁楠，苏子晓，2020. 中国海洋渔业经济效率时空分异研究 [J]. 资源与产业，22（2）：25-33.

孙满昌，2012. 海洋渔业技术学 [D]. 北京：中国农业出版社.

孙瑞杰，曹英志，杨潇，等，2015. 我国海洋渔业发展战略研究 [J]. 宏观经济管理，31（6）：54-57.

孙学立，2018. 农村一二三产业融合组织模式及其路径创新 [J]. 沈阳师范大学学报（1）：57-63.

孙颖士，李冬霄，2009. 关于推进建立政策性渔业保险制度的政策建议 [J]. 中国渔业经济，27（1）：60-65.

孙兆明，李树超，2012. "蓝黄"战略视域下的海水养殖业转型发展研究 [J]. 山东社会科学（5）：144-148.

唐启升，2023. 中国式现代渔业可持续发展的过去和未来 [J]. 渔业科学进展，44（6）：1-5.

唐启升，蒋增杰，毛玉泽，2022. 渔业碳汇与碳汇渔业定义及其相关问题的辨析 [J]. 渔业科学进展，43（5）：1-7.

唐启升，刘慧，2016. 海洋渔业碳汇及其扩增战略 [J]. 中国工程科学，18（3）：68-73.

童兰，胡求光，2012. 中外农产品质量安全可追溯体系比较 [J]. 经营与管理，11：95-98.

庹国柱，王国军，2002. 中国农业保险与农村社会保障制度研究 [M]. 北京：首都经济贸易大学出版社.

王传良，张晏瑲，2019. 论海洋渔业资源的法律地位：以1982年《联合国海洋法公约》为中心 [J]. 国际法研究（1）：44-60.

王金环，2016. 资源环境约束下的海水养殖发展模式研究：基于循环经济视角 [J]. 中国渔业经济，34（6）：76-82.

王亮，2018. 我国海水养殖保险合作社制度设计 [J]. 金融理论探索（1）：64-72.

王士性，2022. 广志绎 [M]. 哈尔滨：北方文艺出版社.

王鑫，钟伟，樊菲，等，2023. 碳达峰背景下海洋捕捞渔船减排路径研究 [J]. 工业安全与环保，49（12）：99-103，106.

王秀娟，胡求光，2013. 中国海水养殖与海洋生态环境协调度分析 [J]. 中国农村经济，11：86-96.

王遥，毛倩，陈千明，2022. 我国渔业金融发展现状和风险辨析 [J]. 中国金融 (23)：61-62.

王芸，2008. 当前我国渔业产业结构调整的方向和重点 [J]. 中国渔业经济 (1)：29-33.

王振忠，鲁森，卢兵友，等，2024. "十三五"时期我国水产品流通与加工科技创新进展和展望 [J]. 水产科学，43 (4)：655-663.

王政，杨涛，王一娜，等，2024. 主要养殖贝类固碳能力评估及其影响因素：以烟台海域为例 [J]. 热带海洋学报：1-9.

王志勇，徐志强，谌志新，2022. 我国远洋渔业装备技术现状及研究进展 [J]. 船舶工程，44 (4)：49-53.

王志跃，2022. 明世宗实录考证 [M]. 天津：天津古籍出版社.

王子今，1992. 秦汉渔业生产简论 [J]. 中国农史 (2)：70-76.

魏广东，2009. 我国玻璃钢渔船技术标准现状及需求探讨 [J]. 船舶标准化与质量 (5)：22-24.

魏腾达，王克，张峭，2022. 加拿大农业再保险制度的经验及对中国的启示 [J]. 世界农业 (7)：38-47.

魏天安，1988. 宋代渔业概观 [J]. 中州学刊 (6)：108-112.

翁里，赵丽红，2012. 优化浙江海洋特别保护区建设问题初探 [J]. 经济研究导刊 (9)：120-122.

吴海一，宋祖德，王先磊，等，2021. 以长山列岛为例探讨我国渔业经济可持续发展 [J]. 广西科学院学报，37 (2)：117-121.

吴隆杰，杨林，2005. 从制度视角看中国渔业产业结构调整 [J]. 渔业经济研究 (1)：18-24.

吴兴南，2017. 走向海洋：海洋资源的开发利用与保护 [M]. 北京：社会科学文献出版社.

吴易风，2008. 马克思的产权理论：纪念《资本论》第一卷出版 140 周年 [J]. 福建论坛 (人文社会科学版) (1)：64-69.

吴之然，科兆鸿，秦权利，等，2024. 支持现代海洋牧场建设的政策建议 [J]. 农业发展与金融 (7)：35-37.

伍振华，2015. 清末民国上海水产市场的演变特征与动力机制 [J]. 城市史研究 (1)：35-48，236-237.

武宁宁，王大为，崔正国，等，2023. 我国水产品追溯体系研究进展 [J]. 广东海洋大学学报，43 (5)：113-118.

夏恩君，2013. 技术经济学 [M]. 北京：中国人民大学出版社.

夏佳佳，刘梅，李飞，等，2021. 浙江省数字渔业发展现状和对策建议 [J]. 河北渔业，49 (10)：37-40.

夏章英，2011. 渔业生产与经济管理 [M]. 北京：海洋出版社.

肖扬，2015. 辽宁省渔船管理信息化体系建设研究 [D]. 大连：大连海事大学.

徐皓，张建华，丁建乐，等，2010. 国内外渔业装备与工程技术研究进展综述 [J]. 渔业现代化，37 (2)：1-8.

徐世康，2015. 宋代沿海渔民日常活动及政府管理 [J]. 中南大学学报 (社会科学版)，21 (3)：248-254，228.

薛长湖，李兆杰，2023. 我国水产品加工和流通产业科技现状与发展趋势 [J]. 水产学报，47 (11)：1-10.

薛飞，王贵香，梁云安，等，2022. 赶拦刺张联合渔法在高原库区的应用 ［J］. 水产养殖，43 （10）：57-59.

薛力，2015. 21 世纪海上丝绸之路建设与南海新形势 ［C］//张洁. 中国周边安全形势评估. 北京：社会科学文献出版社.

闫玉科，平瑛，2023. 海洋渔业经济学 ［M］. 北京：中国农业出版社.

杨红生，2019. 我国蓝色粮仓科技创新的发展思路与实施途径 ［J］. 水产学报，43 （1）：97-104.

杨宁生，2006. 科技创新与渔业发展 ［J］. 中国渔业经济 （3）：8-11.

杨培娜，2012. 明代中后期渔课征纳制度变革与闽粤海界圈占 ［J］. 学术研究 （9）：120-126.

杨培娜，2019. 从"籍民入所"到"以舟系人"：明清华南沿海渔民管理机制的演变 ［J］. 历史研究 （3）：23-40，189.

杨琴，2018. 美国海洋渔业资源开发政策分析及与中国的比较 ［J］. 世界农业 （5）：73-78，109，202.

杨正勇，2009. 合作管理促进捕捞业可持续发展的效率机制：基于交易成本视角的分析 ［J］. 太平洋学报，3：78-85.

杨正勇，2011. 渔业资源与环境经济学 ［M］. 北京：中国农业出版社.

杨正勇，葛光华，2000. 渔业产业化过程中技术进步的制度经济学思考 ［J］. 农业技术经济，3：29-31.

杨正勇，刘东，彭乐威，2021. 中国海水养殖业绿色发展：水平测度、区域对比及发展对策研究 ［J］. 生态经济，37 （11）：128-135.

杨子江，曾省存，赵景辉，等，2011. 我国现代渔业发展的"十一五"回顾与"十二五"展望 ［J］. 中国渔业经济，29 （1）：18-28.

殷伟，于会娟，仇荣山，等，2022. 陆海统筹视域下的中国食物与营养安全 ［J］. 资源科学，44 （4）：674-686.

于露，姜启军，2024. 异质性环境规制对中国渔业绿色发展的影响 ［J］. 地理科学，44 （2）：319-328.

于天一，吕开宇，张崇尚，2024. 推进渔业保险高质量发展 ［J］. 宏观经济管理 （5）：75-81.

于喆，2023. 数字化海水养殖主要技术综述 ［J］. 中国水产 （6）：55-56.

俞雅乖，2010. 海洋渔业保险制度的政策完善：以浙江省为例 ［J］. 农业经济与管理 （2）：73-78.

袁庆明，2019. 新制度经济学 ［M］. 2 版. 上海：复旦大学出版社.

岳冬冬，刘子飞，曹坤，2020. 中国水产苗种进口特征及其对养殖产业发展的影响分析：基于 2013—2018 年的数据 ［J］. 渔业信息与战略，35 （2）：83-90.

岳冬冬，吴反修，邱亢铖，等，2022. 全球主要海水养殖国家生产特征分析及其与中国平均价格的比较分析 ［J］. 渔业信息与战略，37 （1）：19-26.

岳冬冬，吴反修，张爽，等，2020. 中国海洋捕捞渔业产值核算方法问题与对策 ［J］. 渔业信息与战略，35 （1）：1-6.

张爱萍，刘翔，李永才，等，2009. 水产品储运过程中的防腐保鲜 ［J］. 包装与食品机械，7 （5）：116-137.

张冬平，孟志兴，2018. 农业技术经济学 ［M］. 2 版. 北京：中国农业大学出版社.

张洁，2023. 中国周边安全形势评估 ［M］. 北京：世界知识出版社.

张文兵，解绶启，徐皓，等，2023. 我国水产业高质量发展战略研究 ［J］. 中国工程科学，25 （4）：137-148.

张永雨，张继红，梁彦韬，等，2017. 中国近海养殖环境碳汇形成过程与机制 [J]. 中国科学：地球科学，47 (12)：1414 - 1424.

张忠国，2010. 控制海洋捕捞强度所面临的问题与对策研究 [D]. 北京：中国农业科学院.

赵红萍，王唯涌，姚琳，2013. 我国玻璃钢渔船发展现状、问题与对策 [J]. 中国渔业经济，31 (4)：28 - 33.

赵蕾，孙慧武，刘龙腾，等，2019. 产业融合趋势下新型渔业经营主体组织模式创新研究 [J]. 河北渔业 (2)：55 - 59，62.

赵淑江，吴常文，梁冰，等，2005. 大海洋生态渔业理论与海洋渔业的持续发展 [J]. 海洋开发与管理 (3)：75 - 78.

赵燕芬，张玉莹，张雪迪，等，2024. 水产品挥发性风味化合物生成机理及其分析技术研究进展 [J]. 水产科学，43 (4)：664 - 674.

郑江涛，2006. 对云南水电作为支柱产业发展的若干问题的认识 [J]. 云南水力发电 (4)：1 - 2，7.

郑湘娟，陈仲常，张顺心，2006. 弗农循环发展理论在中国的应用研究 [J]. 改革与战略 (12)：13 - 15.

中国大百科全书（第三版）总编辑委员会，2024. 中国大百科全书 [M]. 3 版. 北京：中国大百科全书出版社.

中国大百科全书，2022 - 1 - 20. 法律 [EB/OL]. https：//www. zgbk. com/ecph/words？SiteID=1&ID=54215&Type=bkzyb&SubID=48005，[2024.09.10].

中华人民共和国渔业船舶检验局，2008，玻璃纤维增强塑料渔业船舶建造规范 [M]. 北京：人民交通出版社.

周井娟，2017. 我国水产品加工业的演变轨迹及发展预测 [J]. 中国渔业经济，35 (3)：42 - 47.

祝令民，解凌燕，王跃军，等，2022. 海洋渔业生物种质资源库设计和建设要点初探：以国家海洋渔业生物种质资源库为例 [J]. 水产科技情报，49 (3)：171 - 176.

庄适（选注），王文晖（校订），2014. 后汉书 [M]. 武汉：崇文书局（原湖北辞书出版社）：9.

宗艳梅，魏珂，李国栋，等，2021. 海洋渔业声学装备关键技术研究进展 [J]. 渔业现代化，48 (3)：28 - 35.

《〈中共中央关于全面深化改革若干重大问题的决定〉辅导读本》编写组，2013. 《中共中央关于全面深化改革若干重大问题的决定》辅导读本 [M]. 北京：人民出版社出版.

《西方经济学》编写组，2019. 西方经济学（第二版）：上册 [M]. 北京：高等教育出版社.

Arctic C，2017. "一带一路"建设海上合作设想 [C] //中国海洋法学评论. 厦门：厦门大学海洋法与中国东南海疆研究中心：295 - 308.

Diedhiou I，Yang，Z，Ndour M，et al.，2019. Socioeconomic dimension of the octopus "Octopus vulgaris" in the context of fisheries management of both small - scale and industrial fisheries in Senegal [J]. Marine Policy，106：1 - 11.

Ding Q，Shan X，Jin X，et al.，2023. Evolution of China's total allowable catch (TAC) system：Review and way forward [J]. Marine Policy，147：105390.

Fogarty M J，Murawski S A，2005. Do marine protected areas really work？Georges bank experiment provides dues to longstanding questions about closing areas to fishing [J]. Wood Shole Ocean Ographic Institution，43 (2)：1 - 3.

Freeman C, Soete L, 2012. The economics of industrial innovation [M]. London: Routledge.

Greenstein S, Khanna T, 1997. What does industry convergence mean? [C] //YOFFIE D B, eds. Competing in the Age of Digital Convergence. Boston: Harvard Business Review Press.

Hu Q G, 2023. External supply risk of agricultural products trade along the Belt and Road under the background of COVID-19 [J]. Frontiers in Public Health, 11: 1122081.

Jin Y, Ma J T, Li C, et al., 2024. Assessment and spatio-temporal evolution of marine fisheries' carbon sink capacity in China's three marine economic circles [J]. Fishes, 9: 318.

Ma J T, Wu Z, Hu Q G, 2024. Dynamic relationship between marine fisheries economic development, environmental protection and fisheries technological Progress: A case of coastal provinces in China [J]. Ocean and Coastal Management, 247: 106885.

Myersr A, Ottensmeyer C A, 2005. Extinction risk in marine species [J]. Lahaina: Island Press: 58-79.

Novaglio C, 2024. Climate change risks to marine ecosystems and fisheries: Projections to 2100 from the Fisheries and Marine Ecosystem Model Intercomparison Project [J]. FAO Fisheries and Aquaculture Technical Paper (707): 1-88.

Rosenberg N, 1963. Technological change in the machine tool industry, 1840—1910 [J]. The Journal of Economic History, 23 (4): 414-443.

Tietenberg T, 2001. Environmental economics and natural resources economics [M]. New York: Fconomics, Finance, Business and Industry.

Tim G, 2007. Marine conservation biology: The science of maintaining the sea's biodiversity [J]. Bioscience (6): 6.

Wang W, Mao W, Wu R, 2024. The effect of marine pastures on green aquaculture in China [J]. Water, 16 (12): 1730.

Wei X, Hu Q, Ma J, 2021. Evaluation on the effect of fishery insurance policy: evidence based on text mining [J]. Fishes, 6 (3): 41.

Yu X, Hu Q, Shen M, 2020. Provincial differences and dynamic changes in mariculture efficiency in China: Based on super-SBM model and global malmquist index [J]. Biology, 9 (1): 18.

Zhang Y, Li M, Fang X H, 2023. Efficiency analysis of china deep-sea cage aquaculture based on the SBM-Malmquist Model [J]. Fishes, 8 (10): 529.

Zheng Y, Xin Z, Zhen F, et al., 2014. Tang Keyong . Food Supply Values and Their Factors of Three Pond Aquaculture Ecosystems: A Case Study of Shanghai [J]. Asian Agricultural Research, 6 (8): 68-75.

以海为镜， 照见经济学人的初心与使命

《海洋渔业经济学》的编撰工作，犹如一场跨越时空的学术远航。在这段充满挑战与收获的旅程中，我们不仅完成了一部著作的编写，更完成了一次对海洋经济学研究初心的回溯与展望。

作为主编，我深知这部著作承载着太多人的心血与期待。国家社会科学基金重大项目"加快建设海洋强国背景下我国'深蓝渔业'发展战略研究"首席专家韩立民教授以其深厚的学术造诣和严谨的治学态度，为全书奠定了坚实的理论基础和严谨的学术框架。十余位参与编写的专家学者，以各自的研究专长，为这部著作注入了鲜活的思想与案例。在时间紧迫、任务繁重的压力下，正是这种集体的智慧与力量，让我们得以突破重重困难，如期完成这项艰巨的任务。

在编写过程中，我们始终秉持"经世致用"的学术理念。海洋渔业经济学不是书斋里的学问，而是与亿万渔民生计、海洋生态保护、国家粮食安全息息相关的实践科学。我们力求在理论阐述中融入现实关怀，在案例分析中体现学术洞见，让这部著作既有理论高度，又有实践温度。

通过引入最新的研究成果、前沿的学术观点和生动的实践案例，构建了一个开放、动态的知识体系。这种创新不仅体现在内容的选择上，更体现在编写体例和表达方式的革新上。我们希望通过这种尝试，激发读者的思考，培养读者独立分析问题和解决问题的能力。

这部著作的完成，离不开整个编写团队的辛勤付出。感谢佘杨（执笔撰写第一章）、都晓岩（执笔撰写第二章）、陈艳（执笔撰写第三章）、王波（执笔撰写第四、第五章）、余璇（执笔撰写第六章）、梁铄（执笔撰写第七章）、汪婷（执笔撰写第八章）、张兰婷（执笔撰写第九章）、魏昕伊（执笔撰写第十章）、闫金玲（执笔撰写第十一章）。所有参与编写的专家学者，正是他们的专业精神和奉献精神，让这部著作得以顺利完成。感谢魏昕伊和过梦倩承担本书的统稿和修改工作，用专业和严谨守护了每个知识点的纯净与美好。感谢吴先华、郭海波、侯毅、李磊、李大海、刘子飞、杨正勇、秦宏、平瑛、刘康、娄永江、史磊等专家学者对本书提出的宝贵指导和修改意见。感谢焦帅晔和吕欣然在著作撰写中的协助。这种学术上的碰撞与交流，不仅提升了著作的质量，也加深了我们对海洋渔业经济学的理解。

在此，我要特别感谢中国农业出版社养殖业出版分社的王金环副社长和李雪琪编辑为本书的顺利出版作出的细致耐心的校稿工作，她们的专业建议和细致把关，让这部著作更加完善。也要感谢所有支持和关心这部著作的同行和读者，你们的期待是我们前进的动力。感谢所有为本书付出努力的专家学者。

展望未来，海洋渔业经济学的研究任重道远。随着海洋强国战略的深入推进、蓝色经济的蓬勃发展，这门学科必将迎来更广阔的发展空间。我们期待这部著作能够成为引玉之砖，激发更多学者投身这一领域的研究，培养更多具有全球视野和创新精神的专业人才。

最后，我想用一句话与所有读者共勉：海洋是生命的摇篮，也是经济学人永远的课堂。让我们以海为镜，照见经济学研究的初心与使命，在探索海洋经济规律的征程上，继续扬帆远航。谨以此书，献给所有关心海洋、热爱海洋的人们。

在撰写过程中，我们参考了国内外学者的大量研究成果，在书中尽量都具体作了标注，在此一并表示衷心感谢。但由于时间和水平所限，难免会有纰漏之处，本人对此承担全部责任，恳请大家批评指正。

主编：

2023 年 10 月

图书在版编目（CIP）数据

海洋渔业经济学 / 胡求光主编. -- 北京 ：中国农业出版社，2025. 7. -- ISBN 978-7-109-33502-8

Ⅰ. F307.4

中国国家版本馆 CIP 数据核字第 2025EL5247 号

中国农业出版社出版

地址：北京市朝阳区麦子店街 18 号楼

邮编：100125

责任编辑：李雪琪　王金环　　文字编辑：郝小青

版式设计：王　晨　　责任校对：吴丽婷

印刷：中农印务有限公司

版次：2025 年 7 月第 1 版

印次：2025 年 7 月北京第 1 次印刷

发行：新华书店北京发行所

开本：787mm×1092mm　1/16

印张：20

字数：450 千字

定价：148.00 元